과학기술의 상상력과 소통의 글쓰기

The Imagination of Science Technology and Writing for Communication

[일러두기]
- 본문의 서술 과정에서 전거(典據)를 들어 밝혀주어야 할 저작 가운데 일부는 '참고문헌' 란에 넣어 대신하였다.
- 본문과 학습활동, '동서양 과학기술 고전' 등에 사용한 예문은 원문을 참고하여 필요에 따라 발췌, 요약하였다.

이 책에서 인용한 글과 그림은 원 저작권자의 허락을 받은 것입니다. 연락이 닿지 않거나 출처가 불분명하여 허락을 받지 못한 것은 출판사로 연락주시면 해결하도록 하겠습니다.

과학 기술의 상상력과 소통의 글쓰기

김성수 | 유혜령 | 이승윤 | 박상민 | 김원규 지음

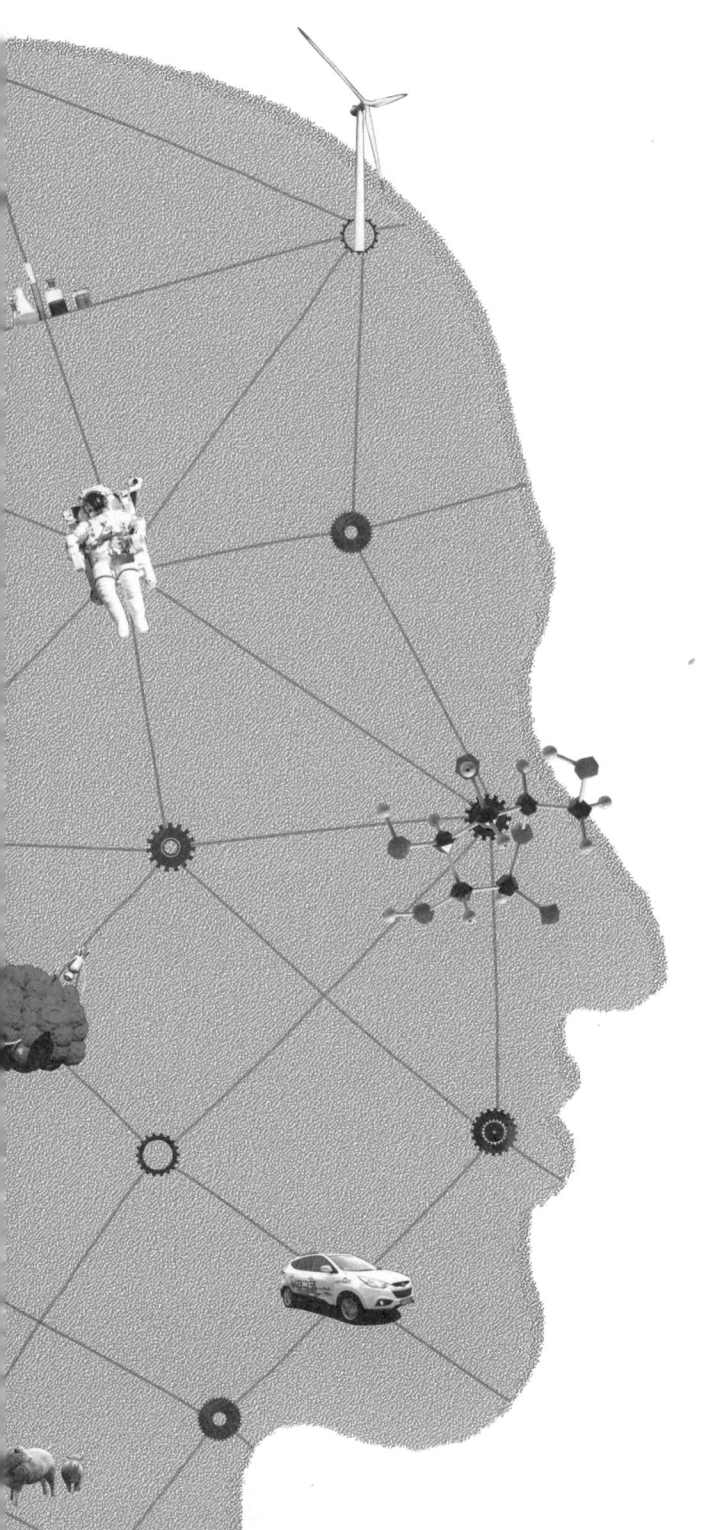

도서출판 박이정

CONTENTS

1부 과학기술과 글쓰기

1장 | 과학기술 글쓰기의 의미와 기능

1. 과학기술 글쓰기와 일반 글쓰기 ··· 017
2. 소통으로서의 글쓰기 ··· 022
3. 문제 해결로서의 글쓰기 ··· 026
- 동서양 과학기술 고전(1): 하이젠베르크의 『부분과 전체』 ··· 030

2장 | 과학기술자의 소통과 참여

1. 과학기술 글쓰기의 독자 ··· 037
2. 소통을 위한 글쓰기 전략 ··· 040
3. 대중적 글쓰기를 통한 현실 참여 ··· 045
- 동서양 과학기술 고전(2): 토머스 쿤의 『과학 혁명의 구조』 ··· 053
  - 세계의 과학기술연구소 1: 미국의 벨연구소 ··· 056

3장 | 과학기술과 글쓰기의 윤리

1. 과학기술 연구와 윤리 의식 ··· 059
2. 과학기술 글쓰기와 학문 윤리 ··· 063
3. 저자권 ··· 072
- 동서양 과학기술 고전(3): 제임스 왓슨의 『이중나선-핵산의 구조를 밝히기까지』 ··· 081
  - 과학기술 이야기 1: 「유명 과학저널 『사이언스』지는 누가 만들었을까」 ··· 083

2부
과학기술의 탐구와 문제 해결

4장 | 과학기술 연구의 절차와 방법

1. 합리적 주제 선정 · 089
2. 연구계획서 · 092
3. 가설과 검증 · 102
📖 동서양 과학기술 고전(4): 찰스 다윈의 『종의 기원』 · 109

5장 | 과학기술 문서의 형식과 전략

1. 실험보고서 작성과 IMRAD 방식 · 115
2. 기술제안서 · 125
3. 사용설명서 · 131
📖 동서양 과학기술 고전(5): 알베르트 아인슈타인의 20세기를 바꾼 논문 3편 · 142

6장 | 과학기술의 언어와 표현

1. 과학기술 언어의 특성 · 147
2. 과학기술 언어의 바른 표현 · 153
3. 과학과 은유 · 158
📖 동서양 과학기술 고전(6): 칼 세이건의 『코스모스』 · 164

7장 | 시각 자료의 활용

1. 시각 자료의 개념과 기능 · 171
2. 표의 구성과 활용 · 174
3. 그래프의 구성과 활용 · 176
📖 동서양 과학기술 고전(7): 스티븐 호킹의 『시간의 역사』 · 183
✏ 과학기술 이야기 2: 인간이 만든 과학기술 100대 발명품 · 186

3부
글로 소통하는 과학기술

8장 | 과학기술의 발달과 에너지 사회학

1. 에너지 패러다임의 변화 · 193
2. 원자력과 분산형 수소 에너지 · 202
3. 학술논문 쓰기 · 207
📖 동서양 과학기술 고전(8): 그레고르 멘델의 「식물의 잡종에 관한 실험」 · · · · · · 213
✏ 세계의 과학기술연구소 2: 독일의 막스플랑크 협회 · 216

9장 | 작지만 무한한 나노기술의 세계

1. 나노기술의 발전 · 219
2. 나노기술의 가능성과 한계 · 223
3. 실험보고서 쓰기 · 228
✏ 세계의 과학기술연구소 3: 일본의 이화학연구소 · 232
📖 동서양 과학기술 고전(9): 레이첼 카슨의 「침묵의 봄」 · 234

10장 과학기술적 사고와 새로운 공간의 창출

1. 과학기술과 공간 창출 · 239
2. 창의적 발상과 도시의 창조 · 243
3. 제안서 쓰기 · 247
📖 동서양 과학기술 고전(10): 이순지의 「칠정산」 · 253

11장 생명과학기술의 발전, 그 희망과 공포의 딜레마

1. 생명과학기술의 발전과 인류의 미래 · 259
2. 바이오테크 시대의 개막으로 수반되는 문제들 · 262
3. 에세이 쓰기 · 268
📖 동서양 과학기술 고전(11): 허준의 「동의보감」 · 275
✏ 과학기술 이야기 3: 20세기의 과학기술 100대 발명품 · 279

12장 인간이 꿈꾸는 로봇 과학기술

1. 인간의 상상력과 로봇 유토피아: 칼럼 쓰기 285
2. 인간과 로봇의 경계: 비평문 쓰기 292
3. 사용설명서 쓰기 301
📖 동서양 과학기술 고전(12): 성주덕의 『서운관지』 311

찾아보기 313

책머리에
이 책의 특성과 학습 방법

『과학기술의 상상력과 소통의 글쓰기』는 이공계 대학생들이 과학기술 분야의 지식과 쟁점들에 대해 논리적으로 사고하고 분석한 후, 이에 대해 글로 소통하는 방법을 학습하도록 구성한 책이다. 대학의 이공계 학생들은 이 책을 활용하여 과학기술 분야에서 필요한 글쓰기의 원리와 방법을 학습하고, 과학기술의 핵심 쟁점에 대해 다양한 형식의 글로 기술하는 방법을 익힐 수 있다.

이 책을 효과적으로 사용하기 위해 필요한 몇 가지 사항을 정리하면 다음과 같다.

책 전체의 체제와 내용

이 책은 크게 3부로 구성되어 있다. 1부는 과학기술 글쓰기의 원리와 특성을 전반적으로 이해하기 위한 기초 단계이며, 2부는 과학기술 글쓰기의 수행 과정에서 요구되는 구체적인 방법과 전략을 다루는 단계이다. 3부는 1~2부에서 학습한 내용을 바탕으로 실제적인 글쓰기 활동에 적용하는 단계이다.

1부. 과학기술과 글쓰기
1장「과학기술 글쓰기의 의미와 기능」에서는 과학기술 글쓰기의 특성과 기본 원리를 전반적으로 설명한다. 2장「과학기술자의 소통과 참여」에서는 과학기술자가 글쓰기를 통해서 독자와 어떻게 소통할 수 있는지에 대해 살펴본다. 3장「과학기술과 글쓰기의 윤리」에서는 과학기술자와 이공계 학생들이 갖추어야 할 글쓰기의 윤리에 대해 학습한다.

2부. 과학기술의 탐구와 문제 해결
4장「과학기술 연구의 절차와 방법」에서는 효과적인 과학기술 글쓰기를 위해 필요한 절차와 구체적인 방법에 대해 살펴본다. 5장 「과학기술 문서의 형식과 전략」에서는 과학기술 문서 가운데 가장 대표적인 형식인 실험보고서(IMRAD)와 기술제안서, 제품설명서의 작성법에 대해 공부한다. 6장 「과학기술의 언어와 표현」과 7장 「시각 자료의 활용」에서는 과학기술 분야의 글을 작성하기 위해 언어를 정확하고 명료하게 표현하는 방법과 시각 자료를 효과적으로 활용하는 방법을 익힌다.

3부. 글로 소통하는 과학기술

3부에서는 1부에서 논의한 과학기술 글쓰기의 기본적 원리를 바탕으로 하고 2부에서 학습한 글의 형식에 맞추어 과학기술과 관련된 하나의 주제를 선정하고, 그에 관한 쟁점을 도출하여 분석한다. 그리고 일련의 절차에 따라 이를 한 편의 글로 구성해 나갈 수 있도록 안내한다.

각 장의 구성원칙과 교수 학습 방향

이 책의 각 장은 다음의 세 가지 구성 요소로 이루어져 있다.

- 원리 및 방법
- 예문
- 학습활동 및 연습문제

이 책에서는 첫째로 과학기술 글쓰기의 기초를 이루는 원리와 방법에 대해 설명하였다. 1부에서는 과학기술 글쓰기의 의미와 기능은 무엇이고, 과학기술자들은 독자와 어떻게 소통하며 현실에 참여하는지 살펴보았다. 2부에서는 과학기술 연구의 탐구 절차와 방법, 과학기술 문서의 언어적 특성과 표현 방법 등에 대해 예시를 통해 상세하게 설명하였다. 3부에서는 1~2부에서 학습한 과학기술 글쓰기의 원리와 방법에 대한 내용을 토대로, 21세기 인류 과학기술의 핵심 쟁점과 관련된 주제를 탐구한 후 이것이 다양한 형식의 글쓰기 실습으로 이어질 수 있도록 구성하였다.

[그림1] 각 부 내용(원리 및 방법)의 상호 관련성과 학습 흐름도

 둘째로 과학기술에 관한 다양한 예문을 제시하였다. 각 장의 원리와 방법을 설명하는 과정에서, 해당 내용에 적합한 예문을 제시하여 독자의 이해를 돕고자 하였다. 과학기술 글쓰기와 일반 글쓰기의 비교를 통해 사물과 현상을 이해하는 융합적 사고의 필요성을 강조하는 예문에서부터, 과학기술과 관련된 흥미롭고 논쟁적인 글, 객관적인 사고를 보여주는 학술적인 글, 과학기술 글쓰기의 문장 표현과 시각 자료에 관한 것들에 이르기까지 다양한 예문들을 수록하였다. 특히 3부에 실린 예문들은 주제 탐구와 글쓰기 실습을 위해 과학기술 에세이, 사용설명서, 칼럼, 비평문 등 매우 다양한 장르를 포괄하고 있다. 이 글들은 최근 글쓰기 교육에서 강조하고 있는 '읽기-쓰기'의 통합이라는 측면에서 유용한 사례를 제공해 줄 것이다. 이런 맥락에서 각 장 뒷부분에 있는 〈동서양 과학기술 고전〉에 관한 12개의 서평 에세이들도 읽기 자료로 활용할 수 있을 것이다.

 셋째로 각 장의 핵심 내용을 익히도록 하기 위해 '학습활동'과 '연습문제'를 수록하였다. 학습활동에서 다루는 문제는 각 장에서 설명한 과학기술 글쓰기의 원리와 방법을 수업 시간에 과정 중심의 학습을 통해 학생들이 서로 의논하며 익힐 수 있도록 한 것이다. 또한, 연습문제는 내용 학습과 학습활동에서 익힌 사항들을 글쓰기 과정에 연결하여 실습할 수 있도록 고려해 제시하였다. 수업을 진행하는 교수는 수업 진행의 각 단계에서 필요한 글쓰기 실습 자료로 연습문제를 직접 활용하거나 응용하여 학생들에게 과제로 제시할 수 있다.

이 책의 각 장은 다음과 같이 구성되어 있다.

- 각 장의 첫머리에는 학습 내용에 대한 개요와 역사적으로 잘 알려진 과학기술자들의 관련 경구(epigram)를 제시하였다.
- 각 장에는 학습 내용을 서술하면서 사이에 그 내용을 압축한 요약문을 넣어 정리하였다.

- 과학기술 글쓰기의 원리와 방법을 알기 쉽게 이해할 수 있도록 다양한 예문, 도표나 그림 등을 활용하였다.
- 각 절의 끝부분에는 학습 과정에 활용하여 본문의 내용을 익히는 데 도움을 줄 수 있도록 학습활동을 수록하였다.
- 각 장의 끝부분에는 본문 내용에 대한 학습과 이해를 돕고, 글쓰기 과제로 응용할 수 있도록 다양한 연습문제를 배치하였다.
- 본문 중간중간에는 내용의 심층적인 이해와 학습을 도울 수 있는 팁(Tip)을 수록하였다.
- 각 장의 마지막에는 '읽기' 자료로 〈동서양 과학기술 고전〉 12편을 제시하였고, 각 부 사이에는 과학기술 글쓰기와 관련하여 관심을 가질 수 있는 이야기들을 수록하였으며, 세계적으로 유명한 과학기술 연구소 세 곳을 소개하였다.

교수가 알아야 할 사항

- 이 책은 1부에서 3부까지 유기적으로 구성되어 있다. 따라서 이 책을 효과적으로 사용하기 위해서는 1부의 학습 내용과 2부의 문서 작성 방법 및 전략을 연결하여 3부에서 다양한 장르의 글쓰기 실습을 할 수 있도록 지도한다.
- 본문 중심의 강의보다는 본문 내용을 응용하여 학생들이 동료들과 협력하여 학습할 수 있도록 수업을 구성하고 진행한다.
- 각 장의 마지막에는 본문 내용을 적용하여 학습할 수 있도록 연습문제를 배치하였다. 교수는 이를 적절하게 선택하여 과제로 부과할 수 있다. 인문학 전공의 교수들도 연습문제의 내용을 읽고 관련 자료를 참고하면 큰 어려움 없이 학생들을 지도할 수 있도록 구성하였다.
- 교수는 수업 시간 뿐만 아니라 수업 시간 이외에도 학생들에게 글쓰기 과제로 부과한 학습활동 문제나 연습문제에 대해 충실하게 피드백을 해 주어야 한다.
- 3부 각 장의 내용은 과학기술 분야에 국한하지 않고 인문학이나 사회과학 분야의 핵심 쟁점과 관심을 공유하여 융합적으로 사고할 수 있도록 지도한다.
- 각 장 뒤에 수록한 〈동서양 과학기술 고전〉의 내용을 읽기 자료로 적절하게 활용한다.
- 교수는 교재에 나온 내용에 국한하지 말고, 학생들이 각 부에 나온 내용과 관련 있는 주제를 연결하여 학습할 수 있도록 유도한다. 이를테면, 이 책 3부 11장을 학습하는 수업에서는 생명과학기술의 발전이 가져올 미래 사회의 새로운 변화와 여러

쟁점들에 대해 숙고하면서, 한 편의 과학기술 에세이를 완성해 내는 데에 목표를 둔다. 3부 11장의 내용을 학습할 경우 아래 그림의 흐름에 맞추어 수업을 진행할 수 있다.

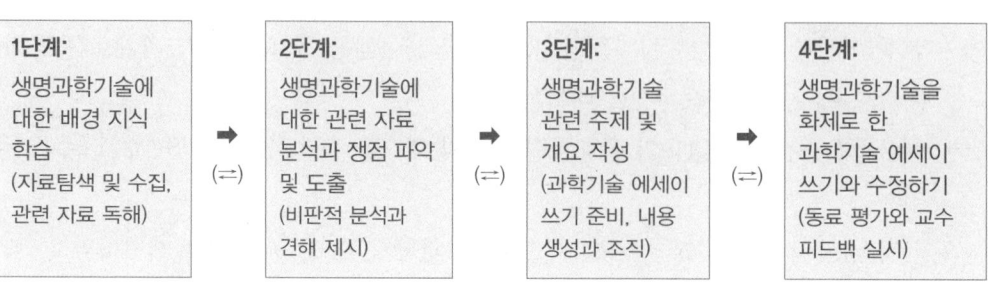

[그림2] '3부 11장'을 예로 한 글쓰기 실습 과정

- 이 책은 과학기술 글쓰기 수업의 교재로서 '텍스트북(Textbook)'과 '워크북(Workbook)'의 기능을 동시에 수행할 수 있도록 구성하였다. 글쓰기 실습을 하는 과정에서 학습활동과 연습문제를 적절하게 활용하고, 각 장에 제시된 '내용 요약'이나 '팁(Tip)' 역시 글쓰기 활동과 과제 학습을 진행할 때 수업 자료로 이용한다.

학생이 알아야 할 사항

- 교양기초 과목으로서 과학기술 글쓰기는 작문 지식과 이론을 학습하는 데에 치중하는 과목이 아니다. 학생들은 이론의 차원보다는 풍부한 자료 읽기와 끊임없는 쓰기 연습을 통해 과학기술 글쓰기 능력을 신장시킬 수 있도록 노력한다.
- 수업 시간에 수행하는 각 장의 학습활동을 효과적으로 학습하기 위해서는 관련 내용들에 대해 미리 준비 학습을 해 온다.
- 연습문제를 수행하는 과정에서 창의적인 내용의 글을 쓸 수 있도록 관련 자료를 풍부하게 읽는다.
- 각 장에 수록된 예문들을 자세하게 읽어야 할 뿐만 아니라, 예문 안에 소개된 관련 저작이나 작품들을 능동적으로 찾아 읽는 노력을 기울인다.
- 과학기술 글쓰기에 대한 학습 성과를 얻기 위해서는 동료 학생들과 협조하는 한편, 필요할 경우에는 글쓰기 센터(교실)의 도움을 받는다.
- 글쓰기 과제에 대해서는 언제나 표절에 유의하고, 제출 날짜의 시간이 촉박할 때에는 주저하지 말고 교수와 상의한다.

1부 과학기술과 글쓰기

Writing for Science & Technology

1장 과학기술 글쓰기의 의미와 기능

과학기술 글쓰기는 과학기술 관련 내용을 화제로 삼아 정보를 전달하거나, 체계적인 논증 방법을 활용하여 저자의 의견을 제시하는 글쓰기이다. 과학기술 글쓰기에서 특히 중요한 것은 의사소통 능력과 문제 해결 능력이다. 현대사회에서 글쓰기 능력은 과학기술자가 갖추어야 할 필수적인 조건이 되었다. 이 장에서는 소통과 문제 해결 과정으로서 과학기술 글쓰기의 의미와 기능에 대해 공부한다.

"전문가가 성공에 이르는 다섯 가지 중요한 기술은
집중력, 판별력, 조직력, 혁신력,
그리고 커뮤니케이션 능력이다."
** 전자기학의 아버지 마이클 패러데이

1 과학기술 글쓰기와 일반 글쓰기

　우리는 글쓰기를 통해 자신을 드러내고 다른 사람들과 의사소통을 한다. 또한 글감을 마련하여 글을 쓰는 과정을 통해, 글쓰기가 주어진 과제를 처리해 나가는 문제 해결 과정이라는 것도 알게 된다. 이러한 측면에서 우리가 학습하고자 하는 과학기술 글쓰기와 일반적인 글쓰기는 큰 차이가 없다고도 할 수 있다.

　그러나 과학기술 글쓰기가 다른 글쓰기와 아무런 차이가 없다면 우리는 굳이 과학기술 글쓰기에 대해 생각하거나 그것을 깊이 있게 학습할 필요를 느끼지 못할 것이다. 과학기술 글쓰기는 일반 글쓰기의 하위 범주에 속하면서도 다른 글쓰기와는 구별되는 특수성을 지닌다.

> 과학기술 글쓰기는 과학기술 관련 정보를 전달하거나, 논증 과정을 통해 관련 주장을 표명하는 글쓰기이다.

　과학기술 글쓰기에서는 과학기술 관련 내용을 화제로 삼아 정보를 전달하거나, 과학적인 근거를 바탕으로 의견을 제시한다. 과학기술 글쓰기에서 무엇보다 중요한 것은 글쓴이가 의도하는 바를 독자들에게 정확하게 전달하는 일이다.

예문 1

얼마나 다행인가
눈에 보이는 별들이 우주의
아주 작은 일부에 불과하다는 것은
눈에 보이지 않는 암흑 물질이
별들을 온통 둘러싸고 있다는 것은
우리가 그 어둠을 뜯어보지 못했다는 것은

별은 어둠의 문을 여는 손잡이
별은 어둠의 망토에 달린 단추
별은 어둠의 거미줄에 맺힌 밤이슬
별은 어둠의 상자에 새겨진 문양
별은 어둠의 웅덩이에 떠 있는 이파리
별은 어둠의 노래를 들려주는 입술

별들이 반짝이는 동안에도
눈꺼풀이 깜박이는 동안에도
어둠의 지느러미는 우리 곁을 스쳐가지만
우리는 어둠을 보지도 듣지도 만지지도 못하지
뜨거운 어둠은 빠르게
차가운 어둠은 느리게 흘러간다지만
우리는 어둠의 온도와 속도도 느낄 수 없지

알 수 없기에 두렵고 달콤한 어둠,
아, 얼마나 다행인가
어둠이 아직 어둠으로 남겨져 있다는 것은

— 나희덕, 「어둠이 아직」.

예문 2

혜성은 대부분 '얼음'으로 이루어져 있다. 천문학에서 흔히 사용하는 '얼음'이라는 표현은 순수하게 물로 된 얼음만을 가리키는 것이 아니다. 물H_2O, 메탄CH_4, 암모니아NH_3 등의 혼합물이 결빙된 것을 총체적으로 얼음이라고 지칭한다. 이러한 얼음 물질에 미세한 암석 티끌들이 한데 엉겨 붙어서 혜성의 핵을 이룬다. 웬만한 크기의 혜성 조각이 지구 대기와 충돌한다면 혜성은 거대하고 눈부신 불덩이로 변하고 강력한 충격파를 발생시킬 것이다. 그리고 나무란 나무는 모조리 태워 버릴 것이며 숲은 납작하게 쓰러뜨릴 것이다. 또한 이 격변에서 발생하는 굉음을 세계 구석구석에서 들을 수 있을 것이다. 그렇지만 땅에는 변변한 크기의 충돌 구덩이 하나 파이지 않을 수 있다. 혜성을 이루던 얼음이 지구 대기권을 통과하면서 다 녹아 증발하기 때문에 혜성의 조각이라고 볼 수 있는 덩어리는 지표에 도달하지 못한다. 땅에서 발견할 수 있는 것은 고작 혜성의 핵에서 나온 미세 고체 알갱이 몇몇뿐이다. 작은 다이아몬드 조각들이 퉁구스카 대폭발 현장에 무수히 흩어져 있음을 최근에 (구) 소련의 과학자 소보토비치가 확인했다. 이런 종류의 다이아몬드 알갱이들은 운석에도 존재한다. 지표에까지 떨어진 운석 중에는 그 기원이 혜성인 것도 있다.

— 칼 세이건, 『코스모스』, 홍승수 옮김, 사이언스북스, 2011.

예문 3 똑같은 대상에 대해서 시와 과학이 다 같이 이야기를 늘어놓는 데도 불구하고 과학적 이야기가 지식이 될 수 있고, 시적 이야기가 지식이 될 수 없다는 사실은 무엇을 의미하는가? 그것은 어떤 대상에 대한 이야기, 즉 서술이 그 대상에 대한 인식, 즉 지식과 일치하지 않음을 말한다. 바꿔 말한다면 과학은 인식적 서술인데 반해서 시는 비인식적 서술인 것이다. 이 두 가지 서술이 어떻게 분간될 수 있는가 하는 문제는 인식적 서술의 규준 문제로 환원되는데, 그것은 이미 설명한 바와 같이 어떤 대상에 대한 서술의 진위를 합리적으로 결정할 수 있는 일이 원칙적으로 가능하냐 아니냐에 달려 있다. 이것은 무슨 말이냐 하면, 과학적 서술은 원칙적으로 그 서술의 진위를 결정할 수 있지만, 시적 서술은 그렇지 못하다는 것이다. (중략)

이와 같은 비교를 통해서 우리들은 과학과 시가 다 같이 똑같은 대상을 서술하면서도 어찌하여 과학적 서술이 인식적이라고 불리는 데 반하여 시적 서술이 그렇지 못한가를 밝혔다고 본다. 요약해 보면 시적 서술이 인식으로 받아들여지지 않는 근본적인 이유는 그것이 객관성을 갖고 있지 않기 때문이다. 이러한 원인은 시적 서술에서 인식은 언제나 구체적인 것, 개별적인 것으로 남아 있어야만 하기 때문이다. 오직 논리적·개념적 사고에서만 객관성을 발견하게 되는 이유는 논리적 사고가 비개별적이기 때문이다. 오직 그럼으로써만 객관성은 성취될 수 있다.

— 박이문, 『시와 과학』, 일조각, 1990.

과학기술 글쓰기의 특성을 확인하기 위해서는 일상생활에서 많이 접하게 되는 문학적 글쓰기(literary writing)와 비교해 보는 것이 효과적이다. 【예문1】과 【예문2】를 비교해 보면 문학적 글쓰기와 과학기술 글쓰기의 차이를 알 수 있으며, 【예문3】을 통해 이 차이가 구체적으로 어떤 것인지를 더 명확하게 확인할 수 있게 된다.

문학적 글쓰기에서는 저자가 자신만의 독특한 문체를 사용해 독자에게 정서적 감흥을 불러일으키는 것이 중요한 목적이 된다. 그러나 과학기술 글쓰기에서는 객관적이고 명료한 언어를 사용해 독자에게 사실적인 정보를 제공하거나, 실험 또는 과학적인 추론 과정을 통해 독자를 설득하는 것이 중요한 목적이 된다. 이는 문학적 글쓰기보다는 과학기술 글쓰기에서 소통적 측면이나 문제 해결적인 측면이 더욱 중요하다는 점을 의미한다.

과학기술 글쓰기는 문학적 글쓰기와 달리 어느 정도 정해진 양식에 따라 체계적인 과정을 거쳐서 완성되는 글쓰기이다. 우리가 앞으로 보게 될 과학 논문이나 기술제안서, 사용설명서 등이 모두 이러한 과정을 통해서 완성되는 글들이다. 물론 과학기술 글쓰기에서도 저자의 창의적 능력이 필요하기는 하다. 그러나 그보다 더 중요한 것은 과학기술 글쓰기의 정해진 양식에 맞추어 글을 완성도 있게 조직하는 일이다. 다시 말해 과학기술 글쓰기는 어느 정도 선천적인 재능이 강조되는 문학적 글쓰기와는 달리 학습과 노력을 통해 얼마든지 완성도를 높일 수 있는 글쓰기라는 것이다.

Tip 1. 문학적 글쓰기와 과학기술 글쓰기

	문학적 글쓰기	과학기술 글쓰기
장르	시, 소설, 희곡, 수필 등	설명문, 논증문, 실험 논문 등
화제 제한의 유무	화제의 제한이 없음	주로 과학기술 관련 내용을 화제로 삼음
글의 목적	독자에게 정서적 감흥을 불러일으키는 것이 목적	독자에게 사실적인 정보를 제공하거나 독자를 설득시키는 것이 목적
언어의 성격	주관적, 비유적, 함축적 언어를 사용	객관적, 명시적 언어를 사용
재능의 성격	선천적 재능이 중요함	후천적 노력이 중요함

학습활동 1 '별'을 소재로 하고 있는 【예문1】과 【예문2】가 구성, 내용, 표현 등의 면에서 어떤 공통점과 차이점이 있는지 비교·검토하여 정리해 보자.

【예문1】과 【예문2】의 공통점	
【예문1】과 【예문2】의 차이점	

학습활동 2 다음 글을 읽고 이공계열 학생으로서 자신이 어떤 형태의 글쓰기를 하게 될지 생각해 보자. 그리고 그 중에서 과학기술 글쓰기라고 할 만한 것은 어떤 것이 있을지 정리해 보라.

과학자가 되려면 어떻게 해야 하나요? 초·중·고생들이 이메일로 물어보는 질문 중 하나다. 심심찮게 날아오는 이메일에 일일이 답해주지 못해 안타깝지만 그들에게 꼭 해주고 싶은 조언이 있다. 그것은 과학자가 되려면 글쓰기 훈련이 매우 중요하다는 것이다.

박사과정 시절 동료 대학원생들 사이에선 '교수들은 글 쓰는 기계'라는 농담이 오갔다. 연구비를 타려면 연구제안서를 잘 써내야 하고 그것을 토대로 다른 연구자들과 경쟁해야 한다. 오랜 시간 준비해서 제출한 제안서가 좋은 평가를 받아 채택될 때 즈음이면 벌써 다음 연구제안서를 준비하기 시작해야 한다.

연구비뿐만이 아니다. 시간이 한정되어 있고 경쟁이 심한 우주 관측 기기나 실험장비 등을 사용하기 위해서는 좋은 연구제안서가 필수다. 다양한 연구 프로젝트를 진행하려면 끊임없이 연구제안서를 써내야 한다. 한두 달에 한 번은 연구제안서를 써야 하는 나의 1년은 연구제안서 마감일에 맞춰 흘러간다고 해도 과언이 아니다.

연구제안서를 쓰는 일은 연구의 시작이다. 과학 연구는 연구 주제에 대한 아이디어, 실험 혹은 자료 수집, 자료를 분석하고 해석하는 일, 그리고 연구 내용을 논문으로 작성하는 일 등 4가지 단계로 구성된다. 어떤 주제에 대해 어떤 자료를 가지고 어떻게 연구하겠다는 아이디어가 담긴 구체적인 연구제안서가 마련된다면 이미 연구의 반이 끝난 셈이다. 연구 결과를 담아내는 일도 논문이라는 글쓰기를 통해 이루어진다. 결국 과학 연구는 글 쓰는 일로 시작해서 글 쓰는 일로 끝난다.

논리적이고 설득력 있는 내용을 하나의 이야기로 담아낸 훌륭한 논문을 만드는 일은 물론 만만치 않다. 고치고 또 고치고 일백 번 고칠 만큼 좋은 논문이 나오기까지는 출산의 고통이 따른다. 연구 잘하던 뛰어난 후배가 논문 쓰기가 힘들어 결국 박사학위를 포기한 사례를 보았다. 미국 토박이였던 그를 보면 단지 영어 때문에 논문 쓰기가 어려운 건 아님을 알 수 있다. 글 쓰는 일이 괴롭다면 과학자로 사는 것이 불행할 수도 있겠다.

연구논문을 심사하는 일도 글쓰기 과정이다. 지난주 초에는 어느 국제저널에 투고된 논문을 심사해 달라는 의뢰를 받아 심사보고서 작성에만 꼬박 이틀을 보냈다. 꼼꼼하고 엄밀한 심사와 건설적인 비판은 과학 연구의 생명인 논문의 질을 높이는 유용한 도구이다. 그래서 과학자로서 논문 심사는 결코 소홀히 할 수 없는 의무이며, 이는 또한 글쓰기를 통해 이루어진다.

글쓰기 실력이 훌륭한 과학자가 되기 위한 필수조건임은 분명하다. 다른 학문 분야와 마찬가지로 과학에서도 글이라는 것은 소통 도구이며 매개이기 때문이다. 그렇기 때문에 과학자가 되려면 글쓰기 훈련을 잘해야 한다.

유학하는 동안 몇 년간 수업 조교를 한 경험이 있다. 대학생들의 에세이를 채점하다 보면 리포트를 낸 학생이 1학년인지 4학년인지 구별할 수 있었다. 대체로 글쓰기가 엉망인 1학년에 비해 4학년 학생들의 에세이는 조리 있고 깔끔했다. 4년간 대학 교육을 통해 글쓰기 능력이 그만큼 향상된다는 것을 실감한 경험이었다.

글쓰기 실력은 독서량과 밀접한 관계가 있다. 고전을 비롯한 다양한 책을 읽어야 한다. 또한 일방적으로 강의를 듣기보다는 토론을 통해 상대방 논리를 파악하고 자기 논점을 전개하는 훈련도 필요하다. 순발력이 강조되는 트위터 시대지만 논리와 이야기가 담긴 장문의 글을 쓰는 훈련을 주기적으로 해야 한다.
　　과학자가 되기를 꿈꾸지만 글쓰기 훈련이 되지 않은 학생들이 많다. 훌륭한 과학자가 되기 위해서는 과학과 수학 실력도 중요하지만 어쩌면 국어 실력이 더 중요할 수도 있다. 그것은 글쓰기가 과학자의 일상이고 과학 활동의 중요한 요소이기 때문이다.

— 우종학, 「글쓰기는 과학자의 일상」, 『매일경제신문』, 2012. 5. 22.

2 소통으로서의 글쓰기

　과학기술 글쓰기에서 중요한 것은 정보를 독자들에게 정확하게 전달하는 일이다. 과학기술 글쓰기에서 사실적인 정보 전달이 중요한 이유는 대부분의 과학기술 글쓰기가 연구 결과 보고나 과학 현상 설명 등으로 이루어지기 때문이다.

　실험과 분석을 통해 나온 성과를 제대로 글로 표현하지 못한다면 애써 찾아낸 실험 결과를 왜곡하거나 사장시키는 잘못을 범하게 될 것이다. 과학기술 전공자가 자신의 연구 성과를 동료 혹은 일반 대중들에게 설명하고 그것의 가치를 정확하게 전달하는 일은 그래서 매우 중요하다.

　커뮤니케이션 이론에 의하면 일반적으로 발신자(필자 혹은 화자)는 말이나 글을 통해 수신자(독자 혹은 청자)에게 '메시지'를 전달한다. 그런데 이때 글쓰기는 말하기에 비해 메시지 전달이 어렵다는 특성이 있다.

　말하기의 경우 화자와 청자는 동일한 상황에 놓여 있는 경우가 많기 때문에 의사소통 상황에서 억양이나 몸짓, 표정, 동일한 관련 상황 등 보조적인 요인의 도움을 받을 수가 있다. 이에 비해 글쓰기에서는 그런 보조적인 도움을 받을 수 없다. 그렇기 때문에 글쓰기에서는 의미 전달이 그만큼 어렵고, 필자는 독자와의 소통을 위해 많은 노력을 기울여야 하는 것이다.

> **예문 4**
> 과학적 탐구의 결과는 모든 영역의 과학자들에게 완전하게 개방됨으로써 끊임없는 비판적 검증의 대상이 되어야만 한다. 개방적이고 비판적인 검증 과정에서 과학자의 권위는 전혀 중요하지 않다는 점에서 민주적이고 철저한 검증을 거쳐야만 과학 지식으로 인정을 받게 된다는 점에서 합리적이다. 과학적 탐구의 결과가 과학 지식으로 인정을 받고, 기술의 요소로 활용되기까지의 모든 과정에서 과학자 사회에서의 소통은 무엇보다 중요한 역할을 하게 된다.
>
> 　과학은 수학과 논리를 언어로 사용하기 때문에 소통이 크게 중요하지 않다는 인식은 매우 잘못된 것이다. 과학기술자 사회에서도 근본적인 소통은 일상적인 언어를 통해서 이뤄진다. 물론 엄격한 수학과 논리를 바탕으로 하기 때문에 과학기술자들이 인문사회학자들보다 언어적 표현에 덜 엄격한 것처럼 보일 수는 있다. 그러나 과학에서의 소통에서 정확한 언어적 표현이 중요하지 않다는 주장은 성립되지 않는다. 다만 엄격한 수학과 논리학이 바탕을 이루고 있기 때문에 표현에 소홀한 것처럼 보일 뿐이다. 겉으로 드러나는 과학자들의 소통 관행을 잘못 평가해서는 안 된다.
>
> — 이덕환, 「우리 사회가 요구하는 과학커뮤니케이션」, 『과학과 커뮤니케이션』, 서강대학교 출판부, 2011.

　위의 예문에서처럼 과학기술 전공자에게 소통 능력의 중요성이 여러모로 강조되고 있다. 과학이든 공학이든 이 시대는 더 이상 자신의 전공 분야에만 갇혀 있는 고립된 전문가를 요구하지 않는다. 학제적인 접근(interdisciplinary approach)의 중요성이 강조되고 있는 오늘날 타학문 분야와 소통할 수 있는 과학기술 전공자의 소통 능력은 필수적인 것이 되었다. 인접학문과의 교류를 통해 더 많은 연구 성과를 축적하고 대중들과의 소통을 통해 자신이 연구하는 분야의 성과물을 입증 받는 일은 이제 과학기술 전공자의 생존과 관련된 필수적인 일이 된 것이다.

> 전공에 대한 깊은 지식이 있어도 소통 능력이 부족한 과학기술자는 우물 안 개구리에 지나지 않는다.

　전공 분야에 대한 깊은 지식과 여러 분야에 대한 폭넓은 상식을 가지고 있어도 소통 능력이 부족하면 자기 세계에 갇혀 자기만족만을 꾀하는 우물 안 개구리에 머물 수밖에 없다. 소통을 위한 과학기술 글쓰기 능력은 이 시대가 과학기술 전공자에게 요구하는 필수적인 조건이다.

> **학습활동 3**
> 현대사회에서 소통은 여러 가지 의미로 해석되고 있다. 그러나 모든 소통 행위의 밑바탕에는, 타자(他者)에 대한 이해를 바탕으로 한 의견 교환이라는 의미가 담겨 있다. 다음은 현대 과학기술과 화가 고흐(Vincent Van Gogh: 1853~1890)가 시대를 초월하여 어떤 방식으로

소통하고 있는지를 다룬 글이다. 이 글처럼 과학기술과 예술(미술, 음악, 영화 등)이 소통하고 있는 사례에는 어떠한 것들이 있는지 찾아서 발표해 보자.

미 항공우주국(NASA)이 2년 6개월간 해류(海流)의 이동을 위성으로 촬영해 최근 공개한 사진이 화제가 되고 있다. 해류 흐름을 컴퓨터로 합성했더니 곳곳에 소용돌이가 생긴 모습이 천재 화가 빈센트 반 고흐의 작품「별이 빛나는 밤」과 흡사했기 때문이다. 고흐는 미술뿐만 아니라 과학에도 큰 영향을 끼쳤다. 예술과 과학이 만나 '고흐 과학(Science of Gogh)'이라 부를 수 있을 만큼 다양한 연구 결과들이 쏟아져 나오고 있다. 고흐 그림 덕분에 식물의 돌연변이를 일으킨 유전자가 처음으로 밝혀졌으며, 입자물리학 연구에 쓰는 가속기로 고흐 그림의 진위(眞僞) 여부를 가리기도 했다. 미국 조지아대의 식물학자 존 버크(J. Burke) 교수 연구진은 『공공도서관 유전학(PLoS Genetics)』지 최신호에 "고흐 그림에 나오는 해바라기를 만든 유전자 돌연변이를 처음으로 찾아냈다"고 밝혔다. 일반적으로 해바라기는 가운데에 통 모양의 작은 꽃들이 모여 둥근 원반을 이루고, 그 주변으로 혀 모양의 커다란 꽃잎이 밖으로 나 있는 형태다. 씨는 가운데 부분의 작은 통꽃만 맺을 수

다양한 해바라기와 꽃 구조
일반 해바라기(A)는 꽃 구조가 안쪽은 사진 왼쪽에서처럼 작은 통 모양이고 바깥은 사진 오른쪽처럼 기다란 혀 모양이다. 하지만 유전자 돌연변이가 생기면 고흐 그림(D)의 화살표가 가리키는 겹해바라기(B)나, 바깥까지 통 모양 꽃이 되는 돌연변이(C)도 생긴다.

있다. 그런데 고흐의 1888년 작(作)「15송이의 해바라기」를 보면 일반적인 해바라기와 달리 기다란 꽃잎이 가운데까지 들어찬 겹해바라기가 나온다.

버크 교수는 야생 해바라기와 겹해바라기를 교배해 다양한 형태의 해바라기를 얻었다. 이들의 유전자를 해독했더니 꽃 모양을 결정하는 것은 'HaCYC2c'라는 유전자로 밝혀졌다. 원래 이 유전자는 바깥쪽 혀 모양 꽃잎에서만 작동한다. 버크 교수는 유전자가 돌연변이를 일으켜 안쪽에서도 작동하면 겹해바라기가 된다는 사실을 알아냈다. 그는 "유전자 하나로 꽃 모양을 다양하게 변화시킬 수 있어 산업적 가치도 클 것"이라고 밝혔다. 입자 가속기가 고흐의 진품을 밝혀내기도 했다. 네덜란드에 있는 크뢸러 뮐러 박물관이 1974년부터 소장해온 정물화는 꽃이 지나치게 많고 화려해 고흐 화풍(畵風)과는 맞지 않았다. 박물관은 2003년부터는 이 작품이 고흐가 그린 것이 아니라고 보고 작자 미상으로 분류했다. 하지만 네덜란드 델프트대와 벨기에 앤트워프대 공동 연구진이 최근 독일 전자 가속기 연구소에서 이 그림의 실체를 밝혀냈다. 앞서 1998년 X선 검사에서는 이 정물화 밑에 두 레슬러가 서로 손을 붙잡고 겨루는 그림이 그려져 있다는 것이 흐릿하게 드러났다. 연구진은 가속기로 그때보다 강한 에너지 입자를 쏘아 물감 입자와의 반응 형태를 분석했다. 두 그림에 쓰인 물감은 모두 고흐 활동 당시의 물감으로 드러났다. 가속기는 물감을 칠한 형태까지 밝혀내 고흐 고유의 붓 터치임을 확인했다.

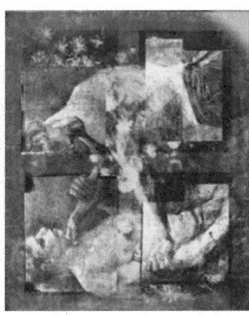

◀ 고흐가 그린 정물화(왼쪽)와 그 아래 숨겨진 레슬러 누드화(오른쪽). 가속기 분석 결과 두 그림 모두 물감이나 붓 터치로 볼 때 고흐 진품으로 밝혀졌다. (네덜란드 크륄러-뮐러박물관 제공)

　연구진은 또 가속기 분석을 통해 레슬링 그림이 상체는 벗은 채 바지를 입은 모습이라는 것을 처음으로 확인했다. 이는 역사 기록과도 부합한다. 고흐는 1885년 앤트워프 미술학교에 들어가면서 동생 테오에게 편지를 써 남성 누드화를 그릴 대형 캔버스를 살 돈을 부탁했다. 당시 앤트워프 미술학교는 다른 학교와 달리 전신 누드가 아니라, 상체만 벗은 누드화를 그리게 가르쳤다. 박물관 측은 지난달 20일 "고흐는 누드화를 지우거나 다른 물감으로 가리지 않은 상태에서 바로 정물화를 그렸다"며 "정물화로선 캔버스가 지나치게 크고 그림도 화려했던 것도 누드화를 가리기 위해서였던 것으로 보인다"고 밝혔다. 고흐 과학은 이미 천문학에서 성과를 냈다. 미국의 천문학자 도널드 올슨(Olson) 교수는 고흐의 「한밤의 하얀 집」이나 「월출」에 나오는 배경 장소를 직접 찾아가 밤하늘을 관찰했다. 그리고 컴퓨터로 그림에 나온 천체가 뜬 날과 시각을 정확하게 집어냈다. 2006년 『네이처』 지에는 「별이 빛나는 밤」에 나오는 소용돌이가 난류(亂流)를 설명하는 물리법칙에 정확히 들어맞는다는 논문이 실리기도 했다. 지난해 12월 우리 연구진이 포함된 국제 공동연구진은 『네이처』 지에 2010년 크리스마스 밤에 관측한 별의 폭발 현상을 발표했다. 당시 『네이처』 지는 고흐의 「별이 빛나는 밤」 그림에 별의 폭발 이미지를 합성한 사진을 함께 제공했다. 과학이 고흐에게 바친 일종의 '오마주(hommage·경의)'인 셈이다.

－「고흐에 빠진 과학자들 …그림 덕에 새로운 발견도」, 『조선일보』, 2012. 4. 3.

학습활동 4 일반인들을 대상으로 자신의 전공 관련 내용(하나만 선택)을 소개하는 글을 300~400자 내외로 써 보자. 쓴 글을 동료들과 바꿔 읽어보고 일반인들이 쉽게 이해할 수 있도록 효과적으로 쓰였는지 평가해 보자.

일반인 대상 전공 관련 내용 소개 글	동료 평가 (잘된 점과 잘 안된 점)
	※주요 평가 항목 1. 전체적으로 일반인들이 쉽게 이해할 수 있도록 썼는가? 2. 전공 관련 내용을 정확하게 전달하고 있는가? 3. 한 가지 내용을 중심으로 글을 통일성 있게 조직하였는가?

3 문제 해결로서의 글쓰기

과학기술 글쓰기 과정은 어떤 문제가 주어졌을 때 그에 대한 최선의 해결책을 찾아 나가는 문제 해결 과정이라고 할 수 있다. 만약 어떤 문제가 주어진다면 우리는 그 문제를 해결하기 위해 다양한 전략을 모색하고 일련의 실천적인 과정을 거쳐 원했던 목표에 도달하게 될 것이다. 그런 면에서 문제 해결 과정으로서의 글쓰기는 실험 과정을 거쳐 문제를 해결하고 목표에 도달하는 과학기술자의 작업과 닮아 있다.

고대 그리스의 철학자 플라톤은 시인이 시를 쓰는 과정을 접신 상태의 행위로 설명했다. 플라톤처럼 극단적이지는 않지만 많은 이들이 좋은 글을 쓰기 위해서는 천재적인 영감 혹은 타고난 능력이 중요하다고 생각해 왔다. 글쓰기 과정을 고독한 천재의 지극히 개인적인 작업이라고 생각해 왔던 것이다.

▎문제 해결 과정으로서의 과학기술 글쓰기에서는 주변 사람들과 적극적으로 교류하고 협력하는 것이 중요하다.

그러나 문제 해결 과정으로서 과학기술 글쓰기를 이해할 때 고독한 천재의 개인적인 작업(글쓰기)은 오히려 피해야 하거나 어울리지 않는 것이 되어 버린다. 왜냐하면 문제 해결 과정에서 무엇보다 중요한 점은 더 좋은 해결책을 찾기 위해 여러 사람들과 아이디어를 공유하고 적극적으로 도움을 주고받는 것이기 때문이다.

> **예문 5** 만약 우리가 작문 과정을 사고 과정으로 본다면, 우리는 쉽게 작문 과정이 일상생활에서 접할 수 있는 여행계획 세우기, 시험보기, 결정하기, 요청하기 등과 같은 문제 해결 과정과 여러 가지 면에서 공통점을 지닌다는 점을 발견할 수 있게 될 것이다. 과거 20년 동안 문제 해결에 관해서 이루어진 대개의 연구 결과들은, 성공한 예술가·과학자·발명가·사업가들은 그들의 분야에서 접하게 되는 여러 문제를 해결하는 특별한 전략들을 가지고 있음을 보고하였다. 각 분야에서 이들 전문가들은 관련 분야에 대한 풍부한 지식과 문제를 해결하는 데 필요한 강력한 전략들을 충분히 갖추고 있다는 점에서 특징적이다. 능숙한 필자들 역시 여러 분야의 전문가들과 마찬가지로 글쓰기에서 접하게 되는 여러 문제들을 해결하는 데 필요한 방법들을 개발하는 사람들이라고 해도 좋을 것이다.
>
> 작문에 관한 일련의 연구 결과들은, 또한 좋은 글이란 전적으로 글 쓰는 사람이 오직 개인적인 통찰력에 의존해서 고독하게 이루어 내는 창조적 산물이라는 그동안의 통념을 깨뜨렸다. 글을 쓰는 사람이 궁극적으로 무엇을 쓸 것인가를 선택하는 것은 사실이지만, 실제로 직관과 이해를 창조해 내는 글쓰기 과정은 아주 사회적인 것이다. 우리가 개인적 체험기, 연구보고서나 평론, 그 무엇을 쓰건 간에 글쓰기는 우리를 그 주제에 대해 이미 이야기했거나 글을 썼던 그 누군가와의 대화 속으로 밀어넣는다.
>
> — 린다 플라워, 『글쓰기의 문제 해결 전략』, 원진숙·황정현 옮김, 동문선, 1998.

위의 예문에서 확인할 수 있는 것처럼 글쓰기는 상호협력을 통한 공동의 산물이라고 할 수 있다. 우리는 과학기술 글쓰기를 할 때 문제의 의미를 발견하고 자료를 수집한 후 동료들과의 협력을 통해 자료 분석, 실험, 토의, 토론 등을 거쳐 얻어 낸 결과물을 글로 표현하게 된다. 이때 거의 모든 과정은 주위의 도움과 협력 하에 이루어진다. 특정한 문제에 관한 자료를 읽고 분석하는 일조차도 이미 여러 사람들과 아이디어를 공유하고 타인들로부터 도움을 받는 행위이다.

글을 쓰고 난 후에도 수정 과정에서 주변 사람들로부터 도움을 받는 일은 필수적이다. 능숙한 필자는 모든 문제를 홀로 해결하려고 하지 않고, 사람들의 아이디어를 받아들여 적극적으로 자신의 글을 고쳐 나가려고 노력한다.

주어진 문제를 해결하기 위해 목표를 설정하고 자료를 수집하고 주변과의 상호 협력을 통해 해결책을 찾아나가는 일은 과학기술 글쓰기의 과정 그 자체라고 해도 좋을 것이다. 과학기술 글쓰기의 전 과정은 결국 상호협력을 통해 적극적으로 문제를 해결해 나가는 과정이라고 할 수 있다.

학습활동 5 현대인들에게 SNS(Social Network Service)는 중요한 소통방식으로 자리 잡고 있다. SNS는 여러 가지 긍정적 특성을 지닌 것으로 이야기되고 있으나 그것의 폐해 또한 만만치는 않다. SNS로 인한 문제점에는 어떤 것들이 있고, 이러한 문제를 과학기술적 방법을 활용해 어떻게 해결할 수 있을지 조별 브레인스토밍을 통해 관련 내용을 생성해 보자.

SNS로 인한 문제점	문제의 과학기술적 해결 방안
브레인스토밍을 통한 내용 생성:	브레인스토밍을 통한 내용 생성:

연·습·문·제

1 대학입시를 준비하는 학생들에게 지원하고자 하는 학교, 학과, 전공 등에 대한 정보는 매우 중요하다. 이들을 위해 자신이 속한 학과(학부)를 어떻게 효과적으로 소개할 수 있을지 생각해 보고, 이에 대해 1,000자 내외의 분량으로 설명하는 글을 써 보라.

2 원자력 발전의 문제점을 분석한 후, 이 문제를 어떻게 과학기술적인 방법으로 해결할 수 있을지 서론−본론−결론의 형식을 갖춰 2,000자 내외의 글을 써 보라.

참·고·문·헌

1. 김명진 편, 『대중과 과학기술』, 잉걸, 2001.
2. 박이문, 『시와 과학』, 일조각, 1990.
3. 신형기 외, 『모든 사람을 위한 과학 글쓰기』, 사이언스북스, 2008.
4. 이덕환 외, 『과학과 커뮤니케이션』, 서강대학교 출판부, 2011.
5. 기노시타 고레오, 『과학 글쓰기 핸드북』, 김성수 옮김, 사이언스북스, 2011.
6. 린다 플라워, 『글쓰기의 문제 해결 전략』, 원진숙·황정현 옮김, 동문선, 1998.
7. 마릴린 모라이어티, 『비판적 사고와 과학 글쓰기』, 정희모·김성수·이재성 옮김, 연세대학교 출판부, 2008.

하이젠베르크의 『부분과 전체』 (1971)

W. 하이젠베르크

『부분과 전체』

우리가 과학자의 자서전을 읽는 이유는 무엇일까? 대개 과학자는 과학이론으로 대표된다. 가령 다윈의 진화론, 아인슈타인의 상대성이론, 패러데이의 전자기론, 하비의 혈액순환론 등이 그런 예이다. 그렇지만 이런 명명법은 그 과학자의 업적을 한정하고 특정 이론에 대한 우선권을 보증한다는 의미가 아니라면 지극히 불충분하다. 다윈이 진화론을 수립하고 아인슈타인이 상대성이론을 세웠지만 그 이론을 통해 우리가 얻을 수 있는 것은 극히 일부에 불과하기 때문이다. 다시 말해서 과학자는 특정한 이론으로 환원될 수 없으며, 과학은 과학이론들의 단순한 합이 아닌 것이다.

베르너 칼 하이젠베르크(Werner Karl Heisenberg: 1901~1976)를 떠올릴 때에도 우리 머릿속에 연상되는 몇 개의 단어들이 있다. 불확정성의 원리, 양자역학, 원자폭탄……. 이것들이 하이젠베르크를 특징짓는 핵심 키워드인 것은 분명하다. 그렇지만 이것들은 모두 부분에 불과하다. 베르너 하이젠베르크는 이러한 요소들을 포함하고 있지만, 그것들을 모두 합친 것보다 훨씬 크다. 우리가 그의 자서전을 읽는 까닭은 아마도 여기에 있을 것이다.

그렇다면 우리가 그의 자서전 『부분과 전체(*Der Teil und das Ganze, Gespräche in Umkreis der Atomphysik*)』를 통해 볼 수 있는 것은 무엇인가?

첫째, 과학이란 무엇인가에 대한 넓은 의미를 이해하는 중요한 창문을 제공해준다는 점이다. 흔히 과학이 이 세계를 이해하는 방식 또는 세계에 대한 설명체계라는 사실은 자주 간과된다. 토머스 쿤은 성숙한 과학으로서의 정상과학은 곧 패러다임이며, 그 시대에 주어진 문제를 해결하려는 하나의 방식이라는 말을 통해서 과학의 본질을 제기해준다. 사실 과학은 특정한 시대에 주어진 과제를 정의하고 해결하려는 노력 그 자체이며 그 이상도 이하도 아니다. 하이젠베르크가 살았던 시대는 고전역학이라는 낡은 설명체계의 한계가 노정되면서 세계를 바라보는 새로운 관점에 대한 요구가 들끓던 시대였다. 그의 불확정성의 원리가 중요한 토대를 제공한 양자역학 역시 세상을 이해하는 또 하나의 방식이었다. 하이젠베르크는 이 책을 통해서 고전역학이 그러했듯이 양자역학 또한 절대적인 무엇이 아니라 언젠가 새로운 인식에 대한 요구에 떠밀려 새로운 접근방식에 자리를 내줄 수밖에 없는 부분임을 이야기해준다. 즉, 우리가 이 세상을 이해하려는 부단한 노력이라는 결코 끝나지 않을 전체의 일부일 뿐이다.

둘째, 불확정성의 원리가 수립되는 과정을 추적하면서 현대 물리학의 궤적을 생생하게 이해할 수 있다. 여기에는 그의 지도교수였던 아르놀트 좀머펠트, 그의 동료였던 볼프강 파울리, 그에게 과학뿐만 아니라 철학에도 지대한 영향을 주었던 닐스 보어와 알베르트 아인슈타인 등 현대 물리학의 대가라 일컬어지는 인물들이 거의 망라되다시피 한다. 하이젠베르크는 자서전을 통해서 그들과 나눴던 대화를 놀랄 만큼 상세하게 소개해주고 있다. 우리는 하이젠베르크의 눈을 통해서 그들을 만나보고 그들이 품었던 생각과 고뇌를 극히 미세한 결에 이르기까지 느껴볼 수 있다.

셋째, 물리학의 황금기라는 당시의 역사적 맥락 속에서 하이젠베르크라는 개인이 걸출한 과학자로 성장해간 과정을 들여다 볼 수 있으며, 나치 정권의 수립과 2차 세계대전 발발이라는 폭압적 정치적 상황에 대응하는 과정의 세부적인 상을 얻을 수 있다. 이것은 과학자로서의 꿈을 키우는 학생들에게 과학자의 사회적 책임을 제기해주는 중요한 대목이다. 특히 당시 독일의 과학계가 처했던 특수한 정치적 상황 속에서 망명을 할 것인가 아니면 독일에 남아 학생과 젊은 과학자들을 이끌어야 할 것인지 결정하기 위해 고뇌하는 모습은 우리에게 많은 것을 시사해준다. (중략)

이 책에서 '이해'라는 주제는 매우 빈번하게 제기된다. 하이젠베르크는 "현대물리학에서의

'이해'라는 개념"이라는 장을 통째로 이 문제에 할애했고, 그밖에도 동료 선배학자들과의 토론 속에서 다양한 맥락에서 이 주제를 깊이 있게 다루고 있다.

어떤 의미에서 과학은 이 세상에 대한 이해를 토대로 적절한 해석을 내놓는 체계적인 행위라고 볼 수 있다. 그런 면에서는 인류 최초의 문명에서 공통적으로 나타나는 신화나 전설도 이러한 이해의 한 형태였다고 볼 수 있다. 다시 말해서 인간 존재가 가능하기 위해서는 어떤 식으로든 주위 세계를 인식하는 행위가 요구되며, 과학 역시 그러한 행위의 한 가지 방식이라고 하겠다. (중략)

이해라는 주제에 대한 천착은 불확정성의 원리의 발견으로 이어진다.

"자연이 그렇게 미쳐버리는 것이 가능할까?"

하이젠베르크는 "양자론의 코펜하겐 해석"이라 불리는 양자역학의 중요한 돌파구가 마련되기 직전 닐스 보어와 치열한 논쟁을 벌이다가 지쳐 공원을 거닐면서 이런 말을 중얼거렸다. 코펜하겐 해석은 보어의 상보성의 원리와 하이젠베르크의 불확정성의 원리를 두 기둥으로 삼는다.

불확정성의 원리를 한마디로 표현하자면 q의 위치를 마음대로 정확하게 측정할 수 있지만, 그렇게 될 경우 더 이상 그 입자의 운동량 p에 대해서는 정확한 예측이 불가능해진다는 것이다. 그는 절친한 친구인 볼프강 파울리에게 보낸 편지에서 이런 비유적인 표현을 들었다.

우리는 세계를 p의 눈으로 볼 수 있고, 또한 그것을 q의 눈으로도 볼 수 있다. 그러나 우리가 두 눈을 동시에 뜨려고 하면 우리는 오류를 범한다.

하이젠베르크와 보어의 연구를 통해 물리학의 세계상의 혁명이 실질적으로 완수되었다고 할 수 있다. 그것은 단지 물리학의 이론이라는 범주를 넘어서 근대 이후 우리가 세계를 바라보는 방식의 크나큰 전환을 뜻하는 것이었다.

뉴턴의 『프린키피아(Principia)』로 대표되는 기계론적 세계관은 근대성(modernism)의 초석을 이루면서 힘과 운동이라는 역학적 관점에서 세계를 인식하는 과학적 인식론을 수립시켰다. 당시 물리학은 어떤 설명체계보다도 세계에 대한 높은 설명력을 제공했기 때문에 생물학과 같은 물리학 이외의 자연과학 분야들은 물론, 사회학을 비롯한 인문·사회과학의 영역도 물리학을 모방하려는 경향성이 나타났다.

뉴턴역학으로 대표되는 고전역학은 세계가 법칙성을 내세우고 있고, 물리학을 중심으로 한 과학을 통해서 그 법칙성을 이해할 수 있다고 생각했다. 라플라스와 같은 수학자는 현재에 대한 정확한 정보를 알 수 있다면 미래를 예측하는 것까지도 가능하다는 강한 믿음을 제기하기도 했다. 그러나 불확정성의 원리는 고전물리학의 신념을 그 전제에서부터 무너뜨렸다. 하이젠베르크는 이렇게 말했다.

> 현재를 정확하게 알 수 있다면 미래를 계산할 수 있다는 인과율의 표현에서 잘못된 부분은 결론이 아니라 조건이다. 원리상으로 우리는 현재를 모든 결정 부분을 통해 알 수 있다. 그러므로 모든 인지는 가능성의 더미로부터의 선택이며 미래에 가능한 것을 제한하는 것이다.

"양자역학과 칸트 철학"이라는 장(章)에 등장하는 칸트 철학자인 그레테 헤르만과의 대화에서 헤르만은 "양자역학이 인과율을 해이케 하면서 여전히 자연과학으로 남아있겠다는 것은 허용될 수 없는 일"이라고 주장했다. 이 비판에 대해 하이젠베르크는 특정 라듐원자가 전자를 방출하는 현상에서 어떤 원인을 지적할 수 없다는 예를 들면서 고전적인 인과율의 붕괴를 설명했다. 연구를 계속하면서 이런 불완전한 상태를 벗어나서 전자가 언제 어느 방향에서 방출되는지 '결정할' 수 있지 않겠느냐는 철학자의 지적에 대해서 그는 이렇게 답한다. "라듐 B원자를 대상으로 한 다른 실험들에서 우리가 이미 알고 있는 이상으로 이 원자에 대한 결정 요소는 얻어지지 않는다고 결론지어졌기 때문입니다."

그렇다면 칸트를 비롯해서 고전적인 이론들과 철학들은 모두 틀렸다는 것인가? 함께 대화를 나누던 칼 프리드리히는 아르키메데스의 지레의 법칙을 예로 들어 설명한다. "지레의 법칙은 아르키메데스 당시의 기술적 측면에서 중요한 실제적 규칙성의 정식화를 나타내지만 오늘의 전자기술에서는 충분하지 않은 것과 마찬가지입니다." 다시 말해서 인식 상황이 달라졌으며, 지레의 법칙이 역사적 발전 과정에서 더 포괄적인 기술체계의 일부가 되었듯이 칸트의 철학과 고전적인 과학이론들 역시 당시의 인식 상황에서는 정당한 것이었다는 뜻이다.

결국 고전적인 인과론은 모든 과학이 기초로 삼는 보편적인 토대가 아니라 고전 물리학이 기반으로 삼았고, 그 이후 근대적 인식이 기반을 두었던 국소적(local) 기반이었을 뿐이다. 그리고 양자론이 요구되는 새로운 인식 상황에서는 이 인과론 역시 세계에 대한 인식의 한 부분으로 포괄될 수밖에 없다는 것이다. (중략)

이제 이 책의 제목이자 책 전체를 관통하는 기본 주제인 '부분과 전체'에 대해 살펴볼 차례이다. 우리는 이 책을 통해서 과학이라는 실행(practice)이 우리를 둘러싸고 있는 세계를 이해하려는 치열한 관여라는 것을 새삼스럽게 깨닫게 된다. 여기에서 굳이 '새삼스럽게'라는 어휘를 사용한 까닭은 요즈음 우리 주변에서 과학을 지나치게 도구적인 것으로 인식하는 경향이 두드러지기 때문이다. 세계에 대한 이해는 사변이나 실험, 또는 그 어떤 부분적인 노력만으로 얻어질 수 없다. 그것은 매우 치열한 현실에 대한 관여이자 개입이다. 하이젠베르크는 이 책을 통해서 과학이 무엇이고, 과학에 대한 추구가 무엇인지를 일깨워준다. 결국 그것은 부분과 전체의 관계로 우리 눈앞에 드러난다.

'부분과 전체'라는 철학적 명제는 이 책을 관통하는 중심적인 주제이다. 각 장들은 저마다 다양한 소재를 대상으로 이 주제를 변주하고 있는 셈이다. 이 책을 번역한 김용준 교수는 역자 후기에서 이렇게 말했다. "오늘날 과학자들은 전체를 보는 눈은 아예 없어지고 말았다 해도 과언이 아닐 정도로 부분만을 응시하게 되었다." 하이젠베르크가 부분성만을 생각했다면 그가 미국으로 이민을 갔을 것이고, 또한 인류라는 전체를 고려했기 때문에 독일에서 원자폭탄을 개발하지 않고 전후의 평화적인 이용과 학문적 연구로 그 방향을 전환했다는 것이다.

고전역학의 인과론은 당시의 인식적 지평에서는 전부였지만 양자역학의 등장을 통해서 한 부분에 불과하다는 사실이 밝혀졌다. 아인슈타인은 상대성이론을 통해 광속과 같은 상황에서는 뉴턴역학이 적용될 수 없다는 사실을 밝혀 그 국소성(locality)을 입증했지만 양자론에 대해서는 "신은 주사위 놀이를 하지 않는다."는 유명한 말을 남기며 새로운 이론을 거부했다. 당시 보어와의 논쟁에서 사실상 패했으면서도 아인슈타인이 끝내 양자론적 해석을 거부하자 파울 에렌페스트는 "아인슈타인, 자네는 상대성이론에 대해 반대했던 사람들처럼 새로운 양자론에 반대하고 있지 않은가?"라고 힐난했다는 구절은 1905년에 세 편의 논문으로 상대성이론과 양자역학의 기초를 닦았던 아인슈타인 역시 하나의 부분임을 깨닫게 한다.

이 책을 읽어나가면서 우리는 세계를 이해한다는 것이 결국 부분과 전체의 복잡하게 얽힌 관계를 순간순간 깨닫는 것임을 어렴풋이나마 알게 된다. 안개 속에서 잠깐 비친 햇살로 바위의 한 모서리가 드러나면 우리는 그 단편들을 기초로 산의 모습을, 그리고 그 아래 펼쳐질 전경을 상상한다.

- 김동광, 「이해란 무엇인가–하이젠베르크의 『부분과 전체』」,
『서양의 고전을 읽는다(1)–인문·자연』, 휴머니스트, 2006.

2장
과학기술자의 소통과 참여

과학기술자의 글쓰기는 실험실에만 머무르지 않는다. 과학의 발견은 글쓰기를 통해 비로소 세상 밖으로 나온다. 전문 과학저널뿐만 아니라 신문과 잡지, 대중 과학도서, 연구비를 수주하기 위한 제안서에 이르기까지 과학기술자의 글쓰기는 다양한 매체와 그에 맞는 형식을 통해 발표된다. 발표 매체와 형식에 따라 글의 수준이 결정되며, 여러 계층의 다양한 독자들이 상정된다. 독자와 소통할 수 있는 글쓰기가 가능할 때 비로소 과학기술자의 현실 참여는 이루어진다.

"우리의 목표는 널리 퍼져 있는 신화를
제대로 정립된 진정한 과학적 진리와 구분하고
그것을 정확하면서도 매력적으로 전달하는 것이다."
** 린 마굴리스, 『생명이란 무엇인가』

1 과학기술 글쓰기의 독자

과학 노트나 실험보고서, 학위논문 등은 일정한 글쓰기 형식과 내용을 갖추고 있다. 같은 분야에 종사하는 과학기술 연구자들 사이에서는 일반인들에게는 생소하고 어려운 전문용어들이 사용되더라도 문제될 것이 거의 없다. 그러나 과학기술 관련 글쓰기의 독자가 과학기술자들만 있는 것은 아니다. 특정기관으로부터 연구비를 얻기 위해 제출하는 연구제안서의 독자들 중에는 과학기술자뿐만 아니라 정부 관료나 기업가도 포함되어 있다.

인접 학문과의 교류가 활발한 과학기술 분야의 최근 경향에 비추어 보면 인문·사회 등 다른 분야의 전문가들 역시 중요한 독자이다. 과학기술에 관심이 있는 인문·사회 분야의 독자들뿐만 아니라 일반 대중들 역시 신문이나 잡지, 서점에 나와 있는 과학기술 도서를 통해 자신이 원하는 정보와 지식을 얻는다.

특정 집단 안에서 과학자의 입지를 확고히 하기 위해서나 과학기술의 대중화를 위해서, 나아가 사회적 문제에 대한 과학기술자의 실천을 위해서도 글쓰기는 효과적이고 유용한 소통의 도구이다. 과학기술 글쓰기에서 우선 전제되어야 하는 것은 독자의 눈높이와 함께 매체의 특성을 세심하게 검토하는 일이다. 『네이처(Nature)』지나 『사이언스(Science)』지에 사용하는 문체와 용어의 선택이 일간 신문이나 대중 잡지에 실리는 것과 같을 수는 없기 때문이다.

> 과학기술 글쓰기는 과학자의 입지를 다지고 과학의 대중화를 실천하기 위한 필요충분조건이다.

아래 【예문1】은 학술지에 실린 다관절 로봇에 관한 논문 가운데 일부이다. 【예문2】는 정부기관에 제출한 연구계획서이며, 【예문3】은 로봇 관련 잡지에 실린 다관절 로봇에 관한 글이다. 각각의 예문에서 사용하고 있는 용어, 문체, 표현 등을 비교하여 검토해 보자.

예문 1 다관절 로봇의 고강성 정밀 위치 제어 연구

최근 제조현장에서 작업의 정밀도에 대한 요구가 높아지면서 산업용 로봇의 정밀 위치제어에 대한 연구가 많이 이루어지고 있다. 본 논문에서는 산업용 로봇에 사용되는 영구자석 동기 전동기의 정밀 위치제어의 방법으로 상태궤환제어기(state feedback controller)와 데드 비트 부하 토크 관측기(deadbeat load torque observer)를 이용한 외란 보상 방법에 의해 응답 특성을 개선하는 시스템을 제안하였다. 정밀 위치제어가 요구되는 산업용 로봇에서 외란은 로봇의 성능에 영향을 미치는 중요한 요소 중의 하나이다. 따라서 최근에는 외란에 영향을 받지 않는 강인한 제어기에 대한 연구가 활발히 진행되고 있다. 본 연구에 사용된 외란 관측기는 이미 선행연구로 알려진 데드비트 외란 관측기를 이용하였다. 이와 같이 제안된 제어기는 외란에 의한 변화를 갖는 시스템에서 정밀 위치제어를 할 수 있으며, 이의 안전성과 효용성을 검증하기 위해, 컴퓨터를 이용한 시뮬레이션과 실제 다관절 로봇에 적용하여 보았다.

영구자석 동기 전동기는 비선형 특성을 나타낸다. 그러나 벡터 제어의 일종인 자속 기준 제어(field-oriented control)에 의해 i_{ds} 를 0으로 만들 수 있고, 이 제어 방법에 의한 영구자석 동기 전동기의 시스템 방정식은 선형방정식으로 쓸 수 있다. 자속 기준 제어를 수행하기 위해서 각 3상 전류 명령치는 독립적으로 만들어져야 한다. 이 전류 명령은 회전자 기준의 제어 전류 명령치를 고정자 기준으로 바꾸어 구할 수 있다.

— 김현식·최현종·김성락·고종선, 「다관절 로봇의 고강성 정밀 위치 제어 연구」, 『2010년 정보 및 제어 심포지엄(CICS 2010) 논문집』, 2010. 10.

예문 2 고성능 유연작업 다관절 로봇 매니퓰레이터의 개발

사절 링크의 한절은 고강성의 볼나사로 구성되며, 이의 직선운동으로 사절 링크의 회전 관절을 동작시키는 구조로 이루어진다. 구성된 사절 링크의 특성을 분석하여 소형 구동기로 최적의 토크를 구현할 수 있는 연구를 수행한다. 또한, 로봇의 관절에 부가되는 부하를 최소화하기 위하여 연쇄적 링크의 기구적 해석과 구동기의 최적 배열을 위한 설계를 수행한다. 이를 바탕으로 로봇의 중량은 기존 로봇보다 1/2이고 로봇 구동모터의 총용량이 기존 산업용 로봇의 약 40%인 3Kw로 100kg의 가반중량을 갖는 성능을 목표로 로봇의 구조설계를 수행하고 컴퓨터 시뮬레이션을 수행한다. 로봇의 기구부를 직접 제작하고, PIDF 성능을 갖는 모션제어기를 이용하여 제어시스템을 제작한 후, 로봇의 경로 알고리즘을 설계하여 100Kg 중량의 작업 물체를 이송하는 경로 추종 시험을 수행한다. 또한,

볼나사를 유연하게 교체할 수 있도록 하여 반복 정밀도의 개선이나 고속 작업 성능과 같은 유연 작업 성능을 확인한다. 이때, 반복 정밀도는 기존 산업용 로봇보다 4배 이상인 0.05mm (산업용 로봇은 100Kg의 가반중량 로봇의 경우 반복 정밀도는 0.2mm임)의 성능을 구비하도록 설계한다. 더 향상된 경로 추종 성능을 위하여 I/O Data Acquisition Board를 이용하여 제어시스템을 구성하고 슬라이딩 모드 제어기를 설계한다.

— 최형식, 「고성능 유연작업 다관절 로봇 매니퓰레이터의 개발」,
『한국과학재단 지역우수연구자사업(R05-2002-000-01029-0) 보고서』, 2004. 5.

예문 3 다관절 로봇이란?

지난 호까지 약 1년 동안 휴머노이드에 대하여 알아보았다. 사실 휴머노이드도 관절 로봇의 일부이며 관절 로봇이라 함은 다양한 범위의 여러 가지 로봇을 포함한다. 우리 주위에서 흔히 볼 수 있는 2족, 4족, 6족 등의 장난감이나 로봇 완구를 보면 대부분이 사람의 관절과 비슷한 동작을 하지만, 단가 문제로 실제로는 DC모터와 기어를 이용한 것이 대다수이다. 이 정도로 관절 로봇은 곳곳에서 모방이 될 정도로 인기가 많으며, 쉽게 볼 수 있다. 요즘은 완구를 벗어나 실제 4족 보행을 하는 다관절 로봇 '아이보'를 시작으로 2족 보행 로봇 '휴머노이드' 등 다양한 형태의 다관절 로봇들이 개발되고 있다. 그럼 '다관절' 이란 뜻은 무엇일까? 많을 다(多) + 관절, 즉 많은 관절이 있다는 뜻이다. 이번 호부터는 다관절 로봇의 세계로 함께 떠나도록 하겠다. 출발!!

다관절 로봇에 대해 구체적이고 간단하게 알아보자. 다관절 로봇이란 여러 개(보통 3개 이상)의 모터를 사용하여 원하는 방향으로 움직일 수 있도록 만든 로봇이다. 사람의 어깨, 팔, 손목 등의 관절을 가지고 있어서 사람이 하는 운동과 비슷하게 운동할 수 있으며 '다관절 매니퓰레이터'가 그 대표적인 예이다. 현재는 다양한 서비스용(휴머노이드), 교육용 및 엔터테인먼트용 다관절 로봇이 많지만, 초창기에는 거의 단순 반복을 위한 산업 현장에서부터 시작되었다고 볼 수 있다. 실제로 로봇(robot)이란 말은 노동을 뜻하는 체코어 'robota'에서 유래되었다.

— 이현종, 「다관절 로봇이란」, 『월간 로봇』, 2011. 3.

【예문1】의 경우는 같은 분야의 연구자들을 독자로 삼은 것이다. 관련 분야의 전문 용어나 최신의 경향들을 반영한 개념들을 적극적으로 사용하는 것은 논문의 수준과 연구자의 성실성을 방증하는 효과적인 글쓰기 전략이 될 수 있다.

【예문2】는 과학기술자뿐만 아니라 연구 프로젝트를 심사하는 정부 관료와 다른 분야의 전문가들까지 독자로 고려한 글쓰기이다. 독자의 이해를 돕기 위해 괄호를 사용하여 구체적인 설명을 덧붙이고 있다.

이에 비해 【예문3】은 과학 잡지에 실린 일반 독자들을 대상으로 한 글쓰기이다. 문체에서부터 용어의 선택과 그에 대한 설명에 이르기까지 독자의 눈높이를 세심하게 고려하고 있음을 확인할 수 있다.

학습활동 1 【예문】 1, 2, 3에 나타난 글의 구성, 문체·용어의 선택, 설명 방법 등을 비교해 보고 각각의 글이 갖는 글쓰기의 특징을 종합적으로 분석해 보자.

	예문 1	예문 2	예문 3
글의 구성			
문체(용어)상의 특징			
설명의 방법			
예상 독자			

2. 소통을 위한 글쓰기 전략

과학기술 글쓰기에서는 전문적인 연구 내용을 학계에 발표하는 저술 활동, 학술논문이나 기술보고서(technical report) 외에도 매체에 따라 다양한 글쓰기가 가능하다. 과학지식을 공유하고 있지 않은 일반인을 상대로 과학기술자들의 연구 내용을 소개하거나 그들의 연구 목적이 무엇이며 사회적 파급 효과는 무엇인지를 고찰하는 저술 활동, 일반적으로 출판되는 과학기술 교양서, 신문이나 잡지에 싣는 칼럼 등이 그것이다. 이 중 대중과 가장 쉽게 소통할 수 있는 글쓰기 장르가 칼럼(column)이다.

칼럼이란 '신문, 잡지 등의 매체에 시사·사회·풍속에 관하여 짧게 쓴 글'을 말한다. 칼럼은 분량도 많지 않고, 누구나 쉽게 접할 수 있는 글쓰기 장르이자 중요한 정치·사회적 소통 행위를 하는 글쓰기 형식이다. 칼럼이 전문적인 글쓰기 못지않게 중요한 까닭은 한 사회의 오피니언 리더에 속하는 사회 지도층이나 전문가의 의견이 제시되는 글이라는 점 때문이다. 저자가 가지는 사회적 지위나 전문성에 비례하여 그가 쓴 글의 내용이 한 사회에 미치는 파급력은 클 수밖에 없다.

과학기술 칼럼도 일종의 저널리즘적 글쓰기에 속하는 영역이다. 저널리즘적 글쓰기에서 우선 고려해야 할 것은 정확한 사실에 바탕을 두고서 그 사실을 정확하게 표현하고 전달하는 일이다. 또한 그러한 사실은 이미 모두가 알고 있는 이야기가 아니라 독자로 하여금 사회 변화와 그 변화의 방향성을 파악하는 데 도움을 줄 수 있는 것이어야 한다.

다음 두 예문은 서로 다른 목적으로 작성된 글이다. 【예문4】가 '사실'에 대한 정보 전달이 목적이라면, 【예문5】는 자신의 '의견'을 구체적 사례를 들어 새로운 시각으로 분석하고 있다. 과학기술 글쓰기에서는 '사실'과 '의견'이 다름을 알고 이를 분명히 구별하여 기술해야 한다.

사실이란 증거를 들어서 뒷받침할 수 있는 것이므로, 이를 통해 글의 객관성을 높일 수 있다. 반면 의견이나 판단은 객관적으로 증명하기 어려우므로, 반드시 객관적인 사실을 전제로 하고 합리적인 추론 과정을 통해 논리적으로 증명해야 한다.

두 글의 구성, 전개, 문체, 사례 제시 방식 등의 차이에 관심을 두고 읽어보자.

예문 4 이젠 지능형 친환경 자동차

최근 세계 자동차 업계는 치열한 경쟁과 점점 강화되는 각종 규제 하에 더 안전하면서도 친환경적인 자동차 개발에 사활을 걸고 있다. 지능형 자동차와 친환경 자동차는 다가올 미래형 자동차의 핵심 키워드이며 동시에 무한 경쟁에서 살아남기 위한 자동차 업계의 생존을 건 화두이다.

현재 자동차 산업은 에너지 및 환경 문제가 등장함에 따라 저탄소, 고연비와 같은 새로운 요구 조건을 만족시키기 위해서 하이브리드 자동차, 연료전지 자동차, 전기 자동차 등 친환경 자동차에 대한 상용화에 박차를 가하고 있다. 또 한편으로는 교통사고를 예방하고 교통 흐름을 향상시키기 위하여 운전자의 안전성과 편의성을 극대화할 수 있는 지능형 자동차 개발도 진행하고 있다.

흔히 자동차라고 하면 기계와 많은 관련이 있을 것으로 생각하고 IT 및 전자 산업과는 동떨어진 것으로 인식하고 있는 경우가 많다. 하지만 친환경 자동차 및 미래 지능형 자동차 개발을 위해서는 IT기술 및 전자기술의 도움이 필수적이다.

IT기술의 발달은 자동차에 안정성과 편의성을 크게 높이는 다양하고 새로운 기능의 도입을 가능하게 하였고, 전통적 기계 산업이던 자동차 산업을 전자–IT 융합 산업으로 전환케 하고 있다. 이에 따라 현재 전자 부품의 비중이 30%에 육박하는 자동차 생산 원가에서 하이브리드 자동차 같은 미래형 자동차에서는 50%가 넘을 것으로 전망되며, 미래형 고연비 친환경 자동차 역시 IT기술에 크게 의존할 전망이다.

세계적으로 독일의 벤츠와 BMW는 최고 수준의 자동차 전자기술을 확보, 적용하고 있으며 일본의 도요타는 10여 년 전부터 하이브리드 자동차 기술을 선도적으로 연구 개발하여 현재 하이브리드 자동차 시장을 석권하고 있다. 또한 중국은 세계 최초로 가정에서 전기충전이 가능한 플러그인 하이브리드 자동차를 출시하는 등 세계 각국은 자동차용 IT-전자기술의 확보를 위한 치열한 경쟁을 하고 있다. 세계적으로 높은 수준의 IT-전자 및 자동차 등 두 분야를 가지고 있는 우리나라 또한 지능형 자동차 IT 및 전자 원천기술을 확보하는 데 주력하고 있다.

미래 자동차는 기존의 가솔린 및 디젤 차량에서 벗어나 다양한 동력원을 바탕으로 발전을 하고 있다. 주요한 미래 자동차의 방향으로써 하이브리드 자동차, 연료전지 자동차, 그리고 전기 자동차가 있다. 이 중에서 전기 자동차의 미래가 가장 밝은 편이며 세계적으로 많은 연구가 진행되고 있다. 우리나라에서도 현대자동차의 '블루온', CT&T의 'E-zone', AD모터스의 'Change' 및 파워프라자의 '예쁘자나' 등이 개발되었다.

또한 미래 자동차를 안전하고 편리하게 만들기 위한 첨단기술도 많이 연구 개발되고 있다. 예를 들어 자동차의 안전을 보장하기 위한 타이어 공기압 자동 감지 시스템과 앞차와의 차간 거리를 능동적으로 조절하면서 교통 흐름 개선에 큰 역할을 할 것으로 예상되는 스마트 크루즈 컨트롤 기술 등이 있고, 주차 시 주변 환경을 인식해서 편안하게 주차를 도와주는 주차 조향 보조 시스템과 주행 시 사고 방지를 위하여 차선 이탈 시 경고를 해주는 차선 이탈 경고 시스템 등도 있다.

무인자동차에 대한 연구도 매우 활발하게 진행 중이며 아우디가 개발한 무인자동차는 운전자 없이 산 정상까지 빠른 속도로 주행이 가능함을 보여주고 있다. 또한 인터넷 업체인 구글도 무인자동차를 개발하고 있으며 도로 주행까지 하는 모습을 보여줬다. 이처럼 미래 지능형 자동차 IT 연구는 안전하고 친환경적인 자동차 시대를 여는 핵심적인 역할을 하게 될 것이다.

— 서승우, 「이젠 지능형 친환경 자동차」, 『디지털 타임스』, 2011. 8. 12.

예문 5 피카소와 아인슈타인

현대의 문을 연 천재들을 얘기할 때 가장 자주 언급되는 두 사람은 단연 피카소와 아인슈타인이다. 이 두 천재의 공통점에 대해서는 엄청나게 많은 분석과 글들이 나와 있다.

둘은 모두 20세기 초반에 자신들의 대표적인 업적을 남겼다. 큐비즘의 시대를 연 피카소의 「아비뇽의 여인들」이 세상에 첫 선을 보인 게 1907년이었고, 아인슈타인의 특수상대성이론이 소개된 것이 1905년, 일반상대성이론이 발표된 것이 1916년이었다.

『천재성의 비밀』, 『아인슈타인, 피카소: 현대를 만든 두 천재』 등의 책을 쓴 과학사학자 아서 밀러는 창의성이란 통합적 사고와 상상력에서 나온다고 주장한다. 특히 피카소와 아인슈타인의 경우에는 언어적 사고보다 시각적 사고에서 천재성이 우러나왔다고 설명한다. 과학과 예술이라는 어찌 보면 그리 닮지 않은 두 분야에서 나란히 천재성을 발휘한 이들의 유사성은 우리에게 많은 걸 시사한다.

자연과학을 하는 사람들은 본질적으로 반골 기질을 많이 갖고 있다. 문제를 보이는 그대로 보지 않는다. 늘 째보고, 갈아엎어 보고, 뒤집어 본다. 과학자의 이런 반골 기질이 종종 비범한 발견을 낳는 것이다. 나도 명색이 자연과학자인 만큼 반골 흉내를 내보련다. 대부분의 사람들이 피카소와 아인슈타인의 공통점을 찾는 데 노그라져 있으니 나는 삐딱하게 한번 뒤집어보련다. 이 둘의 차이점을 찾아보겠다는 말이다.

나 역시 이 두 사람 모두 인류 역사에서 또다시 태어나기 힘든 천재라는 걸 인정한다. 하지만 이들이 천재성을 발휘하기에 이른 과정은 무척 다르다. 이 둘을 야구선수로 비유한다면 아인슈타인은 타율에는 그리 신경을 쓰지 않은 채 어느 날 드디어 장외홈런을 때린 사람이고, 피카소는 수없이 많은 단타를 치다 보니 심심찮게 홈런도 때렸고 그 중에는 몇 개의 만루홈런도 나온 것이다. 피카소는 평생 엄청난 수의 작품을 남겼다. 그가 남긴 작품 중에는 솔직히 평범한 것들도 많다. 그러나 워낙 많이 그리다 보니 남들보다 훨씬 많은 수의 수작을 남기게 된 것이다.

단타에는 큰 관심이 없고 그저 홈런만 노리는 선수들이 예술과 과학 분야에 유독 많은 것 같다. 그리고 입단한 지 여러 해가 지나도록 홈런 한번 치지 못하고 지저분한 단타만 치고 있는 자신을 보며 끝없는 회의에 빠지는 이들도 많다. 내 주변의 젊은 과학도들 중에도 이처럼 자학적인 선수들이 제법 많다. 그들에게 나는 묻는다. 아인슈타인처럼 될 자신이 있느냐고. 고개를 떨구며 아니라고 답하는 선수들에게 나는 피카소가 되라고 말한다.

나의 이 같은 분석과 처방이 피카소의 천재성에 누가 되지 않기를 진심으로 바란다. 두뇌 회전이 특별히 우수한 사람들이 모두 대단한 업적을 내는 게 아니라는 걸 우리는 주변에서 늘 보고 있다. 나는 과학자에게 섬광처럼 빛나는 천재성보다 부지런함과 성실함이 더 소중한 덕목이라고 생각한다. 나는 아인슈타인보다 피카소 같은 학생이 좋다.

기린의 목은 아무리 잡아 늘여도 길어지지 않지만 과학도의 키는 끊임없이 큰다. 그리고 키는 조금만 커져도 전에는 보이지 않던 것들이 홀연 눈에 들어오기 시작하는 법이다.

후배들이여, 아인슈타인이 못 된다고 실망하지 말라. 부지런히 뛰다 보면 앞서가는 피카소의 등이 보일 것이다. 너무 조바심내지 말고 신명나게 뛰어보자.

— 최재천, 「피카소와 아인슈타인」, 『The Science Times』, 2008. 1. 6.

【예문4】는 최근의 자동차 산업의 변화와 관련하여 저자의 전문 지식을 동원하여 알기 쉽게 '사실'에 대해 정보를 제공하고, 미래에 대한 전망을 제시하고 있는 글이다. 【예문5】는 객관적인 정보 전달이 아니라 전혀 무관해 보이는 두 대상을 선택하여 비교와 대조의 방법을 사용하여 독창적인 해석과 의견을 제시하고 있다.

학습활동 2

【예문4】와 【예문5】는 신문에 실린 칼럼 형식의 글이다. 전체 글의 맥락을 파악하여 우선 도입과 본론, 마무리로 나누어 원문의 개요를 작성해 보자. 개요를 작성한 후에는 각 단락별로 주제문을 추출하여 보고, 글의 흐름상 불필요한 부분이나 보충해야 할 부분을 찾아 수정 개요를 작성해보도록 한다.

수정 전 개요			
구성	단락	주제문	수정
도입			
본론			
마무리			

수정 후 개요			
구성	단락	주제문	수정
도입			
본론			
마무리			

3 대중적 글쓰기를 통한 현실 참여

 원자폭탄 개발과 세계평화 문제에 대한 아인슈타인의 사회적 발언은 과학기술자의 역할이 단지 실험실에만 머물러서는 안 된다는 것을 보여주는 좋은 사례이다. 호주제 존폐에 대한 생물학자의 의견 제시, 유전자변형식품(GMO)의 유해성 논란, 핵개발과 방사선 폐기물 처리를 둘러싼 논쟁 등은 모두 과학기술자의 역할이 요구되는 사회적 안건이라고 할 수 있다.

 과학기술자의 대중적 글쓰기에서 특히 유의해야 하는 것은 사실과 의견을 분명히 구분하는 것이다. 사실과 의견이 분명히 구분되지 않는 글은 독자와의 소통에 실패하거나 독자를 호도할 수 있다. 또한 자신의 주관에 매몰되어 확인할 수 없는 사실을 명백한 사실인 양 이야기한다면 그것은 도덕적으로 용납할 수 없는 행위이다.

사실, 추론, 의견, 판단

- 사실: 옳다고 생각되고 증명이 가능한 명제. 바꿀 수 없음.
- 추론: 사실을 만들어가는 방법. 추론 과정이 합리적이면 항상 동일한 결론에 도달하게 됨.
- 의견: 개인적인 취향에 기초를 두는 견해. 객관적으로 증명되지 않음.
- 판단: 개인적인 의견에 기초를 둔 가치 평가. 객관적으로 증명되지 않음.

과학기술자들의 현실 참여를 위해 우선 고려되어야 할 것은 비전문가들을 포함한 대중과의 소통을 위해 눈높이를 맞추는 일이다. 【예문6】은 2012년 '힉스 입자'의 존재가 확인된 후에 실린 어느 신문의 기사이다. 이 글은 하나의 과학적 사실을 증명하기 위하여 얼마나 많은 시간과 노력이 필요한지를 잘 요약해 주고 있다. 【예문7】은 영국의 물리학자 브라이언 콕스가 정부 관료들에게 '대형강입자가속기(LHC)'의 건설을 위해 비유의 방법을 사용하여 '힉스 입자'를 설명하고 있는 글이다. (☞ 이에 대해서는 2부 6장 3절 '과학과 은유'를 참고할 것)

예문 6 힉스 입자

서른다섯 살 과학자 피터 힉스는 1964년 영국 에든버러대에서 물리학을 가르치고 있었다. "외모가 유행에 한참 뒤처진 듯한" 힉스는 유럽핵입자물리연구소(CERN)의 학술지에 짧은 논문 한 편을 보냈다. 노벨물리학상을 받은 일본 학자와 영국 학자가 완성한 이론에서 작은 허점을 발견하고 그 허점을 반박한 글이었다. 힉스는 평소에도 "가족보다 학문을 앞에 둔다."는 말을 들을 만큼 연구에만 몰두했다.

힉스는 우주 탄생 초기 다른 입자들에 질량을 갖게 해주는 가상(假想)의 입자가 존재했을 것이라고 추정했다. 대학 강사 신분이었던 힉스는 학술지에 두 번째 논문을 보냈으나 게재를 거절당했다. "더 이상 물리학이라고 볼 수 없다."는 이유였다. 힉스는 동료들과 어울리지 못하고 매우 수줍음을 탔다. 논문 게재를 거절했다는 소식에 그는 "저들이 내 이론을 이해 못했다."며 화를 냈다. 힉스는 논문을 다른 학술지에 보냈고, 그해 논문이 실렸다. 힉스는 여러 물리학자와는 다른 생각에 골몰했다. 그는 물리학계가 찾아내야 할 가상 입자가 '무거운 입자'일 것이라고 했다.

1967년 힉스는 한 학술회의 리셉션에서 한국인 이휘소 박사와 와인 잔을 기울였다. 격의 없는 대화가 오갔다고 한다. 1972년 이 박사는 학술회의를 주관하면서 힉스와 와인 마셨던 일을 떠올렸다. 이 박사는 힉스가 말했던 '무거운 입자'를 처음으로 '힉스 입자'라고 불렀다. 그 후 미국 학자 레온 레더먼은 우주 탄생 비밀을 밝혀줄 이 입자가 바로 '신의 입자(god particle)'라고 했다.

인간은 '세상은 무엇으로 이루어졌을까' 하는 질문을 끊임없이 반복해 왔다. 한때 우주 만물이 물과 불, 흙과 공기로 만들어졌다는 생각도 했다. 하지만 물리학자들이 원자(原子)를 발견한 후 핵폭탄이 나왔고, 전자를 발견한 뒤에는 온갖 전자 제품이 인간 사회에 소개됐다. 엊그제 스위스에 있는 CERN은 거대강입자가속기 실험을 통해 '힉스 입자'를 찾아냈다고 발표했다. 힉스 입자 발견으로 어떤 발명품이 탄생할지 알 수 없다. 힉스 입자가 우주 탄생의 출발점이라면 인간은 언젠가 힉스 입자를 이용해 우주를 발명해낼지도 모를 일이다.

물리학은 용어부터 너무 어렵다. 우주 탄생 초기에 '힉스 입자가 다른 입자에 질량을 부여하고 사라졌다'는 설명도 아리송하다. 보청기를 낀 여든셋 노인 힉스는 무신론자다. 그는 '신의 입자'라는 말도 싫어한다. 힉스는 화두(話頭) 하나를 물리학계에 뚝 띄워놓고 세상이 자기 이론을 증명할 때까지 기다렸다. 해답이 나오기까지 48년이 걸렸다. 그래도 죽기 전에 해답을 들어 행복할 것이다.

— 김광일, 「조선일보」, 2012. 7. 8.

예문 7 CERN(유럽핵입자물리연구소)의 대형 강입자가속기(LHC)

1980년대로 돌아가서, 저희는 LHC를 건설하기 위해서 영국 정부에 자금 지원을 요청했습니다. 그때 당시 마거릿 대처 수상이 이렇게 말했습니다. "만약 정치인들이 이해할 수 있는 언어로 당신들이 무엇을 하려고 하는지 설명할 수 있다면 자금을 지원해 주겠다. 도대체 힉스 입자가 무엇인지 알고 싶다."

우리는 적당한 비유를 하나 생각해 냈고, 이것이 결국 수상을 비롯한 정치인들을 설득할 수 있었습니다.

"자, 힉스 입자가 무엇을 하는 것이냐면 기초 입자에 질량을 주는 것입니다. 전체 우주를 한번 그려 보세요. 그냥 우주뿐만 아니라 당신도 포함해서요. 전체 우주는 힉스장이라 불리는 것으로 채워져 있습니다. 그러니까 힉스 입자들로요. 사람들이 들어 있는 방을 예로 들어보죠. 사람들을 힉스 입자라 가정해 봅시다. 이제 입자가 우주를 지나가면 이러한 힉스 입자들과 상호작용을 하게 됩니다. 하지만 생각해 보십시오. 누군가 별로 유명하지 않은 사람이 방을 지나가면 모두가 이를 무시하죠. 그래서 그 방을 매우 빨리 지나갈 수 있습니다. 거의 빛의 속도에 맞먹게 말입니다. 이것들은 질량이 없는 거예요. 그리고 누군가 중요하고 유명하고 똑똑한 사람이 방으로 걸어 들어온다고 생각해 보세요. 그들은 사람들에게 둘러싸이게 됩니다. 그리고 그들이 지나갈 길은 방해를 받게 되죠. 이것은 그것들이 무거워지는 것과 마찬가지입니다. 그것들은 질량을 가지게 되죠. 이것이 바로 힉스 메커니즘이 작동하는 방식입니다. 이 그림은 전자와 쿼크로, 여러분의 몸속에도 있고 우리 주변에도 있는 그것들이 무겁다는 것을 그리고 질량이 있다는 것을 시사합니다. 왜냐하면 이것들은 힉스 입자로 둘러싸여 있기 때문이죠. 그것들은 힉스장과 상호작용하게 되는 것입니다."

— 브라이언 콕스의 TED 강연 중에서, 2008. 4.

Tip 2 배워서 남 주는 'TED'(www.ted.com)

1984년에 창립한 'TED'는 'Ideas Worth Spreading'을 슬로건으로 하는 미국의 비영리 재단이다. TED는 기술, 오락, 디자인의 약자로, 이 세 가지 키워드로 매년 정기적으로 강연을 열며 누구에게나 콘텐츠를 무료로 제공하고 있다. 기술, 오락, 디자인뿐만 아니라 노벨상 수상자들을 비롯하여 각계의 전문가와 유명 인사들이 연사로 출연한다. 인터넷에서 이루어지는 '재능 기부', '지식 기부'의 형태라고 할 수 있다. 2010년 기준으로 세계 각지의 1,500만 명의 사람들이 방문하여 1억 회 이상의 조회수를 기록하였다.

http://www.ted.com

학습활동 3

테드 홈페이지(www.ted.com)에서는 글로벌 이슈(global issues)를 비롯하여 테크놀로지, 과학, 환경, 디자인, 비즈니스 등 모두 여섯 개의 카테고리로 관련 강연들을 소개하고 있다. 이 중 자신의 전공 혹은 평소의 관심사와 관련된 강연 동영상을 찾아보고 다음과 같은 단계로 글을 작성해 보자.

1. 연사의 강연 내용 전체를 그대로 글로 옮긴다.
2. 녹취한 글을 내용 단락별로 나누어 구성한다.
3. 전문가들이 일반 대중들을 대상으로 하여 구사하고 있는 수사적 전략이 무엇인지 분석해 본다.
4. 위의 ②에서 정리한 강연 원고를 토대로, 일반 대중을 위한 칼럼 형식의 글로 재구성하여 한 편의 완성된 글로 작성해 보자.

과학기술자가 현실에 참여하기 위한 첫 번째 조건은 자신을 둘러싼 세계에 대해 자신의 눈으로 관찰하고 판단할 수 있는 독자적인 관점을 확보하는 것이다. 독자적인 관점이란 주변의 정치, 문화, 사회적 상황과 구체적 현안에 대한 자기 나름의 입장을 말한다. 세상과 소통하려면 실험실의 문을 열고 세상 밖으로 나와야 한다. 그것은 선택의 문제가 아니라 과학기술자의 사회적 책무이다. 그러기 위해서는 우선 우리 주변에서 벌어지는 사소해 보이는 일상과 사물에 대해 자신의 눈으로 보고 분석할 수 있는 힘이 필요하다. 다음의 예문은 아이들의 장난감인 레고(LEGO)를 바라보는 한 과학자의 시선을 소개한 글이다.

예문 8 20세기 모더니즘의 유물
— 지난 50년간 공대생들이 배우고 취직해서 해오던 일

유럽 사람들이 가끔 하는 농담 중에 "아빠가 된다는 것은 레고 블록이 여섯 살짜리 어린이의 소화기관을 관통할 수 있다는 사실을 배우게 되는 것"이라는 게 있다. 어린아이를 키우는 집이라면 공감할 만한 농담이다. 철없는 애들이 혹여 블록을 삼킬까봐 걱정했던 경험을 아빠라면 한번쯤 가지고 있을 테니까.

1958년 1월 28일, 덴마크의 목수 고트프리트 키르크 크리스티안센(Godtfred Kirk Christiansen)이 블록을 서로 맞물리는 조립형 완구에 대한 특허를 제출하고 나무 블록을 만든 이래, 레고는 지난 50년간 어린이들에게 '가장 유익한 장난감'으로 사랑받아 왔다. 소니 플레이스테이션과 닌텐도 게임기가 아이들의 쾌락중추를 사로잡고 있는 오늘날에도 단순한 블록들의 조합으로 무한대의 상상력을 실현할 수 있는 레고의 매력은 여전히 유효하다. '창의성의 아이콘'이 된 레고는 어른들이 어린이들에게 가장 사주고 싶은 장난감 1순위의 권좌에 오른 지 오래다.

생명체가 아데닌(A), 구아닌(G), 시토신(C), 티민(T)이라는 네 가지 DNA 블록이 발현된 아미노산으로 이루어져 있듯이, '어린이들의 천국' 레고 왕국은 빨간색(R), 초록색(G), 파란색(B), 노란색(Y)의 플라스틱 블록으로 이루어져 있다. 레고 블록으로 나만의 왕국을 건설하는 동안, 어린이들은 저마다 '창조자의 절대권력'을 경험하게 된다. 내 맘대로 창조하고 내 맘대로 부수니, 레고는 인간이 만든 모더니즘 세상의 인공자원인 셈이다.

레고 블록으로 근사한 건축물을 쌓는 동안, 아이들은 "여럿이 모이면 달라진다.(More is different)"라는 복잡계 과학의 핵심 메시지를 자연스럽게 배우게 된다. 레고의 단순한 블록이나 막대, 톱니바퀴 어디에도 최종 구조물의 형상에 대한 힌트는 전혀 없다. 그저 블록이 쌓이고 모여야 새로운 건축물이 '창발'되는 것이다. 복잡계 네트워크의 중요성을 설파하는 레고 그룹의 본사가 환원주의와 양자역학의 진원지인 덴마크 코펜하겐에 위치해 있다는 사실은 과학자에게 아이러니하게 보인다.

레고 블록이라는 인공원소들로 '창조자의 마음'을 시뮬레이션 하는 어린이들은 그 과정에서 과연 무엇을 배우게 될까? 네트워크에 관한 통찰력을 몸으로 체득하게 됐을까? 안타깝게도 그러지는 못하는 것 같다. 그들은 레고 쌓기 놀이를 통해 점점 '20세기 산업사회에 필요한 엔지니어링 마인드'를 얻게 된다. 아무것도 없는 거실 바닥에 매뉴얼에 따라 틀을 쌓고 안을 채우는 '레고 블록 쌓기'는 지난 50년간 공대생들이 학부 때 배우고, 회사에 취직해 늘 해오던 일이었다. 다시 말해, 레고는 '20세기' 어린이들에게 더없이 좋은 장난감이었던 것이다.

그렇다면 21세기형 창조적 사고를 북돋우려면 필요한 새로운 장난감은 과연 어떤 것일까? 레고는 21세기에도 여전히 유효한 전략일까? 새로운 세기에 발맞춰, 레고는 PC와 연결해 작동하는 '레고 마인드스톰(LEGO Mindstorm)'을 출시했다. '로봇 개발 키트'의 일종인 '레고 마인드스톰'은 프로그램이 가능한 컨트롤러들이 블록 안에 들어 있어, 아이들이 '조립한 블록'을 마음대로 조종할 수 있게 만들어 놓았다. '트랜스포머의 장난감 버전'이라고나 할까?

세상에서 가장 창의적인 장난감은 '쓰레기더미와 자연'이다. 잘 갖추어진 장난감을 가지고 노는 아이들보다 장난감이 하나도 없어 장난감을 '만들어서' 노는 아이들이 실제로는 창의적이라는 연구 과는 장난감에 대한 새로운 시각을 제공한다. 라면 박스로 자동차를 만들고 나뭇가지를 꺾어 집을 짓고 놀던 옛날 어린이들이 '레고 시리즈' 풀세트를 가지고 노는 아이들보다 더 21세기적이다.

— 정재승·진중권, 『크로스』, 웅진지식하우스, 2009.

위의 예문은 바이오 및 뇌 공학 과학자 정재승 교수의 글이다. '레고'를 화두로 21세기적인 사고란 무엇인지 자신의 견해를 효과적으로 보여주고 있다. 글쓴이는 '레고'가 20세기에 더없이 좋은 장난감이었다면, 21세기의 '가장 창의적인 장난감은 쓰레기더미와 자연'이라고 말한다. 자신이 연구하는 전공 분야의 언어를 적극 사용하면서도 주변의 사물과 일상적인 경험들을 적재적소에 배치함으로써 독자의 이해를 돕고 있다.

Tip 3 과학기술 글쓰기의 대중적 전략

- 독자가 과학기술에 대해 일반적인 상식만 가지고 있으며, 전문 지식이 전혀 없다고 가정하라.
- 시의적절하고 많은 사람들이 흥미롭게 읽을 수 있는 소재를 선택하라.
- 일반 독자들에게 익숙하지 않은 수식(數式)보다는 적절한 예시나 삽화, 비유로 설명하라.
- 논리적 흐름에 유의하라. 과학기술자 자신에게는 자명한 결과 도출이라도 설명 없이 곧바로 넘어가면 일반 독자는 논리적 비약으로 느낄 수 있다.
- 개념화된 문장보다 서술적인 문장을 사용하라.

학습활동 4

【예문8】의 글쓴이는 우리 주변에서 흔히 볼 수 있는 대상을 선택하여 과학자의 눈으로 그것을 분석하고 있다. 위의 글을 대상으로 하여 다음의 질문에 답해 보자.

1. 도입부는 독자의 관심을 끌 만큼 효과적으로 제시되었는가? 예문과 같은 도입부가 가지는 장점과 단점에 대해서 토의해 보자.
2. 글쓴이가 본문에서 사용하고 있는 전문적인 용어는 무엇이 있는지 찾아보고, 그것들이 어떠한 맥락 속에서 배치되었는지 살펴보자.
3. 글쓴이가 독자에게 전달하고자 하는 메시지는 무엇인가? 그것은 효과적으로 전달되었는가, 전달되지 못했는가? 자신의 입장에서 이 글에 대한 평가를 내려 보고 평가의 근거를 제시해 보자.

연·습·문·제

【예문8】은 우리 주변에서 흔히 볼 수 있는 익숙하고도 일상적인 사물을 선택하여 대상에 대한 글쓴이의 독창적인 해석과 견해를 보여주고 있는 글이다. 이 글은 '쾌락중추', '아데닌', '구아닌', '시토신', '티민', 'DNA' 등 글쓴이가 속한 전문 분야의 용어와 개념들이 동원되고 있으나, 적절한 비교와 예시 등을 통하여 독자로 하여금 어렵지 않게 글을 이해할 수 있도록 배려하고 있다. 우리 주변의 사물이나 사회적 현상 중 하나를 선택하여, 자신의 전공과 관련지어 주요 개념이나 용어를 활용한 칼럼 형식의 글을 작성해 보자.(2,000자 내외)

참·고·문·헌

1. 도정일·최재천, 『대담: 인문학과 자연과학이 만나다』, 휴머니스트, 2005.
2. 린 마굴리스·에두아르도 푼셋, 『과학자처럼 사고하기』, 김선희 옮김, 이루, 2012.
3. 에드워드 윌슨, 『통섭』, 최재천·장대익 옮김, 사이언스북스, 2005.
4. 정재승·진중권, 『크로스』, 웅진지식하우스, 2009.
5. www.ted.com

토머스 쿤의
『과학 혁명의 구조』(1962)

『과학 혁명의 구조』

토머스 쿤

패러다임 – 과학은 어떻게 발전해 가는가?

세계관의 변화와 같은 혁명적인 변혁을 지칭할 때 우리는 "패러다임(paradigm)의 변화"와 같은 표현을 쓴다. 여기서 패러다임은 미국의 과학철학자 겸 과학사학자 토머스 쿤(Thomas Kuhn: 1922~1996)이 그의 저서 『과학 혁명의 구조(The Structure of Scientific Revolutions)』에서 과학의 발전을 설명하기 위해 도입한 개념이다. 쿤에 의하면 패러다임은 두 가지 특성을 가진 두드러진 과학적 업적이다. 그 하나는 전문 과학자 집단을 끌어들일 만큼 신선하고 전례가 없다는 것이고, 두 번째는 이렇게 구성된 전문가 집단에게 풀 문제를 던져줄 만큼 충분히 열려 있다는 것이다. 일단 어떤 과학자가 이런 업적에 해당하는 패러다임을 제시하고 많은 과학자들이 이를 수용하면, 과학은 쿤이 정의한 정상과학(normal science)의 시기에 진입

한다.

　정상과학 시기에 패러다임은 과학자 공동체에 공유된 것이며, 이 공동체에 풍부한 자원을 제공한다. 먼저 패러다임은 과학자 공동체를 구성하는 과학자들에게 다양한 문제를 다루고 해결하는 방법을 주며, 어떤 문제가 중요한 문제인지 가이드라인을 제시해 준다. 또 패러다임은 표준적 방법에 의해 중요한 문제를 풀 수 있다는 확신을 주며, 실험과 측정에도 의미를 부여한다. 과학자들은 자신의 관찰과 기존의 이론이 일치하도록 실험과 이론의 정확성을 증진시키고, 더 많은 현상을 설명할 수 있도록 패러다임의 범위를 확장하며, 상수의 값을 더 정확하게 결정하고, 패러다임을 명료하게 하는 수량적 법칙을 수립한다. 이렇게 기존의 패러다임을 완벽하게 하고 측정값을 정교하게 하는 행위가 다름 아닌 정상과학의 퍼즐풀이 활동이다.

　쿤에 의하면 정상과학은 새로운 발견을 지향하거나 추구하는 혁신적 활동이 아니다. 정상과학은 기본적으로 패러다임을 완벽히 하려는 보수적 성격의 활동이기 때문이다. 그렇지만 패러다임에 근거한 정상과학이 모든 문제를 잘 해결하는 것은 아니다. 특정한 패러다임에 근거해서는 해결하거나 이해하기 힘든 문제들이 계속 등장하는데, 쿤은 정상과학 시기에 이런 문제들 대부분이 임시방편적인 가설을 도입해서 패러다임과 부합하는 형태로 해결되거나 그렇지 못할 경우에는 무시된다고 주장했다.

　이러한 주장은 당시 과학의 합리성을 믿었던 과학철학계에 심대한 도전장을 던진 셈이었다. 쿤 이전에 과학의 본질에 대해 상당한 영향력을 미쳤던 과학철학자 칼 포퍼(Karl Popper: 1902~1994)는 과학이 과감한 가설을 던지고 이를 반증하기 위한 논박이 이어지는 형태로 발전한다고 주장하면서, 어떤 명제가 반증될 수 있다는 '반증가능성(falsifiability)'이 과학과 비과학을 구별하는 결정적인 잣대라고 주장했다. 그렇지만 쿤에 의하면 패러다임은 근본적으로 반증이 잘 안 되는, 보수적인 관성을 가진 존재였다. 과학자들의 연구는 기존 패러다임에 대한 반증을 노린다기보다, 잘 맞지 않는 변칙 사례를 패러다임에 맞추기 위해 애를 쓰는 활동에 더 가까웠다. 포퍼와 쿤, 그리고 이들의 후계자들은 과학 발전의 본질을 놓고 계속 논쟁했지만 뚜렷한 합의점을 찾지는 못했다.

　한두 개의 변칙이 출현한다고 패러다임이 폐기되는 것은 아니다. 그러나 이런 변칙이 늘어나면서 영향력 있는 과학자들이 이런 변칙을 심각하게 생각하는 단계가 되면 정상과학은 위기의 국면과 과학 혁명의 국면으로 접어든다. 과학 혁명의 시기에는 오래된 패러다임에서는 이해하기 힘든 변칙을 잘 설명하는 새로운 패러다임이 등장하면서, 신구 패러다임들이 경쟁하게 된다. 그런데 대부분의 과학자들은 오래된 패러다임에 집착하는데, 갓 등장한 새로운 패러다임이 해결할 수 있는 문제보다 오래되고 안정된 패러다임이 해결할 수 있는 문제가 훨씬 더 많아 보이기 때문이다. 새로운 패러다임은 몇 가지 변칙은 잘 설명할 수 있을지라도, 오래된 패러다임의 관점에서 볼 때는 이해할 수 없는 새로운 문제점들을 숱하게 던지기 때문이다.

예를 들어, 지구가 자전과 공전을 한다는 코페르니쿠스의 패러다임은 지구가 우주의 중심에 정지해 있다는 프톨레마이오스의 패러다임이 풀지 못한 몇 가지 전문적인 천문학 문제를 해결했지만, '지구가 도는데 왜 쏘아올린 화살은 제자리에 떨어지는가', '지구가 도는데 왜 우리는 그것을 느끼지 못하는가' 같은 새로운 난제를 제시했다. 따라서 새로운 패러다임이 제시되었다고 해도 대부분의 과학자들은 이를 받아들이는 대신에, 오래된 패러다임이 어떤 방식으로든 변칙을 해결할 수 있으리라는 기대를 가진다.

물론 과학 혁명기에 오래된 패러다임을 버리고 새로운 패러다임으로 전환하는 과학자들이 있다. 그러나 이런 전환이 실험적 증거를 비교해서 이루어지는 경우는 거의 없다는 것이 쿤의 생각이다. 앞에서 언급했듯이 신생 패러다임에 비해 오래된 패러다임이 잘 해결하는 문제들이 훨씬 더 많기 때문이다. 쿤은 새로운 패러다임으로 전환하는 소수의 과학자들은 새 패러다임의 미적 단순함 또는 아름다움과 같은 과학 외적인 요인에 끌렸기 때문이라고 보았다. 이렇게 보았을 때 패러다임의 선택은 심리적 형태전환(gestalt switch) 또는 종교적 '개종'과 같으며, 과학 혁명 시기에 새로운 패러다임을 선택하는 과학자에게는 과학 내적인 요소들보다는 철학적, 종교적, 사상적, 미적 요소와 같은 과학 외적 요소들이 중요한 역할을 한다고 볼 수 있다. 오래된 패러다임과 새로운 패러다임의 차이는 총체적이며 같은 잣대로 평가될 수 없다는 것을 쿤은 '공약불가능성(incommensurability)'이라는 개념으로 축약했다. 예를 들어, 쿤은 아리스토텔레스 패러다임과 뉴턴 패러다임 사이에, 혹은 뉴턴역학과 아인슈타인의 상대성이론 간에 합리적인 소통을 어렵게 만드는 '공약불가능성'이 있다고 주장했다. 쿤의 저서에서 가장 논쟁을 불러일으켰던 점이 바로 이 점이었다.

쿤에 의하면 과학의 발전은 과학 혁명을 거치면서 과거의 패러다임에서 이것과 공약불가능한 새로운 패러다임으로 건너뛰는 형태로 진행된다. 하나의 정상과학 내에서는 패러다임이 더 완벽해지고, 패러다임을 구성하는 이론과 실험 사이의 오차가 점차 줄어드는 형태로 과학의 진보가 가능하다. 그렇지만 오래된 패러다임과 새로운 패러다임 사이에는 공약불가능성이라는 간극이 존재하고, 이 간극은 실험 데이터의 합리적 비교에 의해서 좁혀질 수 없는 것이기 때문에, 여러 정상과학과 과학 혁명의 연속적 과정을 보면 과학이 누적적으로 진보한다고 보기는 힘들다는 것이 쿤의 관점이었다. 쿤에 의하면, 과학은 궁극적인 진리를 향해서 꾸준히 진보하는 인간의 활동이 아니라, 마치 그때그때의 우연적인 상황에 적응하는 종이 살아 남는 생물종의 진화와 닮은 발전의 모습을 보인다. 생물종의 진화를 진보라고 평가하기 힘들듯이, 과학의 발전도 진보라고 평가하기 힘들다는 것이 그의 생각이었다.

쿤의 패러다임은 과학의 발전을 보는 새로운 철학적 관점을 제공했으며, 자연과학에 대한 이해를 넘어 사회과학, 공학, 경제, 정치, 국제 관계 등의 변화를 이해하는 새로운 틀을 제공했다. 쿤의 패러다임과 『과학 혁명의 구조』는 숱한 논쟁을 불러 일으켰지만, 우리가 과학의 발전을 이해하는 '패러다임'에 혁명적인 변화를 불러 일으켰다. 그의 『과학 혁명의 구조』는 20세기 하반기 동안 가장 많이 읽히고 인용된 학술서가 되었고, 그의 주장의 많은 부분은 이제 상식이 되었다. 쿤의 영향은 21세기에도 지속될 것이다.

- 홍성욱, 『네이버캐스트』, 2012. 3. 12.

세계의 과학기술연구소 ❶

〈미국의 벨연구소〉(Bell Laboratories)

"늘 다니던 곳을 벗어나 숲 속으로 몸을 던져라. 그러면 반드시 전에 보지 못한 무언가를 발견하게 될 것이다."(루슨트 벨연구소의 로비에 새겨진 벨의 유언)

벨연구소의 공식 명칭은 'ATT Bell Laboratories, Inc.'이며, 별칭은 'Bell Labs.'이다. 미국 전신전화회사 ATT가 전액 출자해서 세운 연구·개발 전문회사로, ATT가 생산하는 전기통신 장비를 개발한다. 군사 계약 하에 방위 관련 연구 개발도 하고 있다. 연구소의 본사는 뉴저지 주 머레이힐에 있다.

벨연구소는 "항상 새롭게 도전하라"는 알렉산더 그레이엄 벨의 정신에 따라 설립(1925)된 스마트 기술의 집합소라고 할 수 있다. 미국의 뉴저지 주의 전원 지역에 자리한 벨연구소는 특허만 3만 3천 개를 보유하고 있고, 노벨상 수상자를 13명이나 배출한 세계적인 아이디어 공장으로, 과학자와 엔지니어 모두를 중시하면서 '상용화되지 못한 발명은 무가치하다'는 모토 아래, 과학자가 새로운 것을 발명하면 엔지니어는 이를 곧바로 제품으로 생산하는 연구소 운영 체제를 갖추고 있다.

이 연구소는 설립된 이후 수천 건의 과학적·공학적 혁신을 이루어냈다. 예를 들면, 1926년에는 최초의 동시녹음 영화 체제를 소개했고, 1937년에는 전자식 릴레이 디지털 컴퓨터를 제작했으며, 같은 해에 벨연구소 연구원 클린턴 조지프 데이비슨이 물질의 파동성을 증명해 노벨 물리학상을 공동 수상하였다. 1947년에는 트랜지스터를 발명해냈고, 이로 인해 연구자들인 존 바딘, 월터 H. 브래튼, 윌리엄 B. 쇼클리가 1956년 노벨 물리학상을 수상하였다. 1978년에는 2명의 벨연구소 연구원 아노 펜지아스와 로버트 W. 윌슨이 극초단파 우주 배경복사를 발견한 공로로 노벨 물리학상을 공동으로 수상하였다. 이 연구소의 연구원들이 펴내는 과학기술 논문들과, 많은 연구 업적들 덕분에 벨연구소는 세계에서 가장 명망 있는 연구 기관이 되었다. (『브리태니커 백과사전』에서 요약)

1876년 전화를 발명한 알렉산더 그레이엄 벨(Alexander Graham Bell)

3장 과학기술과 글쓰기의 윤리

과학기술자는 실험이나 연구 과정에서 엄정한 윤리 의식을 갖추고 있어야 하며, 학생들은 학습 활동에서 학문적 정직성(academic honesty)을 준수해야 한다. 과학기술 연구나 학문적 성과의 보고에서는 연구 윤리인 정직성(honesty)과 진실성(integrity), 그리고 정확성(correctness)의 기본 원칙을 지켜야만 날조나 변조, 또는 표절을 피할 수 있다.

"다른 연구자들의 생각을
올바르게 인용하는 사람들은 내용을
자신에게 유리한 쪽으로 조작하지 않으면서
자신의 생각과 다른 연구자의 생각을 비교하는,
혹독하고 공정한 시험을 통과함으로써
자신의 방법이 갖는 우수성을 증명하는 셈이다."
** 찰스 립슨, 『정직한 글쓰기』

1 과학기술 연구와 윤리 의식

　정보통신 기술의 황금시대를 맞이하여 인터넷을 통한 정보 교환이 급격하게 증가하면서 남의 글을 표절하고 도용하는 문제가 심각한 상황에 이르고 있다. 대학에서는 학생들이 별다른 죄책감 없이 남의 글을 출처도 밝히지 않고 가져와 보고서를 작성하는 일이 자주 일어난다. 과학기술자들 가운데 일부는 올바르지 않은 방법으로 연구 결과를 발표하여 사회에 심각한 문제를 일으키기도 한다.

　2002년 9월 미국에서 발생한 얀 헨드리크 쇤(Jan Hendrik Scheon) 사건은 과학기술과 연구 윤리 문제에 관한 중요한 교훈을 던져 주고 있다. 첨단기술의 요람인 미국의 통신장비 업체 루슨트 테크놀로지 산하의 벨연구소 연구원이었던 쇤 박사는 1998년부터 4년에 걸쳐 100여 편의 논문을 제출했는데, 이 가운데 『네이처』, 『사이언스』 등 세계적인 학술지에 게재된 25편의 논문들이 교묘한 방식으로 실험 자료를 날조하고 변조한 것으로 밝혀져 학계에 큰 충격을 주었다.

　우리나라의 경우도 대학과 연구소 등에서 논문 표절이나 연구 결과의 날조와 변조 행위가 심심치 않게 발생하여 많은 문제를 일으키고 있다. 대학원 박사과정 학생이 외국대학 교수의 논문을 표절하여 국제학술지에 게재했다가 적발되어 과학기술계 전체의 이미지를 훼손시키는 일이 일어나기도 하였다. 이런 일들이 빈번하게 일어나자 2007년 4월 한국과학기술단체총연합회, 한국과학기술한림원, 한국공학한림원, UNESCO 한국위원회 등의 국내외 주요 과학기술 단체들이 주도하여 과학기술인들이 보편적으로 준수해야 할 포괄적인 윤리 규범을 담은 〈과학기술인 윤리 강령〉을 선포하기도 하였다.

　아래의 〈과학기술인 윤리 강령〉에 잘 나타나 있듯이, 과학기술인은 과학기술에 관한 연구에서 사회적 책임과 연구 윤리를 잘 지켜야 한다.

과학기술인 윤리 강령

과학기술은 인류가 공유하여야 할 소중한 자산으로 인류 문명의 발전과 복지 향상에 기여하여 왔다. 과학기술인은 과학기술을 발전시키는 전문직 종사자로서의 특권을 가질 뿐만 아니라 그 책임 또한 크다. 따라서 과학기술인은 연구 및 지적 활동을 수행하는 과정에서 진실성과 정직성을 전제로 하여야 한다. 그러나 치열해가는 경쟁 풍토, 과학기술 연구의 산업과의 연계로 인한 이해 상충의 증가, 사회나 정치권의 불합리한 학문 연구 개입 등 과학기술 환경의 변화는 진실성과 정직성을 지켜야 할 과학기술인들로 하여금 그 품위를 유지하는 데 과중한 시련을 안겨주고 있다. 이러한 시대적 변화 속에서도 과학기술인은 진실하고 보편적인 행동 규범을 준수할 책임과 의무가 있다. 이에 따라 과학기술계는 다음과 같이 과학기술인이 지켜야 할 보편적 윤리 강령을 제정하여, 과학기술인이 자율적으로 이를 성실히 준수함으로써 윤리 의식을 제고하고, 사회적 책임을 다하며, 스스로의 위상과 긍지를 높이고, 과학기술 발전에 기여하고자 한다.

1. 과학기술인의 사회적 책임

과학기술인은 과학기술이 사회에 미치는 영향이 지대하므로 전문직 종사자로서 책임 있는 연구 및 지적 활동을 하여야 하며, 그 결과로 생산된 지식과 기술이 인간의 삶의 질과 복지 향상 및 환경 보전에 기여하도록 할 책임이 있음을 인식한다.

2. 과학기술인의 기본 연구 윤리

과학기술인은 연구 활동에서 정직성, 진실성과 정확성이 연구 결과의 신뢰성 확보를 위한 필수 사항임을 인식하고 연구의 제안, 계획, 수행과 결과 보고 등 모든 연구 활동을 수행함에 있어 이와 같은 기본 원칙을 추구한다. 특히, 날조·변조·표절 및 중복 발표 등과 같은 부정행위를 배격한다.

(중략)

7. 연구 자료의 기록·보존

과학기술인은 연구 과정에서 사용하거나 생성된 데이터, 샘플 등의 자료를 처음 단계에서 최종 단계에 이르기까지 성실히 기록하고, 정한 기간 동안 보존한다.

8. 저자 표시와 지식재산권

저자 표시는 연구의 아이디어 제시, 설계, 수행, 해석 등 연구에 직접 참여한 자로 제한하고 발표 논문에는 연구 과정에서 참고·인용한 타인의 연구 업적을 밝힘으로써 원저자의 권리와 지식재산권을 존중한다. 표시된 저자는 논문에 대한 공동 책임을 진다.

9. 사회에 대한 권리와 의무

과학기술인은 새로운 발견이나 연구 및 지적 활동의 업적을 사회에 공표함으로써 발생되는 이득을 취할 권리가 있으며, 한편 사회가 요구하는 사항에 성실히 응할 의무가 있다.

10. 이해 상충에 대한 대처

과학기술인은 연구 및 지적 활동 과정에서 발생했거나 발생 가능성이 있는 이해 상충에 대해서는 이를 미리 공표하고 자신의 이익보다 공익을 우선한다.

11. 연구 환경 조성
과학기술인은 책임 있는 연구와 지적 활동을 수행할 수 있도록 지적 자유, 공평성, 개방성과 상호존중의 환경을 조성하는 데 적극 참여한다.

12. 윤리 교육의 실시
연구와 지적 활동의 책임자는 참여자들이 이 윤리 강령의 제 규범을 성실히 실천할 수 있도록 교육할 의무가 있다.

— 교육과학기술부, http://www.mest.go.kr/newsearch/search.jsp, 2012. 12. 16.

다음 예문은 과학기술자의 연구 윤리 위반이나 부정행위의 역사적 연원과 함께 오늘날에도 끊임없이 발생하는 윤리 의식 부재의 심각성에 대해 서술하고 있는 칼럼이다.

예문 1

미국 지식인 사회가 불미스러운 사건으로 시끄럽다. 8월 10일 보스턴의 한 신문이 하버드대 심리학과 마크 하우저(51) 교수가 부정행위를 저지른 것으로 밝혀졌다고 폭로했기 때문이다. 하우저는 영장류의 행동과 동물의 인지 능력을 연구하는 진화생물학자이다. 2006년 8월 펴낸 『도덕적 마음(Moral Minds)』으로 세계적 명성을 얻기도 했다. 이 책에서 사람은 태어날 때부터 선과 악을 판별하는 도덕 관념을 갖고 있다고 주장해 학계의 주목을 받았다.

8월 20일 하버드대는 언론 보도가 사실임을 확인했다. 3년 간의 내부 조사 끝에 하우저의 논문 8편이 조작된 것으로 드러났다고 발표했다. 이 가운데에는 2002년 『인지(Cognition)』 11월호와 2007년 『사이언스』 9월 7일자에 게재된 논문도 들어 있다. 원숭이가 사람에 가까운 인지 능력을 갖고 있다는 실험 결과를 제시한 논문들이다. 그를 세계적 동물행동학자의 반열에 끌어올린 논문들이 모조리 엉터리 자료를 사용한 것으로 밝혀진 셈이다. 명문 대학의 스타 교수가 속임수를 썼기 때문에 후유증이 만만치 않을 조짐이다.

과학자의 연구 결과는 동료 과학자들에 의해 엄격히 검증됨에도 불구하고 부정행위는 끊임없이 발생하고 있다. 역사에 이름을 남긴 위대한 과학자들도 서슴없이 실험 자료를 날조하고 기만을 일삼았다. 프톨레마이오스, 아이작 뉴턴, 그레고르 멘델의 실험 자료는 미심쩍은 부분이 없지 않은 것으로 밝혀졌다. 2세기에 이집트 알렉산드리아에서 활약한 프톨레마이오스는 역사상 가장 영향력 있는 천문학자 가운데 한 사람이었다. 그가 주장한 천동설은 1,500년 동안이나 서구사회를 지배했다. 그러나 19세기에 그의 천문 관측 자료가 이집트 해안에서 밤중에 얻어낸 것이 아니라 대낮에 도서관에 앉아 그리스 학자들의 연구를 표절해 꾸며낸 것으로 밝혀졌다.

현대 과학의 창시자인 뉴턴은 중력의 법칙을 수식으로 표현한 천재이지만 자신의 이론을 더욱 설득력 있게 만들기 위해 실험 자료를 손질했다. 뉴턴 같은 천재가 자료를 날조한 것도 놀랄 만한 일이지만 같은 시대의 어느 누구도 그런 기만행위를 눈치 채지 못했다는 사실 또한 놀라울 따름이다. 유전학의 아버지로 여겨지는 멘델이 발표한 완두콩 연구 논문은 실험 자료가 사실이라고 믿기에는 너무나 정확했다. 유전학자들은 실험 자료가 대부분 멘델이 기대한 결과에 대단히 잘 일치되게끔 왜곡되어 있다고 확신한다.

이러한 기만행위는 21세기에 들어서도 빈발하고 있다. 미국의 얀 헨드리크 쇤 박사와 한국의 황우석 교수의 논문 조작 사건이 가장 이목을 집중시켰다. 2002년 9월 첨단기술의 요람인 미국 벨연구소는 소속 연구원인 32세의 쇤 박사가 『사이언스』와 『네이처』에 발표한 10여 편의 논문이 실험 자료를 조작한 것으로 판명됐다고 발표했다. 2005년 5월 『사이언스』 표지를 장식한 황우석 교수의 논문은 날조된 사실이 들통났다. '과학계의 성수대교 붕괴 사건'에 비유될 만큼 한국 사회를 공황 상태로 몰아넣었다. 연구실을 지키지 않고 세속적 명성에 집착하는 정치 지향적 과학자들이 행세하는 사회에서는 언제든지 제2의 마크 하우저가 나타나지 말란 법이 없다.

— 이인식, 「이인식의 멋진 과학」, 『조선일보』, 2010. 9. 11~12.

이 글에 따르면, 과학기술자들의 부정행위는 결코 어제오늘의 일만이 아니다. 날조나 기만행위 같은 연구 부정행위가 역사상 가장 영향력 있는 천문학자인 고대의 프톨레마이오스로부터 근대 물리학의 창시자로 추앙받는 뉴턴, 유전학의 아버지로 불리는 멘델에 이르기까지 오랜 역사적 연원을 가지고 있음을 알려주고 있다.

이러한 연구 윤리 의식의 부재는 동서양을 막론하고 21세기의 오늘날까지도 이어지고 있다. 그렇다면 과학기술 연구자들의 정직성이나 진실성에 대한 윤리 의식 결여는 근본적으로 마음의 문제에서 비롯된 것인가, 아니면 정직한 글쓰기를 위한 학교 교육의 부재에서 비롯된 것인가?

우리나라의 경우, '공정한 사용(fair use)'을 근간으로 하는 연구 윤리에 대한 엄격한 의식이 부족하였으며, 또 각급 학교의 교육 과정에서도 이에 대한 관심과 실천이 부족했었던 데에 근본 원인이 있다. 따라서 이제부터라도 학문적 정직성이나 연구 윤리의 중요성을 인식하면서 이에 대한 관심을 높여나가는 것이 필요하다.

학습활동 1 위의 【예문1】에 제시된 바와 같이 프톨레마이오스, 뉴턴, 멘델을 포함한 과학자들의 연구 부정행위 사례에서 문제가 된 것은 구체적으로 무엇이었는지 자료를 찾아 확인하고, 오늘날의 연구 부정행위와 비교하여 설명하고 토론해 보라.

학습활동 2

'과학기술 윤리'의 범위에는 여러 항목들이 담겨 있다. 아래에 제시된 각각의 사항들은 어떤 의미를 가지고 있는지 사례를 들어 설명해 보라.

1. 연구에서의 객관성 유지
2. 논문 발표 시 저자권(authorship) 및 공로(credit) 배분
3. 실험실에서의 권위 및 차별
4. 과학기술자의 사회적 책임
5. 생명현상을 다루는 과학기술의 윤리
6. 컴퓨터의 활용 및 영향에 관한 윤리

2 과학기술 글쓰기와 학문 윤리

1. 학문적 정직성을 위협하는 적들: 표절·위조·변조

과학기술 연구는 윤리적으로 정당하고, 연구 과정과 성과 면에서 정직하고 창의적인 결과를 산출할 때 의미가 있다. 과학기술계에서 데이터 혹은 이론을 진짜인 것처럼 꾸며서 만드는 날조(fabrication)나 변조(falsification), 표절(plagiarism) 등의 기만행위(이른바 'FFP')는 성실하고 정직하게 연구하는 동료 과학기술자들의 노력을 헛되게 만들고, 연구에 지원된 비용을 낭비하게 하는 등 인적·물적으로 바람직하지 않은 결과를 가져온다.

따라서 과학기술에 관한 실험을 하고, 학문을 수행하는 과정에 참여하는 사람들은 과학기술 문서를 작성할 때에 정직성의 원칙을 지키고 윤리를 준수해야 한다. 대학의 학문적 정직성과 관련하여 흔히 일어나는 표절의 유형들은 다음과 같다.

■ **표절의 유형**
- 출처를 표시하지 않고 가져다 쓴 정보나 데이터
- 다른 사람의 아이디어임을 밝히지 않고 사용하는 것
- 인용 부호를 사용하지 않은 어구나 구절
- 출처를 밝히지 않은 구조나 구성 전략(Gordon Harvey, *Writing with Sources—A Guide for Students*(Expository Writing Program, Harvard University, Hackett publishing Company, Inc., 1998, pp. 23-25.)

이와 함께, 과학기술의 실험과 연구 성과를 문서로 작성하는 이공계 실험보고서와 논문에서 자주 발생하는 표절의 유형을 제시하면 다음과 같다.

■ **이공계 학생들이 주의해야 할 표절의 유형**
- 다른 연구자의 자료를 출처를 밝히지 않고 사용하는 경우
- 다른 학생의 문제풀이 과정을 자신의 것으로 취하는 경우
- 다른 학생의 실험보고서를 보고 자신의 실험보고서로 작성하는 경우
- 이미 제출한 보고서나 논문의 내용을 다른 수업이나 다른 학술지에 제출하는 경우

Tip 1   실험실에서 지켜야 할 정직성의 원칙

- 동료와 함께 실험을 진행할 수 있고 작업에 대해 토론할 수 있다. 그러나 실험의 전 과정과 결과는 반드시 스스로 정리하고 기록해야 한다.
- 특별한 언급이 없다면, 자신의 데이터만을 사용하여 실험 결과를 기록해야 한다.
- 데이터를 베끼거나 조작해서는 안 된다.
- 좋지 않은 결과를 생략하거나 숨기지 말고 노트에 기록해야 한다.
- 실험 과정에서 발생한 실수도 기록해야 한다. 또한, 실험이 실패한 경우에도 그 결과를 정확하게 기록해야 한다.
- 가정과 모순되는 결과가 나왔다고 할지라도 그것을 정직하게 밝혀야 한다.(정희모 외, 『대학 글쓰기』, 삼인, 2008, 280쪽.)

2. 표절을 방지하는 정확한 인용

정확하게 인용하는 것은 표절 방지(avoiding plagiarism)를 위해 필수적이다. 왜냐하면 의도적이든 아니든 거의 대부분의 경우에 표절은 인용을 정확하게 하지 않는 데에서 발생하기 때문이다. 따라서 학생들은 정확한 인용 방법을 숙지하고 활용할 수 있도록 학습하여야 한다.

실제로 대학에서의 표절 행위는 시간에 쫓겨 과제를 제출하거나 노력을 들이지 않고 좋은 학점을 얻으려는 그릇된 심리 때문에 일어난다. 이를 방지하기 위해 외국의 주요 대학들은 교육 과정을 통해서 학생들에게 정직한 글쓰기의 방법과 자료 인용의 원칙을 분명하게 알려주고 있을 뿐만 아니라 표절 방지와 올바른 인용을 위한 매뉴얼을 제공하고 있다.

하버드대학의 『인터넷 자료를 활용하는 글쓰기』(Writing with Internet Sources-A Guide for Harvard Students)에서는 인터넷 표절을 피하기 위해서 원저자의 아이디어에 대한 소유권을 존중하고, 자료 위치와 늘 변화하는 자료를 기록하며, 정확한 문맥으로 자료를 기록할 것을 권유한다. 이 책자에 따르면, 다음과 같은 사항들을 잘 알고 이행하면 표절을 예방하고 피할 수 있다.

■ 표절을 예방하고 피하는 방법
- 마감 직전에 급하게 논문을 쓰는 일을 피한다.
- 메모를 할 때 내 생각과 다른 사람의 견해를 구분한다.
- 실제보다 더 잘 아는 것처럼 꾸미지 않는다.
- 시간 안에 과제를 제출하기 힘들 경우 교수와 상의한다.
- 컴퓨터 작업을 할 때에는 항상 백업 파일을 만들어둔다.(Gordon Harvey, *Writing with Sources—A Guide for Students*, pp. 30-34.)

■ 정확하게 인용하고 정직하게 논문 쓰는 방법
- 다른 사람의 업적에 의존했다면, 반드시 출처를 밝혀주라.
- 다른 사람이 쓴 단어를 사용했다면, 정확하게 인용하라. 인용 부호로 표시하고, 인용문을 포함하라.
- 바꿔쓰기를 한다면, 자신만의 색깔이 담긴 어조로 바꿔 써라. 바꿔 쓰려는 글의 저자의 어조를 그대로 가져다 쓰지 않도록 하라. 이 때에도 반드시 출처를 밝혀주어야 한다.
- 다른 사람의 글을 자신이 쓴 것처럼 서술해서는 안 된다.
- 두 개의 수업을 수강하고 있을 경우, 각각의 수업에서 받은 과제가 동일하더라도 같은 논문을 따로 제출해서는 안 된다.
- 논문은 사지도, 팔지도, 빌려서도 안 된다. 반드시 스스로 작업하여 완성하라.(Charles Lipson, *Doing Honest Work in College—How to prepare citation, avoid plagiarism, and achieve real academic success*, The University of Chicago Press, 2004, pp. 9-13.)

인용은 자신의 견해나 주장을 뒷받침하기 위해서나, 어떤 문제에 대하여 타당한 논증을 하고 설득력 있는 논지를 전개하기 위해서 필요하다. 그러나 인용을 남발하는 것은 바람직하지 않다. 어떤 경우에도 타인의 저작물을 충분히 소화하여 자신의 표현으로 풀어쓰는 것이 바람직하며, 다른 연구자들의 업적에 대한 인용은 꼭 필요한 곳에 한해서 엄정하게 이루어져야 한다.

Tip 2. 표절 방지를 위한 체크리스트(Checklist for avoiding plagiarism)

※ 아래의 항목별 질문을 읽고, 자신의 글에서 타인의 글을 인용한 부분이 있다면 어떤 유형의 글을 어떤 방식으로 인용하였는지 해당 항목의 괄호 안에 Yes면 O, No면 X로 답해 보라.

[자료 유형(Type of Sources)]
- 일반 지식을 인용하였는가? (   )
- 자신의 자료를 인용하였는가? (   )
- 타인의 자료를 인용하였는가? (   )

[인용 부호(Quotation Marks)]
- 인용문에는 인용 부호를 정확하게 기입하였는가? (   )
- 생략 부호를 통한 생략과, 괄호를 통한 추가 사항 등을 제시하였나? (   )

[바꿔쓰기와 요약(Paraphrases and Summaries)]
- 바꿔쓰기와 요약문에서 자신만의 어휘와 문장 구조를 사용하였는가? (   )
- 바꿔쓰기와 요약문에는 출처 인용을 제대로 하였는가? (   )

[웹(The Web)]
- 웹상에서 사용한 자료의 URL 주소와 일시를 정확하게 기입하였는가? (   )

[출처 인용(Source Citation)]
- 사용한 자료의 인용문에 대해 출처 인용을 제대로 하였는가? (   )
- 참고문헌에는 실제로 사용한 자료의 출처를 정확하게 표시하였는가? (   )

학습활동 3

다음에 제시된 설명들은 연구 부정행위 가운데 '표절'의 다양한 유형들이다. 각 항목들은 어떤 표절 행위에 해당하는지 설명하고, 논문에서 구체적인 사례를 찾아 그 내용을 정리해 보라.

1. 2차문헌 표절(plagiarism of secondary sources)
2. 모자이크 표절(mosaic plagiarism)
3. 바꿔쓰기 표절(paraphrasing plagiarism)
4. 자기표절(self-plagiarism)

학습활동 4

가장 최근에 일어난 과학기술계의 '연구 부정행위' 사례를 찾아 문제의 원인을 진단해 보고, 이를 방지하기 위한 방안에 대해 토론해 보라.

학습활동 5 외국의 대학들은 '학문 행동규약(academic conduct code)'을 제정하여, 그에 위배되는 행위를 했을 때 부과하는 처벌(penalties) 조항과 그에 따른 규정을 엄격하게 정해 놓고 있다. 이를테면, MIT는 매년 발간하는 수강 자료집 『MIT Bulletin』에서 학생들에게 '정직성에 관한 높은 기준(high standards of honesty)'을 요구하고 있으며, 텍사스 대학(오스틴)에서는 학생들로부터 '학문적 책임에 관한 협정(Scholastic Responsibility Agreement)'에 서약을 받기도 한다. 한국의 대학들과 비교하여 미국의 대학들은 학생들이 표절을 했을 때 어떤 처벌을 내리는지 '학문적 정직성(academic honesty)' 정책의 차원에서 미국의 주요 대학 웹사이트를 방문하여 조사한 다음 주요 내용을 정리해 보라.

3. 인용 자료 사용하기

앞서 살펴보았듯이, 표절을 피하기 위해서는 인용하는 과정에서 '해야 할 것'과 '하지 말아야 할 것'을 정확하게 구분하는 것이 무엇보다 중요하다. 특히 '표절 방지 지침(guidelines for avoiding plagiarism)'에서 강조하는 핵심 사항 가운데 하나는 자신의 생각과 다른 저자의 생각을 혼동하여 출처 표시를 하지 않고 자기 것처럼 사용하는 경우이다.

어느 경우든, 연구 윤리를 준수하기 위해서는 다른 연구자의 저술이나 논문에서 자신에게 필요한 사실(facts)이나 세부사항(details), 그리고 독창적 생각(ideas)을 가져올 때에는 반드시 그 출처를 밝혀주어야 한다. 한 마디로 말하면, 인용을 정확하게 해야만 표절을 피할 수 있다.

대부분의 학술 문서들에서는 인용과 주석의 방법 및 원칙을 밝혀두고 있는데, 대표적으로 MLA 문서 양식(Modern Language Association: 문학, 역사, 철학 등 인문학의 문서 인용규칙으로, 고등학교와 대학 글쓰기에서 가장 일반적으로 사용되는 지침)과 APA(American Psychological Association) 문서 양식(【Tip3】 참고) 두 종류가 많이 사용되고 있다. 우리나라의 대학과 학술지에서 채택하고 있는 인용의 방식은 각각의 상황과 기준에 따라 다양한 형태를 취하고 있는데, 여기서는 APA 양식의 기준에 의해 영문으로 논문을 작성하는 것을 상정하여 몇 가지 경우에 대해 알아본다.

■ 본문 안에서의 인용[*]

- **1인 저자**

  ① 저작 전체 인용
  - ... in which the safety of waterslides has been questioned (Bonzai, 1993).

  ② 저작 일부 인용
  - ... suggested that eavesdropping on cellular phones "may produce the next big public crisis in civil rights" (Tappin, 1995, p. 37).

  ③ 같은 해의 여러 저작을 괄호 인용으로 제시하는 경우
  - Although a cure for AIDS continues to elude researchers, there is continued hope (Pennisi, 1993a, 1993b).

  ④ 같은 해의 여러 저작을 참고문헌(references)에서 제시하는 경우
  - Pennisi, E. (1993a). High-tech gene therapy to target HIV. <u>Science News, 144</u>, 182.
  - Pennisi, E. (1993b). Take-home message: No AIDS magic bullet. <u>Science News, 144</u>, 214.

- **2~5인 저자**

  ① 첫번째: Perceptions of popularity can be linked to a teenager's adjustment to his or her surroundings (Reinherz, Frost, & Cohen, 1994).

  ② 첫번째 이후: Teenagers who feel maladjusted in some aspect of their lives are likely to think of themselves as "unpopular" (Reinherz, et al., 1994). ['*et al.*'은 'and others'를 뜻하는 라틴어 '*et alii.*']

- **6인 이상의 저자**: 첫번째 저자 다음에 '*et al.*,'을 언급해 주고, 참고문헌에서는 저자 모두를 명기한다.

- **기관(협회) 저자(corporate author)**

  ① 첫번째 텍스트 인용: (National Institute of Mental Health [NIMH], 1995).

  ② 이하 인용: (NIMH, 1995).

---

[*] 이하의 내용은 Patrick. Sebranek·Verne Meyer·Dave Kemper, *Write for College-A Student Handbook*, Great Source Education Group, 1997, pp. 372-429에서 발췌하였음.

- **간접(2차) 자료:** … study by Guernari (as cited in Haber, 1990).

- **2개 이상의 저작:** The Voices of today's teenagers are being heard (Atkin, 1993; Kuklin, 1993)

■ 참고문헌에서의 인용

- **1인 저작**
  Bode, J. (1993). <u>Death is hard to live with: Teenagers and how they cope with loss.</u> New York: Delacorte Press.

- **2인 이상의 저작**
  Monroe, J. G., & Williamson, R. A. (1993). <u>First houses: Native American homes and sacred structures.</u> Boston: Houghton.

- **1인 저작의 한 장(chapter)**
  Rawnley, J. H. (1995). Betting on the future. In <u>Total risk: Nick Leesson and the fall of Barlings Bank</u> (pp. 100-120). New York: HarperCollins.

- **기관 단체 발행자(Corporate Group Author)**
  Amnesty International. (1989). <u>When the state kills: The death penalty v. human rights.</u> New York: Author.

- **동일 저자의 2개 이상 저작**
  Wilson, I. (1987). <u>The after death experience: The physics of the unphysical.</u> New York: Morrow.
  Wilson, I. (1991). <u>The Columbus myth: Did men of Bristol reach America before Columbus?</u> London: Simon & Schuster.

- **연속된 숫자로 간행되는 학술저널의 논문(1인 저자)**
  Peder, M. (1987). Rapid eye movement sleep deprivation affects sleep similarly in castrated and noncastrated rats. <u>Behavioral and Neural Biology, 47,</u> 186-

196.

- **2인 저자의 학술논문**

Collins, C., & Askin, S. (1991). What about Africa? The Progressive, 55, 39.

- **3~5인 저자의 학술논문**

Williard, T., Fields, D., & Cornish, E. (1991). How Americans use time. The Futurist, 35(2), 23-27.

- **6인 이상 저자의 학술논문**

Schell, B., Sherritt, H., Arthur, L., Beatty, L., Berry, L., Edmunds, L., Kaashoek, J., & Kempny, D. (1989). Development of a pornography community standard: Questionnaire results for two canadian cities. Canadian Journal of Criminology, 29, 133-152.
[참고문헌이 아닌 본문에서는 다음과 같이 괄호 안에 축약하여 인용한다.](Schell et al., 1989).

- **컴퓨터 소프트웨어**

Microsoft word: Version 3.0 for the Apple Macintosh [Computer word processing program]. (1987). Redmond, WA: Microsoft Corporation.

- **시디롬 상의 학술논문 요약문**

Seyler, T. (1994). College-level studies: New memory techniques[CD-ROM]. New Century Learners, 30, 814-822. Abstract from: Platinum File: EduPLUS Item: 40-18421

- **컴퓨터 네트워크 자료: 온-라인 학술지 참고문헌의 논문**

Carter, D. L. (1995, April). A nation embraces capitalism [11 paragraphs]. Economic Perspectives [On-line serial], 6(18). Available FTP: 342.323.342.1 Directory: pub/baccon/EconomicPerspectives/1995.6 File: economic perspectives. 95.6.18.capitalism.14.carter<.txt

• 컴퓨터 네트워크 자료: 학술지의 온-라인 요약문

Stark, M. A., & Lang, D. (1994). Brain function in comatose patients [On-line]. Biochemistry Quarterly, 12, 576-585. Abstract from: INFORM File: MedTOPS Item: 90-23561

 **APA 양식**

'APA 양식'이란 미국심리학회(American Psychological Association)에서 제안하는 인용 방식으로, 심리학을 비롯한 사회과학 및 공학 분야에서 널리 사용되고 있다. 표기법 상의 특징으로는 내주를 사용하며, 본문 내용에 관한 부연 설명은 주석을 활용한다. 저자의 이름 뒤에 출판 연도를 명시한다. 'APA 양식에 따른 주석과 참고문헌 표기'의 방식은 단행본, 학위논문, 학술논문(journal article)에 따라 조금씩 다른 형태를 취한다. 이 가운데 '단행본'의 예를 들면 다음과 같다.

① **참고문헌**

저자. (출판 연도). 제목. 출판지: 출판사.

◎ Thomas L. Friedman. (2005). *The world is flat: a brief history of the twenty-first century*. New York: Farrar, Straus and Giroux.

② **내주**

〈Friedman, 2005〉

('APA 양식'에 관한 상세한 내용은 http://www.apastyle.org를 참고)

 **논문 작성에서 활용되는 대표적인 인용 양식: 'Chicago Manual of Style'**

▶ **'Chicago Manual of Style'**: 세계적으로 권위를 인정받고 있는 『The Chicago Manual of Style』에 기초한 양식으로, 다양한 분야에서 사용되고 있다.

▶ **'Chicago Manual of Style'의 종류와 방법('단행본'의 경우)**

① **정식주석(Full First notes)**

〈저자, 제목(출판지: 출판사, 출판 연도), 쪽수.〉

◎ Thomas L. Friedman, *The world is flat: a brief history of the twenty-first century*(New York: Farrar, Straus and Giroux, 2005), 50-51.

② **약식주석(Short notes)**

〈저자의 성(姓), 짧게 줄인 제목, 쪽수.〉

◎ Friedman, *The world is flat*, 50-51.

③ **참고문헌(Bibliographic entries)**

〈저자. 제목. 출판지: 출판사, 출판 연도.〉

예 Thomas L. Friedman. *The world is flat: a brief history of the twenty-first century.* New York: Farrar, Straus and Giroux, 2005.

(인용 양식에 따른 논문 작성 방식은 연세대학교 학술정보원의 「논문작성가이드」참고. http://library.yonsei.ac.kr)

학습활동 6 '학술논문'의 문헌 표기(본문·참고문헌)에서 'APA 양식'과 'Chiago 양식'은 어떻게 다른지 예를 들어 설명해 보라.

Tip 5 국내외 연구 윤리 및 표절방지 소개 주요 웹사이트

▶ **연구 윤리 사이트**

미국 국립 공학 아카데미의 '온라인 윤리센터'

www.onlineethics.org

한국연구재단의 '연구 윤리'

www.onlineethics.org

▶ **표절 및 표절 방지 방법을 소개하는 웹사이트**

표절에 관한 웹사이트 소개

www.cln.org/themes/plagiarism.html

표절 예방 강좌 소개

www.plagiarism.com

연구논문 작성 시 표절 예방법 소개

www.virtualsalt.com/antiplag.htm

3 저자권

과학기술에 관한 글쓰기, 즉 보고서나 논문 작성 과정에서 학문 윤리와 관련하여 문제가 되는 것은 '저자권(著者權, authorship)'이다. 저자권이란 학술논문의 발표자나 저자로 참여할 때 갖게 되는 권리를 뜻한다.

실험보고서나 연구논문 같은 과학기술 문서들은 대부분 공동 연구를 진행하여 그 결과를 발표한다. 이때 실험의 결과를 보고서나 논문으로 발표하고 학술지에 수록하는 과정에서 누가 더 중요하고 핵심적인 역할을 했고, 많은 일을 했느냐에 따라서 저자의 권리가 달라질 수 있다.

과학기술 문서 작성에서는 참여한 역할에 따라 여러 명의 저자 가운데 누가 제1저자(first author)이고 제2저자(second author)이며, 또 누가 교신저자(corresponding author)인지를 명확하게 구분하고 정확하게 밝혀주어야 분쟁의 소지가 없다. 실험과 논문 집필 과정에 기여하지 않았음에도 지위를 남용하여 무임승차(free-riding)를 하거나 학문 권력을 남용하여 논문의 저자권을 유리하게 획득해서는 안 된다.

> **예문 2** 황우석 박사의 논문 조작 사건이 터졌을 때 줄기세포의 존재 유무와 함께 논문에 공동저자로 이름을 올린 사람들의 자격 시비가 일었는데, 이처럼 논문의 발표자 혹은 학술논문 등의 저자로 참여할 수 있는 권리를 '저자권'(著者權, authorship)이라고 한다. 일부에서 '저자권'을 '저작권'(著作權, copyright)과 혼용해서 사용하기도 하는데, 과학 글쓰기의 윤리와 관련해서 문제가 되는 개념은 '저작권'이 아니라 '저자권'이다. 저작권은 글이나 창작물에 대한 상업적인 소유권과 관련된 것으로, 대부분의 경우 논문의 소유권은 학술지를 출간한 학회나 출판사가 갖고, 또 저작권에 대해서는 성문화된 법으로 상세히 규정되어 있어 저작권 분쟁이 일어났을 때 법적으로 해결할 수 있다.
>
> 저자권과 관련하여 논란이 되는 윤리적인 문제는 누가 저자에 참여할 수 있고, 복수 저자의 경우 순서는 어떻게 정할 것이며, 누가 이것을 결정할 수 있는가 하는 것이다. 일반적으로 문제가 되는 것은 소장 연구자(대학원생이나 박사 후 연구원)의 기여가 정당하게 인정을 받았는가 하는 문제와, 연구에 실질적 기여가 없는 원로 과학자나 상급자를 예우 차원에서 논문저자로 올리는 문제(소위 명예저자 표시) 등이다. 우리나라 과학기술부의 '연구윤리 확보를 위한 지침 해설서'에도 이러한 문제를 '부당한 논문저자 표시'라는 명칭으로 연구부정 행위의 범위에 포함하고 있다. 다시 말하면 논문을 완성하는 데 기여한 바가 없이 저자로 참여하는 것과, 기여를 했는데도 불구하고 논문저자에서 빠지는 것은 비윤리적인 행위가 된다.
>
> – 강호정, 『과학 글쓰기를 잘 하려면 기승전결을 버려라』, 이음, 2007.

여러 명이 실험과 연구에 참여한 과학기술 문서의 저자권을 명기하고 순서를 정할 때에는 연구에 실질적으로 기여를 한 연구자가 그 역할과 공로를 인정받아야 한다. 과학기술 문서 작성에서 연구자 개인의 표절과 변조 같은 학문적 정직성 위반 행위가 문제되는 것처럼, 논문에서 저자 표시를 하는 과정에서도 논문 작성에서의 실질적인 기여 정도에 따라 저자의 순서와 역할을 합당하고 공정하게 배분해야 한다.

위의 【예문2】에 서술되어 있듯이 대학원생이나 박사 후 연구원(post-doc) 같은 소장 연구자들에게 연구에 참여한 정도에 따라 정당한 공로를 인정하여 저자의 순서와 역할을 공정하게 배분해 주어야 한다. 이와 함께, 명예저자표시(honorary authorship: 연구에 실질적으로 기여하지 않은 원로 교수나 과학기술자, 연구소장 등에 대한 예우 차원에서 저자로 이름을 올리는 일)를 하지 않는 것 역시 과학기술계의 연구 윤리를 유지하고 지켜나가는 데 매우 중요하다.

학습활동 7

다음에 제시하는 예문은 과학기술 글쓰기에서 연구 윤리와 저작권의 중요성을 강조하면서, 과학기술 연구에서 진실성을 유지하는 데 필요한 제반 행동들을 정리하여 제시해 주고 있다. 예문을 읽고 과학기술 논문을 쓸 때 저작권의 확정을 위해 연구의 공로에 따라 저자 순서를 어떻게 배정하는 것이 합당한지 조원들끼리 서로 토론해 보라.

2005년 겨울에 발생했던 황우석 사건은 한동안 한국 사회를 혼란과 충격에 빠뜨렸다. 그러나 다른 한편으로는 여러 종류의 사회적 학습을 할 수 있는 계기를 마련해 주기도 했다. 그중 하나가 과학 활동에서 연구 윤리의 준수가 얼마나 중요한 것인지를 일깨워준 것이다. 연구 윤리를 간단히 정의하면 '과학 연구에서 진실성(integrity)을 유지하는 데 필요한 행동들'이라고 할 수 있다. 연구 윤리의 범위에 관해서는 다양한 의견이 있지만 국내에서 자주 언급되는 사항들을 정리해보면 크게 다섯 가지로 나눌 수 있다. 첫 번째는 연구 과정에서 발생하는 문제들이다. 연구의 설계에서부터 실험 방법, 데이터 관리 및 보관, 출판에 이르는 전 과정에서 객관성을 유지하는 문제와 관련된 것이다. 실험 결과를 의도적으로 손질하는 행위를 데이터의 '날조', '위조', '변조'로 나누기도 한다. 두 번째는 저자 표시(authorship)에 관한 것이다. 과학자들은 자신의 연구 결과를 학술지에 발표해 인정을 받는다.

이 과정에서 윤리적 문제가 빈번히 발생한다. 예컨대, 연구에 기여한 사람이 저자 목록에서 빠지거나 전혀 기여하지 않은 사람이 포함되는 것이 여기에 해당된다. 세 번째는 실험실 운영 과정에서 발생하는 문제다. 지도 교수와 학생 사이의 관계, 선임 연구원과 후임 연구원 사이의 관계, 실험실 내에서의 성 차별, 자원의 공정한 배분 등이 여기에 속한다. 네 번째는 생명윤리에 대한 고려다. 생의학 연구는 생명체를 대상으로 한다는 점에서 연구를 진행하는 과정에서 세심한 주의가 필요하다. 실험 참여자, 인체 유해 물질의 이용, 실험동물에 대한 적정한 고려가 여기에 해당된다. 다섯 번째는 과학자의 사회적 책임이다. 연구를 수행하기 위해서는 막대한 자금이 필요하다. 그래서 과학자들은 정부나 기업으로부터 후원을 받는데, 이런 연구비들이 애초의 목적대로 제대로 사용되었는지 그리고 공공성에 반하거나 비윤리적 연구에 사용되지는 않았는지 등의 문제가 여기에 포함된다.

— 김병수, 「연구 부정행위는 막을 수 없을까」, 『철학으로 과학하라』, 웅진지식하우스, 2008.

위의 〈학습활동7〉【예문】에 서술되어 있듯이, 실험실의 연구 책임자나 소장 연구자 어느 쪽이라도 실험과 논문 작성에 실질적으로 기여한 정도에 따라 공정하게 평가받고 저작권을 행사할 수 있어야 한다. 그래야만 저작권을 둘러싼 분쟁이 없어지고, 대학의 학문 윤리를 지켜나갈 수 있다.

저작권과 관련하여 국내 대학에서도 자체의 〈연구윤리규정〉을 마련하여 다음과 같이 저작권의 내용을 상세하게 규정하고 있다.

저작권 규정의 예(서울대학교 〈연구윤리규정〉 제5장 '저작권' 내용 일부)

▶**제1절 교신저자**

1. (정의) 교신저자는 저널 투고의 전 과정을 책임지는 저자를 말한다. 일반적으로 연구책임자는 교신저자가 될 수 있다.
2. (역할)
① 교신저자는 공동저자의 포함 여부 및 저자 순서를 결정한다.
② 교신저자는 공동저자에게 최종 논문을 회람하여야 하고 투고 사실을 알려 확인받아야 한다. 또한 논문 심사 후 수정을 해야 하는 경우에도 교신저자는 이를 공동저자에게 알려서 승인을 받아야 한다.

▶**제2절 저작권**

1. (저자결정) 연구 결과를 발표할 때 저자 또는 발표자는 연구의 기여도에 따라 결정한다. 단순한 연구 정보의 교환, 연구비 수주에 도움을 준 경우에는 연구 논문을 발표할 때 감사의 글로 표현하는 것이 타당하다.
2. (저자순서) 저자의 순서를 결정하는 원칙에 있어서 학문 분야별 전통과 관행을 인정한다. 많은 학문 분야에서 저자 순서는 연구에 참여한 상대적 기여도에 따라 결정하고 있으나, 이 또한 참여한 저자들 간의 합의에 의해 결정되어야 한다.

▶**제3절 공동저자**

1. (정의) 공동저자 또는 공동발표자란 연구에 참여한 공동 연구원 및 연구보조원, 연구 수행 중 중요한 연구 정보를 상의하고 결론에 도달하는 데 기여한 자를 말한다.
2. (범위) 공동저자의 포함 범위는 연구의 계획, 개념 확립, 수행, 결과 분석 및 연구 결과의 작성에 현격히 기여한 자이다.
3. (역할) 공동저자 또는 발표자로 기재된 경우 해당 저자 또는 발표자는 해당 연구결과물에서의 역할을 설명할 수 있어야 한다.
4. (명예저자) 연구의 계획, 수행, 개념 확립, 결과 분석 및 연구 결과의 작성에 전혀 기여하지 아니한 자를 공동저자 또는 발표자에 포함하는 행위나 타인의 발표 또는 논문에 기여 없이 포함되었을 때, 이를 시정하려는 노력을 기울이지 않은 행위는 연구 부적절 행위에 해당된다.

(이하 생략)

위에 인용한 〈연구윤리규정〉에 따르면, 연구논문의 저자권 규정에서는 '교신저자'의 역할이 무엇보다 중요하다. 교신저자의 정의와 역할을 다시 정리하여 제시하면 다음과 같다.

▪ 교신저자
- 정의: 학술지 투고의 전 과정을 책임지는 저자
- 역할:
    - 공동저자의 포함 여부 및 저자 순서를 결정한다.
    - 공동저자에게 최종 논문을 회람하고 투고 사실을 알려 확인받는다.
    - 논문 심사 후 수정을 해야 하는 경우에도 공동저자에게 그 사실을 알려서 승인을 받는다.

저자권의 결정과 순서는 다음과 같은 원칙에 의해 정한다.

▪ 저자권
- 저자의 결정: 연구의 기여도에 따라 결정하는 것을 원칙으로 한다.
- 저자의 순서: 학문 분야별 전통과 관행을 인정하여, 연구에 참여한 상대적 기여도에 따라 결정하지만, 참여한 저자들 간의 합의에 따라 결정한다.

ICMJE(International Committee of Medical Journal Editors: 의학학술지 편집장 국제위원회)의 '저자권 결정'에 필요한 원칙(http://www.icmje.org, 부록 1)

- 연구를 제안하고 계획서를 만드는 일에 참여해야 한다.
- 실험에 직접 참여해야 한다.
- 실험 결과를 분석하고 해석하는 일에 참여해야 한다.
- 논문의 초안을 작성하거나, 지적인 활동을 통해 논문을 수정하는 활동에 참여해야 한다.
- 논문 최종본의 승인 역할을 맡는 것으로, 저자로서 승인에 참여해야 한다.

― 강호정, 앞의 책, 80쪽.

신소재연구 제22권, 47-52쪽, 2010년 12월

연잎 표면의 나노미세구조와 연잎효과

이홍림, 황창훈*, 김준수*, 정아롱*, 정현준*
신혜미**, 김다혜**, 김우영**, 박상은**, 윤존도*†

경남대학교 공동기기센터, *경남대학교 나노공학과, **경남대학교 과학영재교육원

Nano-Microstructure of Lotus Leaf and Lotus Effect

Hongrim Lee, Changhoon Hwang*, Junsoo Kim*, Ahrong Jeong*, Hyunjun Jeong*
Hyemi Sin**, Dahye Kim**, Wooyoung Kim**, Sangeun Park**, Jondo Yun*†,

Institute for Instrumental Analysis in Kyungnam University, Changwon 631-701, Korea
*Department of Nano Science and Engineering, Kyungnam University, Changwon 631-701, Korea
**Institute of Gifted Education in Science, Kyungnam University, Changwon 631-701, Korea

요 약

초소수성과 자기 세정 능력을 가지는 연잎의 나노미세구조를 분석관찰하고 그 메카니즘을 규명하였다. 전자현미경으로 표면의 마이크로 돌기와 나노 솜털을 관찰하고 이들이 초소수성과 어떻게 관계하는지를 조사하였다. 연잎이 갖는 초소수성을 재현하기 위하여 프로필렌과 자일렌을 이용하여 단분자 코팅막을 만들고 그 특성을 관찰하였다.

Abstract — We investigated the nanostructure and microstructure of lotus leaves that has hydrophobic and self-cleaning ability. We observed the micro-protrusion and nano-lanugo on the surface of lotus leaves. We investigated the effect of microstructure of lotus leaves on the properties. We attempted to fabricate hydrophobic surface by coating with i-polypropylene, and xylene.

Key words : hydrophobic, lotus effect, nanostructure, microstructure.

Ⅰ. 서 론

나노란 난쟁이를 뜻하는 고대 그리스어 나노스에서 유래된 말로 1 나노미터는 1 미터의 십억분의 1 크기이다. 나노의 세계는 전자현미경을 통해서만 관찰할 수 있는 매우 작은 세계이며, 나노 기술은 전자, 정보 통신, 기계, 에너지, 화학 등 대부분의 산업에 응용 가능하여 인류 문명을 혁명적으로 바꿀 수 있는 기술로 알려져 있다. 이러한 나노의 세계는 자연에도 존재한다. 매우 매혹적인 파란색 날개를 가지고 있는 모포(morpho) 나비의 날개에는

† 교신저자, E-mail: jdy**@kyunnam.ac.kr

Journal of Advanced Materials Vol. 22, December 2010

그림 1 저자권의 형태와 순서를 보여주는 논문 예
(『신소재연구』 제22권, 경남대학교 신소재연구소, 2010. 12)

지질학회지 제48권 제3호, p. 259-273, (2012년 6월)

국내 광역도시 및 일부 지역에 대한 확률론적 지진재해도 분석

이현미[1,†] · 서정문[1] · 신동훈[2] · 최인길[1]

[1]한국원자력연구원
[2]전남대학교 지구환경과학부

요 약

서울, 대전, 대구, 부산, 광주, 인천, 울산의 7개 광역 도시와 강릉, 평창, 무안을 대상으로 확률론적 지진재해도 분석을 수행하였다. 확률론적 지진재해도 분석을 수행하기 위하여, 국내 지진 및 지질 전문가들의 평가에 의해 도출된 지진지체모델과 감쇠식을 사용하였다. 또한 민감도 분석을 통하여 각 지진지체모델의 입력변수와 감쇠식이 재해도에 미치는 영향을 분석하였다. 민감도 분석 결과, 감쇠식이 재해도에 미치는 영향이 지진지체모델의 연발생율, b-값, 최대규모, 진원깊이의 영향보다 큰 것으로 나타났다. 각 연구 지역에 대한 평균 지진재해도 곡선을 산출하였다. 평균 재해도는 0.2 g를 기준으로 약 3.738E-04~4.767E-04의 연초과확률 범위를 나타냈으며, 10곳의 연구 지역에 대한 평균 재해도는 약 4.340E-04를 나타냈다. 이는 0.2 g의 지진동 수준에 대한 재현주기가 약 2300년에 상응함을 의미한다. 연구 지역에 대한 재해도 곡선은 해당 지역에 대한 지진 안전성 평가를 위한 참고자료로 활용될 수 있다.

주요어: 확률론적 지진재해도 분석, 지진지체모델, 감쇠식, 민감도 분석

Hyun-Me Rhee, Jeong-Moon Seo, Dong-Hoon Sheen and In-Kil Choi, 2012, Probabilistic Seismic Hazard Analysis on Metropolitan Cities and Counties in Korea. Journal of the Geological Society of Korea. v. 48, no. 3, p. 259-273

ABSTRACT: Probabilistic seismic hazard analysis (PSHA) was performed for 10 sites which included metropolitan cities and counties such as Seoul, Daejeon, Daegu, Busan, Gwangju, Inchon, Ulsan, Gangneung, Pyeongchang, and Muan. For PSHA, the attenuation equations and the seismic source models which had been estimated by assessment of the specialists from seismology and geology field were selected. The effects of the attenuation equations and input parameters of seismic source models on the seismic hazard was investigated through the sensitivity analysis. Result of the sensitivity analysis show that the attenuation equations have an higher influence on the seismic hazard than the pairs of a and b values, maximum magnitude, and depth. Mean seismic hazard curves were produced for each site. The mean seismic hazards at peak ground acceleration level of 0.2 g show that the annual probabilities of exceedance among the sites are in the range between 3.788E-04 and 4.767E-05. The average of the mean hazards of 10 study sites is about 4.340E-04. This corresponds to the recurrence frequency of 2300 years for a level of ground motions at 0.2 g. The seismic hazard curves for the study sites would be possible to be used as the reference data for a seismic safety assessment on each site.

Key words: probabilistic seismic hazard analysis, seismic source model, attenuation equation, sensitivity analysis

(Hyun-Me Rhee, Jeong-Moon Seo and In-Kil Choi, Korea Atomic Energy Research Institute, 989-111 Daedeok-daero, Yuseong-gu, Daejeon 305-353, Korea; Dong-Hoon Sheen, Department of Earth and Environmental Sciences, Chonnam National University, 77 Yongbong-ro, Buk-gu, Gwangju 500-757, Korea)

1. 서 론

현대 사회는 인구의 도시집중과 산업시설의 과밀화 등으로 지진재해에 대단히 취약하다. 지진재해는 지진 자체에 의한 지반이나 구조물의 붕괴 및 도로와 교량의 유실과 그로 인한 화재 및 수도, 전기, 가

[†] Corresponding author: +82-42-868-22**, E-mail: rhee_**@naver.com

그림 2 저자권의 형태와 순서를 보여주는 논문 예
(『지질학회지』 제48권 제3호, 대한지질학회, 2012. 6)

학습활동 8 저작권 설정에서 중요한 사항은 참여 역할에 따른 순서이다. 아래에 제시한 과학기술 논문 저자의 역할은 무엇인지 설명하고, 저자 표기의 순서는 어떻게 결정되는지 설명해 보라.

1. 제1저자(first author)
2. 연구책임자(PI: primary investigator)
3. 교신저자(corresponding author)
4. 대표저자(speaker)
5. 공동저자(collaborative author)

학습활동 9 저작권(著作權, copyright)은 문학·예술·학술에 속하는 창작물에 대하여 저작자나 그 권리 승계인이 행사하는 배타적·독점적 권리를 뜻한다. 한국의 경우 '저작권법'과 '저작권 조약'은 창작을 보호하고 무분별한 복제와 표절을 방지하기 위해 어떤 조항들을 마련해 놓고 있는지 조사하여 정리해 보라.

참·고·문·헌

1. 가톨릭대학교교양교육원(강석우 외), 『대학생을 위한 과학글쓰기』, 아카넷, 2009.
2. 강명구·김희준·정윤석 외, 『과학기술 글쓰기』, 서울대학교 출판부, 2008.
3. 강호정, 『과학 글쓰기를 잘 하려면 기승전결을 버려라』, 이음, 2007.
4. 김명진, 「한국의 과학윤리 현황과 앞으로의 과제」, 『과학사상』 43, 범양사, 2002. 12.
5. 김종록·이관희, 『과학 글쓰기 전략』, 박이정, 2011.
6. 신형기 외, 『모든 사람을 위한 과학 글쓰기』, 사이언스북스, 2006.
7. 유네스코한국위원회 편, 『과학 연구 윤리』, 김명진 옮김, 당대, 2001.
8. 정상조, 『지적재산권법』, 형문사, 2004.
9. 정희모 외, 『대학 글쓰기』, 삼인, 2008.
10. 조희형, 『과학교육 논문 작성법』, 교육과학사, 2002.
11. 홍영석, 『과학기술의 윤리성』, 교우사, 2002.
12. 얼 배비(Earl Babbie), 『사회조사방법론』(9판), 고성호 외 옮김, 도서출판 그린, 2002.
13. P. J. Friedman, 「연구윤리서설」, 『과학연구윤리』, 김명진 옮김, 유네스코한국위원회 편, 당대, 2001.
14. Patrick Sebranek·Verne Meyer·Dave Kemper, *Write for College—A Student Handbook*, Great Source Education Group, 1997.
15. W. 브로드·N. 웨이드, 『배신의 과학자들』, 박익수 옮김, 겸지사, 2002.

제임스 왓슨의
『이중나선-핵산의 구조를 밝히기까지』(1967)

『이중나선』

『이중나선(Double Helix)』

DNA는 이중나선(The Double Helix)이다. 과학도라면 누구나 알고 있고, 일반 대중들에게도 널리 알려진 사실이다. DNA의 두 주형은 상보적 염기 결합(Complementary base pairing)을 하며, 여기에서 DNA → RNA → Protein으로 이어지는 생물학의 중심 원리(또는 중심 명제)인 Central Dogma로 확장된다.

이 책은 왓슨과 크릭이 DNA(Deoxyribonucleic Acid) 이중나선을 밝혀내기까지의 과정을 담아내고 있다. 당연히 이 책은 일정 수준의 분자생물학과 화학을 공부해야 이해할 수 있다. 왓슨의 시점에서 DNA가 이중나선이라는 결론에 도달하기까지의 과정에서는 말이다.

그러나 이 책의 이면에는 DNA의 구조를 밝혀내기까지의 치열한 경쟁이 숨어 있다. 책 앞부분에서 왓슨이 밝힌 것과 같이, 이 경쟁에 참여한 과학자들은 제임스 왓슨(James Watson: 1928~), 프랜시스 크릭(Francis Crick), 모리스 윌킨스(Maurice Wilkins), 로잘린드 프랭클린(Rosalind Franklin), 그리고 화학의 대가 라이너스 폴링(Linus Pauling)이다. 이 책은 왓슨이 크릭과 함께 DNA의 구조를 밝혀내기까지의 과정에서 일어난 다른 이들과의 경쟁, 그 중에서도 특히 폴링과의 경쟁에 관한 내용을 다루고 있다.

사실 처음에는 X선 결정학을 이용하여 로잘린드 프랭클린이 DNA의 구조에 대한 실마리를 잡은 상태였다. 그러나 연구실 동료인 로잘린드와 관계가 안 좋아진 윌킨스가 왓슨과 크릭에게 로잘린드 프랭클린의 X선 데이터를 보여주게 된다.

동물학자 출신의 왓슨과 물리학자 출신의 크릭은 나름대로 DNA의 구조를 밝혀보려 하였으나, 계속 허탕을 쳤다. 하지만 윌킨스가 제공한 로잘린드 프랭클린의 실험 사진을 본 것을 계기로, DNA는 이중나선이며 안쪽에서부터 '샤가프의 법칙(Chargaff's rule)'을 만족시키는 상보적 염기결합물임을 확신하였다. 그 뒤 그들은 그들의 연구를 담은 DNA 구조에 대한 짧은 분량의 논문을 『네이처』에 기고하였다. 그 때 당시 나름대로 DNA 구조를 밝히려 했던 칼텍의 라이너스 폴링은 기초적인 실수를 하는 등의 헛다리를 짚다가, 결국 왓슨과 크릭에게 DNA 구조를 먼저 밝히는 영광을 내주었다.

DNA 분자 구조 및 생체 내 기능에 대한 발견으로 1962년에 왓슨, 크릭, 윌킨스가 노벨 생리의학상을 공동으로 수상하였다. (신기한 것은, 1962년에 라이너스 폴링은 노벨 평화상을 수상하며 노벨상만 2개를 가지게 되었다. 만약 폴링이 DNA 구조를 밝혀냈다면 폴링은 노벨 생리의학상도 받으며 노벨상 3관왕을 달성하지 않았을까?) 결국 1958년 사망한 로잘린드 프랭클린만이 그 영광을 받지 못했고, 윌킨스 역시 현재 우리의 기억 속에는 남지 못했다.

사실 그들이 노벨상을 받은 이유는 DNA 구조가 아니라 핵산에 대한 연구 성과 때문이었다. 그런데 우리는 DNA 이중나선이라고 하면 왓슨과 크릭을 떠올린다. 제임스 왓슨이 크릭과 함께 논문을 발표한 이후 『이중나선』이라는 책을 발표하고, 이 책이 대중들에게 널리 읽혀지면서 일반 대중들도 DNA 이중나선에 대해 쉽게 알 수 있게 되었기 때문이다.

왓슨과 크릭도 로잘린드 프랭클린의 데이터가 없었다면 그 논문을 쓰지도 못했을 것이고 과학계의 거장 취급도 못 받았을 것이다. 로잘린드와 사이가 안 좋았던 윌킨스가 로잘린드의 자료를 왓슨과 크릭에게 유출하고, 왓슨과 크릭은 그것을 바탕으로 DNA의 구조를 밝혀낸 것이다. 왓슨과 크릭은 그 모든 영광을 그녀에게서 빼앗아간 것일까? 똑같은 데이터를 놓고도 DNA의 구조를 단기간 내에 알아냈던 왓슨과 크릭의 통찰력이야말로 노벨상의 가장 큰 이유가 아니었을까?

– http://seronade.tistory.com/32

「유명 과학저널『사이언스』지는 누가 만들었을까」
(이소영, 『과학향기(KISTI)』 제1688호, 2012. 9.)

평생 한 번이라도『사이언스』나『네이처』에 내 논문이 실린다면!『사이언스』와『네이처』는 세계 과학계를 쥐락펴락하는 최고 권위의 과학저널이다. 논문 수록 자체가 뉴스에 날 정도로 경사이며, 이들 잡지에 논문을 게재하는 것은 노벨상 수상의 기본 요건으로 여겨진다. 이렇듯 세계 과학자들의 꿈과 목표가 되고 있는 과학저널은 누가 만들었을까?

현재『사이언스』는 인쇄 잡지 정기 구독자 13만 명, 기관과 온라인을 통해 실제 잡지를 읽는 독자는 백만 명으로 추산된다. 2011년의 영향력지수(임팩트 팩터 IF)는 31.20으로 6천여 종의 국제 학술지 중 6위를 차지했고, 종합과학 분야 50개 저널 중『네이처』에 이어 2위를 차지한 저명한 과학 잡지다. 1위인『네이처』와의 차이가 크지 않은 데다, 두 잡지의 경쟁은 날이 갈수록 치열해지고 있다. 그런데『사이언스』가 시작부터 이런 영광을 누린 건 아니다. 창간 이후 십여 년간은 폐간과 재창간을 반복하며 아슬아슬하게 명맥을 이어 왔다.

『사이언스』는 1880년 미국에서 창간됐다. 경쟁지『네이처』가 십여 년 전인 1869년에 영국 맥밀런 출판사에서 창간돼 이미 종합 과학저널로 기반을 닦은 뒤였다.『사이언스』를 창간한 인물은 미국의 언론인 존 미첼스인데, 그보다 오히려 투자자가 더 유명하다. 발명왕 토머스 에디슨이『사이언스』창간을 위해 1만 달러를 투자한 것이다. 그러나 에디슨의 투자가 무색하게도 1882년 3월을 끝으로 파산하고 만다. 다음 투자자로 나선 이는 전화 발명으로 유명한 알렉산더 그레이엄 벨이었다. 벨의 투자로 1883년 곤충학자 사무엘 H. 스쿠더가 다시 발행을 시작했지만 이것도 1년을 넘기지 못한다.

역사상 가장 유명한 발명가로 빠지지 않고 등장하는 2명이 창간 당시『사이언스』의 투자자였다는 점은 흥미롭다. 또한 이들이 투자한 잡지가 얼마 못 가 파산이라는 수모를 겪은 것도 놀랄만한 일이다. 여기엔 어떤 사연이 있을까?『사이언스』는 창간 당시 영국의『네이처』와 마찬가지로 전문성이 높은 과학계의 최신 연구 성과를 게재하는 것이 목적이었다. 그러나 실용적인 것을 선호하는 미국 사회의 특성 탓에 정기구독자를 모으기 어려웠다. 초기『사이언스』의 편집 방향은 오락가락했는데, 이러한 사정으로 특허와 발명 등에도 상당한 지면을 할애했다. 에디슨과 벨이라는 걸출한 발명가를 낳은 미국의 문화가 오히려『사이언스』의 성공을 가로막은 것이다. 그러니 이들이『사이언스』의 초기 투자자였다는 점은 아이러니하다.

『사이언스』가 제 궤도에 오른 것은 1900년 미국과학진흥협회(AAAS)에 인수돼 협회 공식 저널로 탈바꿈하면서부터다. 이후『사이언스』는 20세기 미국이 주도하는 '빅 사이언스'를 이끈 대표 과학저널로 자리를 잡았다. 20세기에『사이언스』가 낸 과학 특종들은 헤아릴 수 없이 많다. 초파리 실험으로 염색체 지도를 입증한 토머스 헌트 모건의 연구와 흔히 '아인슈타인 링'이라 불리는 중력렌즈에 관한 연구, 허블의 나선형 은하 연구 등이 대표적인 예들이다.『사이언스』는 매주 발행되며 물리학, 화학, 생물학, 우주과학 등 과학 전 분야의 논문을 다룬다. 해마다 이 잡지에 실리는 논문의 양은 1천여 편에 달한다. 경쟁률은 대략 10대 1. 해마다 1만여 편이『사이언스』의 문을 두드리는 것이다. 게재 여부 심사는 편집자들에 의한 1차 심사와 외부 전문가들의 2차 심사를 거치는데, 심의 과정에 1~2달이 걸린다. (중략)

『사이언스』와『네이처』는 각각 미국과 영국에서 태어났지만, 이미 이들 저널에 국적을 묻는 것은 무의미하다. 21세기 과학의 좌표를 제시하는 양대 저널의 경쟁은 앞으로 또 어떻게 전개될까? 중요한 사실은 전 세계 과학자들을 비롯한 구독자들이 매주 두근거리는 마음으로 이 저널들을 기다리고 있다는 것이다.

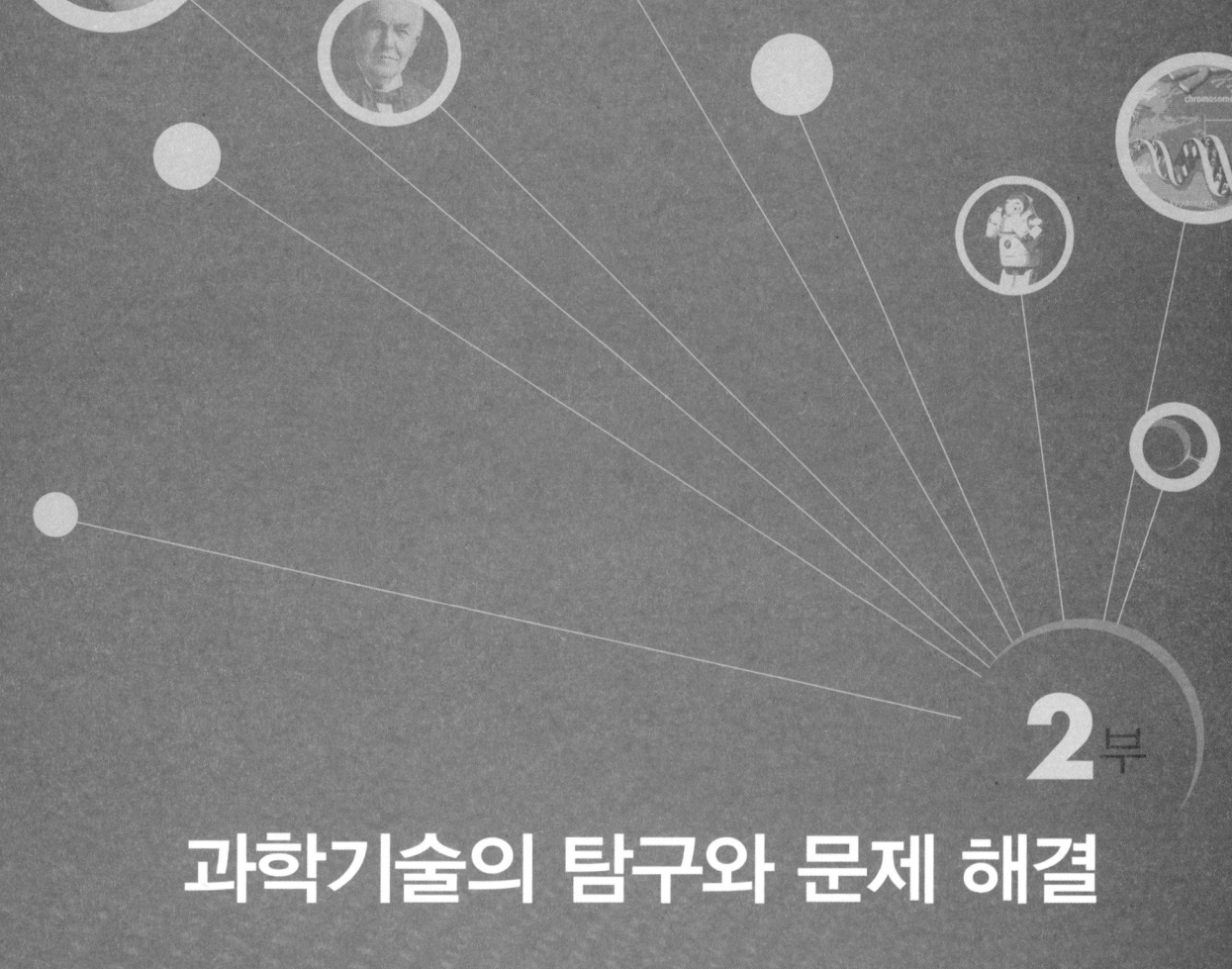

2부
과학기술의 탐구와 문제 해결

The Research and Problem-Solving in Science & Technology

4장 과학기술 연구의 절차와 방법

효과적인 과학기술 글쓰기를 위해서는 현상에 대한 과학적 탐구를 통해 문제를 발견하고, 찾아낸 문제를 해결할 수 있는 구체적 방법을 제시할 수 있어야 한다. 나아가 자신이 발견한 문제와 해결 방법이 갖는 의미를 동료 및 다른 연구자들과 공유할 수 있어야 한다.

"나는 가장 간단하고도
가장 일반적인 원리로부터 출발했으며,
내가 발견한 각각의 진리들은
다른 진리를 발견하기 위한 하나의 규칙이 되었다."
** 르네 데카르트, 『방법서설』

1 합리적 주제 선정

과학기술 글쓰기는 대상에 대한 과학적 탐구에서 출발한다. 이때 탐구 대상은 무엇이든 가능하다. 배아복제, 지구온난화, 유전자 조작 등과 같이 학계 안팎에서 찬반이 분분한 주제라든가, 상온 핵융합이나 UFO처럼 과학적 진위 여부가 불분명한 주제도 얼마든지 탐구 대상이 될 수 있다. 그러나 탐구의 방법은 반드시 '과학적'이어야 한다.

그렇다면 과학적 탐구의 특징은 무엇일까? 가장 먼저 보편성을 들 수 있다. 동일한 연구 방법으로 실험이나 관찰을 했다면 연구자, 시대, 장소 등에 상관없이 그 결과물이 항상 동일해야 과학적 탐구라고 할 수 있다.

또한 과학적 탐구는 타당성과 적합성을 지녀야 한다. 타당성이란 탐구 방법이 연구 목적을 달성하기 위해 합리적으로 설계되어야 한다는 뜻이고, 적합성이란 주어진 시간과 장비, 연구자의 역량 등이 탐구를 수행하기에 적합해야 한다는 것을 의미한다. 아래 예문에서 밝힌 탐구 방법에 대해 생각해 보자.

> **예문 1**
> ① 대학생 김 군은 CO_2가 지구온난화의 주범이라는 주장의 진위를 알아보기로 했다. 이를 위해 김 군은 우선 아파트 옥상에 약 3㎥의 비닐하우스 두 채를 짓기로 했다. 그리고 맑은 날을 선택해 비닐하우스 한 채에만 CO_2를 주입한 후, 두 실험 공간의 온도상승률을 비교하기로 하였다. CO_2의 양을 조절하면서 여러 차례 실험을 한다면 일정한 공간에서 CO_2의 양에 따른 온도상승률을 정교하게 계산할 수 있을 것으로 예상했다. 이 실험을 통해 얻은 수치를 최근 10년 동안 전 세계의 CO_2 배출량과 지구 전체 대기의 평균 온도상승률과 비교한다면 CO_2가 지구온난화의 주범인지 여부를 확인할 수 있을 것이다.

② 대학생 홍 양은 같은 대학 내에서 연애를 하는 남녀와 그렇지 않은 연인들의 시간 소비 패턴을 비교해 보기로 하였다. 같은 대학 내에서 연애를 하는 남녀는 공강 시간이나 그 밖의 자투리 시간을 활용할 수 있고, 수업이나 식사 등의 일상생활도 함께 할 수 있다. 따라서 캠퍼스 커플은 연애 시간이나 연애 자체에 대한 만족도가 다른 커플에 비해 상대적으로 높으면서, 자기계발 시간도 더 많이 가질 수 있다는 것이 홍 양의 생각이었다. 자신의 가설을 입증하기 위해 홍 양은 캠퍼스 커플과 그렇지 않은 커플을 각 5쌍씩 만나서 인터뷰를 갖기로 하였다. 5쌍의 커플이 모든 캠퍼스 커플과 그렇지 않은 커플을 대표할 수는 없겠지만, 만약 5쌍의 커플에게서 공통적으로 일치하는 대답을 듣는다면 그것은 전체 커플의 특정한 양상을 대변하는 것으로 볼 수 있다고 생각하였다.

③ 대학생 최 군은 노인이나 어린이들도 쉽게 사용할 수 있는 스마트폰 사용설명서를 제작하기로 했다. 이를 위해 최 군은 노인과 어린이들이 주로 사용하는 휴대전화 모델 5개를 선정하고, 해당 모델의 사용설명서를 구해 제품의 기능을 상세히 확인하기로 했다. 이어서 최 군은 휴대전화를 비교적 자주 사용하는 노인과 어린이들을 3명씩 만나 스마트폰을 보여준 뒤 사용 방법을 설명하기로 했다. 이런 과정을 통해 사람들이 주로 스마트폰의 어떤 기능을 좋아하는지, 또는 어떤 기능을 특히 어려워하는지를 확인하고, 각각의 기능을 상세하게 소개하는 사용설명서를 만든다면, 노인이나 어린이들도 더 쉽게 스마트폰을 사용할 수 있을 것이라고 생각하였다.

위의 예문들을 읽은 느낌은 어떤가? 예문 속 인물들의 연구 방법에 동의하는가? 만약 동의하지 않는다면 그 이유는 무엇인가?

과학적 탐구는 보편성, 타당성, 적합성을 지녀야 한다.

첫째 예문에서 김 군이 설계한 실험은 타당성과 적합성이 부족하다. 대부분의 실험은 자연 상태의 여러 변인들을 통제하여 특정 변인 간의 인과성을 밝히는 것이다. 여기에는 올바른 과학적 결과를 얻기 위해 특정 변인들을 통제하는 것이 타당하다는 가정이 숨어 있다. 이 때의 가정이 타당하지 않다면 올바른 실험을 기대할 수 없다.

아파트 옥상에 작은 비닐하우스를 지어서 탄소와 지구온난화의 관계를 밝히겠다는 생각에는 비닐하우스 내부의 공기와 지구의 대기가 동일하다는 가정이 숨어 있다. 그러나 이 둘은 많은 차이가 있다.

김 군의 실험은 태양광 아래에서 탄소를 가둘 수 있다는 것 이외에는 실제의 자연 상태와 많이 다르다. 그리고 $3m^3$의 비닐하우스에 비해 지구 대기의 크기가 너무 커서, 김 군의 장비와 능력으로는 의미 있는 수치 비교를 할 수 없다. 결국 김 군의 실험은 타당성과 적합성이 부족하기 때문에 과학적 탐구라고 할 수 없다.

둘째 예문에서 홍 양이 설계한 탐구 계획 역시 성공 가능성이 낮다. 홍 양의 계획이 갖고 있는 가장 큰 문제는 '만족도'에 대한 객관적 측정이 어렵고, 이에 영향을 미치는 변수들을 통제할 수 없다는 데에 있다. 사람들마다 다르게 느끼는 '만족도'를 어떻게 정의하고, 이를 측정할 것인가?

쉽지는 않겠지만, 조작적 정의를 통해 만족도를 측정할 수는 있을 것이다. 그러나 이때에도 답변의 신뢰도가 문제가 된다. 연애 중인 커플들이 현재의 연애에 만족하느냐는 제3자의 질문에 '그렇지 않다'라고 답변하는 것은 현실적으로 곤란할 것이기 때문이다. 따라서 '현재의 연애에 만족한다.'라는 그들의 답변을 신뢰하기가 어렵다.

탐구 대상을 5쌍의 남녀로 한정한 것 역시 문제이다. 그리고 인터뷰는 누가, 어떤 상황에서 질문하느냐에 따라 가변적일 수밖에 없어 과학 연구의 주된 측정 도구가 될 수 없다. 특별한 경우가 아닌 한 인터뷰는 관찰이나 실험 등을 뒷받침하는 보조적 도구가 되어야 한다.

셋째 예문에서 최 군이 설계한 탐구 방식은 김 군이나 홍 양에 비해 상대적으로 실현 가능성이 높다. 탐구 대상이 명확하고, 연구 목표 역시 '이전 사용설명서보다 조금 더 쉽게 만들기'이기 때문이다. 얼마나 쉽게 만들 수 있을지는 모르겠지만, 연구를 하기 전보다 조금 더 쉬운 사용설명서를 만들겠다는 목표는 약간의 노력만으로도 이룰 수 있을 것이다.

물론 노인과 어린이들이 쉽게 읽고 따라할 수 있는 사용설명서를 만드는 작업은 쉽지 않을 것이다. 과학적인 관찰력과 분석력은 물론이거니와 글을 효과적으로 쓸 수 있는 표현력, IT 기계의 메커니즘에 대한 깊은 이해력 등이 글쓴이에게 요구되기 때문이다.

학습활동 1

아래 순서에 따라 과학기술적 탐구 주제를 선정하고, 탐구 방법을 설계해 보자.

1. 이번 학기에 자신이 직접 해결할 수 있는 주제를 선정한다.
2. 가급적 공동으로 수행할 수 있는 주제를 선택한다.
3. 다른 수업과의 형평성을 고려했을 때에 지나치게 많은 시간과 노력을 기울여야 한다면 주제를 바꿔 보자.
4. 이 주제에 대해 내가 이미 알고 있는 내용은 무엇인지, 또 시급히 알아야 할 내용은 무엇인지 생각해 보자.
5. 2개월 동안 이 과제를 수행한다고 가정했을 때 보름 간격으로 수행해야 할 구체적 과제들을 적어 보자.
6. 4~5명이 한 조를 이뤄, 각자 선정한 주제와 수행 절차에 대해 발표해 보자.
7. 각 조에서 가장 뛰어난 탐구 주제 및 탐구 방법을 결정한다.
8. 조별로 한 명씩 나와 조원들 간의 논의 내용과 최고의 탐구 주제 및 방법을 소개한다.

2 연구계획서

연구계획서 쓰기는 자신의 연구 주제를 예각화하고, 연구 방법을 구체화함으로써 연구의 의의를 밝히고 그 결과를 미리 예상하는 글쓰기이다. 연구계획서는 대개 '일반 연구계획서'와 '실험 연구계획서'로 구분된다. 일반 연구계획서에는 연구 주제, 연구 목적, 연구 가설, 연구 방법, 연구 범위, 연구 진행 일정, 참고문헌 등을 적는다.

Tip 1 일반 연구계획서의 표준 양식

1. 연구 주제
2. 연구 목적
3. 연구 가설
4. 연구 방법
5. 연구 범위
6. 연구 진행 일정
7. 참고문헌

대학생들이 수업 중 과제로 시도해 볼 만한 일반 연구계획서의 예를 보면 아래와 같다.

예문 2 일반 연구계획서의 예

1. 연구 주제

대학교 내 분리수거 실태 및 개선 방향 연구

2. 연구 목적

현대 사회에서 분리수거는 자원의 재활용 및 환경보존이라는 차원에서 중요한 사회적 문제이다. 현재 우리나라 대부분의 일반 가정에서는 매주 정해진 요일에 비교적 철저한 분리수거가 이루어지고 있다. 하지만 20대 초반의 학생들이 대다수인 대학교에서는 가정에 비해 분리수거가 제대로 이루어지지 않는 듯하다. 쓰고 버린 복사용지, 일회용 컵, 음료수 병, 캔 등 학교는 일반 가정보다 훨씬 더 많은 일회용품들이 배출되고 있는데, 이처럼 많은 양의 쓰레기를 배출하는 곳에서 분리수거가 제대로 이루어지지 않는다는 것은 큰 문제가 아닐 수 없다.

이상과 같은 문제의식을 바탕으로 우리는 대학교 내의 분리수거 실태를 파악하고, 만약 분리수거가 잘 되지 않는다면 그 이유가 무엇인지를 알아보고자 한다. 그리고 분리수거율을 높일 수 있는 현실적인 대안들을 제시하고, 나아가 대안들의 효과를 검증해 보고자 한다. 덧붙여 분리수거율을 높였을 때에 우리 대학에서 얻을 수 있는 이익을 시뮬레이션을 통해 계산하려고 한다. 분리수거율을 높여서 얻게 된 이익을 교육환경 개선에 쓴다면 우리 학교는 더욱 발전할 것이라고 기대한다.

3. 연구 가설
– 일반적인 공공건물에 비해 학교 안에는 재활용 전용 쓰레기통의 수가 부족할 것이다.
– 쓰레기통의 위치를 변경하는 것만으로도 수거율을 높일 수 있을 것이다.
– 커피 자판기 근처에 종이컵 수거대를 설치한다면 분리수거율이 높아질 것이다.
– 분리수거에 대한 학생들의 인식이 일반인보다 부족할 것이다.

4. 연구 방법
– 학교의 주요 건물들과 규모가 비슷한 공공건물을 찾아 쓰레기통 및 재활용 전용 쓰레기통의 수를 비교해 본다. 건물 면적, 단위 시간 당 통행인 수, 수거된 쓰레기 양 등을 비교하여 일반적인 공공건물에 비해 학교 안에는 재활용 전용 쓰레기통의 수가 부족한지 여부를 확인한다.
– 주변의 다른 대학교에 가서 주요 건물들의 쓰레기 분리수거 현황을 조사하여, 우리 학교의 상황과 비교한다.
– 학교 시설과의 협조를 얻어 주요 건물의 일부 층에서 쓰레기통의 위치를 옮겨서, 옮기기 전의 쓰레기 수거율과 비교한다.
– 커피 자판기 근처에 종이컵 수거대를 설치하여, 설치 전후의 종이컵 수거량을 조사한다. 조사 결과를 근거로 학교 전체에 종이컵 수거대를 설치했을 경우 추가로 수거 가능한 종이컵의 양을 계산한다.
– 설문조사를 통해 쓰레기 분리수거에 대한 학생들의 의식을 조사한다.

5. 연구 범위 및 진행 일정
– 1주: 우리 학교에서 가장 유동 인구가 많은 건물 한 곳을 선정하여 시간대별, 층별로 집중 관찰한다.
– 2주: 관찰 결과에 대한 객관적 지표를 확인하기 위해 주변 건물 및 인근 대학 건물, 공공건물 등의 현황을 추가로 조사한다.
– 3주: 우리 학교 학생 100명을 대상으로 설문 조사를 실시한다.
– 4주: 수집한 데이터를 종합적으로 분석하고, 분석 결과를 바탕으로 연구 성과의 중간 발표를 한다.
– 5주: 부족한 부분을 보충하여 학술논문을 완성한다.

6. 참고문헌
과학문헌 정보센터 유네스코 한국위원회, 『한 시민의 쓰레기 연구: 도시 쓰레기, 지구적 문제』, 따님, 1996.

> 김창래, 「폐 컵지의 펄프화 특성과 품질에 대한 NaOCl의 효과」, 전남대학교 대학원 임산가공학과 석사학위 논문, 2003.
> 김현문, 「자원 재활용의 경제성 분석: 종이류를 중심으로」, 청주대학교 경영대학원 회계학과 석사학위 논문, 1995.
> 본다순유, 『쓰레기 재활용: 쓰레기 재생 이용 촉진을 제안한다』, 예경, 1992.
> 유정수, 『쓰레기로 보는 세상: 자원 재활용의 허와 실』, 삼성경제연구소, 2007.
> 한정원, 「폐종이팩 재활용에 관한 연구」, 숭실대학교 대학원 화학공학과 석사학위 논문, 1993.
>
> — 학생 글

대학교 내 분리수거의 실태와 개선 방향을 연구하려는 위의 연구계획서는 쉽지 않은 주제이지만 연구 방법과 연구 범위를 비교적 명확하고 유의미하게 잘 서술하였다. 다만 참고문헌의 내용들을 미리 검토하여 계획서에 반영하지 않은 점은 문제가 있다. 선행연구들의 성과와 한계를 면밀히 검토하면 불필요한 반복 실험을 줄이고, 더 생산적인 연구를 추진할 수 있기 때문이다.

연구계획서를 쓸 때에는 '연구 목적'을 가급적 분명하게 적는 것이 좋다. 자신의 연구가 최종적으로 지향하는 내용들을 상세하게 적으면, 스스로 연구의 단계별 방향을 확정하는 데에도 도움이 되고, 남들에게 연구의 의미를 명확하게 전달할 수도 있다. 이것을 '연구 목적의 충분성'이라고 부른다.

이는 연구 목적을 크게 부풀리는 것과는 다르다. 예를 들어 쓰레기 분리수거의 실태를 조사할 때에도, 연구의 최종 목적을 '환경 보호와 도시 미관 개선'으로 설정하는 것이 좋다. 즉 자신의 연구가 이 사회의 공동체적 가치를 높이는 데에 기여할 수 있음을 명확하게 서술하는 것이다. 이는 과학기술 연구자로서의 자부심을 높여주어 연구자 스스로 연구에 좀더 정열적으로 매진할 수 있게 도와준다. 그리고 연구의 긍정적 가치를 널리 알려 주변인들과 소속집단으로부터 더 많은 도움을 받을 수도 있다.

연구 방법을 단계별로 정교하고 쉽게 서술하는 것 역시 중요하다. 연구계획서는 해당 분야의 전문가들 앞에서 발표하는 것이 일반적이다. 따라서 연구 방법을 상세하게 서술한 뒤에 여러 전문가들의 의견을 듣는다면, 불필요한 탐구 과정을 과감히 생략할 수도 있고, 잘못된 연구 방향을 쉽게 바로잡을 수도 있다.

실험 연구계획서 역시 일반 연구계획서와 큰 차이는 없으나 연구를 위한 '이론적 배경'과 '실험 후 예상되는 결과 및 시사점'을 독립된 장으로 적어준다. 일반 연구계획서 안에 하나 이상의 독립된 실험 연구계획서가 들어갈 수도 있다.

Tip 2. 실험 연구계획서의 표준 양식

1. 연구 주제
2. 연구 목적
3. 이론적 배경
4. 연구 원리 및 가설
5. 연구 방법 및 일정
6. 예상되는 결과 및 시사점
7. 참고문헌

다음은 실험 연구계획서의 예이다.

예문 3. 실험 연구계획서의 예

1. 연구 주제
천연 원료로서 고령토의 효용성을 조사하고, 고령토가 화장품의 화학방부제 대신 사용될 수 있는지를 조사한다.

2. 연구 목적
최근 우리 사회에서는 화학물질이 적게 첨가되거나 첨가되지 않은 제품들이 인기를 끌고 있다. TV나 책 같은 매체를 통해서 화장품 속의 화학물질로 인한 피해 사례들이 많이 보고되고 있어 방부제나 유해한 화학 성분이 제거된 천연 화장품들은 앞으로도 더욱 인기가 높아질 전망이다.

화장품의 대표적 화학물질인 방부제를 대신할 친환경 원료로 황토가 최근 인기를 얻고 있다. 그러나 고령토 역시 황토 이상으로 높은 항균력을 지닌 것으로 알려져 있다. 따라서 우리는 이 실험을 통해 화장품의 재료로서 고령토의 항균효과가 황토에 비해서 얼마나 더 좋은지, 그리고 피부에 안전한지에 대해 연구하고자 한다.

3. 이론적 배경
고령토는 고령석(카올리나이트)과 할로이사이트가 주성분으로 장석류가 탄산의 물에 침식되어 생성된다. 고령토는 SiO_2, AL_2O_3, Fe_2O_3 등 11가지 주요 물질로 구성되어 있고, 전자현미경으로 관찰하면 약 0.1~10㎛ 정도의 크기로 형태는 6각 모양이거나 구불구불한 판상결정을 이루고 있다. 천연 상태의 고령토는 대개 백운모, 석영, 장석 등의 광물을 다양하게 포함하고 있으며, 수산화철의 색소 때문에 노란색을 띠게 되므로, 용도에 따라 점토를 화학적으로 표백을 하여 철분색소를 제거하고 물로

씻어서 필요 없는 다른 광물들을 제거한다. 입자의 여러 독특한 특성들 '입자의 크기, 색깔, 화학작용을 일으키지 않는 성질, 흡수성' 때문에 도자기, 잉크, 플라스틱, 화장품 등에 중요한 구성 성분으로 사용된다.

4. 연구 원리 및 가설
- 고령토가 황토보다 항균력이 높을 것이다.
- 고령토는 화학방부제보다 인체에 무해할 것이다.

5. 연구 방법
- 균은 특정 세균시험법으로 대장균, 녹농균, 황색포도상구균을 이용한다.
- 20% 농도의 고령토와 황토를 미생물 배양용 배지에서 제조한 후 각 시험관에 분주하여 균주별로 0.1㎖씩 접종하고, 대조군을 만들어 시간대별로(0, 4, 8, 12, 24H) 균의 colony를 측정한다.
- 피부 자극 시험을 위해 Finn Chambers on Scanpor의 standard 8mm를 사용하여 20% 시료를 첩포에 담아 피험자의 상박에 48시간 동안 부착한 후 한쪽의 대조군과 실험군을 육안으로 비교하여 피부자극 지수로 나타낸다.(10명)

6. 예상되는 결과 및 시사점
- 고령토의 항균력이 황토보다 뛰어날 것이다.
- 피부자극에 안전할 것이며 화학 방부제의 대체물이 될 수 있을 것이다.

7. 참고문헌
구지은, 「화장품에서 황금추출물과 고삼추출물의 항균연구」, 숙명여자대학교 원격대학원 석사학위 논문, 2006.
김영권 외, 『(최신)미생물학 실험』, 고려의학, 2007.
박현진, 「황토(적갈색 풍화토)의 입도 분리와 물리 화학적 특성」, 부산대학교 대학원 석사학위 논문, 2001.
서경희, 『화장품과 미생물』, 화장품신문 출판국, 2005.
유영범, 「다공성 고령토 광물질 제품의 분뇨악취 제어 및 미생물 제품 담체로서의 기능」, 강원대학교 대학원 석사학위 논문, 2008.
이성훈 외, 「에틸, 프로필, 이소프로필, 부틸, 이소부틸 파라벤의 In vitro 검색시험 연구에서의 내분비 독성」, 한국식품위생안전성학회지 제21집 제2호, 2006.
차문석, 「녹차추출물의 항균 및 항산화작용에 관한 연구」, 경산대학교 대학원 석사학위 논문, 2000.

— 학생 글

실험 연구계획서에서 '이론적 배경'을 따로 적는 것은 일반 연구계획서보다 더 엄격하게 자신이 세운 가설의 타당성을 밝히기 위해서이다. '실험 후 예상되는 결과 및 시사점'을 적는 것 역시 마찬가지이다. 대부분의 실험은 고가의 장비들과 실험실, 재료와 인력이 필요하기 때문에 실험을 통해 예측한 결과를 얻지 못하면 모두에게 큰 낭패가 될 수 있다. 따라서 다른 연구보다 더 엄격하게 실험 과정 전체를 미리 예측하고, 이를 다른 전문가들로부터 검증받을 필요가 있다. 연구자는 항상 자신의 가설과 실험 방법이 잘못될 수 있다는 열린 마음으로, 다른 사람들의 피드백을 적극적으로 받아들여 자신의 예측이 타당한지 여부를 다시 한번 숙고해야 한다.

이처럼 과학기술자는 연구계획서를 통해 읽는 이를 설득하고, 그들의 협력을 이끌어 낼 수 있어야 한다. 과학기술 글쓰기에서 설득과 협력을 강조하는 것은 과학적 탐구의 특징과 관련이 있다. 과학적 탐구는 공동 작업을 필요로 하는 경우가 많다. 특정 지역의 지질 조사나 생태계 관찰, 자동차나 비행기 같은 복잡한 기계 설계, 체세포 복제나 줄기세포 배양 같은 생명과학 실험 등 이공계에서 이루어지는 대부분의 과학적 탐구는 여러 사람이 공동으로 수행한다.

따라서 과학적 탐구 활동에서 함께 연구하는 동료들의 협력은 절대적이다. 또한 이러한 활동은 많은 시간과 비용이 들어가기 때문에 회사나 공공기관의 지휘나 후원 아래에서 진행하는 것이 일반적이다. 따라서 과학기술자는 자신과 동료들이 추진하는 과학적 탐구 활동을 소속기관의 상급자에게 보고해야 할 뿐만 아니라, 활동의 필요성과 당위성을 구체적으로 설득할 수 있어야 한다.

때로 책임자는 과학기술자가 아닌 전문 경영인일 수도 있다. 이런 경우에는 전문용어의 사용을 가급적 자제하고 일반인들이 이해할 수 있는 언어로 과학기술적인 내용을 전달해야 하는 이중의 어려움이 있다.

과학적 탐구에서 설득과 협력이 중요한 또 한 가지 이유는 연구 결과가 갖는 공공성 때문이다. 한 생명과학 연구소에서 이종교배 시의 면역거부반응을 해결할 수 있는 메커니즘을 밝혀냈다고 가정해 보자. 이 때의 연구 성과는 단순히 한 연구소의 학문적 쾌거로만 끝나지 않는다. 이는 천문학적인 지적재산권이 걸린 상업적 사건이며, 수많은 법적 분쟁을 야기할 수 있는 사법적 사건이고, 인간과 동물 간의 이종교배로 이어질 수 있는 윤리적 사건이기도 하다.

■ 과학기술 연구에서 설득과 협력이 중요한 이유는 공동 작업이 많고, 연구 결과가 공공성을 갖기 때문이다.

고고학자가 고분을 발굴한다든가, 문학 연구자가 특정한 소설 작품을 연구하는 것이 과학기술자들의 연구보다 우월하거나 열등할 수는 없다. 그러나 일반적으로 과학기술자들의 연구는 다른 분야의 연구에 비해 사회적 파급력이 크다.

바로 이 점 때문에 과학기술자는 주변의 전문가 집단뿐만 아니라 사회 전체에 자신의 연구 성과에 대해 알려야 하며, 그들로부터 연구의 정당성을 인정받아야 한다. 이 과정에서 과학기술자는 자신이 미처 생각하지 못했던 새로운 탐구 방법을 제안 받거나, 또는 자신들의 연구가 불러일으킬지 모르는 치명적 위험을 줄여나갈 수 있다.

학습활동 2

과학기술 연구는 예기치 않은 사회적 혼란으로 이어질 수 있다. 아래 순서에 따라 이 문제에 대해 논의해 보자.

1. 과학기술 연구가 예기치 않은 사회적 혼란으로 이어진 사례에 대해 자유롭게 발표해 보자.
2. 「혹성탈출: 진화의 시작」, 「레지던트 이블」, 「프랑켄슈타인」, 「터미네이터」 등의 SF영화 중에서 두 편 이상을 골라 줄거리를 살펴보자.
3. 각 작품에 나타난 과학기술의 예기치 않은 결과에 대해 논의해 보자.
4. 과학기술의 예기치 않은 결과에 대한 두려움, 또는 그러한 두려움의 부당성 중에서 한 가지 입장을 선택하여 자신의 주장을 논증하는 짧은 글을 써보자.

학습활동 3

다음 연구계획서를 읽고 잘 된 부분과 그렇지 못한 부분에 대해 논의해 보자.

연구계획서 예시 1

1. 연구 주제: Triiodide Ion(I_3^-)의 물에 대한 소독력 연구

2. 연구 목적

일반적으로 우리가 사용하는 물은 염소를 물에 첨가하였을 때 발생하는 하이포아염소산에 의해 소독되거나, 오존 또는 자외선으로 소독한다. 염소 기체로 물을 소독하는 경우 염소가 물에 잔류하여 물에서 흔히 말하는 '소독약 냄새'가 나게 되고, 잔류물이 유기물과 반응하여 트리할로메탄이라는 발암물질을 생성하기도 한다. 또한 오존이나 자외선 소독의 경우 염소에 비해 소독력은 좋으나 물이 가정이나 여러 다른 곳으로 공급되는 동안은 소독하기가 힘들어 지속력이 떨어지고 비용 또한 비싸다.

이에 대한 대안으로 우리는 소독력이 가장 강력한 이온인 Triiodide Ion을 이용하여 물에 대한 소독력을 알아보고자 한다. Triiodide Ion을 이용한 물에 대한 소독력 실험을 설계하고 진행하여, Triiodide Ion의 소독력을 확인해 볼 것이다.

3. 이론적 배경

Triiodide ion은 3개의 iodin 원자를 갖고 있는 1가의 iodine으로부터 형성된 이온을 의미하며, iodine ion(I^-)가 idodine분자(I_2)와 결합하여 I_3^-을 형성한다.

아이오딘계 화합물들은 이미 소독에 널리 사용되어 왔다. 예를 들어 아이오딘팅크(요오드팅크)의 경우 국소 부위의 상처 소독에 널리 사용되고 있다. 포비돈의 경우 역시 주성분이 요오드(I_2)인데 이 요오드에서 I^-가 나오면서 살균 작용을 하게 된다. 즉 I^-는 살균력이 있음을 알 수 있다.

음이온 교환수지는 반응성 순서대로 음이온을 수지에 잡아두어 그 이온이 특정한 작용을 할 수 있게 해주는 장치이다. 음이온 교환수지에 triiodide ions를 결합시키면, triiodide ions도 음이온이기 때문에 더 안정된 화합물을 형성할 수 있다.

4. 연구 원리 및 가설

▶ I^-가 살균력이 있으므로, I_3^- 역시 살균력이 있을 것이다.
▶ I_3^- 이온이 음이온 교환수지와 안정화된 화합물을 형성하면 미생물과 접촉 시 강한 살균력을 발휘할 것이다.

5. 연구 방법

〈살균제 제조〉

▶ 실험에 필요한 기자재와 시약을 준비한다. KI와 I_2 간의 반응을 이용하여 I_3^- (triiodide ion)을 생성시켜 이를 살균 용액으로 준비한다. 이 용액과 음이온 교환수지를 이용하여 안정화된 화합물이 형성된다. 그리고 소독할 여러 표본(물)을 준비하고, 만든 기구와 이 표본을 이용하여 살균력을 확인한다.
▶ 살균력 확인은 전문 기관에 의뢰하여, 표본의 살균 전과 살균 후 미생물 수치를 비교 분석한다.

6. 예상되는 결과 및 시사점

▶ I_3^- 수지를 통과시킨 표본은 통과 전에 비해 생존 미생물 수가 현저히 낮을 것이다.
▶ 염소 소독 시 유기물과 반응하여 trihalomethane이 생성되는 것과는 다르게 안전한 소독이 가능함을 확인할 수 있을 것이다.

7. 참고문헌

Skoog 외, 『Fundamentals of Analytical Chemistry 8th edition』, MC grow hill, 2004.
박기채, 『기본 분석 화학』, 탐구당, 1997
Zumdahl, 『Chemistry 8th edition』, Brooks/ColePubCo, 2009.
Harris, Daniel C., 『Quantitative Chemical Analysis』, W.H. Freeman&Company, 2002.

연구계획서 예시 2

1. 연구 주제
무단횡단 발생의 원인 조사 및 대안 제시 - OOO대를 중심으로

2. 연구 목적
OOO대학교 앞 횡단보도를 건너기 위해 신호를 기다리다 보면 보행자들이 신호가 초록불로 바뀌기 전에 횡단보도를 건너거나, 무단횡단 하는 모습을 어렵지 않게 볼 수 있다. 무단횡단을 하거나 신호등 신호를 지키지 않는 사람들의 모습은 눈살을 찌푸리게 하며 무단횡단자의 교통문화 수준을 의심케 한다. 또한 무단횡단을 하는 보행자와 운전자 사이에 충돌이 발생할 만한 위험한 상황이 목격되기도 하여 자칫 큰 사고로 이어질 위험성이 있다. 나아가 인근 초등학교의 학생들 또한 OOO대학교 앞 횡단보도를 이용하는데, 어른들이 신호를 지키지 않고, 무단횡단을 하는 모습을 초등학생들이 자주 접하게 됨으로써 무단횡단의 위험성을 경시하는 등 초등학생들의 교통문화 의식에도 안 좋은 영향을 끼칠 수 있다.

이 연구는 OOO대학교 앞 횡단보도의 이용실태와 OOO대학교 앞 횡단보도와 거리가 동일하거나 비슷한 다른 횡단보도의 이용실태를 비교 조사하여 보행자의 횡단보도 신호등 준수율이 어느 정도인지 밝히고, 무단횡단이 발생하는 원인과 이를 방지할 대안에 대해 연구해보고자 한다.

3. 연구 방법
- OOO대학교 앞 횡단보도 및 도로 관찰(20~30회)
- OOO대학교 외 횡단보도 및 도로 관찰(각 20~30회)
- 횡단보도 이용에 관한 설문조사(무단횡단 경험 유무와 횟수, 이유 등)
- 문헌자료 활용

4. 연구 범위
① OOO대학교 앞 횡단보도
② OOO대학교 앞 횡단보도와 거리가 동일하거나 비슷한 횡단보도 5곳
※ 예상 관찰 장소
- A역 근처 횡단보도(거리 동일하나 무단횡단이 적음)
- B역 앞 횡단보도(거리와 이동 차량 수가 비슷하며 주민들의 무단횡단이 많음)
- C대학교 앞 횡단보도(거리가 동일하며 무단횡단이 많음)
- D동 카페골목 횡단보도(거리가 동일하며 무단횡단이 많음)
- E초등학교 근처 횡단보도(거리가 동일하며, 무단횡단 비율 모름)

5. 참고문헌
빈미영 외, 『경기도 횡단보도 신호시스템 개선 방안 연구』, 경기개발연구원, 2009.
황덕수, 「보행자 특성별 요인을 고려한 보행 신호시간 산정 모형에 관한 연구」, 아주대학교 대학원 석사학위 논문, 2007.

연구계획서 예시 3

1. 연구 주제

OOO대학교의 열람실 사용을 원활히 하기 위해서 열람 좌석 퇴실 처리의 의무화가 효율적인 방안이 될 수 있는가?

2. 연구 목적

OOO대학교 전체 학생 수에 비해서 부족한 열람실의 좌석을 효율적으로 이용하는 방안을 모색해 보고, 특히 시험 기간에 발생하는 열람석의 부족 현상의 실태를 파악해본다. 또 열람석 부족 현상을 해결하기 위해 '퇴실처리의 의무화'라는 방안이 효율적인 방안이 될 수 있을지 알아본다.

3. 연구 방법

1) 전산상 공석과 실제 공석의 비교로 열람석 조사

열람석을 이용하고 난 뒤에는 퇴실 처리를 해서 열람석을 반납해야 한다. 하지만 퇴실 처리를 의무화하지 않았기 때문에 열람석을 반납하지 않는 사람들이 많다. 도서관 열람권을 발급받은 상태에서 이를 이용하지 않는 것이다. 이와 같이 사용하지 않으면서 발급 좌석으로 되어 있어 다른 사람들의 이용을 막는 열람실 현황을 파악하려고 한다. 즉 전산상에 남아 있는 공석과 실제 공석을 비교하고 이를 통해 퇴실 처리가 제대로 이루어지고 있는지 파악할 것이다.

2) 설문조사

도서관 열람석을 이용하는 학생들에게 직접 설문지를 돌리는 방식이다. 시험 기간의 경우 열람실 좌석이 부족하게 되면서 전산상에 발급되어 있는 좌석일지라도 실질적으로 좌석이 비어 있는 경우 그러한 좌석을 그냥 이용하는 학생들이 있는데, 그러한 학생들은 우리가 비교조사를 할 때에 오차로 작용하기 때문에 그 오차가 무시해도 될 만한 범위인가를 알아보기 위해서 설문조사의 방법을 이용하여 그 비율을 파악한다. 또한 도서관 자치위원회에서 실제 공석을 효율적으로 관리하기 위해 운영하고 있는 '자리 나누기'가 현재 잘 운영되고 있는지 파악하는 데에도 설문조사 방법을 사용한다.

3) 홍보 후 효과 조사

대자보와 퇴실처리 권장 스티커를 이용한 퇴실처리 장려화를 통해 퇴실처리가 도서관 열람석의 이용에 긍정적 영향을 미칠 수 있는지 연구해 본다. 실제적으로 열람실 좌석 반납하기를 권장해 보면서 그 방법이 과연 수월하게 이루어질 수 있는지, 또 열람실 좌석 반납 비율이 늘어나면, 이에 따라서 열람석 이용에 대한 학생들의 불평과 불만이 줄어들 수 있을지 등을 파악하고자 한다.

4) 다른 도서관의 운영 현황 조사 (문헌조사)

다른 개인, 학교, 시, 도 등에서 운영하는 도서관의 경우에는 열람실 좌석의 부족 현상이 없는지, 또 이와 같은 문제점을 해결하기 위해서 어떠한 대안을 채택해 사용되고 있는지 파악한다. 인터넷 등 이미 수집되어 있는 자료를 조사하는 방법으로 한다.

4. 연구 범위
   OOO대학교의 중앙도서관과 국제관 열람실

5. 예상되는 결과
   현재 OOO대학교 도서관의 좌석 문제로 인해 열람실 이용에 대한 학생들의 불만이 크다. 퇴실 처리 의무화는 이러한 문제점을 해결할 수 있는 유용한 방안이 될 것이다.

3 가설과 검증

과학적 탐구의 대표적 형식으로 가설과 검증을 들 수 있다. 대개의 과학기술 연구에서는 특정한 현상이나 문제 상황을 해결하기 위해 가설을 내세운다. 가설은 독립변인과 종속변인과의 관계를 검증 가능한 형태로 서술해 놓은 하나의 문장이다.

▨ 가설은 '만약 X라면 Y일 것이다.'라는 형태의 문장으로 이루어진다.

만약 고등학교에 다니는 여러분의 동생이 공부를 할 때 시끄러운 팝 음악 듣기를 좋아한다고 가정해 보자. 그런데 어머니는 동생이 음악을 들으면서 공부하는 것을 아주 싫어하신다. 어머니는 동생이 음악을 듣지 않으면서 공부를 하면 성적이 더 오를 것이라고 생각한다. 그러나 동생은 절대 그렇지 않다고 고집을 부린다. 전도유망한 과학기술 연구자인 여러분이라면 이 문제를 어떻게 해결할 수 있을까? 먼저 아래와 같은 가설을 생각해 볼 수 있다.

▶ **가설1**
만약 동생이 이번 학기 내내 음악을 듣지 않고 공부했을 때, 성적이 오른다면 어머니의 주장은 옳다.

과연 위의 가설은 합리적으로 설계되었다고 할 수 있을까? 우선 위의 가설에는 '이번 학기 내내 음악을 듣지 않고 공부한다면'이라는 매개변인 자체를 통제하기 어렵다는 문제가 있다. 한 학기라는 기간 내내 동생의 음악 청취를 차단하는 것이 쉽지 않기 때문이다. 또 동생의 성적이 향상되었다고 해도 이것이 음악을 듣지 않은 결과라고 판단하기 어렵다. 동생의 학기말 성적이 오르는 것은 여러 가지 요인이 있을 수 있다. 공부를 하는 절대 시간이 늘었기 때문일 수도 있고, 어려운 내용을 쉽게 잘 가르치는 좋은 선생님을 만났기 때문일 수도 있다. 마침 시험 범위가 지난 방학 때에 선행학습을 했던 부분이었을 수도 있다. 즉 이 실험은 매개변인과 종속변인의 상관성이 분명치 않기 때문에 타당성이 부족하다.

이처럼 '성적이 오른다'는 것에 영향을 미칠 수 있는 변인은 매우 많다. 반대로 동생의 학기말 성적이 떨어졌다고 해도 그 사실이 동생의 가설을 지지한다고 보기는 어렵다. 좋아하는 음악을 못 듣게 하는 강압에 대한 반작용으로 동생이 고의로 공부에 집중하지 않았을 수도 있고, 그 밖에도 성적이 떨어질 수 있는 다양한 요인들이 있기 때문이다.

■ 가설은 두 변인 사이의 상관성이 분명해야 한다.

음악 청취와 학습 효과의 관계를 규명하기 위해서는 변인들을 더 효율적으로 통제하여 변인 간의 상관성을 높여야 한다. 위의 상황에서 변인 사이의 상관성이 떨어진 가장 큰 이유는 두 변인 사이의 시간 격차가 너무 크기 때문이다. 변인 사이의 시간 격차는 실험이나 관찰 자체를 어렵게 하는 요인이기도 하지만, 다른 변인의 개입 가능성을 높여 변인 사이 상관성을 떨어뜨리는 주요 요인으로 작용하기도 한다.

따라서 위의 상황에서 동생이나 어머니의 주장을 입증하기 위해서는 시간 격차를 줄인 새로운 가설을 고안해야 한다.

가설2
음악 청취가 동생의 학습에 도움이 된다면, 음악을 청취하면서 영어 단어를 암기하는 것이 그렇지 않을 때보다 더 효과적일 것이다.

위의 가설은 대상을 한 학기 내내 관찰할 필요도 없고, 또 동생의 학기말 성적에 영향을 미치는 다양한 변인들을 통제할 필요도 없기 때문에 〈가설1〉에 비해 빠르고 안전한 검증을 할 수 있다. 〈가설2〉를 검증하기 위해서는 동생에게 음악을 들으면서 10분 동안 어려운 영어 단어 50개를 공부하게 한 뒤 해당 단어의 암기 정도를 측정해 보고, 음악을 듣지 않은 상황에서 다시 한 번 비슷한 실험을 해서 결과를 비교해 보면 된다. 비슷한 실험을 여러 차례 반복한다면 실험의 신뢰도를 더욱 높일 수도 있다.

물론 이 역시 동생이 진심으로 협조하지 않는다면 효과가 없을 것이다. 만약 동생의 협조 여부가 의심스러울 때에는 문제 유형을 객관식으로 변경하여 문항 수를 대폭 늘리고, 일부 중복되는 문항을 배치하는 것도 가능하다. 이런 방식의 조사는 심리 연구에서 흔히 사용한다.

실험을 통해 위의 〈가설2〉가 틀렸다는 것을 입증한다면 동생은 더 이상 공부하면서 음악을 듣겠다고 우기지 못할 것이다. 그런데 실험 결과가 애초의 연구 목적을 달성하지 못할 수도 있다. 여러 차례 실험을 반복해도 서로 엇비슷한 결과가 나온다거나, 심지어 한번은 음악을 들을 때가 더 효과적이었다가, 또 다른 실험에서는 그 반대의 경우가 나올 수도 있기 때문이다.

이처럼 가설을 검증하는 과정에서 처음에 예상했던 결과가 나오지 않아 낭패를 보는 경우는 실제로 얼마든지 있다. 그럴 때에는 그 원인을 꼼꼼하게 분석하고 탐구 방법을 바꾸어야 할 것이다. 가설 검증에 어려움이 생기는 대부분의 원인은 변인을 제대로 통제하지 못했기 때문이다. 즉, 종속변인에 영향을 미치는 또 다른 변인들을 미처 생각하지 못한 경우이다.

만약 〈가설2〉를 검증하는 반복된 실험에서 일관된 결과가 나오지 않는다면, 이는 종속변인에 영향을 미치는 학습 효과라는 다른 변인들이 있음을 의미한다. 피실험자의 육체적 피로나 정신적 반감, 또는 그 밖의 다른 변인들이 작용한 것이다. 이 때 연구자는 실험 결과를 조작해서는 안 되며, 일관된 실험 결과를 얻을 수 있는 또 다른 가설을 빨리 세워 이를 다시 입증해야 한다. 여러 각도에서 관찰하고, 고민하고, 또는 기존의 문헌을 연구하면서 스스로 해답을 찾아야 할 것이다.

〈가설2〉에 대해 조금 더 분석해 보자. '음악을 들으면서 공부하는 것이 더 효과적이다'라는 명제에 숨겨진 또 다른 전제는 무엇일까? 그것은 음악을 듣는 것이 심리적 안정을 주기 때문이 아닐까? 반면에 '음악을 듣지 않고 공부하는 것이 더 효과적이다'라는 명제의 숨겨진 전제는 무엇일까? 그것은 주변의 소음을 제거하는 것이 잡념을 없애주기 때문일 것이다. 이러한 전제들을 염두에 두고 고민을 해 본다면, 〈가설2〉를 뒷받침할 또 다른 가설을 세울 수 있다.

> **가설3**
> 음악을 듣고 싶다는 욕망 때문에 동생은 공부에 집중하기 어려웠을 것이다.

위의 가설을 입증하기 위해서는 동생이 음악을 듣고 싶어하는 욕망을 버려야 한다. 실험을 통해 사람의 욕망을 통제하는 것은 쉬운 일이 아니지만, 전혀 불가능하지도 않다.

> **가설4**
> 동생이 음악을 들을 수 있는 가능성을 차단한다면 음악을 듣고 싶어하는 욕망도 줄어들 것이다.

위의 가설을 검증할 수 있다면 〈가설3〉과 〈가설2〉 역시 검증이 가능할 것이다. 이를 위해 다음과 같은 실험을 설계해 볼 수 있다. MP3 플레이어와 휴대전화 등 음악을 들을 수 있는 일체의 기계를 집에 둔 채, 동생을 집에서 멀리 떨어져 있는 독서실에 가서 공부하게 하고, 그곳에서 〈가설2〉를 검증할 때에 사용했던 실험을 다시 해 볼 수 있다. 만약 이 실험에서 지난 번과 달리 유의미한 결과가 나왔다면, 애초의 〈가설2〉까지 검증이 가능할 것이다. 음악을 듣지 않을 때에 동생의 학습 능력이 향상됐다면, 동생은 학습 중에 음악을 듣지 말아야 할 뿐만 아니라, 음악을 들을 수 있는 기기들을 보이지 않도록 아예 먼 곳으로 치워야 할 것이다. 만약 이 실험을 통해서도 유의미한 결과를 얻지 못한다면, 역시 실망하지 말고 또 새로운 가설을 세우고 검증해 보면 된다.

Tip 3. 과학 탐구에서 일반화(generalization)의 문제

> 과학 탐구는 항상 일반화를 지향한다. 이 때 '일반화한다'는 것은 모든 경우에 두루 적용할 수 있음을 의미한다. 하지만 현실에서 모든 변인을 고려하고, 조금의 예외도 허용하지 않는 완전한 일반화는 불가능하다. 음악과 학습과의 관계에 대한 위의 가설들은 단기간의 암기 효과와 일반적인 학습 효과를 동일시하고 있다. 음악을 들으면서 잠시 단어 암기에 몰입할 수는 있겠지만, 어려운 수학 문제를 풀거나, 상상력을 동원해야 하는 문학 공부를 할 때에도 음악이 도움을 주기는 어려울 것이다. 그러나 이쯤 되면 더 이상의 과학 탐구는 불가능해진다. 과학 탐구는 언제나 완전한 일반화를 지향하지만, 그 목적과 대상에 따라서는 완전에 대한 환상을 버리고 차선을 선택하는 지혜도 필요한 것이다.

어찌 보면 과학적 탐구란 가설을 고안하고 검증하는 절차와 다르지 않다. 하나의 가설을 검증하기 위해 끊임없이 새로운 하위 가설을 다시 세우고, 또 이를 검증해 나가는 지난한 작업은 과학적 탐구에서 항상 수반되는 필수 과정이다. 물론 이 과정에서 처음부터 유용한 가설을 세운다면 연구 비용과 기간 및 심리적, 신체적 에너지 소비를 크게 줄일 수 있다. 그렇다면 유용한 가설의 기준은 무엇일까? 일반적으로 유용한 가설은 아래의 조건들을 만족시킨다.

첫째, 유용한 가설은 '상관성'이 분명해야 한다. 상관성은 'X는 Y이다'는 형식의 진술에서 독립변인인 X가 종속변인인 Y의 주요한 원인이 되어야 한다는 뜻이다. 예를 들어,

음악을 들으면서 공부하고 싶어하는 동생에게 '아침마다 우유를 한 잔씩 마신다면 학습 효과를 높일 수 있을 것이다'는 식의 가설을 세운다면, 이는 문제를 해결하는 데에 거의 도움이 되지 않을 것이다. 가설에서 두 변인 사이의 상관성은 대부분 직관적으로 알 수 있지만, 관찰이나 문헌 조사, 또는 해당 분야 전문가들의 조언 등을 통해서도 점검할 수 있다.

둘째, 유용한 가설은 '검증 가능성'이 명확해야 한다. 확증을 하든, 반증을 하든 상관없으나, 유용한 가설이라면 가급적 빠르고 간단한 실험을 통해 검증할 수 있어야 한다. 위의 〈가설1〉은 검증을 하는 데에 너무 오랜 시간이 걸리고, 또 다른 변인들을 통제하기 어렵기 때문에 검증 가능성이 낮다. 'UFO가 실재한다면 외계인은 우리 주변에도 있을 것이다'는 식의 가설도 마찬가지이다. 개인적으로 흥미를 가질 수는 있겠지만, 이러한 가설은 과학적 탐구 방법에 어긋난다.

셋째, 유용한 가설은 기존의 이론에 대해 '보수성'을 갖는다. 가설이 보수성을 갖는다는 것은 기존의 이론에 반하지 않는다는 의미이다. 이에 대해서는 조금 더 깊이 있는 이해가 필요하다. 이것은 기존의 이론과 배치되는 가설을 어떻게 볼 것인가의 문제이다. 기존의 패러다임을 부정하면서 새로운 이론을 정립해 온 것이 우리가 아는 과학의 역사이다. 천동설을 부정하면서 지동설이 힘을 얻었고, 뉴턴의 물리학을 부정하면서 아인슈타인의 상대성이론이 탄생한 것이다.

그러나 이러한 발견들 역시 오랜 시간 축적해 온 과학적 유산을 기반으로 하여 이루어졌음을 잊어서는 안 된다. 따라서 가설을 세울 때에 기존의 이론에 위배되는 요소가 있다면 일단 다른 가설을 찾아봐야 한다. 온갖 방법을 다 사용했는데도 기존 이론에 위배되지 않는 가설을 세울 수 없다면, 마지막 선택으로 기존의 이론을 의심하는 것이다. 당연히 기존의 어떤 이론도 완벽하지 않으며, 새로운 가설에 의해 부정될 수 있다. 그러나 성실한 과학기술 연구자라면 기존의 이론에 대해 최대한 보수적 시각을 갖는 태도가 반드시 필요하다.

넷째, 유용한 가설은 '보편적 설명력'을 가져야 한다. 과학적 탐구 과정에서는 특수한 문제 한 가지를 해결하기 위해 가설을 세우기도 한다. 그러나 정말 유용한 가설은 다른 문제를 해결할 때에도 활용할 수 있어야 한다. 사과나무에서 떨어지는 사과를 보면서 뉴턴이 세운 가설은 '물체끼리 서로 당기는 힘이 있다'이다. 그가 세운 가설은 떨어지는 사과만을 설명하지 않았다. 그의 가설은 태양계 행성들의 운동을 설명하거나 인공위성의 순환궤도를 계산할 때에도 물리학 이론의 유용한 기초가 되었다.

다섯째, 유용한 가설은 '단순성'을 갖추어야 한다. 무조건 단순한 가설이 복잡한 가설보다 좋은 것은 아니지만, 유사한 설명력을 갖춘 복수의 가설이 존재한다면 더 단순한 가설을 선택해야 한다. 복잡한 현상을 단순화시켜 대상에 대한 인식 능력을 극대화시키는 것이 모든 학문 연구의 기본이기 때문이다.

학습활동 4

압록강과 낙동강은 서로 다른 수원지(水源池)를 갖고 있지만, 동일한 종류의 물고기들이 많이 있다. 지상의 동물이라면 육지를 따라 조금씩 이동하여, 아주 먼 거리까지 갈 수 있겠지만, 물을 따라 이동하는 물고기가 멀리 떨어져 있는 하천으로 옮겨갔다는 것은 상식적으로 이해하기 어렵다. 이처럼 서로 다른 수원지를 갖고 있는 하천에 동일한 어종이 살게 된 이유를 설명할 수 있는 가설을 세우고, 검증 방법을 설계해 보자.

학습활동 5

대학생들의 이성에 대한 선호 요인을 연구하려고 한다. 아래 조건을 검토한 후, 이번 학기 중에 실제로 수행할 수 있는 적절한 가설을 세우고, 검증 방법을 설계해 보자.

- 이성에 대한 선호 요인을 외모, 성격, 능력 등으로 구체화한다.
- 남성과 여성의 선호도 차이와 공통점을 비교할 수 있도록 한다.
- 주요 용어의 의미를 정확하게 서술하되, 필요한 경우에는 조작적 정의를 사용한다.

학습활동 6

바람직한 대학 생활에 대해 연구하려고 한다. 아래 조건을 검토한 후, 이번 학기 중에 실제로 수행할 수 있는 적절한 가설을 세우고, 검증 방법을 설계해 보자.

- 대학 생활을 학업, 교제, 취미, 아르바이트 등으로 구체화한다.
- 성별, 전공별 대학 생활의 차이와 공통점을 비교할 수 있도록 한다.
- 모두가 공감할 수 있도록 '바람직하다'의 기준에 대해 조작적 정의를 내린다.

연·습·문·제

아래의 읽기 자료를 참고하여, 이번 학기에 수행할 수 있는 연구계획서를 작성해 보라.

1. 과학기술 연구는 그 결과가 사회적으로 큰 영향을 일으킬 수 있다는 점에서 공공성을 지니기 때문에, 연구 목적과 연구 의의를 다른 사람들에게 분명하게 밝힐 수 있어야 한다.
2. 과학기술 연구는 연구 과정에서 많은 비용과 시간, 인력이 소요될 수 있기 때문에, 미리 연구계획서를 작성하여, 다른 전문가들의 검토를 받는 것이 필요하다.
3. 연구계획서에는 연구 목적 및 의의, 연구 방법과 예상되는 결과, 연구 일정 등을 간결하면서도 명확하게 기록해야 한다.

참·고·문·헌

1. 가톨릭대학교 교양교육원 편, 『대학생을 위한 과학 글쓰기』, 아카넷, 2009.
2. 강호정, 『과학 글쓰기를 잘 하려면 기승전결을 버려라』, 이음, 2007.
3. 김명진 편, 『대중과 과학기술』, 잉걸, 2001.
4. 김오식, 『공학도 글쓰기 노하우』, 홍문관, 2011.
5. 김종록·이관희, 『과학 글쓰기 전략』, 박이정, 2011.
6. 김희준 외, 『과학기술 글쓰기』, 서울대학교 출판부, 2008.
7. 신형기 외, 『모든 사람을 위한 과학 글쓰기』, 사이언스북스, 2006.
8. 황성근, 『정보의 생산과 시각적 표현』, 북코리아, 2007.
9. 기노시타 고레오, 『과학 글쓰기 핸드북』, 김성수 옮김, 사이언스북스, 2006.
10. 마릴린 모라이어티, 『비판적 사고와 과학 글쓰기』, 정희모·김성수·이재성 옮김, 연세대학교 출판부, 2008.

찰스 다윈의 『종의 기원』 (1859)

찰스 다윈(Charles Robert Darwin: 1809~1882)을 원숭이 모습으로 풍자한 캐리커처(네이버캐스트)

『종의 기원』

　찰스 다윈은 모든 생물이 공통의 선조로부터 진화하여 나누어졌다는 것을 증명하고, 그 메커니즘으로 자연선택을 제시했다. 그는 비글호를 타고 다니며 관찰, 수집했던 과학적인 증거를 토대로 진화론을 전개해 나갔다.

　다윈이 『종의 기원(The Origin of Species)』에서 주장한 내용은 온전히 생물학적인 관점의 학설이었으나, 이를 읽은 일반 시민들은 "우수한 것은 열등한 것을 구축(驅逐)한다."라는 우승열패의 사상으로 받아들였다. 이런 '오해'라고 봐도 좋을 세간의 반응으로 『종의 기원』은 엄청난 사회적 반향을 일으키며 베스트셀러의 반열에 오른다.

　한편, 당시 유럽에서는 기독교가 모든 것을 지배하고 있었기 때문에 『구약성서』의 「창세기」에 나온 대로 신이 형형색색의 모든 생물을 동시에 창조했다는 것을 진리로 받아들이고 있었다. 그러므로 "공통의 선조로부터 진화했다는 다윈의 주장은 말도 안 되는 것"이라는 의견이 주류를 이루고 있었다.

사실 다윈 자신도 『종의 기원』에서 가장 문제가 되는 인류의 진화에 관해서는 아주 적은 분량만 다루고 넘어갔다. 그럼에도 불구하고 기독교 사상을 완전히 뒤엎는 그의 주장에 대해 격렬한 비난이 일어났다. 교회 관계자들은 물론이고 학계를 지배하고 있던 노장 교수들까지도 공격에 가세했다.

이에 반해 다윈의 지인이었던 토머스 헉슬리(Thomas Huxley: 1825~1895. '불가지론'이라는 개념을 창시한 영국의 생물학자로, 『멋진 신세계』의 작가 올더스 헉슬리의 조부이다―옮긴이)와 함께 과학자의 입장에서 진화론을 옹호하는 논지를 적극적으로 개진했다. 특히 헉슬리는 그 논리가 교묘하기 이를 데 없어 "다윈의 불도그"라는 별명까지 얻으며, 『종의 기원』 출간 다음 해에 열린 일명 '옥스퍼드 논쟁'(1860년에 옥스퍼드대학 박물관에서 열린 진화론자와 창조론자 간의 격렬한 논쟁으로, 진화론의 대표자로는 헉슬리가, 창조론에서는 윌버포스 주교가 나섰기 때문에 두 사람의 이름을 따서 '헉슬리-윌버포스 논쟁'으로도 불린다―옮긴이)에서 이름을 떨치게 된다. 이러한 과학자들의 노력으로 생물진화론은 차츰 사회에 널리 보급된다.

유럽에서 다윈의 진화론은 생물학뿐만 아니라 사회사상에까지 큰 영향을 미친다. 원래 진화론 자체가 다윈이 살았던 19세기의 진보사관에서 나온 것이므로, 생물진화론이 사회진화론으로 모습을 바꾸어 많은 사람들의 관심사가 된 것은 필연적이라고 할 수 있다.

다윈이 제창한 자연선택설에 대해서는 오늘날에도 논쟁이 끊이지 않고 있다. 또 적자생존의 과정에 대해서는 나중에 나온 생물학적 발견과 지식, 즉 돌연변이설(생물 진화의 원인이 돌연변이에 있다는 설로서, 다윈이 제대로 제시하지 못한 진화의 실제 원인에 대한 한 가지 해명이 되었다―옮긴이). 유전적 부동(유한한 크기의 집단에서 세대가 아래로 내려갈 때마다 나타나는 유전자의 빈도가 달리진다. 이 과정이 반복되다 보면 집단에서 특정 유전자만 남거나 특정 유전자가 아예 소실되어버리는 일이 생긴다―옮긴이), 유전적 격리(같은 유전자 변이를 가진 개체군이 다른 집단과는 격리되어 자기들끼리만 교배하고 번식하는 현상―옮긴이) 등 다양한 학설에 의해 많은 부분에서 오류가 지적되었다. 그러나 생물이 진화를 계속하여 현재와 같은 다양한 생물계를 이루었다는 진화론의 근본 이론은 지금까지도 전혀 변하지 않았다.

덧붙여 지난 2009년은 다윈 탄생 200주년인 동시에 『종의 기원』이 출간된 지 150년이 되는 해로 기념되었다. 현재 다윈의 모든 저작물은 '다윈 온라인(http://darwin-online.org.uk)'이라는 인터넷 사이트를 통해 공개하고 있는데, 여기에 가면 비글호 항해 중에 다윈이 적어두었던 메모까지 볼 수 있다.

『종의 기원』 출간과 관련해서도 재미있는 일화가 하나 있다. 다윈이 『종의 기원』을 들고 출판사를 찾았을 때 원고를 죽 훑어본 출판사 사장은 처음에는 출간하기를 망설인 모양이다. 그러다 회사 고문변호사에게 자문을 구했는데 "이 책은 과학자의 범주를 넘어선 작품이므로 출간해도 지장이 없습니다."라는 묘한 대답이 돌아왔고, 이에 출간을 단행하게 되었다고 한다. 이 변호사의 조언에 힘입어 『종의 기원』 초판은 당초에 예정했던 출간 부수의 배 이상인 1,250부로 책정된다.

— 가마타 히로키, 『세계를 움직인 과학의 고전들』, 정숙영 옮김, 부키, 2010.

1859년 11월 24일, 역사적인 저서 『종의 기원』이 출판되었다. 다윈의 나이 쉰한 살 때였다. 책은 출판되자마자 매진되었고, 2판도 시판 즉시 매진되는 성공을 거두었다. 다윈은 책에 대한 수정 작업을 계속하여 1872년에 6판을 출판하였다. 『종의 기원』이 화제가 된 만큼 이 책 때문에 다윈이 겪은 고초도 컸다. 많은 사람들이 존엄한 인격체인 인간이 원숭이의 자손이라는 주장을 쉽게 수긍하지 못했기 때문이다. 사실 인간의 존엄성과 인간의 기원은 서로 다른 영역의 문제이다. 인간의 기원을 탐구하는 것은 과학의 문제이고, 인간의 가치를 추구하는 것은 윤리학의 문제인 것이다. 이 두 가지를 혼동하는 것은 자칫 윤리학의 문제를 내세워 과학을 억압하는 결과를 낳을 수 있다. 『종의 기원』을 출판한 후 다윈이 겪어야 했던 핍박은 이러한 억압의 대표적인 예라고 할 수 있다. (중략)

아들이 목사가 되기를 바랐던 아버지의 강한 반대에도 불구하고 다윈은 해군 조사선 비글(Beagle)호를 타고 여행을 떠나게 되었다. 그때 다윈의 나이 스물세 살이었다. 소형 군함인 비글호는 1831년 12월 10일 출항하여 전 세계를 돌며 탐사를 했는데, 이 탐사 여행은 예정보다 길어져서 무려 5년이나 걸렸다.

비글호 탑승은 다윈에게 세계 각지의 동식물을 직접 관찰할 수 있는 기회를 주었고, 다윈은 이 탐사 여행에서 많은 새로운 사실을 발견해냈다. 4,267미터 높이의 안데스 산꼭대기에서 찾아낸 바닷조개 화석, 현존 동물에 가까운 파타고니아 평원의 절멸 포유류 화석, 특이한 변이를 한 갈라파고스 섬의 도마뱀과 바다거북, 칠레 대지진의 놀라운 위력 등이 그것이다. 이런 관찰을 통해 다윈은 지각의 변동, 종의 변이 또는 절멸과 생활 조건의 관계 등을 암시받았다.

이런 사실들을 낱낱이 기록한 다윈은 귀국하자마자 선상에서 기록한 노트들을 정리하기 시작했다. 그리고 1837년부터 '종의 변화'에 관한 글을 쓰기 시작했다. 그리고 맬서스의 『인구론』에서 힌트를 얻어 생존경쟁과 적자생존의 개념을 세운 그는 1839년에 자신의 사상을 체계화하였다. 1844년 여름에는 230쪽 분량의 시론을 작성했는데, 이 시론에는 "나에게 예기치 않은 죽음이 찾아왔을 때 출판해 달라"는 부탁의 말까지 써놓았다. 이처럼 1844년에 이미 책의 윤곽을 잡았지만 실제로 책이 출판된 것은 그로부터 15년이나 지난 뒤였다.

— 황광우, 『인류의 역사를 바꾼 위대한 순간들』, 비아북, 2011.

5장 과학기술 문서의 형식과 전략

과학기술 연구는 실험에 참가한 동료뿐만 아니라 다른 연구자들과의 의사소통을 위해서도 일정한 형식을 요구한다. 대표적인 과학기술 문서인 실험보고서는 실험의 준비 과정과 진행 방법을 정확히 기술한 후 결과를 제시할 수 있어야 한다. 기술제안서는 과학기술과 관련하여 특정 문제에 대해 아이디어와 해결 방안을 제시하는 글이며, 사용설명서는 제품의 구조와 각 구성 부분의 명칭 및 기능 등을 설명한 글이다. 이 장에서는 과학기술 문서를 대표하는 실험보고서, 기술제안서, 사용설명서 등을 중심으로 각 문서의 특징과 형식에 대해 살펴본다.

"과학기술 문서는 사실과 의견을 엄격하게 구별하면서
순서에 따라 명쾌하고 간결하게 기술해야 한다.
필요한 사항은 빠뜨리지 않고 기술하고,
필요 없는 사항은 하나라도 쓰지 않는 것이
모든 과학기술 문서 작성의 제1원칙이다."
** 기노시타 고레오, 『과학 글쓰기 핸드북』

1 실험보고서 작성과 IMRAD 방식

올림픽의 모든 종목을 아우를 수 있는 하나의 공통점은 각각의 경기 규칙을 가지고 있다는 것이다. 규칙을 알지 못한다면 선수는 경기장에 나설 수 없고, 관중은 경기를 즐길 수 없다. 그것은 선수와 선수, 혹은 선수와 관중 사이의 일종의 합의이자 약속이다.

실험보고서 작성을 위한 IMRAD 방식은 연구자들 사이의, 혹은 동료 연구자들과의 합의이자 약속된 글쓰기 형식이다. 과학기술적 발견을 위해서는 아이디어와 창의력이 생명이지만, 보고서 작성을 위해서는 실험의 과정과 결과를 공유하기 위한 기본적인 틀이 전제되어야 한다. IMRAD 방식은 과학기술자와 전문 연구자, 일반 독자들이 가장 효과적으로 정보를 주고받을 수 있는 글쓰기 형식이다.

1. 서론(Introduction)

서론의 첫 번째 목표는 독자로 하여금 자신의 글을 끝까지 읽도록 만드는 것이다. 만약 서론을 통해 독자를 글의 마지막까지 붙잡아 둘 수 있다면 서론의 목표는 달성된 셈이다. IMRAD 방식 역시 서론을 통해 독자로 하여금 이후의 논의에 대해서 흥미를 느낄 수 있도록 해야 한다.

대부분의 글쓴이들은 서론을 시작하며 경험적 일화의 소개, 시사적인 사실의 언급, 경구나 잘 알려진 명제의 제시 등 다양한 방법들을 동원한다. 그러나 IMRAD 방식에서는 다른 유형의 글쓰기처럼 일화나 격언, 시사적인 내용을 언급할 필요는 없다. 그런 측면에서 보면 IMRAD 방식의 서론 쓰기는 오히려 분명하고 간단하다. 요컨대 문제 제기, 연구의 배경, 기존 연구사의 검토, 연구의 목적 등을 보여주면 된다.

여기서 반드시 고려해야 할 점은 해당 연구의 중요성을 강조함으로써 의미를 부여하는 것이다. 의미 부여에 성공한다면 독자는 왜 이런 연구가 필요한지, 그 가치를 인정하고 필요성에 대해서도 납득할 수 있을 것이다.

Tip 1 '실험보고서' 표지 만들기

실험보고서 작성 시 '서론'을 쓰기 전에 필요한 것이 기본 정보를 제공하는 일이다. 표지를 따로 만들어 보여줄 수도 있고, 같은 쪽에서 서론의 앞에 배치하여 작성할 수도 있다.

1. **제목 달기**: 전체 내용을 분명히 보여줄 수 있는 제목을 달아야 한다. 추상적이거나 비유적인 표현은 적절치 않다. 제목이 너무 길어지거나 복잡한 경우는 '부제(subtitle)'를 붙이는 것도 좋은 방법이다.
2. **실험 일시와 장소**: 실험이 실제로 수행된 날짜(혹은 기간)와 시간, 장소를 기록하도록 한다. 실험이 일정한 시차를 두고 진행되는 경우 번호를 달아 차례대로 모두 기록해야 한다. 만약 실험 장소가 야외인 경우이거나 날씨의 영향을 고려해야 하는 경우라면, 이러한 정보도 포함해야 한다.
3. **실험자의 인적 사항**: 혼자서 수행하는 실험도 있지만 대부분의 실험은 팀별로 이루어지기 마련이다. 이 경우 실험에 참여한 팀원들의 인적 사항을 모두 기록해주어야 한다. 성명, 학번, 학과 등이 여기에 포함된다.

2. 재료 및 방법(Material and Methods)

IMRAD 방식의 글쓰기 항목 중 가장 명확하고 간단한 부분이다. 가능한 연구자의 주관적인 판단이나 해석은 배제하고 객관적으로 서술해야 한다. 객관성과 함께 '재료 및 방법'에서 중요한 것은 구체성이다. 만약 다른 연구자가 동일한 실험을 해야 할 경우, 그대로 재현할 수 있도록 실험 조건을 구체적으로 작성해야 한다. 여기서 실험 조건이란 실험이나 연구를 수행하는 데 필요한 기구 및 시약, 장비, 자료 출처, 자료 수집 방법, 계산 방법, 통계 분석 등을 말한다.

Tip 2 재료 및 방법 작성 시 유의사항

전공 분야와 보고서를 제출할 기관에 따라 자료의 출처와 연구 수행과 관련된 윤리의 문제를 더 분명히 제시해 주어야 한다. 외부의 강제적인 조건이 아니어도 객관적 사실을 적시하기 위해서 출처에 대한 정보 공개는 필요충분조건이다. 예컨대, 황우석 박사의 줄기세포 연구는 실험용 '난자' 취득 과정을 거짓으로 서술하여 연구자의 도덕성과 연구 자체의 신뢰도에 큰 타격을 주었다. 사람을 대상으로 한 임상 실험의 경우라면 반드시 실험 대상의 동의를 얻어야 하고, 관련 위원회에 대한 정보 등에 대해서도 공개해야 한다.

3. 결과(Results)

실험을 통해 얻은 모든 결과를 요약하여 효과적으로 제시해야 한다. 이 항목에서는 단순히 결과값만이 아니라 결과에 이르는 과정까지도 자세히 설명해야 한다. 단, 결과의 의미와 해석에 대해서는 다음 단계인 '토의(discussion)' 단계에서 서술하므로 여기에서는 실험과정과 그것을 통해 얻은 결과만을 객관적으로 제시하면 된다.

요컨대 '결과(Results)'는 앞의 '재료 및 방법'에서 제시된 실험 조건과 방법론으로 수행하여 얻은 결과물을 명확히 보여줄 수 있어야 한다. 결과의 효과적인 전달을 위하여 표나 그래프 등 시각적 매체와 묘사적 설명 등의 방법을 활용할 수 있다.

4. 토의(Discussion)

'토의' 부분은 전체 보고서에서 글쓴이의 목소리가 가장 많이 드러나는 대목이다. '서론'의 목표는 해당 실험이 얼마나 중요하며 어떠한 의미를 가지는지에 대해 의미를 부여하는 데 있다. '토의' 항목에서는 실험 전에 기대하였던 목표와 기대값의 성취 여부와 함께, 얻어진 결과를 해석하고 분석하여 그것에서 파생되는 여러 가지 결과에 대해 의미를 부여해야 한다. 구체적으로 '서론'에서 언급하였던 선행 연구들과 본 연구의 결과를 비교하여 어떠한 점이 변별되는지 그 의미를 밝혀주는 것도 '토의'에서 서술할 수 있다.

'토의'에서는 꼭 성공한 실험만을 서술할 수 있는 것은 아니다. 만약 처음에 기대하였던 목표에 도달하지 못했거나 기대값을 얻지 못하였다면, 그 이유가 잘못된 전제나 가설 때문인지, 혹은 재료 및 방법의 오류 때문인지를 사실대로 기록해 두어야 한다. 원하는 결과를 얻지는 못했지만 그것만으로도 실험의 개선 방향이나 향후 연구 방향에 대해서 새로운 제안을 할 수 있기 때문이다.

5. 참고문헌(References)

연구와 실험을 진행하면서 참고한 전문 서적(단행본), 학술논문, 인터넷 자료 등을 기록한다. 참고문헌 작성 시 가장 주의해야 할 사항은 인용한 참고문헌 양식을 통일시켜야 한다는 것이다. 인터넷 검색을 통해 자료를 확보하였다면 반드시 인터넷 주소를 기록하고, 인터넷 자료는 수시로 가공될 수 있으므로 검색한 날짜를 병기해 두어야 한다.

대체로 국내 학술지의 참고문헌 양식은 저자명, 제목, 발행처, 발행 연도, 인용한 쪽 번호의 순서로 작성하도록 되어 있다. 그러나 연구소나 학술 단체, 저널의 성격에 따라 조금씩 그 양식이 다를 수 있으니 투고 규정을 확인한 다음 작성하도록 한다.

Tip 3 〈한국지구과학회〉의 투고 규정 사례

참고문헌의 표기 양식은 다음의 예에 따른다.

논문이나 단행본의 출판 연도 앞과 뒤에는 ,(콤마)를 넣는다. 쪽수 표시는 학술지일 경우 1-15와 같이 표기하고, 단행본(석사학위 논문 및 박사학위 논문 포함)은 마지막 쪽수에 p.을 표기한다. (예: 석사학위 논문 50 p.)

1) 논문

논문이 게재된 정기 학술지의 이름은 모두 써야 하며, 약어로 쓰지 않는다.

이태욱, 1994, 과학 우수 학생들의 제반 특성에 관한 연구(과학고등학교 학생들을 중심으로), 한국지구과학회지, 15, 145-156.

2) 단행본

가) 저서

한국지구과학회, 1998, 지구과학개론. 교학연구사, 서울, 818 p.

Stanley, S.M., 1999, Earth system history. W.H. Freeman and Company, New York, USA, 615 p.

나) 보고서

박용안·이영길·최진용, 1995, 한반도 서해 제4기 조수퇴적층의 지반응용을 위한 층서-퇴적기구 및 활용적 기초연구. 한국과학재단, KOSEF 92-27-00-02, 192 p.

다) 학위논문

최영섭, 1996, 음성분지의 지구조운동 연구. 서울대학교 대학원 박사학위 논문, 158 p.

Lee, J.G., 1995, Late Cambrian trilobites from the Machari Formation, Yeongweol, Korea. Unpublished Ph.D. dissertation, Seoul National University, Seoul, Korea, 418 p.

학습활동 1

다음은 '아스피린의 합성과 순도 측정'이라는 실험에 대해 학생이 제출한 보고서이다.(학습활동을 위해 학생이 제출한 실험보고서의 내용을 축약하였다.) 전체적인 구성과 전개, 표와 그림의 활용, 어휘의 사용과 문장 표현 등에서 어떠한 문제점이 있는지 살펴보고 수정해 보자.

학생 글

아스피린의 합성과 순도 측정에 대한 실험보고서

1. 서론

이번 실험에서는 살리실산을 아세트산무수물과 에스테르 반응시켜 아세틸살리실산 즉, 아스피린을 합성하고 표준용액을 만들어 산, 염기 적정법을 통해 아스피린의 순도를 측정하고자 한다. 전체 실험은 2주에 걸쳐 시행되었으며, 첫 주에는 살리실산과 아세트산무수물을 반응시켜 가열과 냉각을 통해 아스피린을 합성하였고, 그 후 일주일 간 건조시켜 아스피린을 얻었고, 둘째 주에는 건조가 완료된 아스피린의 수득률을 얻었고, NaOH를 제조 및 표준화해서 아스피린의 함량을 구했다. 결과값을 얻기까지 2주 동안의 기간은 조원 모두가 힘들고 쉽지 않은 과정이었다. 수득률은 78.001%, 불순물 중에 순수한 아스피린이 포함된 함량은 114.4%, 녹는점은 129℃란 결과를 얻었으며 이 이유에 대해 고찰해 보았다.

아스피린(aspirin)은 버드나무 껍질에 함유된 살리실산이라는 물질에서 비롯되었으며 BC 400년쯤 의학의 아버지로 불리는 히포크라테스가 사용했다는 기록이 있다. 이후로도 해열진통제, 항염증약, 항류마티즘약으로 널리 이용되는 살리실산유도체이다. 정식 화학명은 아세틸살리실산(acetylsalicylic acid)이고 분자량은 180.157g/mol, 끓는점은 140℃이며 녹는점은 135℃이다. 흰색의 결정성 가루로 물에 녹지 않고 약간 신맛이 난다.

에스테르(ester)는 과일 등 생물체에 흔히 존재하는 물질로 분자량이 작은 것은 휘발성이 꽤 크며 아름다운 향기를 가지고 있다. 에스테르는 알코올과 카복실산으로부터 합성할 수 있는데, 이 반응은 간단한 유기 반응 중의 하나이며, 에스터화 반응이라고 한다. 이 반응을 일반적인 화학반응식으로 나타내면 다음과 같다.

$$\underset{\text{Carboxylic acid}}{\text{RCOH}} + \underset{\text{Alcohol}}{\text{R'OH}} \longrightarrow \underset{\text{Ester}}{\text{RCOR'}} + H_2O$$

NaOH의 표준화 및 아스피린의 순도 결정을 위해 적정액의 부피를 구할 때, 중화 반응에 참여한 H^+와 OH^-의 몰수가 같다는 조건에 의해 다음 식을 이용한다.

$$MV = M'V'$$

2. 재료 및 방법

1) 실험 기구

물중탕, hotplate, 온도계, 클램프, 스탠드, 화학 저울, 삼각 플라스크, 눈금 실린더, 얼음조(ice bath), 유리 막대, 뷰흐너 깔대기, 감압 플라스크, 비커, 부피 플라스크, 삼각 플라스크, 눈금 피펫, 홀피펫, 뷰렛 등

2) 시약

아세트산무수물(Acetic anhydride), 살리실산(salicylic acid), H_3PO_4 85%, 에탄올(ethanol), 염산(hydrochloric acid), 수산화나트륨(NaOH), 페놀프탈레인 지시약

3) 실험 A. 아스피린의 직접 적정

(1) 아스피린 약 0.2g을 0.0001g까지 정확히 달아(0.2006g, 0.2003g, 0.2000g) 250mL 삼각 플라스크에 넣고 약 10mL의 에탄올로 완전히 녹이고 40mL 정도의 증류수를 가한다.

(2) 여기에 페놀프탈레인 지시약 2~3방울을 가하고 0.1M NaOH 표준 용액으로 적정한다. 이것을 3회 반복한다. 삼각 플라스크 바닥에 하얀 종이를 깔아 지시약의 색변화를 관찰한다.

(3) 0.1M NaOH 표준 용액의 소비량을 아스피린 중의 활성 성분량으로 환산하여 아스피린의 순도를 결정한다.

3. 실험 결과

실험C. 아스피린의 직접 적정

〈표〉 아스피린의 함량

구 분	1회	2회	3회
불순한 아스피린의 무게 (g)	0.2006	0.2003	0.2000
소비된 NaOH 용액의 부피 (mL)	13.83	14.04	14.03
소비된 NaOH 용액의 몰농도 (M)	0.09114		
소비된 NaOH 용액의 몰수 (mol)	0.001260	0.001280	0.001279
아스피린 함량 (%)	113.0%	115.0%	115.1%
아스피린의 평균 함량 (%)	114.4%		

4. 토의

이번 실험을 통해서 살리실산과 아세트산 무수물을 에스테르 반응시켜 아스피린을 합성해 보았고, 합성된 아스피린을 산-염기 적정을 이용해 함량과 그 외 수득률, 녹는점 등을 구해 보았다. 첫 주에 시행된 실험인 아스피린 합성에서, 1.5024g의 살리실산과 3.00mL의 아세트산 무수물을 이용해 1.5285g의 아스피린을 얻었으며, 이는 이론적으로 계산한 값인 1.9596g보다 적은 값이었다. 수득률은 78.001%였다. 둘째 주에 실험한 것으로부터, 불순물이 포함된 아스피린에서 얻은 순수한 아스피린의 함량을 알아보았다. 이때 사용한 NaOH는 0.09114M로, 이는 0.1045M의 HCl과의 적정을 통해 표준화한 값이다. NaOH와 아스피린의 적정을 통해 구한 아스피린의 함량은 114.4%였다. 추가적으로 구해본 아스피린의 녹는점은 129℃로, 이는 이론적인 138~140℃보다 작은 값이다. 좀 더 정확한 실험 결과를 얻기 위해선, 합성한 아스피린을 정제할 때 다른 산들을 배제하기 위해 녹는점이나 용해도 차이를 이용하면 된다. 또한 아스피린의 순도를 결정할 때, 분광기를 이용해 흡광도에 따라 분리하기, 녹는점 내림을 이용해 불순물의 양을 추정하기, 분자량의 차이나 흡착력의 차이로 크로마토그래피 분석하기 등의 다양한 방법으로 측정해 비교한다면 더 정확하게 순도를 알 수 있을 것이다.

5. 참고 문헌

Harris, D. C. *최신분석화학*, 김강진 etc. 자유아카데미, 2004. p. 102-103.

Harris, D. C. 분석화학, 김강진 etc. 자유아카데미, 2001. p. 173-174, p. 325-329.
일반화학실험 교재 연구회. 일반화학실험, 광림사, 2003, 90쪽.

> 수정 지시 사항

아스피린의 합성과 순도 측정에 대한 실험보고서

1. 서론

 이번 실험에서는 살리실산을 아세트산무수물과 에스테르 반응시켜 아세틸살리실산 즉, 아스피린을 합성하고 표준용액을 만들어 산, 염기 적정법을 통해 아스피린의 순도를 측정하고자 한다. <u>전체 실험은 2주에 걸쳐 시행되었으며, 첫 주에는 살리실산과 아세트산무수물을 반응시켜 가열과 냉각을 통해 아스피린을 합성하였다. 그 후 그 결과물을 일주일 간 건조시켜 아스피린을 얻을 수 있었고, 둘째 주에는 건조가 완료된 아스피린의 수득률을 얻었으며 NaOH를 제조 및 표준화해서 아스피린의 함량을 구했다. 결과값을 얻기까지 2주 동안의 기간은 조원 모두가 힘들고 쉽지 않은 과정이었다.</u> 수득률은 78.001%, 불순물 중에 순수한 아스피린이 포함된 함량은 114.4%, 녹는점은 129℃란 결과를 얻었으며 이 이유에 대해 고찰해 보았다.

▶ 서론에서도 도입부에 해당하는 부분이다. 여기에서는 짧고 간결하게 실험의 목적과 의의에 대해서 서술해야 한다. 밑줄 친 문장은 실험 기간과 관련된 서술인데 200자 원고지 한 장에 육박하는 분량이 하나의 문장으로 작성되어 있다. 문장이 길어져 주어도 불분명해지고 의미도 명확하게 드러나지 않는다. 3~4개의 문장으로 나누어 서술하는 것이 바람직하다. 또한 실험 기간을 서술한 긴 문장 뒤에 사족처럼 붙어 있는 '결과값을 얻기까지 2주 동안의 기간은 조원 모두가 힘들고 쉽지 않은 과정이었다.'는 불필요한 문장이다. 실험 보고서 안에 개인적인 소회나 느낌을 적지 않도록 한다.

 아스피린(aspirin)은 버드나무 껍질에 함유된 살리실산이라는 물질에서 비롯되었으며 BC 400년 쯤 의학의 아버지로 불리는 히포크라테스가 사용했다는 기록이 있다. 이후로도 해열진통제, 항염증약, 항류마티즘약으로 널리 이용되는 살리실산유도체이다. 정식 화학명은 아세틸살리실산(acetylsalicylic acid)이고 분자량은 180.157g/mol, 끓는점은 140℃이며 녹는점은 135℃이다. 흰색의 결정성 가루로 물에 녹지 않고 약간 신맛이 난다.
 에스터(ester)는 과일 등 생물체에 흔히 존재하는 물질로 분자량이 작은 것은 휘발성이 꽤 크며 아름다운 향기를 가지고 있다. 에스터는 알코올과 카복실산으로부터 합성할 수 있는데, 이 반응은 간단한 유기 반응 중의 하나이며, 에스터화 반응이라고 한다. 이 반응을 일반적인 화학반응식으로 나타내면 다음과 같다.

$$\underset{\text{Carboxylic acid}}{\text{RCOH}} + \underset{\text{Alcohol}}{\text{R'OH}} \longrightarrow \underset{\text{Ester}}{\text{RCOR'}} + H_2O$$

NaOH의 표준화 및 아스피린의 순도 결정을 위해 적정액의 부피를 구할 때, 중화 반응에 참여한 H^+와 OH^-의 몰수가 같다는 조건에 의해 다음 식을 이용한다.

$$MV = M'V'$$

▶ 한 개의 그림과 두 개의 반응식이 제시되어 있다. 그러나 세 경우 모두 구체적인 설명(caption)이 달려 있지 않다. 표나 수식을 제시할 경우 그것이 무엇을 의미하는지 반드시 설명을 부기하고, 여러 개가 제시되는 경우 각각에 번호를 달아 준다.
예) 그림1. Aspirin의 분자구조
예) 그림2. 에스테르화 반응

▶ 학생 글은 서론의 마지막을 "중화 반응에 참여한 H^+와 OH^-의 몰수가 같다는 조건에 의해 다음 식을 이용한다. $MV = M'V'$"로 정리하고 있다. 그러나 마지막에 제시한 식에서 사용하고 있는 약식 기호가 무엇을 의미하는지 설명하고 있지 않다. 각각의 의미가 무엇인지 분명히 밝혀주어야 한다.
예) (M: 산의 몰농도, V: 산의 부피, M': 염기의 몰농도, V': 염기의 부피)

2. 재료 및 방법
1) 실험 기구
  물중탕, hotplate, 온도계, 클램프, 스탠드, 화학 저울, 삼각 플라스크, 눈금 실린더, 얼음조(ice bath), 유리 막대, 뷰흐너 깔대기, 감압 플라스크, 비커, 부피 플라스크, 삼각 플라스크, 눈금 피펫, 홀피펫, 뷰렛 등
2) 시약
  아세트산무수물(Acetic anhydride), 살리실산(salicylic acid), H_3PO_4 85%, 에탄올(ethanol), 염산(hydrochloric acid), 수산화나트륨(NaOH), 페놀프탈레인 지시약
3) 실험 A. 아스피린의 직접 적정
  (1) 아스피린 약 0.2g을 0.0001g까지 정확히 달아(0.2006g, 0.2003g, 0.2000g) 250mL 삼각 플라스크에 넣고 약 10mL의 에탄올로 완전히 녹이고 40mL 정도의 증류수를 가한다.
  (2) 여기에 페놀프탈레인 지시약 2~3방울을 가하고 0.1M NaOH 표준 용액으로 적정한다. 이것을 3회 반복한다. 삼각 플라스크 바닥에 하얀 종이를 깔아 지시약의 색변화를 관찰한다.
  (3) 0.1M NaOH 표준 용액의 소비량을 아스피린 중의 활성 성분량으로 환산하여 아스피린의 순도를 결정한다.

▶ 2-1)에서 실험에 사용된 기구들이 나열되어 있다. '물중탕'은 가열의 방법이지 기구가 아니다. 또한 각각의 실험 기구에 대한 세부 정보가 명시되지 않았으며, 기구 중 'hotplate'만 영문으로 표기되어 있다. 다른 것과 마찬가지로 한글 표기로 통일한다. 다음과 같이 수

정할 수 있을 것이다.

예) 핫플레이트, 온도계, 클램프, 스탠드, 화학 저울, 삼각 플라스크 (50mL, 250mL), 눈금 실린더(50mL, 10mL), 얼음조(ice bath), 유리 막대, 뷰흐너 깔대기, 감압 플라스크, 여과지, 오븐, 비커 (50mL), 부피 플라스크 (250mL), 눈금 피펫 (10mL), 홀피펫 (20mL), 뷰렛 (50mL) 등.

3. 실험 결과
실험C. 아스피린의 직접 적정

〈표〉 아스피린의 함량(수정 후)

구　　　분	1회	2회	3회
불순한 아스피린의 무게(g)	0.2006	0.2003	0.2000
소비된 NaOH 용액의 부피(mL)	13.83	14.04	14.03
소비된 NaOH 용액의 몰농도(M)		0.09114	
소비된 NaOH 용액의 몰수(mol)	0.001260	0.001280	0.001279
아스피린 함량(%)	113.0	115.0	115.1
아스피린의 평균 함량(%)		114.4	

▶ 표의 활용이 갖는 장점은 본문에서 서술하고 있는 내용을 한 눈에 요약 정리하여 제시할 수 있다는 점이다. 그러나 위의 실험보고서는 아무런 부연 설명이나 서술 없이 표만 하나 제시되어 있을 뿐이다. 실험 결과에 대한 간략한 서술을 먼저 제시한 후 그것을 압축적으로 보여줄 수 있는 표를 보여주어야 한다. 아스피린의 함량과 평균 함량의 백분율 표시는 '구분'에 (%)로 제시되어 있으므로 표 안에서는 삭제한다. 또한, 아스피린의 함량이 100% 넘게 나온 부분에 대한 논의가 있어야 한다. 표의 작성 시 완전한 박스의 세로 외곽선을 그리지 않는 것이 최근의 경향이다.

4. 토의

이번 실험을 통해서 살리실산과 아세트산 무수물을 에스테르 반응시켜 아스피린을 합성해 보았고, 합성된 아스피린을 산-염기 적정을 이용해 함량과 그 외 수득률, 녹는점 등을 구해 보았다. 첫 주에 시행된 실험인 아스피린 합성에서, 1.5024g의 살리실산과 3.00mL의 아세트산 무수물을 이용해 1.5285g의 아스피린을 얻었으며, 이는 이론적으로 계산한 값인 1.9596g보다 적은 값이었다. 수득률은 78.001%였다. 둘째 주에 실험한 것으로부터, 불순물이 포함된 아스피린에서 얻은 순수한 아스피린의 함량을 알아보았다. 이때 사용한 NaOH는 0.09114M로, 이는 0.1045M의 HCl과의 적정을 통해 표준화한 값이다. NaOH와 아스피린의 적정을 통해 구한 아스피린의 함량은 114.4%였다. 추가적으로 구해본 아스피린의 녹는점은 129℃로, 이는 이론적인 138~140℃보다 작은 값이었다. <u>좀 더 정확한 실험 결과를 얻기 위해선, 합성한 아스피린을 정제할 때 다른 산들을 배제하기 위해 녹는점이나 용해도 차이를 이용하면 된다. 또한 아스피린의 순도를 결정할 때, 분광기를 이용해 흡광도에 따라 분리하기, 녹는점 내림을 이용해 불순물의 양을 추정하기, 분자량의 차이나 흡착력의 차이로 크로마토그래피 분석하기 등의 다양한 방법으로 측정해 비교한다면 더 정확하게 순도를 알 수 있을 것이다.</u>

▶ '토의'(Discussion)에서는 성공한 실험 결과 뿐 아니라, 실패한 사례도 적을 수 있다. 이 경우 그 원인이 잘못된 전제나 가설 때문인지, 혹은 재료 및 방법에서 오류를 범한 것인지를 기록해 두어야 한다. 또한 실험 결과를 토대로 실험의 개선 방향이나 향후 연구 방향에 대해 새로운 제안을 할 수 있다. 단, 이 경우 단락 구분을 명확히 하여 사실과 의견을 나누어 진행해야 한다. 위의 경우 밑줄 친 부분이 의견 진술에 해당하는 내용이다. 단락 구분이 필요한 부분이다.

5. 참고문헌(수정 후)

일반화학실험 교재 연구회,「일반화학실험」, 광림사, 2003, p. 90.

Harris, D. C.,「분석화학」, 김강진 외 역, 자유아카데미, 2001, pp. 173-174, pp. 325-329.

Harris, D. C.,「최신분석화학」, 김강진 외 역, 자유아카데미, 2004, pp. 102-103.

▶ 참고문헌 표기의 경우, 매체와 전공에 따라 조금씩 차이가 있기 때문에 사전에 반드시 확인하여 제시된 원칙에 준하여 작성하도록 한다. 단, 어떠한 경우라도 하나의 형식을 일관되게 적용하도록 한다. 참고문헌은 국내 저서-번역서-국외 저서의 순서로 정렬한다. 동일 저자의 경우 먼저 출판된 책을 앞에 적는다. 국외저서의 경우는 '이탤릭체'로 작성하며, 번역서나 국내저서의 경우는 위의 수정 사례와 같이 겹낫표(「 」)를 사용하여 표기하는 것이 일반적이다. 또한 학생 글의 경우 저자에 해당하는 '일반화학실험 교재 연구회' 다음에 마침표로 되어 있는데, 저자-저서-출판사-연도-쪽수 등 각 항목은 콤마로 연결해야 한다. 쪽수의 표기는 'p'와 '쪽'을 혼용하지 않고 하나로 통일하도록 하며 여러 페이지를 인용할 경우에는 pp. 102-103과 같이 사용하도록 한다. (참고문헌 작성법은 1부 3장 참고)

학습활동 2

아래 예문은 황우석 박사의 줄기세포 연구에서 실험용 '난자' 취득 과정에 대한 논란을 보여주고 있다. 이 논란의 핵심은 단순히 실험을 위한 재료의 취득이라는 사실에만 머무르지 않는다. 과학기술자의 윤리 의식을 비롯하여 실험실에서의 권력 관계, 절차의 정당성, 애국심에 이르기까지 복잡한 문제들이 얽혀 있음을 확인할 수 있다. 아래의 글에서 추출할 수 있는 문제의식들을 정리하여 보고, 이와 유사한 사례들이 있는지 찾아보자. 또한 이러한 문제점들을 해결하기 위한 구체적인 방안으로는 무엇이 있을지 토론해 보자.

「난자 배아가 물건인가?」

"황우석 신드롬에 휘말린 우리 사회는 여성의 난자나 배아가 마치 공장에서 찍어내는 물건처럼 나오는 것으로 인식하는 것은 아닌가? 숭고한 연구를 위해서라면 난자나 배아쯤은 끝임없이 제공돼야 한다고 보는 것은 아닌가?"

정은지 한국여성민우회 여성건강팀장의 말이다. YWCA 연합회관에서 열린「난자 채취 '여성 눈'으로 본다」토론회에 발제자로 나선 정 팀장은 "우리 사회는 난자 채취 과정에서 여성이 겪는 어려움과 위험성을 인식하지 못하고 있다."며 "안전성과 윤리에 대한 문제를 여성의 관점에서 고민하는 논의가 필요하다."고 주장했다.

정 팀장은 "황우석 교수 연구팀은 그동안 '문제가 없다'고만 발표했지만, 이는 얼마 전 난자 매매와 연구원의 난자 기증이 사실로 드러나면서 거짓으로 밝혀졌다."며 "연구팀의 거듭된 거짓말과 부재한 윤리 의식은 지극히 위험하다."고 비판했다.

이어 "우리 사회는 난자 채취의 문제점을 공유하고 대책을 논의하기보다는 연구를 위한 난자가 부족하다는 위기 의식만을 확산하고 있다."고 지적한 뒤 "여성들은 애국을 위해 자발적으로 난자를 기증하도록 강요받고 있다."고 주장했다. 난자를 기증할 경우 위험성이나 부작용에 대한 충분한 설명을 들어야 하며 기증은 반드시 자발적으로만 이뤄져야 함에도 이에 대한 사회적 안전 장치가 충분하지 못하다는 지적이다.

이처럼 여성의 인권 및 건강 문제를 고려하지 않은 연구가 계속되는 이유는 연구에 여성의 목소리가 담기지 못했기 때문이며, 그 결과 난자 매매는 부도덕하지만 난자를 남편이나 난치병 환자 혹은 국익을 위해 기증하는 것은 '성스러운' 일로 받아들여지고 있다는 게 정 팀장의 분석이다. 정 팀장은 이와 관련, "그런 가치 판단을 내리는 것은 누구인가, 여성들의 난자는 어차피 배출돼 없어질 것이므로 채취해도 괜찮다고 판단하는 주체가 여성인가."라고 의문을 제기했다.

이에 반해 나도선 한국과학문화재단 이사장은 "난자 기증 의사를 밝힌 사람이 1,000명에 이른다는 소식에 크게 감명했다."며 "이는 어려울 때마다 나섰던 한국 여성의 저력을 드러낸 것"이라고 평가했다. 이수영 난자기증재단 이사장은 "그러한(불임) 위험성을 충분히 알고 있으며 향후 기증자를 '이미 출산했으며 향후 추가 출산 계획이 없는 20대 후반에서 30대 초반 여성'으로 한정할 계획"이라고 밝힌 뒤 "기증 전 상담 및 기증 후 사후 관리에 치밀하게 신경 쓸 예정"이라고 말했다.

한편 이인영 교수는 "난자 공여 의사를 밝힌 사람에게 사용처, 후유증 등을 충분히 설명한 상태에서 자발적으로 이뤄진 기증이라면 우리 사회가 수용할 수 있을 것이라고 본다."고 말했다. 연구용 난자 확보를 위해 암암리에 애국심을 부추기는 것에 대해서는 문제를 제기해야 하지만 생명에 대한 열망과 이타심에 근거해 이루어지는 불임치료용 난자 공여는 인정해야 한다는 것이다.

— 『오마이뉴스』, 2005. 12. 7.

2 기술제안서

제안서는 어떤 사업이나 연구를 진행하기 위해 제안자(필자)가 사업 결정권자(독자)에게 제출하는 글이다. 이때 제안자는 개인, 단체, 기업 등이 될 수 있고, 사업 결정권자 역시 개인, 단체, 기업 등이 될 수 있다.

제안서에는 사업제안서, 연구제안서, 기술제안서 등이 있다. 이 중에서 특히 과학기술과 관련하여 특정 문제에 대해 아이디어와 해결 방안을 제시하는 글을 기술제안서라고 한다.

엔지니어, 특히 상담역의 가장 중요한 도구의 하나는 제안이다. 제안으로 여러분을 고용한 회사를 위해 또는 개인 상담원인 경우 자신을 위해 일을 얻는다.

제안서에 대한 문헌을 살펴보면 여러 유형이 있다는 것을 알 수 있다. 그러나 이 책에서 말하는 제안은 매우 구체적인 것이다. 그것은 프로젝트를 하기 위한 입찰, 제안이나 요구에 더하여 프로젝트를 하기 위해 승인이나 지지를 얻는 데 필요한 보조 정보 등을 말한다. 제안을 할 때에는 때때로 수령인에게 과제의 당위성을 납득시켜야 하지만, 제안자가 과제를 수행할 최적의 개인 또는 조직이라는 것은 항상 확신시켜야 한다.

제안의 전형적인 계획안대로 어느 조직이 과제 진행을 위한 제안 요청서(RFP: request for proposal)를 내보낸다. 이러한 제안 요청서는 신문, 저널, 또는 Commerce Business Daily 등과 같은 정기 간행 전문지에 게재하기 위해 보내지거나, 상인 조직의 선택된 명부에 우편으로, 또는 전화나 이메일과 같은 여러 비공식 수단으로 보내진다. 그러면 기관은 자기의 자격을 제시하여 자기 기관이 훌륭한 선택이라는 것을 강조하는 제안서를 제출한다. 제안서의 수령인은 제안서 중 하나를 선택해서 계약 협상에 들어간다. 일단 협상이 끝나면 수주 기관은 일을 착수할 수 있다.

제안서 작성은 경쟁적인 업무이다. 여러분은 조직의 강점을 강조해야 하며, 여러분의 회사가 적임자임을 잘 강조해야 한다.

— 데이빗 비어·데이빗 맥머레이, 『엔지니어를 위한 문서작성 지침』, 선용빈·김유택 옮김, 시그마프레스, 2005.

위의 예문에서 확인할 수 있는 것처럼 기술제안서를 쓰는 제안자는 사업 결정권자가 제시한 문제에 대해 자기 나름의 해결책을 제시해야 한다. 이것이 좋은 평가를 받아 채택되면 최종적으로 사업 결정권자와 계약을 맺고 연구 및 사업을 진행할 수 있게 된다. 따라서 기술제안서에서 중요한 것은 특정한 과학기술적 문제에 대한 참신하고 효율적인 해결 방안을 제시해 사업 결정권자를 '설득'하는 일이다.

〈표 1〉 대학생을 대상으로 한 발명 대회의 제안서 양식

발명제안서	(과제 번호: 00-0000)
연구 과제명	* 발명하고자 하는 핵심 내용을 담아 간단명료하게 기록한다.
관련 분야	* 하나의 분야를 선택하여 기록한다. (예: 생명공학, 정보통신, 금속재료 등)

연구 과제의 내용	* 연구 과제의 개요, 현재까지의 기술 현황 및 문제점, 해결하고자 하는 기술적 과제 등에 대해 기록한다. 과제의 이해를 돕기 위해 도표를 적극적으로 활용한다.
연구 과제의 효과	* 기존의 기술보다 어떤 점에서 이 기술이 우수한지를 기록한다. 과제의 경제적 기대 효과 등에 대해서도 서술한다.
연구 과제의 활용	* 발명의 활용 방안에 대해 자유롭게 작성한다.
연구 계획	* 발명 연구 일정을 구체적으로 작성한다. (예: 2015년 6월부터 12월까지의 월별 연구 계획)

　　기술제안서를 쓰는 일이 대학 졸업 후에 비로소 시작되는 것은 아니다. 이공계열 학부생들에게도 기술제안서를 쓸 일은 얼마든지 있다. 위의 〈표1〉에서 확인할 수 있는 것처럼 대학생들은 발명 대회에 참가하면서 발명제안서를 쓸 수도 있고, 과학기술 관련 공모전에 참가하면서 기술제안서를 쓸 수도 있다. 이때 참신하고 효과적인 해결책을 체계적으로 문서화하는 일이 무엇보다 중요한데, 이렇게 함으로써 제안자는 자신의 제안서가 사업 결정권자에게 '채택'되는 긍정적인 결과를 기대할 수 있게 된다.

▌기술제안서는 경쟁을 통해 채택되고, 독자가 명확하게 정해져 있으며, 일정한 양식이 주어지는 글이다.

기술제안서의 특성을 다음과 같이 정리할 수 있다.

1. 기술제안서는 경쟁을 통해 사업 결정권자에게 채택되는 글이다. 제안자는 제안서 작성을 통해 자신의 해결 방안이 다른 누구의 제안보다도 비교 우위에 있음을 입증해야 한다.
2. 기술제안서는 독자가 명확하게 정해져 있는 글이다. 대부분의 글쓰기가 특정한 독자를 대상으로 하지만 기술제안서만큼 독자가 명확한 글도 흔치 않다. 기술제안서의 독자는 사업결정권자이며, 이들은 해당 분야의 전문가일 가능성이 크다. 그렇기 때문에 제안자는 독자의 특성을 명확히 파악하고 체계와 논리를 갖춰 글을 쓸 수 있도록 해야 한다.
3. 기술제안서는 양식이 정해져 있는 경우가 많다. 물론 제안자의 개인적인 필요에 따라 자유로운 양식으로 제안서를 쓸 때도 있지만 대부분은 사업 결정권자가 특정 양식을 공개적으로 제시하고 제안자는 주어진 양식에 따라 제안서를 작성하게 된다.

〈표 2〉 한국연구재단의 뇌 과학 원천기술 개발사업 제안서

	RFP번호	3
연구 분야	뇌 신경신호 측정/분석 및 제어 기술	
1. 연구 목표		
• 행동 중인 동물의 뉴런 앙상블 측정/분석 및 능동형 뇌기능 제어 융합 기술 개발 • 뇌 모방형 체외 신경세포 배양을 활용한 신경신호 분석 세포칩 설계 원천기술 확보		
2. 연구 내용 및 범위		
• 제1단계: 뉴런 앙상블 측정기술 및 신경칩 제작기술 개발 - 행동 중인 동물로부터 다중 위치의 뉴런 앙상블 측정기술 개발 - 뇌 신경정보처리 과정에 근접한 뉴런 앙상블 신경정보처리 기법 개발 - 뇌기능 제어를 위한 신경활동 조절 기법 적용 및 확립 - 뇌기능 제어에 따른 뉴런 앙상블의 기능적 변화 실시간 정량화 - 뇌 신경세포 미세 환경을 모방한 화학적/지형적 신호를 갖는 세포배양 기판 제작 - 체내 신경신호 측정 환경 모사 체외 세포배양칩 개발 (교세포 활용 co-culture 등) - 배양된 신경세포칩의 생리적 활성 모니터링 기술 확립		

• 제2단계: 신경신호 활용 및 제어 기술 개발
   – 장기간 안정적인 고집적 뉴런 앙상블 측정기술 개발
   – 뇌기능 제어 및 뉴런 앙상블의 기능적 분석을 통한 뇌 부위 간 상호작용 규명
   – 뉴런 앙상블의 실시간 측정, 분석 및 뇌기능 제어의 상호 연동 융합 기술 개발
   – 뇌 모방 체외 신경네트워크 전기신호 분석용 다채널 센서칩 개발
   – 신경네트워크의 기능 제어를 위한 다채널 전기 자극용 인터페이스칩 개발
   – 체외 신경세포칩 집단 신경신호 정량기술 기반 약물스크리닝 기법 개발
   – 뇌 원천 기술 확보를 통한 뇌–기계 접속기술 분야에의 활용 기술 연구	

3. 특기 사항	
• 총괄 과제는 3개 내외의 세부 과제로 구성 • 뇌 신경과학 분야와 뇌 신경정보처리/공학 분야의 다학제적 융합연구팀을 구성하여야 함	
4. 2011년도 예산	6억 원 내외

위의 〈표2〉는 한국연구재단에서 제시한 '뇌 과학 원천기술 개발사업'의 제안서 양식이다. 제안자는 주어진 양식에 따라 제안서의 내용을 채우게 되고, 해당 분야의 전문가들로 이루어진 평가자 혹은 사업 결정권자들은 심사를 통해 자신들의 요구에 부합하는 제안서를 채택하게 된다.

> 기술제안서를 쓸 때에는 우선 문제점을 확인하고, 문제의 현황과 배경을 분석한 후, 해결 방안을 제시한다.

기술제안서에는 일반적으로 논리적 흐름이 있다. 기술제안서를 쓰기 위해서는 우선 주어진 문제에 대해 그것의 문제점이 무엇인지 확인해야 한다. 다음으로 그 문제의 현황과 배경에 대해 분석할 필요가 있다. 마지막으로 주어진 문제점에 대한 해결 방안을 제시해야 한다. 제안자는 기술제안서를 통해 주어진 문제에 대해 나름대로의 해결책을 제시하면서 사업 결정권자의 요구를 충족시키게 된다.

이러한 기술제안서가 어떻게 구성되는지 살펴보자. 기술제안서는 다음과 같은 구성 항목을 갖추고 있다.

1. 도입–표지 포함
2. 연구 배경

3. 연구 내용

4. 연구 결과

5. 참여 인력

6. 예산

7. 결론

위의 기술제안서 구성 항목들에서 알 수 있듯이 기술제안서는 논리적 흐름을 고려하여 작성하는 것이 좋다. 만약 제안서 양식이 이미 주어져 있다면 주어진 항목에 맞게 적절한 내용을 담아 기술하면 된다.

학습활동 3 위에서 본 것처럼, 여러분이 대학생을 대상으로 하는 발명 대회에 참가한다고 가정하여 체계적이고 창의적인 기술제안서를 작성해 보자. 제안서를 작성한 후에는 조별로 모여 심사를 해 본 다음, 여러 제안서 가운데 우수하다고 생각하는 문서를 뽑아 보자. 여러분 스스로가 사업 결정권자가 되어 아이디어를 체계적으로 문서화한 작품을 우수작으로 채택하면 된다.

발명제안서	(과제 번호: 00-0000)
연구 과제명	
관련 분야	
연구 과제의 내용	
연구 과제의 효과	
연구 과제의 활용	
연구 계획	

3 사용설명서

사용설명서(User's Manual)란 제품의 구조와 각 구성 부분의 명칭 및 기능 등을 설명한 글이다. 대개의 제품설명서는 소비자들에게 제품의 사용법과 사용 시 유의할 점 등을 알려주기 위해 제작된다. 소비자들을 독자로 설정한 '사용안내서(Instructions)'와 달리, 더 전문적으로 제품의 기능, 제조 및 설치 방법, 검사 사항 등을 기록한 문서를 '제품명세서(Specifications)'라고 부르기도 한다. 그러나 두 용어를 구분하지 않고 사용설명서라고 통칭하는 것이 더 일반적이다.

사용설명서는 다시 안전지침설명서, 설치안내설명서, 사용안내설명서, 유지보수설명서 등으로 나눌 수 있다. 사용설명서와 관련해서 가장 먼저 기억해야 할 것은 그것이 '제품'의 일부라는 사실이다. 이는 단순히 사용설명서의 중요성을 강조하는 차원이 아니라, 실제 법적으로도 그렇다는 의미이다. 제조물책임법(PL)에 따르면 사용설명서는 제품의 일부이기 때문에, 미흡한 설명서로 인해 위험이 발생한다면 이는 '제품의 결함'이 되며, 제조사에서 피해자에게 손해를 배상해주어야 한다.

사용설명서를 작성할 때에는 먼저 발생 가능한 위험 상황을 충분히 강조하는 내용이 나오고, 그 다음에 제품의 기본 기능 및 중요한 사용법에 대해 설명한다. 제품의 특수한 기능이나 부수적인 기능은 뒤에 서술하는 것이 일반적이며, 설명서의 맨 뒤에는 제품에 이상이 있을 때의 대처 요령과 AS센터 연락처 등이 나온다.

> 사용설명서를 쓸 때에는 발생 가능한 위험 상황을 가장 먼저 강조한다.
> 중요한 기능부터 서술한 다음에 부수적 기능을 서술한다.

사용설명서는 오랜 기간 보존되며 지속적으로 읽히는 문서이다. 최근에는 대부분의 회사들이 홈페이지에 자사의 사용설명서 전체를 PDF파일로 올려놓기 때문에 이러한 특징은 더욱 강화되고 있다. 소비자들이 제품 사용 중 문제가 발생했을 때에 가장 먼저 찾게 되는 것이 사용설명서이다. 사용설명서가 기업과 제품의 얼굴이 될 수밖에 없는 이유이다.

좋은 품질을 갖춘 대개의 제품들이 충실한 사용설명서를 만들어 제공하고 있는 것은 결코 우연이 아니다. 잘 만든 사용설명서는 소비자들의 만족도를 높이고, 기업 전체의 이미지까지 긍정적으로 바꾸어 놓는 엄청난 효과를 가져올 수 있다. 그렇지 못한 경우에는 그 반대가 될 수도 있다.

다음은 어느 디지털 카메라의 제품 사용설명서 일부이다.

위 험 (DANGER)

아래 내용을 무시하고 잘못 취급할 경우 사망이나 중상을 초래할 수 있는 절박하고 위험한 상황을 나타냅니다.

- 본 제품을 분해, 개조하지 마십시오. 감전이나 손상을 입을 수 있습니다. 내부 점검, 정비, 수리는 구입처나 가까운 삼성 카메라 서비스 센터에 의뢰하십시오.
- 가연성 가스 및 폭발성 가스 등이 대기 중에 존재하는 위험성이 있는 장소에서 본 제품을 사용하지 마십시오. 인화, 폭발의 원인이 됩니다.
- 만일, 카메라 내부에 물 또는 이물질이 들어간 경우는, 신속하게 전원 (전지나 AC 충전기)을 분리하십시오. 그리고 구입처나 가까운 삼성 카메라 서비스 센터에 수리를 의뢰하십시오.
- 카메라의 카드 삽입부 등에 금속류나 인화성 물질을 끼워 넣거나 들어가게 하지 마십시오. 화재, 감전의 원인이 될 수 있습니다.
- 젖은 손으로 조작하지 마십시오. 감전의 위험이 있습니다.

그림1
사용설명서의 위험 안내문 예

경 고 (WARNING)

아래 내용을 무시하고 잘못 취급할 경우 사망이나 중상을 초래할 수 있는 잠재적인 위험 상황을 나타냅니다.

- 플래시는 사람(특히 유아)을 향하여 근거리에서 발광시키지 마십시오. 눈에 근접하여 촬영하면 시력에 회복 불가능한 정도의 손상을 줄 수 있습니다.
- 이 제품을 유아나 어린이의 손이 닿는 곳에 방치하지 마십시오. 다음과 같은 사고가 발생할 수 있습니다.
  • 전지나 작은 부속품을 삼킬 수 있습니다. 만일 삼켰을 경우는 즉시 의사와 상담하십시오.
  • 카메라의 동작부에 상처를 입을 수 있습니다.
- 카메라를 장시간 사용할 경우 카메라의 내부 온도 및 전지의 온도가 상승합니다. 온도가 너무 높으면 카메라의 작동이 멈출 수도 있습니다. 이때는 전지를 꺼내고 카메라를 식힌 후에 사용하십시오.
- 밀폐된 자동차 안이나 직사광선이 비치는 장소 등, 온도가 높은 곳에 방치하지 마십시오. 카메라 외관 또는 내부 부품에 나쁜 영향을 주어 화재의 원인이 될 수도 있습니다.

그림2
사용설명서의 경고 안내문 예

주 의 (CAUTION)

아래 내용을 무시하고 잘못 취급할 경우 부상을 초래할 수 있는 잠재적인 위험 상황을 나타냅니다.

- 전지의 누액, 발열, 발화, 파열에 의해 화재와 부상을 당할 위험이 있습니다.
  • 이 카메라에서 지정하지 않은 전지를 사용하지 마십시오.
  • 전지를 쇼트시키거나, 가열, 분해, 불 속에 넣지 마십시오.
  • 전지를 바르게 넣어주시기 바랍니다.
- 장시간 사용하지 않을 경우에는 전지를 분리하여 주십시오. 전지 누액으로 인하여 카메라 내부에 흘러 들어 부품에 치명적인 손상을 줄 수 있습니다.
- 플래시의 발광부를 손으로 막은 상태로 발광시키지 마십시오. 또한 연속 발광 후, 발광 부분에 손이 접촉되지 않도록 하십시오. 화상의 위험이 있습니다.
- 이동할 경우는 전원을 끈 후 AC 충전기를 사용할 경우는 카메라 전원을 끄고, 콘센트에서 전원 플러그를 분리하십시오. 다른 주변기기도 접속코드나 케이블이 분리되어 있는지 확인한 후 이동하십시오. 코드나 케이블이 손상되어 화재, 감전의 원인이 될 수도 있습니다.
- 렌즈, 렌즈 커버 및 카메라 외관에 무리한 힘을 가하면 고장의 원인이 되므로 주의 바랍니다.
- 촬영시 렌즈나 플래시가 손, 머리카락, 카메라 끈 등에 의해서 가려지지 않도록 주의하시기 바랍니다.

그림3
사용설명서의 주의 안내문 예

차례

준비편

- ●시스템 구성도 ·················5
- ●카메라 각 부분의 명칭 ········6
  - ■앞면 & 윗면 ················6
  - ■뒷면 & 밑면 ················7
  - ■밑면 ························8
  - ■크레들 ······················8
  - ■셀프타이머 램프 ············9
  - ■카메라 상태 램프 ···········9
  - ■모드 다이얼 ················9
  - ■모드별 아이콘 ·············10
- ●전원 연결시 주의 사항 ······10
- ●전원 연결 ·····················11
  - ■2차 전지(명칭 : SLB-0837B) 충전 방법 ·····················12
- ●메모리 카드 연결 ············13
- ●메모리 카드 사용시 주의 사항 ···13

촬영모드

- ●카메라를 처음 사용할 때 : 스마트 버튼 ························15
- ●카메라를 처음 사용할 때 : 날짜& 시간, 언어설정 ············16
- ●촬영 모드의 화면 표시 ·····17
- ●촬영 모드의 시작 ···········18
- ■자동 촬영모드 사용 방법 ······18
- ■프로그램 촬영모드 사용 방법 ···18
- ■매뉴얼 촬영모드 사용 방법 ···18
- ■ASR 촬영모드 사용 방법 ······19
- ■특수효과 촬영모드 사용 방법 ···19
- ■장면 촬영모드 사용 방법 ······19
- ■동영상 촬영 방법 ·············20
- ■동영상에서 음성 제거하기 ···20
- ■동영상 촬영 중 일시 정지 기능 (이어찍기) ·····················20
- ■이어찍기 사용 방법 ·········20
- ●촬영시 주의할 사항 ···········20
- ●카메라 버튼을 이용한 촬영 기능 설정 ·····························21
  - ■전원 버튼 ·····················21
  - ■셔터 버튼 ·····················21
  - ■줌 W/T 버튼 ·················22
- ●메뉴를 이용한 카메라 기능 설정 ···23
  - ■색감 ···························24
  - ■밝기 ···························25
  - ■초점 조정 ·····················25
  - ■플래시 ·························26
  - ■해상도 ·························26
  - ■촬영 방식 ·····················27
  - ■측광 ···························27
  - ■샤프니스 ·····················28
  - ■효과 ···························28

그림4
사용설명서의 차례 예 1.

차례

- ■화질/ 촬영속도 ···············29
- ■셀프타이머/ 리모콘 ···········29
- ■음성녹음/ 음성메모 ···········30
- ■화이트 밸런스 ·················31
- ■ISO ······························32
- ■노출보정 ·······················32
- ■장면 메뉴 ·····················33
- ■특수효과 : 포토 프레임 ······33
- ■특수효과 : 모션 GIF ·········34
- ■특수효과 : 분할 촬영 ········34
- ■셔터 속도 ·····················35
- ■조리개 값 ·····················35
- ■포토 갤러리 모드 ············36

재생모드

- ●재생 모드의 시작 ············38
  - ■일반(1화면) 재생 방법 ·····38
  - ■동영상 재생 방법 ··········39
  - ■동영상 화면 캡쳐 ··········39
  - ■동영상 편집 ················39
  - ■음성녹음/ 음성메모 재생 방법 ···39
  - ■재생 모드의 화면 표시 ····40
- ●카메라 버튼을 이용한 재생 기능 설정 ·····························40
  - ■재생모드 버튼 ···············40
- ■BACK 버튼 ····················40
- ■9분할/ 디지털 줌 버튼 ······41
- ■슬라이드 쇼 ···················42
- ■사진 보호 ·····················43
- ■사진 삭제 ·····················43
- ■DPOF ···························43
- ■DPOF : 사진 선택 ···········44
- ■DPOF : 출력 크기 ···········44
- ■DPOF : 인덱스 출력 ········44
- ■회전 ···························45
- ■해상도 변경 ···················45
- ■트리밍 : 잘라내기 ···········46
- ■효과 ···························46
- ■모션 GIF ·······················46
- ■PictBridge ·····················47
- ■프린트 버튼 ···················49

설정모드

- ●설정 메뉴 ·····················50
- ■OSD 정보 ·····················51
- ■파일명 지정 ···················52
- ■Language (언어 설정) ·······52
- ■날짜/ 시간 설정 및 날짜 형식 ···52
- ■날짜 기록 ·····················53
- ■LCD 밝기 ·····················53
- ■AF 보조광 ·····················53
- ■전원차단 ·······················53
- ■바로 보기 ·····················54
- ■시작이미지 ·····················54
- ■작동음 ·························54
- ■동작음 ·························54
- ■시작음 ·························54
- ■셔터음 ·························55
- ■포맷 ···························55
- ■카드로 복사 ···················55
- ■비디오 출력 ···················56
- ■USB (외부 장치 선택) ······57
- ■초기화 ·························57
- ●사용시 주의 사항 ············57
- ●경고 표시 ·····················59
- ●서비스를 의뢰하기 전에 ······59
- ●카메라 사양 ···················61

소프트웨어

- ●소프트웨어와 사용설명서에 대한 주의 사항 ·····················63
- ●권장 시스템 사양 ············63
- ●소프트웨어 안내 ··············63
- ●소프트웨어 설치 ··············64
- ●컴퓨터 연결 모드의 시작 ····66
- ●이동식 디스크의 활용 ·······67
- ●이동식 디스크의 제거 ·······68
- ●Macintosh에 카메라 연결하기 ···69
- ●Macintosh용 이동식 디스크 사용 방법 ·····························69
- ●Windows 98SE용 카메라 드라이버 제거 ·····························69
- ●Digimax Master의 활용 ·····70
- ●FAQ ····························72

그림5 사용설명서의 차례 예 2.

위의 그림 1, 2, 3은 사용설명서의 맨 앞부분에서 발췌한 것인데, 제품 사용과 관련하여 주의할 내용을 '위험, 경고, 주의'라는 세 단계로 구분하여 서술하고 있다. 이처럼 사용설명서마다 조금씩 정도의 차이는 있지만, 대개의 사용설명서에는 맨 앞부분에 주의해야 할 사항들이 구체적으로 적혀 있다. 주의사항을 먼저 넣고, 그 뒤에 사용설명서 전체의 차례를 배치하는 것이 일반적인 경향이다.

또한 위의 4, 5를 보면 차례 항목이 매우 많다는 것을 알 수 있다. 이는 제품의 기능이 복잡하기 때문이기도 하지만, 그보다는 소비자가 원하는 내용을 쉽게 찾을 수 있도록 색인 항목을 상세하게 적어 놓았기 때문이다. 이처럼 사용설명서에는 제품의 각 기능들을 자세하게 설명하는 것은 물론, 각 설명들이 몇 쪽에 나와 있는지를 쉽게 알 수 있도록 상세한 차례 항목도 넣어주어야 한다. 또한 사용설명서에는 시각적 편의와 정확성을 위해 그림이 자주 나온다.

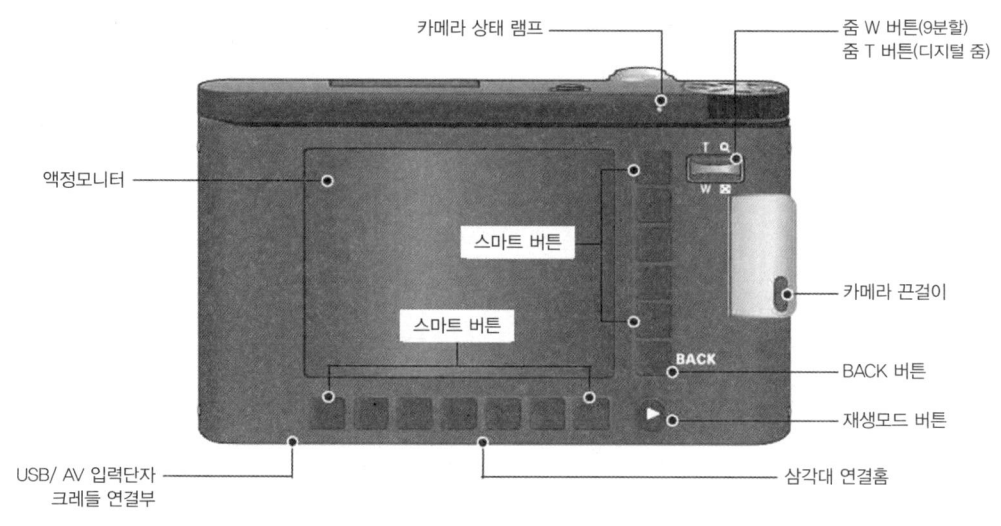

그림6 사용설명서

사용설명서를 작성할 때에 일반적으로 유의해야 할 점들을 정리하면 아래와 같다.

1) 차례를 구성할 때

차례를 구성할 때 가장 유의할 점은 장과 절의 위계적 구성이다. 각 장의 내용은 서로 겹치지 않아야 하며, 각 장의 하부 절은 장 제목 속에 명확히 포함되어야 한다. 이 밖에도 각 항목의 분류 및 배열 순서가 논리적이어야 한다. 특히 각 항목의 개별적인 소제목과 내용이 정확히 일치해야 한다.

사용설명서를 처음부터 끝까지 정독하는 독자는 많지 않다. 독자는 각 항목의 소제목들을 통해 그것이 자신에게 필요한 정보인지 아닌지를 판단한 뒤, 필요한 부분만을 정독하는 경우가 대부분이다. 이 때 제목과 다른 내용이 서술된다면 독자는 더 이상 사용설명서를 신뢰하지 않을 것이다.

2) 단락을 구성할 때

모든 글쓰기의 일반적 원칙에 따라 하나의 소주제는 하나의 단락으로 처리한다. 특히 사용설명서는 효율적으로 핵심 내용을 전달하는 설명적인 글이다. 따라서 핵심 문장과 보충 문장을 구분하고, 핵심 문장은 표제어와 연결되는 내용으로 단락의 첫 문장에 포함시키는 것이 좋다. 한 단락의 길이가 너무 길어서도 곤란하다. 제품 사용자의 예상되는 질문을 미리 검토하여 이에 대한 답변을 넣어 주면 더욱 좋다.

3) 문장을 쓸 때

글쓰기의 일반적 원칙에 따라 사용설명서를 작성할 때에도 문장 필수 성분들 간의 호응에 주의해야 한다. 수식어와 피수식어의 거리도 가급적 좁히는 것이 좋다. 그리고 이어진문장과 안은문장의 특징을 이해하고, 안은문장을 남발하지 않는다. 이 밖에도 문장을 쓸 때 주의할 점을 예시하면 다음과 같다.

- 능동태로 표현한다.
  : 전원이 끊어져 있는 것을 확인해 주십시오.(×) → 전원을 끊어 주십시오.(○)

- 명사형 종결을 피한다.
  : 사용 / 유지 / 회피(×) → 사용하십시오. / 피하십시오.(○)

- 간결하고 명확하게 쓴다.
  : 제품에 물을 뿌리지 않는 것이 좋습니다.(×) → 제품에 물을 뿌리지 마십시오.(○)

- 외국어나 외래어를 남발하지 않는다.
  : 이렇게 하면 디스크 공간을 절약하고 데이터를 빨리 액세스할 수 있습니다.(×)
  → 이렇게 하면 디스크 공간을 절약하고 데이터에 빨리 접근할 수 있습니다.(○)

학습활동 4 다음 표현들을 사용설명서의 성격에 맞게 수정해 보자.

1. 손상된 사진에서 광범위한 스크래치를 수정합니다.
   → _____

2. 약 2~3초 걸려서 새로운 source file을 CD-ROM DRIVE에 write하게 됩니다.
   → _____

학습활동 5 사용설명서는 다양한 정보들을 효과적으로 분류하고, 시각화시킬 수 있어야 한다. 이는 식당의 메뉴판도 예외가 아니다. 아래의 식당 메뉴판을 더욱 효과적으로 분류하고, 시각적 효과를 고려하여 재배치해 보자.

우리 식당 메뉴			
김치	500원	된장국	700원
야채절임	800원	주먹밥	1,200원
잔치국수	1,500원	닭튀김	2,000원
굴튀김	3,500원	꽁치구이	2,500원
내장찜	3,500원	삼치구이	4,000원
고기찜	4,500원	문어회	5,000원
홍어회	7,000원	모듬회	10,000원

Tip 1 사용설명서 작성 후 점검 항목

1. 제작의 기술적 측면
- 구성 (정보의 구조화, 논리적 배열)
- 세부 내용 (충실하고 알기 쉬운 제품 설명)
- 시각 기호 사용 (차트, 도면, 사진, 기타 아이콘)
- 편집 레이아웃 (효율적 판면 설계 및 색 지정)
- 인쇄 상태 (제본 형태, 용지, 겉지, 코팅 여부)
- 재활용성 (용어, 문장 및 그림 등을 표준화하여 데이터베이스화)

2. 사용자의 만족도
- 알기 쉽다. (사용자의 입장에서 쉽게 이해할 수 있다.)
- 찾기 쉽다. (사용자가 원하는 정보를 빠르게 찾을 수 있다.)
- 다루기 쉽다. (손에 들기 쉽고, 보존이나 수납에도 적합한 크기와 형태로 되어 있다.)
- 도움이 된다. (제품 사용을 위해 실질적이고, 상세한 정보가 들어 있다.)
- 정확하다. (사용자에게 오해를 주지 않는다.)
- 매력적이다. (사용자가 매뉴얼을 계속 보관하고 싶게 한다.)

– 배려가 있다. (사용자에게 불쾌감을 주지 않도록 배려한다.)

〈표〉 사용설명서 점검 항목(1점: 매우 부족, 2점: 부족, 3점: 보통, 4점: 우수, 5점: 매우 우수)

	구성	세부 내용	시각 기호	레이아웃	인쇄 상태	재활용성	비고
알기 쉽다							
찾기 쉽다							
다루기 쉽다							
도움이 된다							
정확하다							
매력적이다							
배려가 있다							
총 점							

연·습·문·제

1 자신이 속한 전공과 관련하여 다음의 항목에 맞추어 실험보고서를 작성해 보자.

제목 : _____

1) 서론

2) 재료 및 방법

3) 결과

4) 토의

5) 참고문헌

2 자신의 전공 분야와 관련하여 프로젝트를 수행하기 위한 연구계획서를 아래의 양식에 맞게 작성해 보자. (독자: 한국연구재단의 해당 분야 전문가들)

연구 분야					소형	중형	대형
연구 규모	연구 기간	년	과제 규모				
	신청 연구비	천원	참여 인원	총			명

연구 과제명	
연구 목적 및 연구 방법	
기대 효과 및 활용 방안	

3 유사한 제품에 대해 서로 다른 회사에서 작성한 사용설명서를 두 개 이상 선택하여 각각의 서술 특징을 비교 분석해 보자.

1) 유사한 제품에 대해 서로 다른 회사에서 작성한 사용설명서를 선택한다.
2) 가급적 자신이 관심을 갖고 있거나, 이미 사용한 경험이 있는 비슷한 제품을 품목으로 정하는 것이 좋다.(휴대폰, mp3, 디지털 카메라 등)
3) 제조사의 홈페이지에서 사용설명서를 다운받을 수 있으면 더욱 좋다.
4) 137쪽의 〈표〉 '사용설명서 점검 항목'에 근거하여 항목별로 분석하면 편리하다.

4 '연습문제3'에서 분석한 사용설명서 중에서 미흡한 부분을 찾아 수정해 보자.

1) 소비자들이 이해하기 어렵게 쓴 사용설명서를 찾는다.
2) 전체적으로 분석을 한 후, 수정할 부분을 결정한다.(차례, 특정 항목 등)
3) 수정 글을 작성할 때에 이미지나 강조 글꼴 등을 활용하여 시각 효과를 높이면 더욱 좋다.

참·고·문·헌

1 강명구 외, 『과학기술 글쓰기』, 서울대학교 출판부, 2009.
2 강호정, 『과학 글쓰기를 잘 하려면 기승전결을 버려라』, 이음, 2007.
3 김종록·이관희, 『과학 글쓰기 전략』, 박이정, 2011.
4 김문오, 『제품 설명서의 문장 실태 연구 1』, 국립국어원, 2002.
5 김온양, 『매뉴얼 쉽게 만들기』, 예동이, 2005.
6 기노시타 고레오, 『과학 글쓰기 핸드북』, 김성수 옮김, 사이언스북스, 2006.
7 야스다 시게카즈, 『기획서·제안서 작성 매뉴얼』, 한국재정경제연구소 옮김, 한국재정경제연구소, 2005.
8 사이토 마코토, 『기획서·제안서 작성법』, 양영철 옮김, 삼양미디어, 2004.
9 데이빗 비어·데이빗 맥머레이, 『엔지니어를 위한 문서작성 지침』, 선용빈·김유택 옮김, 시그마프레스, 2005.

알베르트 아인슈타인의 20세기를 바꾼 논문 3편(1905)

알베르트 아인슈타인

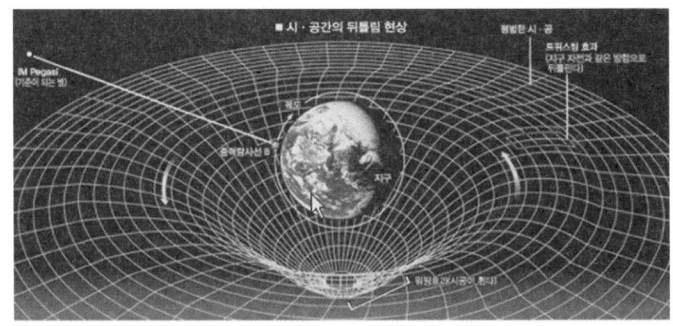

상대성이론에 따른 시공간의 뒤틀림 현상(뉴욕타임스)

1905년은 아인슈타인(Albert Einstein: 1879~1955)이 특수상대성이론, 광양자가설, 브라운 운동이론 등 물리학사에 길이 남을 3편의 논문을 발표한 해다. 당시 그는 세상에 전혀 알려지지 않은 26세의 무명 과학자에 불과했다.

아인슈타인은 1879년 3월 14일 독일 울름에서 태어났다. 그는 학교생활에 제대로 적응하지 못해 고등학교를 중퇴했다. 그 뒤 사업에 실패한 아버지를 따라 이탈리아, 스위스 등으로 떠돌다가 아버지와 같은 전기공학자가 되겠다고 결심하고 재수 끝에 취리히 공과대학에 입학했다. 물리학에 흠뻑 빠지기 시작한 것은 그때부터였다.

대학을 졸업한 아인슈타인에게 앞길은 그리 평탄하지 못했다. 일자리가 없어 고등학교 임시교사와 가정교사를 전전하면서 겨우 입에 풀칠이나 하는 형편이었다. 아인슈타인은 대학을 졸업한 2년 뒤에야 스위스 연방특허국에 일자리를 얻었다. 그곳에서 3년간 아인슈타인은 조용한 사색을 통해 3개의 논문을 준비한 후 1905년에 발표했다.

20세기 초까지 물리학자들은 빛을 파동이라고 생각했다. 빛을 전달할 매질인 에테르를 찾아 나섰지만, 뉴턴 물리학을 설명하는 데 절대적으로 필요한 에테르를 찾지 못했다. 또 19세기 말 발견된 X선, 베크렐선 등과 같은 고에너지 방사선들이 어디서 나오는지를 알지 못했다. 그리고 광전효과의 원리를 설명하지 못했다. 그때 아인슈타인은, 빛을 파동이라고 보던 그 당시 과학계의 시각과는 달리, 빛을 입자(광자)라고 가정함으로써 광전효과의 원리를 말끔하게 설명해냈다. 그 공로로 아인슈타인은 1921년 노벨물리학상을 받았다.

아인슈타인 이전에 빛을 입자와 비슷한 에너지 덩어리(양자)로 본 사람이 있었다. 독일의 물리학자 막스 플랑크(Max Karl Ernst Ludwig Planck: 1858~1947)였다. 그는 1900년 빛이 진동수에 비례하는 에너지 덩어리로 방출된다는 사실을 밝혀냈다. 그러나 양자물리학의 세계를 처음으로 연 그의 연구는 아인슈타인이 광전효과를 설명하기 전까지 주목받지 못했다. 결국 플랑크는 아인슈타인 덕분에 빛을 보았고, 1918년 양자론으로 아인슈타인보다 먼저 노벨물리학상을 받았다.

아인슈타인의 광양자가설은 양자론을 꽃피우고 수많은 발명품들이 태어나는 데 밑거름이 됐다. 텔레비전, 태양전지, 사진 노출계, 도난경보기, 자동문 등은 빛이 전기로 전환되는 광전효과를 이용한 것이다.

한편 혜성처럼 나타난 아인슈타인의 특수상대성이론은 뉴턴물리학이 안고 있는 숙제를 풀어냈다. 즉 등속으로 운동할 경우 관찰자에 관계없이 물리법칙은 항상 동일하다는 것을 설명함으로써 뉴턴물리학에서 내세웠던 절대좌표의 필요성을 없앴다. 또 빛의 속도는 항상 일정하며, 어떤 물질도 빛의 속도보다 빨리 달릴 수 없음도 증명했다.

특수상대성이론은 2백여 년 동안 물리학계를 지배해온 뉴턴물리학을 무너뜨렸다. 또 지금까지 전혀 별개의 것으로 생각됐던 시간과 공간이 불가분의 관계를 맺고 있음을 밝혀냈으며, 우리에게 4차원의 시공간을 일깨워주었다.

그러나 이보다 일반인들에게 더욱 잘 알려진 것은 특수상대성이론에서 유도된 질량에너지등가원리($E=mc^2$)이다. 이것은 '질량은 곧 에너지'라는 것을 밝힘으로써 방사성물질에서 나오는 에너지가 어떻게 생기는지를 설명해주었다. 외부에서 에너지가 공급되지 않더라도 질량이 붕괴되면 엄청난 에너지가 만들어진다는 것을 알려준 것이다. 결국 파괴될 위기에 처했던 에너지보존법칙은 질량에너지보존법칙으로 되살아났다. 게다가 질량에너지등가원리는 원자력에너지를 끄집어냄으로써 20세기의 운명을 바꾸어놓았고, 태양과 별의 에너지가 어떻게 만들어지는지를 설명해주었다.

1905년 아인슈타인이 발표했던 또 하나의 논문은 브라운운동 이론이다. 1827년 영국의 식물학자 로버트 브라운(Robert Brown: 1773~1858)은 꽃가루를 물 위에 띄우고 현미경으로 그 움직임을 관찰한 결과 꽃가루가 매우 무질서하게 움직인다는 것을 알아냈다. 이것이 브라운운동이다. 그런데 그 원리를 아인슈타인이 수학적으로 설명해낸 것이다.

　1905년 아인슈타인이 발표한 광양자가설(3월), 브라운운동 이론(5월), 특수상대성이론(6월) 등의 논문은 불과 몇 개월 만에 완성됐다. 마치 신의 계시를 받은 것처럼 그는 밤을 지새우며 논문들을 줄줄이 썼고, 논문이 완성된 후 기진맥진했다고 한다. 그래서 과학사가들은 1905년을 '아인슈타인의 기적의 해'라고 부르기도 한다. 그러나 이것은 아인슈타인의 출발에 불과했다. 그는 제2의 혁명을 준비하고 있었다. 1916년 발표된 일반상대성이론이 바로 그것이다.

- 홍대길, 『더사이언스』, 2007. 5. 28.

6장
과학기술의 언어와 표현

과학기술 분야에서 지식을 생산하고 소통하기 위해서는 명확하고 효과적인 언어를 사용해야 한다. 과학기술 글쓰기의 목적은 어떤 현상을 설명하거나 규명하고 자신의 견해를 주장하는 것이므로, 정확하고 객관적이면서도 논리적이고 간결하게 글을 써야 한다. 난해한 과학기술 분야의 지식은 은유를 사용하여 쉽게 설명하기도 한다.

"언어가 의미하는 바를
정확하게 표현하는 능력이
과학에서는 결정적으로 중요하다.
가설을 세우자마자 곧바로 그 가설은
언어에 의해 구체적인 형태를 만들어간다."
** 마릴린 모라이어티, 『비판적 사고와 과학 글쓰기』

1. 과학기술 언어의 특성

과학기술과 관련된 내용으로 글을 쓴다고 해서 반드시 과학기술 문서가 되는 것은 아닙니다. 과학기술 문서는 과학적 맥락에서 작성한 글이다. 이는 과학기술 글쓰기가 해당 분야에서 관습적으로 통용되는 특정한 의사소통 방식에 따라야 한다는 것을 의미한다.

전문적인 과학기술 지식을 논리적으로 기술하는 글이나, 사실과 정보를 객관적으로 전달하는 글들 모두, 정해진 관습에 맞는 표현 방식을 사용한다. 물론 글의 장르마다 다소 차이는 있지만, 기본적으로 과학기술 글쓰기에서는 정확성, 객관성, 간결성, 논리성이 강조된다. 이는 글의 내용뿐만 아니라 어휘 선택과 문장 표현에 의해서도 좌우된다.

1. 정확하고 객관적인 언어

글을 정확하고 객관적으로 쓰려면, 사실에 기초한 신뢰성 있는 내용을 중립적인 태도로 상세하게 진술해야 한다. 이와 더불어 구체적인 의미의 어휘나 전문용어를 선택하고, 문법적 오류가 없는 문장을 사용하면 글의 정확성이 더욱 높아진다.

아래에 제시된 【예문1】과 【예문2】는 각각 학술논문과 과학칼럼의 일부이다. 이 글들은 해당 분야의 전문용어들을 정확히 사용하여 내용의 신뢰도를 높이고 있다. 전문적이고 구체적인 의미의 어휘로 내용을 상세하게 기술하였으며, 문장도 중의적이거나 모호하지 않아 글의 내용이 정확하게 전달된다.

예문 1 루타일(rutile) TiO_2 분말의 알칼리 수열합성과 300~500℃ 열처리를 통해 TiO_2 나노튜브를 제조하고, 이를 리튬이차전지의 음극 활물질로 채택하여 그 물성과 전기화학적 특성을 조사하였다. 수열반응 직후의 정제과정에서 불순물인 미세분진을 완전히 제거하여 제조된 TiO_2 나노튜브는 고비표면적과 확연한 나노튜브 결정상을 보였다. 또한 열처리 온도가 증가함에 따라 등방적으로 분산된 나노튜브들이 서로 응집되어 비표면적의 감소를 초래하였다. 300℃ 열처리한 TiO_2 나노튜브가 250 $mAh\ g^{-1}$의 가장 높은 초기 방전용량을 나타내었으며, 사이클과 고율 특성은 400℃ 열처리한 시료가 가장 우수한 성능을 보였다.

– 최민규·강근영·이영기·김광만, 「열처리 온도에 따른 TiO_2 나노튜브의 리튬이차전지 음전극 특성」,
『화학공학』, Vol.50 No.1, 한국화학공학회, 2012.

예문 2 화석이 언제 만들어졌는지의 측정은 방사성 탄소동위원소(^{14}C)를 이용한 연대 측정법으로 한다. 탄소동위원소란 같은 탄소이지만 가지고 있는 중성자의 수(數)가 다른 것을 말한다. 일반적으로 탄소(^{12}C)는 양성자 6개와 중성자 6개로 이루어져 있다. 하지만 유물의 연대 측정에 쓰이는 탄소는 중성자가 8개인 희귀한 탄소(^{14}C)이다.

탄소동위원소는 공기 중의 이산화탄소에 많다. 따라서 생물체가 살아 있을 때는 호흡을 통해 몸 안으로 들어오고 나가는데, 체내에서 일반탄소와 탄소동위원소의 비율은 일정하게 나타난다. 하지만 생물이 죽으면 탄소동위원소는 더 이상 몸으로 들어오지 못한다. 호흡을 하지 못하면 일반탄소의 양(量)은 거의 변함이 없는 데 반해 이미 몸 안에 들어 있는 탄소동위원소의 양은 일정한 기간이 지날 때마다 절반씩 줄어든다. 이를 '반감기(半減期)'라고 한다.

반감기는 원소에 따라서 천차만별이다. 100분의 2초에 불과한 것도 있고, 수십만 년이 걸리는 원소도 있다. 탄소동위원소의 반감기는 5730년이다. 만약 새로 발견된 매머드 화석의 탄소동위원소를 분석한 결과 그 양이 4분의 1로 줄어들었다면 반감기를 두 번 거친 1만 1460년 전의 화석이라는 것을 알 수 있다.

하지만 탄소동위원소가 무한대(無限大)의 과거를 볼 수 있는 것은 아니다. 탄소동위원소 측정법은 3~4만 년 정도까지의 연대를 측정하는 데 많이 활용된다. 연대가 7만 년이 넘어가면 탄소동위원소로는 유물의 연대측정이 어려워진다. 반감기를 수차례 거치면서 탄소동위원소가 거의 남아 있지 않기 때문이다. 이때는 탄소동위원소보다 반감기가 훨씬 긴 베릴륨(^{10}Be)과 알루미늄(^{26}Al)을 이용해 연대를 측정한다. 베릴륨(^{10}Be)은 반감기가 160만 년이고, 알루미늄(^{26}Al)은 70만 5000년 정도다.

– 김형자, 「이론적으론 2만 년 전 매머드도 다시 볼 수 있다」, 『월간조선』, 2012. 4.

과학기술 분야의 글은 객관적인 어조로 작성되어야 한다. 감성적이고 주관적인 어조는 과학기술 글쓰기에 적합하지 않다. 사용하는 어휘의 의미가 외연적으로는 상세하고 내포적으로는 중립적일 때, 글이 객관성을 가질 수 있다.

> **예문 3**
> (1) 해안 분지의 산림 계류수 및 농경지 하천의 금속 농도는 **예상보다 훨씬** 높았다.
> (2) 환경부가 고시한 수질오염물질의 배출허용기준과 비교할 때, 해안 분지의 산림 계류수 및 농경지 하천의 금속 농도는 모두 **기준치보다 2배 이상** 높았다.

【예문3】의 (1)에서는, "예상"이라는 모호한 실체가 판단의 기준이 되었고, 농도가 높은 정도도 "훨씬"이라고 막연하게 표현되어 있다. 이는 필자의 주관적이고 자의적인 판단을 진술한 것에 불과하다.

따라서【예문3】(1)은 (2)와 같이 신뢰성 있는 비교 기준을 제시하고, 농도가 높은 정도를 구체적으로 명시해 주어야 한다. 나아가 조사된 하천의 금속 농도 수치를 표나 그래프 등의 시각 자료와 함께 제시한다면 더욱 객관성을 확보할 수 있을 것이다.

또한 다음의【예문4】와 같이, 피동 표현이나 3인칭 주어를 사용하여 글의 객관성을 높이는 경우도 있다.

> **예문 4**
> Hyper Duplex STS에는 약 0.3wt%의 **Si이 첨가된다.** [%Si] = 0.3wt%일 때 온도에 따른 **평형산소농도는** (8)식으로부터 다음과 같이 **계산된다.** (중략)
> 이 식들로부터 계산한 [O]와 [Si]의 활동도 계수를 (10)식에 적용하면 [%Si] = 0.3wt%일 때, 용강온도와 [O]의 **평형 관계식이 얻어진다.**

【예문4】의 글은 전문용어와 정확한 수치 외에도 '~ Si이 첨가된다', '평형산소농도는 ~ 계산된다', '~ 평형 관계식이 얻어진다'와 같이 피동 표현을 사용하여 객관성을 더하고 있다.

만일 이 문장들을 능동 표현으로 바꾼다면, 현재의 주어가 목적어가 되고, 피동 서술어 '첨가된다, 계산된다, 얻어진다'가 능동 서술어 '첨가한다, 계산한다, 얻는다'로 바뀌면서, 새로운 주어가 필요하게 된다. 능동 표현에서는 행위 주체가 1인칭 주어로 나타나면서 의도적인 행위성이 강조되어 객관성이 감소한다.

반면 피동 표현에서는 행위의 영향을 받는 대상이 주어가 되기 때문에, 행위 주체가 드러나지 않고 의도성이 약화되어 결과적으로 객관성이 강화될 수 있다. 따라서 과학기술 글쓰기에서는 일인칭 주어와 능동 표현보다는 3인칭 주어와 피동 표현을 사용하는 것이 효과적인 경우가 많다.

▎상세하고 전문적인 어휘, 정확한 문장, 객관적인 어조가 글에 정확성과 객관성을 부여한다.

2. 간결하고 압축적인 언어

간결하고 압축적인 문장은 단순히 길이가 짧은 문장을 의미하는 것이 아니다. 이는 전달하는 정보의 양이 같을 경우, 더 적은 수의 단어를 사용하여 경제적으로 표현한 문장을 말한다. 필요 없는 수식어나 장황한 설명 같은 군더더기 표현이 없어야 한다.

(1) 최근 몇 년 사이에 선진국을 중심으로 **에너지 밀도가 매우 높은 상태에 놓인 물질의 특성을 연구하는 분야의 기초적인 연구가** 활발히 이루어지고 있다.
(2) **최근** 선진국을 중심으로 **고에너지밀도 과학 분야의 기초 연구가** 활발히 이루어지고 있다.

【예문5】의 (1)과 (2)는 동일한 정보를 전달하고 있지만, (2)가 (1)보다 더 간결하고 압축적이다. 전문적인 과학기술 문서를 작성할 때는 언어를 경제적으로 사용해야 독자와의 소통에 유리하다. 다만 독자가 전문가인지 아닌지에 따라 문장의 간결성과 압축의 정도가 달라질 수 있다.

전문가를 대상으로 한 글이라면 상세한 설명은 과감히 생략하고 전문용어를 사용하여 더 압축적이고 밀도 높게 표현하는 것이 바람직하다. 반면에 일반인을 대상으로 한다면, 전문용어 대신 쉬운 어휘를 사용하고 내용을 풀어서 서술하는 것이 좋다.

한편 복잡한 구조와 긴 수식절을 가진 문장은 주어와 서술어 사이가 멀어지기 쉽다. 이렇게 복잡하고 장황한 문장은 문법적으로 오류가 생기기도 쉽고 독자가 내용을 신속하게 파악하기도 힘들다. 따라서 가능한 한 장황한 수식을 줄이고 단순한 구조의 문장 여러 개로 나누어 작성하는 것이 바람직하다.

(1) 귀금속 나노입자의 전형적인 자외선-가시광선 스펙트럼을 나타낸 그림인 Fig. 10에서 보이는 400nm 가까이에 위치한 **밴드는** 은 나노입자의 표면 공명과 일치하고 있음을 나타낸다.
(2) **Fig. 10은** 귀금속 나노입자의 전형적인 자외선-가시광선 스펙트럼을 나타낸 **그림이다. 여기에서** 400nm 가까이에 위치한 밴드는 은 나노입자의 표면 공명과 일치하고 있음을 나타낸다.

【예문6】(1)의 문장은 주어를 수식하는 관형절이 지나치게 길어서 의미가 신속하게 파악되지 않는다. "귀금속 나노입자의 전형적인 자외선-가시광선 스펙트럼을 나타낸 그림인"이, 바로 다음의 "Fig. 10"을 수식하고, 다시 "Fig. 10에서 보이는 400nm 가까이에 위치한"이, 전체 주어 "밴드는"을 수식한다. 이렇게 복잡한 하나의 문장 대신, 【예문6】(2)와 같이 두 개의 문장으로 나누어 작성하면 이해하기가 훨씬 쉽다.

> 과학기술 분야의 글은 전문적인 어휘와 간결한 문장을 사용하여 압축적으로 표현해야 한다. 장황하고 복잡한 구조의 문장은 여러 개의 간결한 문장으로 나누어 쓰는 것이 바람직하다.

3. 논리적인 언어

글쓴이의 주장이 설득력을 얻으려면 논리의 비약이 없어야 한다. 이와 더불어 절이나 문장의 연결 방식, 접속어나 지시어의 적절한 사용도 글의 논리성을 좌우하는 중요한 요소이다. 절이나 문장은 논리적인 순서에 따라 배열하고, 접속어나 지시어는 꼭 필요한 부분에 사용한다.

> **예문 7** (1) ① 많은 환경 단체들은 GMO 농산물의 단점만 부각하고 있지만 그것이 인체에 유해하다는 과학적 근거는 정확히 밝혀진 바 없다. ② GMO 농산물은 21세기의 식량난을 해결할 수 있는 효과적인 방안이다. ③ GMO 농산물은 해충과 기상이변에 강하므로 농약이나 화학비료를 쓰지 않고도 많은 수확을 낼 수 있다. ④ 따라서 환경보호도 되고 농약 비용을 절감시켜 농업 활성화에 도움을 주는 일석이조의 효과가 있다. ⑤ 해충 저항 GMO 식물의 경우를 보면, 그것을 섭식하는 유해곤충의 개체수를 줄여 경작지에 살충제를 덜 쓰게 만든다. (학생 글)
> (2) ① GMO 농산물 재배는 21세기의 식량난을 해결할 수 있는 효과적인 방안이다. ② 해충과 기상이변에 강하게 만들어진 GMO 농산물은 농약이나 화학비료를 쓰지 않고도 많은 수확을 낼 수 있기 때문이다. ③ 해충 저항 GMO 식물의 경우를 보면, 그것을 섭식하는 유해곤충의 개체수를 줄여 경작지에 살충제를 덜 쓰게 만든다. ④ 많은 환경 단체들은 GMO 농산물의 단점만 부각하고 있지만 그것이 인체에 유해하다는 과학적 근거는 정확히 밝혀진 바 없다. ⑤ 따라서 GMO 농산물은 환경을 보호하고 농약 비용을 절감시켜 농업 활성화에 도움을 주는 일석이조의 효과가 있다.

【예문7】의 (1)은 다섯 개의 문장으로 이루어진 단락이다. 그 내용은 GMO 농산물 재배가 21세기의 식량난을 해결할 수 있는 효과적인 방안이라는 주장이다. 그러나 문장이

논리적으로 배열되지 않아 내용이 효과적으로 전달되지 않는다.

무엇보다도 이 단락의 소주제문인 문장 ②가 두 번째에 놓이고 뒷받침 문장 가운데 하나인 ①이 가장 앞자리에 놓여 있어 단락의 내용을 신속히 파악하는 데 장애가 된다. 만일 문장 ①이 이 단락의 소주제문이라면 'GMO 농산물이 유해하다는 근거가 과학적으로 밝혀진 바 없다'는 사실이 뒷받침되어야 하는데, 단락의 내용은 'GMO 농산물이 환경 보호와 농업 활성화에 일석이조의 도움을 준다'는 것으로 채워져 있다.

그러므로 【예문7】의 (2)와 같이, 단락의 소주제문인 (1) ②를 첫 문장에 놓고, 다른 문장들도 다시 배열하는 것이 필요하다. (1) ⑤는 (1) ③의 직접적인 사례이므로 그 바로 뒤에 배치한다. 반론에 대한 반박이 되는 (1) ①을 그 다음에 연결한 후, (1) ④로 단락을 마무리하면, 글이 훨씬 더 논리적으로 조직될 수 있다.

> **예문 8**
> (1) 이때 평형분배 계수는 더 이상 작용할 수 없기 때문에 용질의 동결이 일어나게 되어 고체와 액체의 조성은 같게 되며 편석이 발생하지 못하게 된다. 급냉 응고된 재료는 열적 안정성이 나쁘다는 단점도 있으나 적극 이용하여 열처리 효과를 높일 수 있는 장점도 있다.
>
> (2) 이때 평형분배 계수는 더 이상 작용할 수 없기 때문에 용질의 동결이 일어나게 되어 고체와 액체의 조성은 같게 되며 편석이 발생하지 못하게 된다. **이렇게** 급냉 응고된 재료는 열적 안정성이 나쁘다는 단점도 있으나 **이를** 적극 이용하여 열처리 효과를 높일 수 있다는 장점도 있다.

한편 【예문8】 (1)의 두 번째 문장에는 지시어가 빠져 있어 의미가 명확히 전달되지 않는다. 지시어는 맥락 전후의 의미 관계를 밝히는 기능을 하므로 이를 정확히 사용하지 않으면 글의 논리성을 방해할 수 있다. 따라서 【예문8】의 (2)와 같이 적절한 지시어를 첨가하면 각 문장의 내용이 논리적으로 더 명확해진다.

> 절과 문장을 논리적인 순서에 따라 배열하고, 접속 표현이나 지시 표현을 적절하게 사용하면 글의 논리성을 보강할 수 있다.

학습활동 1 에세이나 서평, 학술논문, 실험보고서, 사용설명서 등 과학기술 분야의 여러 가지 글들을 찾아 읽어보고, 각 장르마다 글의 특성이 어떻게 다른지 조별로 토의해 보자.

학습활동 2 과학기술 분야의 글을 장르별로 한 편씩 선정하여 어휘, 문장, 표현이 어떻게 다른지 자세히 분석한 후 아래의 표에 정리해 보자.

글의 종류	어휘	문장	표현	기타
에세이 또는 서평				
학술논문				
실험보고서				
사용설명서				
기타 장르				

2 과학기술 언어의 바른 표현

과학기술 분야의 글은 타당한 사실과 정보를 구체적이고 객관적으로 다루어야 하는 동시에, 어법과 표기 규정에 맞는 정확한 문장으로 작성해야 한다. 어법에 맞지 않거나 표기 오류가 있는 문장이 있으면 글의 전문성을 제대로 살릴 수 없을 뿐만 아니라, 내용의 명료성에도 지장을 준다. 특히 표기 오류는 쉽게 고칠 수 있는 것이기 때문에 표기 오류가 있는 글은 더욱 부정적인 평가를 받기 쉽다. 문장 표현과 표기에서 주의해야 할 사항들을 살펴본다.

1. 한 문장에 하나의 내용 담기

예문 9 (1) 밤나무는 참나무과에 속하며, 우리나라의 기후풍토에 적응력이 강하고, 그 열매는 전분과 탄수화물을 다량 함유한 과일로서, 관혼상제 등의 대사에 필수적으로 이용되고 있을 뿐만 아니라 영양가도 풍부하다.

> (2) 밤나무는 참나무과에 속하며, 우리나라의 기후풍토에 적응력이 강하다. 그 열매는 전분과 탄수화물을 다량 함유한 과일로서, 관혼상제 등의 대사에 필수적으로 이용되고 있을 뿐만 아니라 영양가도 풍부하다.

【예문9】의 (1)은 하나의 문장 안에 두 가지 내용, 즉 '밤나무'와 '밤나무의 열매'에 대한 설명이 들어 있다. 문장 하나에 두 가지 이상의 정보를 담으면, 문장이 길어질 수밖에 없다. 긴 문장은 주어와 서술어 사이가 멀거나 문장 구조가 복잡하기 때문에, 내용을 신속하게 파악하기 힘들다. 【예문9】(1)의 경우는 (2)와 같이, '밤나무'와 '밤나무 열매'로 나누어 두 개의 문장으로 작성하는 것이 바람직하다.

2. 문장 성분 갖추기

> **예문 10** (1) 생물학자들의 실험설계 활동을 분석하기 위해 설문지를 제시하고 비디오로 촬영하였다.
> (2) 생물학자들의 실험설계 활동을 분석하기 위해 **피험자로 선정된 일군의 생물학자들에게** 설문지를 제시하고 **실험설계 활동 과정을** 비디오로 촬영하였다.

【예문10】의 문장 (1)에서는 '제시하고'의 부사어와 '촬영하였다'의 목적어가 누락되어 있어, 누구에게 설문지를 제시했고 무엇을 비디오로 촬영했는지 알 수 없다. 주어, 목적어, 부사어 등의 주요 문장 성분이 빠지면 문장의 의미를 제대로 파악하기 어렵다. 【예문10】의 (2)와 같이 '제시하고'의 부사어인 '피험자로 선정된 일군의 생물학자들에게'와 '촬영하였다'의 목적어인 '실험설계 활동 과정을'을 넣어 문장을 수정하면 그 의미가 명확해진다.

3. 주어와 서술어 호응시키기

> **예문 11** (1) **이 글은** 서버 시스템에서 신호 링크를 관리할 때 필요한 처리 기준 및 과정에 관하여 **기술하며**, 이들의 처리 과정을 입력과 내부 작동 과정 및 출력 내용 단위로 **구분해 보고**, 각 단계별 처리 진행 과정에서 비정상적인 조건의 발생에 따른 처리 과정을 사전에 고려하여 해결책을 **제시하는 데 있다.**
> (2) **이 글은** 서버 시스템에서 신호 링크를 관리할 때 필요한 처리 기준 및 과정에 관하여 **기술하였**

> 다. **이 글의 목적은** 이들의 처리 과정을 입력과 내부 작동 과정 및 출력 내용 단위로 **구분해 보고**, 각 단계별 처리 진행 과정에서 비정상적인 조건의 발생에 따른 처리 과정을 사전에 고려하여 **해결책을 제시하는 데 있다.**

한 문장 안에서는 주어와 서술어, 부사어와 서술어 등 관련 성분끼리 호응해야 한다. 【예문11】(1)의 문장에서 주어는 '이 글은'이고 서술어는 '기술하며', '구분해 보고', '제시하는 데 있다.'의 세 부분이다. 문장이 길고 장황하다 보니, 주어가 세 개의 서술어와 올바르게 연결되지 않는다.

따라서 【예문11】의 (2)와 같이 문장을 두 개로 나누고, 두 번째 문장에 새로운 주어 '이 글의 목적은'을 넣으면 주어와 서술어가 호응하게 되어 의미를 올바르게 전달할 수 있다.

4. 조사와 어미 정확히 사용하기

> **예문 12**
> (1) 유기산 함량**은** 밤꽃**에** malic acid, citric acid, succinic acid, oxalic acid**의 많은 순이나**, 밤 잎**은** succinic acid, citric acid, malic acid, oxalic acid 순으로 나타났다.
> (2) 유기산 함량**이** 밤꽃**에는** malic acid, citric acid, succinic acid, oxalic acid**의 순서로 많으나**, 밤 잎**에는** succinic acid, citric acid, malic acid, oxalic acid 순서로 많게 나타났다.

【예문12】(1)의 문장은 조사를 정확하게 사용하지 못해 미숙한 느낌을 준다. 그 내용은 '밤꽃'과 '밤 잎'에 포함된 '유기산 함량'을 비교하는 것이므로, 주어인 '유기산 함량'에 주격조사 '이'를 결합하고, '밤꽃'과 '밤 잎'에는 대조를 나타내는 보조사 '는'을 사용하여 【예문12】의 (2)와 같이 수정한다.

5. 서술어 중심으로 표현하기

> **예문 13**
> (1) 제강공정에서 용강 중에 Ce**를 첨가할 경우**, **작업성 개선**과 우수한 품질의 **용강 제조를 위해** 비금속개재물의 **생성 억제가 필요하다.**
> (2) 제강공정에서 용강 중에 Ce**를 첨가할 경우**, **작업성을 개선하고** 우수한 품질의 **용강을 제조하기 위해** 비금속개재물의 **생성을 억제해야 한다.**

【예문13】 (1)의 문장은 틀린 곳은 없지만 명사 중심으로 표현한 곳이 지나치게 많아 부자연스럽고 읽기에도 거북하다. 그러므로 (2)에 제시한 것처럼 '첨가 시'는 '첨가할 경우'로, '작업성 개선과 우수한 품질의 용강 제조를 위해'는 '작업성을 개선하고 우수한 품질의 용강을 제조하기 위해'로, '생성 억제가 필요하다'는 '생성을 억제해야 한다'로 풀어서 서술어 중심으로 표현하는 것이 바람직하다.

6. 한글맞춤법에 맞게 표기하기

내용의 완성도가 높더라도 표기 오류가 많으면 글의 가치를 제대로 인정받기 힘들다. 특히 학술공동체의 지식인들이나 특정 분야의 전문가들일수록 이러한 오류에 대해 부정적으로 반응하는 경향이 있다. 국어 어문규정에 맞게 표기해야 글의 내용도 올바로 전달된다.

(1) 사용자의 등록정보는 서버에 가입자 정보**로써** 존재하며 이에 대한 관리가 이루어진다.
(2) 사용자의 등록정보는 서버에 가입자 정보**로서** 존재하며 이에 대한 관리가 이루어진다.

(1) 페디옥신 PA-1이 **분비되는 지** 확인하기 위해 SDS- PAGE와 활성염색을 수행한 결과, 재조합 PA-1이 **분비됬고** K10 균주가 생산하는 자연 PA-1의 분자량과 일치하였다.
(2) 페디옥신 PA-1이 **분비되는지** 확인하기 위해 SDS- PAGE와 활성염색을 수행한 결과, 재조합 PA-1이 **분비되었고** K10 균주가 생산하는 자연 PA-1의 분자량과 일치하였다.

【예문14】 (1)에서 '로써'는 (2)와 같이, '자격'을 의미하는 부사격조사 '로서'로 고쳐야 한다. 【예문15】 (1)에서 '분비되는 지'는 '-는지'가 하나의 형태소이므로 띄어 쓰면 안 된다. 또한 '분비됬고'는 (2)에서와 같이 '분비되었고' 또는 '분비됐고'로 고쳐 표기한다.

(1) 먹이를 유인하기 위해 흰띠줄을 만들 **것인가?** 아니면 먹이의 눈에 뜨이는 것을 피하기 위해 흰띠줄을 만들지 않을 **것인가? 에** 관한 긴호랑거미의 의사결정을 알기 위해서는 더 많은 실험적 접근이 필요하다.
　(2) 먹이를 유인하기 위해 흰띠줄을 만들 **것인가**, 아니면 먹이의 눈에 뜨이는 것을 피하기 위해 흰띠줄을 만들지 않을 **것인가에** 관한 긴호랑거미의 의사결정을 알기 위해서는 더 많은 실험적 접근이 필요하다.

【예문16】의 (1)은 하나의 문장이지만, 문장 중간에 물음표를 잘못 사용하여 불완전한 세 개의 문장으로 분리되었다. 물음표는 마침표의 일종이므로 하나의 문장이 완전히 종결되었을 때만 사용할 수 있다. 문장 중간에는 (2)와 같이, 물음표 대신 반점(쉼표)을 사용해야 한다.

학습활동 3 다음의 예문에서 문장 표현이 어색하거나 표기가 잘못된 곳을 찾아 올바르게 수정해 보자.

인류는 지금껏 식량문제의 해결을 고심하며 많은 해결방안이 모색했었지만, 과학자들이 가장 손꼽는 해결책은 GMO의 개발이다. GMO란 "유전자변형생물체(genetic modified organism)"의 약자로써, 원뜻은 유전자 조작기술을 이용하여 유전적인 특성을 인위적으로 조작한 생물체를 말하는 것이지만, 주로 농작물을 대상으로 하기 때문에 일반적으로 '유전자변형작물' 또는 '유전자변형농산물'이라는 의미로 사용되고 있으며, 이제까지 세계적으로 GMO에 대한 많은 연구가 이루어져 왔고, 이미 다양한 GMO가 보급되고 있으며, 주로 부족한 식량을 대체할 곡물이나 병충해에 약해서 수확이 좋지 않던 식물에 적용되어 개발되었다. 병충해에 강한 콩, 특정 해충과 제초제에 저항성이 있는 옥수수, 무르지 않는 토마토 등이 있다. 하지만 GMO는 믿고 먹기에는 인체와 다른 생물체에게 위험한 잠재적 위협요소를 가지고 있다. (학생 글)

학습활동 4 다음에 제시한 예문에서 문장이 어색하거나 어휘 및 표기가 잘못된 곳을 찾아 올바르게 고쳐 보자.

- 이 블록은 OO 보드에 로딩되어지는데, 이 경우 하드 디스크에 직접 접근이 가능하다.
  ⇒ _____

- 데이터베이스에서 읽어 드린 구성정보를 이곳에서 재설정한다.
  ⇒ _____

- 보상이란 긍정적 강화물의 역할을 할 수 있는 기쁨의 가치를 제공하는 동기부여가 되는 자극의 일종이라고 정의하였다.
  ⇒ _____

- 향후 국민 소득의 증대에 따른 구매력 상승과 국민건강에 관한 지나칠 정도로의 소비자 관심은 화학적 합성보존료를 대체하기 위한 낙관적인 시장형성의 바탕으로 효과적인 천연보존료의 등장 시 그 시장은 폭발적으로 증가할 것으로 예상된다.
  ⇒ _____

- 어떤 종류의 방법을 택하던 상관없다. 그 방법이 타당하다면 어떤 방법으로 실험하던 간에 동일한 결론에 도달할 것이다.
⇒

3 과학과 은유

과학자들은 새롭게 발견한 사실을 쉽게 설명하고 예증하기 위해서, 또는 일반인들에게 난해한 개념이나 현상을 이해시키기 위해서 종종 의도적으로 은유(metaphor)의 기법을 사용해 왔다. 은유란 추상적이고 지각하기 어려운 미지의 개념에 이미 경험적으로 알고 있는 대상을 대입하여, 독자들이 이해하기 쉽게 설명하는 수사적 방법이다.

은유는 문학에서만 사용되는 수사법이 아니라, 일상 언어에서 흔히 사용되는 보편적인 인지 작용이다. 은유를 사용하면 어려운 개념을 쉽게 설명할 수 있고 복잡한 내용의 핵심을 명료하게 전달할 수 있다.

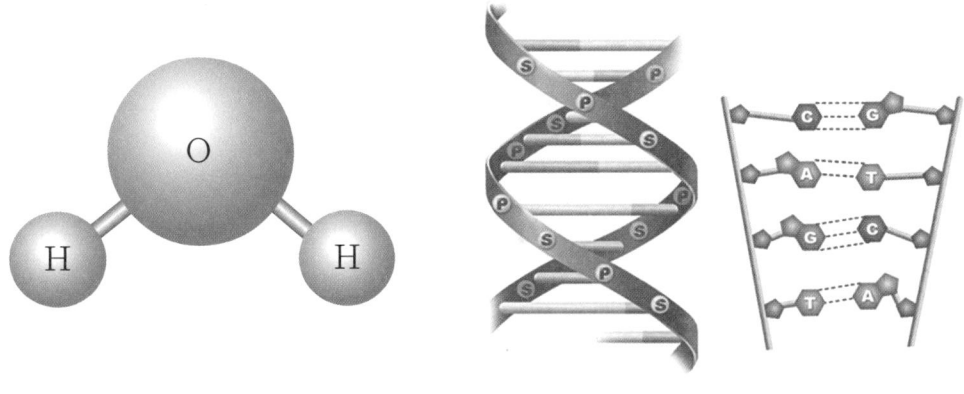

그림 1
물 분자 모형(http://blog.naver.com/wizardniss)

그림 2
DNA 이중나선의 입체모형 및 수소결합
(두피디아, http://www.doopedia.co.kr/)

예컨대 〈그림1〉에서와 같이, 일반적으로 통용되는 물 분자(H_2O)의 모형은 원자가 구형체로 그려지고 화학적 결합은 막대기 모양으로 연결된다. 이렇게 은유적으로 형상화된 물 분자 모형은 실제의 모습과는 다소 차이가 있지만 독자들이 물 분자를 이해하는 데 많은 도움이 된다.

또한 유전학에서는 유전자 내부에서 일어나는 복잡한 상호작용을 설명하기 위해 커뮤니케이션, 메시지, 번역, 전사, 암호화, 해독 등의 여러 가지 은유적 표현을 사용한다. 실제로 우리가 DNA의 복제, RNA의 역할, 유전자 등에 대해 쉽게 이해할 수 있는 것은 이러한 은유 덕분이다.(그림2 참고)

> 과학기술 글쓰기에서는 복잡한 현상이나 난해한 개념을 쉽고 명료하게 설명하기 위해서 은유의 기법을 사용하기도 한다.

예문 17 오늘날 우리가 알고 있는 분자 가운데에서 가장 경이로운 분자를 꼽으라고 하면 디엔에이(DNA)라고 부르는 디옥시리보 핵산이 틀림없을 것이다. 당의 일종인 디옥시리보오스와 인산 그리고 질소 염기로 이루어진 뉴클레오티드가 차례로 이어져 만들어지는 두 가닥의 사슬이 정교하게 나선 모양으로 꼬인 디엔에이는 우리의 생명을 지켜주는 정보 창고의 구실을 한다.

우리 몸에는 대략 1경(10의 15승)개에 가까운 세포가 있고, 그런 세포에는 정말 중요한 '핵'이라는 기관과 에너지를 만들어주는 발전소인 '미토콘드리아'라는 기관들이 들어 있다. 세포의 핵에는 아버지와 어머니에게서 물려받은 유전정보를 담은 '핵 디엔에이'가 들어 있고, 미토콘드리아에는 어머니에게서 물려받은 '미토콘드리아 디엔에이'가 들어 있다. 에너지 소비가 많은 세포에는 수천 개의 미토콘드리아가 들어 있는 경우도 있다.

— 이덕환, 「인류의 평등 일깨워준 DNA의 유전정보」, 『한겨레』, 2004. 2. 10.

예문 18 물론 예외가 없는 것은 아니나 대부분의 경우 새살림을 차린 여왕개미는 자그마한 단칸방 속에 스스로를 가둔 채 먹지도 않고 오로지 자식 키우기에 전념한다. 쓸데없이 먹이를 구하러 바깥출입을 하는 위험한 일은 아예 삼가고 몸속에 축적했던 지방과 이젠 쓸모없게 된 날개 근육을 분해하여 나오는 에너지를 가지고 첫 일개미들을 키운다. 제한된 자원이 동나기 전에 충분한 병력을 확보해야만 한다. 제한된 시간 내에 외부로부터 식량을 수확해 올 수 있는 충분한 숫자의 일개미들을 만들어내지 못하면 그 왕국은 제대로 한번 서보지도 못하고 멸망하는 것이다. 철저한 자기관리로 시간과의 싸움에서 이겨야 한다.

— 최재천, 『개미제국의 발견』, 사이언스북스, 1999.

전문적인 과학 지식을 설명하는 위의 글들도 은유를 사용하여 독자의 이해를 돕고 있다. 【예문17】에서는 "정보 창고"의 은유를 통해 "DNA"를, "발전소"의 은유를 통해 "미토콘드리아"를 더 쉽게 이해할 수 있다. 【예문18】은 "새살림을 차린, 단칸방, 왕국, 철저한 자기관리" 등의 은유를 사용하여 여왕개미와 개미 집단의 생태를 명확하고도 흥미롭게 설명함으로써 글의 이해도와 흡인력을 높이고 있다.

과학에서 은유의 기능

- 일반인에게 난해한 개념을 쉽게 설명하고 전달할 수 있게 한다.
- 지각할 수 없는 과정이나 대상의 모형으로 기능한다.
- 과정이나 대상의 작용과 양상을 설명하고 예측하는 데 도움을 준다.

학습활동 5 다음의 개념들을 일반 대중 독자들이 쉽게 이해할 수 있도록 은유의 기법을 활용하여 설명해 보자.

- 마그누스 효과
- 빛의 파동
- 쓰나미의 원인
- 착시 현상

학습활동 6 다음에 제시된 글은 DNA의 이중나선(double helix) 모형이 입증되기 전, 과학자들이 DNA의 구조에 대해서 어떻게 상상하고 설명하려고 했는지 보여준다. DNA의 실체가 과학적으로 완전히 밝혀지기까지 과학자들은 어떤 은유를 통해서 이처럼 난해한 개념을 설명하고자 했는지 토의해 보자.

이 책에서 이 위대한 물리학자는 '유전 암호'의 문제를 물리학자의 관점에서 고찰했다. 이 책을 쓸 당시 슈뢰딩거는 염색체가 DNA로 구성되어 있다는 사실을 알지 못했지만 일반적인 용어로 설명했다. 그는 "살아 있는 세포의 가장 근본적인 부분(염색체 섬유)을 비주기적인 결정체라고 부를 수 있을 것"이라면서 소금 결정체와 같은 보통의 결정체와 구분했으며, 간단한 기본 패턴이 끝없이 반복된다고 보았다. 비록 얼마 안 되는 몇 가지 색깔이 서로 다른 방식으로 배열되어 있기는 하지만, 라파엘의 태피스트리처럼 지루한 반복 대신 정교하고 통일성 있고 의미 있는 디자인에서 볼 수 있는 구조라고 설명했다. 또 정보의 저장을 단어로 정보를 써내려가는 알파벳 문자의 차원에서 보기도 하고, 점과 대시를 사용하여 모스 부호와 같은 부호의 차원에서 보기도 한다. 슈뢰딩거는 비주기적인 결정체에 정보가 저장되어 전해지는 방식 중 모스 부호와 비슷하지만 10개의 그룹에 점과 대시뿐만 아니라 세 개의 기호를 사용하는 코드에서 "8만 8,572개의 서로 다른 '글자'를 만들 수 있다."고 썼다.

— 존 그리빈, 『사람이 알아야 할 모든 것, 과학』, 들녘, 2004.

연·습·문·제

1 다음에 예시된 논문 두 편의 일부분을 읽고 정확성, 객관성, 논리성, 간결성이 어디에 나타나는지 찾아 소그룹별로 토의한 후, 해당되는 내용을 아래의 표에 항목별로 정리해 보자.

1) 본 연구에서는 후보물질들의 간독성 방어 효과를 대표적인 독성 유발 물질인 BP 및 APAP에 의한 간독성 모델에서 관찰하였다. 후보물질들은 동물 모델에서 독성물질에 의한 심각한 간 손상을 정상으로 회복시켰으며, 간세포에서 독성물질의 대사활성화를 억제하고 해독화에 기여하는 효소를 유도함으로써 독성물질의 대사를 조절하였다. 효소 발현의 상위 신호 및 전사활성화를 규명하여 후보물질의 세포 내 분자기전을 증명하였다. 본 연구로부터 도출된 간 대사효소 발현의 제어 및 상위신호의 발굴은 간독성 방어에 중요한 약리학적 타깃을 제공하며, 천연 후보물질로부터 간 보호 효능을 스크린 하는 데 있어서 활용될 수 있는 간 보호 활성 효능 검색계를 제공한다.

— 금상일, 「간 보호 효능에 대한 분자 기전 연구: Glutathione S-transferase 조절」, 경북대학교 대학원 박사학위 논문, 2012.

2) 다음으로, 형광의 특성을 이용한 바이오센서는 주로 FRET(Förster Resonance Energy Transfer)의 기능을 주로 사용하여 신호전달을 측정하는 방법이다. 다시 말해 관찰하고자 하는 신호에 의하여 형광 단백질이 위치적으로 가까워짐에 의하여 한 형광에서 다른 형광으로 에너지가 전달되는 현상을 측정함으로써 신호전달을 관찰하는 방법이다. 이를 위해서는 먼저 FRET 현상의 효율을 높이기 위해서 좋은 쌍의 형광을 선택하는 것이 중요하다. 이러한 바이오센서의 예로 그림 3과 같이 CFP(Cyan Fluorescence Protein)의 방출파장과 YFP(Yellow Fluorescence Protein)의 활성파장이 겹치는 특성을 이용하여 두 개의 형광 단백질의 위치가 가까워질 때 CFP의 활성파장으로 YFP의 방출파장을 증가시켜 YFP/CFP의 비율이 높아지는 것을 이용한 바이오센서가 있다.

— 허원도, 「라이브 세포 이미징을 이용한 신호전달 체계 연구」, 『KSBMB News』, Vol. 29 No. 2, 한국생화학회, 2009.

정확성	
객관성	
논리성	
간결성	

2 다음에 제시된 '거대질량 블랙홀'에 대한 글을 읽고, 어떤 부분을 설명할 때 은유를 사용하였는지 분석해 보자.

거대질량 블랙홀은 활발하게 물질을 빨아들이던 퀘이사 시절을 보내면서 그 덩치를 키운 후에는 은하의 중심부에서 비교적 조용하게 시간을 보낸다. 이 때문에 은하의 중심부를 매우 세밀하게 관측하지 않으면 그곳에 거대질량 블랙홀이 있는지 없는지 알 수가 없다. 우리은하 중심부에 있는 거대질량 블랙홀이 좋은 예다. 그런데 이렇게 조용하게 시간을 보내고 있는 거대질량 블랙홀 가까이에 별이나 가스 덩어리가 다가가게 되면 퀘이사에서 본 경우와 같이 강한 빛이 일시적으로 발생할 수 있음이 지난 40여 년 동안 예측돼 왔다. 따라서 거대질량 블랙홀이 있는지 없는지 모르는 은하의 중심부가 이렇게 갑자기 밝은 빛을 내는 것을 관측할 수 있다면 그것은 거대질량 블랙홀 존재에 대한 또 다른 새로운 증거가 되는 것이다.

이론에 따르면 거대질량 블랙홀 근처를 별이 지나가게 되면 블랙홀의 강한 중력 때문에 산산조각 나게 되고 그 잔해가 블랙홀 주변에 모이면서 강한 빛이 발생하는 현상인 '조석파괴'가 일어난다. 별이 파괴되는 것이 블랙홀의 강한 조석력(지구에서는 달의 조석력 때문에 밀물과 썰물이 나타난다) 때문이라고 해서 조석파괴라는 이름이 붙었다.

지난 40여 년 동안 이론적으로 예측됐던 조석파괴 현상이 2011년 3월 28일 드디어 관측됐다. 미 항공우주국(NASA)의 스위프트 위성이 이 순간을 최초로 포착했다. 우리나라에서도 서울대 초기우주천체연구단과 한국천문 연구원의 연구진이 보현산 1.8m 망원경을 비롯한 여러 지상관측 시설을 이용해 이 현상이 실제로 조석파괴이며, 이를 일으킨 거대질량 블랙홀의 질량이 태양의 약 1,000만 배라는 중요한 사실을 알아내는 데 많은 기여를 했다. 이 천체에 대한 연구는 조석파괴 현상이 일어난 지 1년이 지난 지금까지도 계속되고 있다.

그런데 흥미로운 점은 거대질량 블랙홀의 질량이 태양의 1억 배가 넘는 경우에는 가까이에 별이 다가가도 조석파괴가 일어나지 않는다는 것이다. 별은 블랙홀로 그대로 떨어진다. 덩치가 고만고만한 거대질량 블랙홀들은 별을 씹어서 삼키는 반면 고도 비만 블랙홀들은 별을 꿀꺽 삼킨다고 비유할 수 있다.

– 강석기, 「우주의 괴수 거대질량 블랙홀」, 『과학동아』, 2012. 6.

3 '블랙홀'을 소재로 여러 가지 은유를 사용하여 1,000자 내외의 설명문을 작성해 보자.

참·고·문·헌

1. 가톨릭대학교 교양교육원 편, 『대학생을 위한 과학 글쓰기』, 아카넷, 2009.
2. 강명구·김희준·정윤석 외, 『과학기술 글쓰기』, 서울대학교 출판부, 2008.
3. 김성수, 「이공계 글쓰기와 바람직한 문장 교육」, 『화학세계』 Vol.52 No.3, 2012. 3.
4. 김수병, 『사람을 위한 과학』, 동아시아, 2005.
5. 김종록·이관희, 『과학 글쓰기 전략』, 박이정, 2011.
6. 신형기 외, 『모든 사람을 위한 과학 글쓰기』, 사이언스북스, 2006.
7. 연세 과학기술과 사회연구 포럼, 『멋진 신세계와 판도라의 상자』, 문학과지성사, 2009.
8. 임재춘, 『한국의 이공계는 글쓰기가 두렵다』, 북코리아, 2003.
9. 정희모 외, 『대학 글쓰기』, 삼인, 2008.
10. 정희모·이재성, 『글쓰기의 전략』, 들녘, 2005.
11. 최재천, 『개미제국의 발견』, 사이언스북스, 1999.
12. 기노시타 고레오, 『과학 글쓰기 핸드북』, 김성수 옮김, 사이언스북스, 2006.
13. 앨런 그로스, 『과학의 수사학』, 오철우 옮김, 궁리, 2007.
14. 캐럴 리브스, 『과학의 언어』, 오철우 옮김, 궁리, 2010.
15. 존 그리빈, 『사람이 알아야 할 모든 것, 과학』, 강윤재·김옥진 옮김, 들녘, 2004.
16. 마릴린 모라이어티, 『비판적 사고와 과학 글쓰기』, 김성수·이재성·정희모 옮김, 연세대학교 출판부, 2008.

06 동서양 과학기술 고전 The Classics of Science & Technology

칼 세이건의 『코스모스』(1980)

칼 세이건

『코스모스』

　어느 순간이었을까? 넋을 잃고 밤하늘을 바라보게 된 그 시점……. 도심 속 깜깜한 하늘을 올려다보고 있으면 이내 검은 바다를 향해 온몸이 빨려 들어가는 느낌과 동시에 세상의 시간이 멈추어버린 것 같은 순간이 온다. 우주 안에 완전하게 동화된 나! 그렇게 정지한 것 같은 시간 속에서 하나 둘 시야에 늘어나는 별들과 함께 의문도 쌓여만 갔다. 저 하늘엔 별이 몇 개나 있을까? 우주는 얼마나 큰 거지? 끝이 있기나 할까? 지구는 한없이 넓어 보이는 밤하늘의 어디쯤을 떠다니는 걸까? 그렇게 가끔으로 시작하여 자주 우주에 빠져 지내던 어느 날 『코스모스』를 만났다. 자세한 내용은 서서히 머릿속에서 지워져 갔지만 처음으로 그녀를 접할 때의 신선한 충격은 강하게 마음 한구석에 남아 있었다.

　첫 만남 후 20여 년이 흐른 지난 겨울, 『코스모스』가 다시 나에게 말을 걸어왔다. 사실 쉽게 응답하지 못했다. 매일매일 쫓기는 나의 일상 속에 그녀와 대화를 할 시간과 여유가 있을지? 흠……, 고민이었다. 연구실 한구석에 꽂혀 있는 낡은 『코스모스』를 뽑아들고 만지작만

지작……. 이곳저곳을 들춰보며 한참을 생각했다. 그래도 답이 나오지 않아 결정을 미룬 채 며칠이 지난 어느 날, 같은 책장에서 낡은 『코스모스』만큼이나 빛바랜 노트 하나가 내 시선을 끌었다. 나의 오래된 일기장이었다. 1991년, 바로 며칠 전 꺼내보았던, 내가 소유한 『코스모스』 39판이 발행되던 해에 꿈 많은 소녀가 쓴 일기였다.

우주에 대한 나의 열망이 고스란히 담겨 있었다. 다시 『코스모스』에 손을 얹으니 그녀를 처음 만났던 순간과 함께 어린 날 밤하늘에 설레던 그 시절이 가슴속에 밀려왔다. 지난 시간 동안 꿈을 따라 달려왔다고 생각했는데 '우주'와 대화할 여유도 없는 천문학자가 된 것만 같은 생각에 지금 이 순간의 내가 한없이 초라해보였다. 아는 것은 많지 않았지만 두근거리는 마음으로 우주를 마주했던 내가 그리워졌다. 그렇게 어린 시절의 나에 대한 그리움을 안고 다시 한 번 『코스모스』에 이끌려 우주여행에 나서게 되었다.

다시 만난 그녀는 새로운 느낌이었다. 비전공자들을 위한 천문학 입문서로 생각했던 『코스모스』가 내게 그 어떤 전공서적만큼이나 흥미롭게 느껴진다는 사실이 신기하기까지 했다. 그녀의 첫 등장 이후 30여 년이 지나는 동안 인류의 우주에 대한 지식은 상상도 할 수 없을 정도로 증가했지만 그녀의 존재는 전혀 빛이 바래지 않은 듯했다. 『코스모스』가 단순히 천문학 지식을 전달하는 교양서적이었더라면 이미 많은 사람들의 기억 속에서 사라졌을 것이다. 그러나 『코스모스』에는 그 어떤 최신 천체물리학 연구 결과와 겨루어도 손색없는 감동과 신선함이 있다.

천문학을 전공하게 된 후 다시 찾은 『코스모스』가 나에게 여전히 깊은 인상을 준 이유는 크게 두 가지이다. 첫째, 칼 세이건(Carl Sagan: 1934~1996)은 우주에 대한 단순한 과학적인 사실 제공을 넘어 우주에 도전해 온 지구인의 역사를 함께 이야기함으로써 우주가 탐구와 사색의 대상이 될 수 있는 것은 인류가 존재하기 때문이라는 중요한 사실을 일깨워주고 있다. 둘째, 세이건이 가장 가까운 천체들이면서도 요즈음 천문학 교육과 연구에서 종종 간과되고 있는 태양계 내의 구성원들에 대해 특히 많은 시간을 할애하고 있다는 것이다. 태양계는 현재 지구인의 기술로 직접 그 발을 내디딜 수 있는 거의 유일한 대상일 뿐만 아니라 태양계의 다른 행성을 탐험하면 할수록 지구라는 행성이 얼마나 작은지, 그래서 얼마나 더 소중한 존재인지를 깨닫게 해준다. 매일 수백만 광년을 오가는 내가 아이러니하게도 『코스모스』를 통해 지구와 인류가 얼마나 소중한 존재인지, 얼핏 코페르니쿠스 혁명에 반하는 듯 들릴 수도 있는 메시지를 읽은 것이다.

칼 세이건의 『코스모스』는 지구에서 시작하여 태양계 식구들을 지나 별과 은하의 세계를 넘어 우주의 끝으로 독자들을 인도한다. 큰 규모의 우주를 연구하는 학자들에게는 다소 진부한 진행일 수도 있다. 그러나 세이건의 태양계 탐사 이야기는 전혀 지루하지 않다. 오히려 현장을 보는 듯한 생생한 전달에 나는 긴장하기까지 했다. 망원경을 통해 보는 수동적인 우주가 아니라 손을 뻗으면 닿을 수 있는 지구와 그 주변을 탐험하며 마치 우주탐사기지에 거주하는 우주인이 된 듯했다. 세이건은 지구의 이웃들인 행성탐사의 역사에 대해 특히 비중 있게 다루고 있다. 학부를 졸업하고 전문인의 과정에 들어서던 때에는 행성에 대해 큰 관심을 가지지 않았었다. 개인적으로 외부 은하에 많은 흥미를 느끼고 있었기 때문에 행성, 특히 태양계 행성들은 지구처럼 태양에 딸린, 그러나 생명이 없는 재미없는 암석이나 가스 덩어리로만 생각했던 것 같다. 그러나 『코스모스』에 여러 장을 거쳐 세세하게 묘사되어 있듯이 행성들을 포함한 태양계 내의 다른 천체들은 우리의 기술로 직접 닿을 수 있는 대상이라는 점에서 우주탐험의 중요한 출발점인 것이다.

빛의 정보에 크게 의존하는 천문학에서 우리가 직접 닿을 수 있는 대상들은 특별할 수밖에 없다. 그래서인지 세이건이 들려준 행성탐사의 이야기들은 관측천문학과 또 다른 흥분을 선사한다. 기기만 보낸다고 하더라도 지구에서 제작한 우리의 창조물을 통해 (거의) 실시간으로 지구 밖을 탐험할 수 있다는 것! 우주의 규모에서는 알아채지 못할 정도의 움직임일지라도 우리 인류에게는 큰 의미가 있는 작은 한 걸음인 것이다. 35년 전 긴 항해를 시작한 '보이저' 1호, 2호는 이미 상당한 거리를 여행하여 태양계 생성에 관한 비밀을 밝힐 수많은 정보를 제공하였고, 현재 인간이 만든 지구에서 가장 멀리 떨어진 구조물로서 우주탐험의 새 장을 열고 있다. 최근 일본의 소행성 탐사선 하야부사(우리말로 '매')는 거의 우주미아가 될 뻔했던 험난한 여정 끝에 예정보다 3년이나 늦은 2010년 지구로 귀환하였다. 두 미션 모두 지구인의 각본과 감독으로 제작된 감동의 드라마이며, 그 이야기는 미래에도 계속 될 것이다.

먼 우주를 연구하는 천문학자들이나 당장 우주를 마음대로 여행하길 희망하는 이들은 이러한 작은 한 걸음에 왜들 그렇게 흥분하는지 반문할 수도 있을 것이다. 그러나 태양계 탐구는 그 기원을 밝히고 생명체를 찾는 그 이상의 의의가 있을지도 모른다. 이렇게 조금씩 나아가다 보면 지구 대기의 영향으로 인한 관측 한계를 극복하고 더 먼, 더 초기의 우주를 관측할 수 있는 관측 정거장이 태양계 어딘가에 건설될 날이 올 수도 있을 것이다. 이 공상과학 영화 같은 이야기가 이루어지는 날 우리가 살고 있는 태양계는 지구 이외에도 다양한 우주탐험의 기지를 제공하게 되는 것이다. 그리고 그 첫 장은 이미 활동 중인 여러 우주망원경들과 함께 이미 시작되었다.

칼 세이건은 인류가 우주의 진실에 다가가는 과정을 지구의 역사를 통해 서술한다. 그는 특히 알렉산드리아를 중심으로 꽃피웠던 고대 자연과학의 가치를 높이 평가한다. 많은 사람들에게 지동설과 함께 가장 먼저 떠오르는 이름이 코페르니쿠스일 수도 있을 것이다. 그러나 세이건이 상기시켜 주었듯이 지동설이 처음 제시된 것은 이미 기원전 그리스 천문학자인 아리스타르코스에 의해서였다. 아리스타르코스는 기하학을 이용하여 태양과 달의 크기를 지구의 크기와 상대적으로 비교함으로써 태양이 지구보다 훨씬 크며 따라서 지구가 그 주변을 움직이는 것이 더 이치에 맞음을 증명해 보였다. 아리스타르코스의 시대를 전후로 몇 세기 동안 활동했던 그리스와 이오니아 출신의 과학자들 중에서도 특히 실험을 중시했던 과학자들은 이미 현대 물리학과 나란히 하는 개념에 도달하기도 했다.

그러나 당시 학문의 중심지였던 알렉산드리아 대도서관의 번영은 영원하지 못하였다. 히파티아도 그 마지막을 지켰던 학자 중 하나이다. 그녀는 알렉산드리아 대학의 저명한 학자였던 아버지의 열린 교육으로 수학과 천문학에 큰 공을 세우지만 그러한 깨인 교육 때문에 비극적인 운명을 맞이하게 된다. 종교가 사회에 깊이 자리 잡게 되는 과정에서 종교를 정당화하기 위한 제물이 되어버린 것이다. 세이건은 알렉산드리아 도서관의 쇠락과 함께 코페르니쿠스 혁명 전까지의 시간을 과학사에 있어 암울한 시기로 정의한다. 종교 이외에도 경제의 발전이 가져온 사회 계층의 심화는 특히 이오니아의 과학자들에 의해 융성했던 실험을 바탕으로 한 방법론을 경시하는 풍조와 함께 과학의 발전을 저해하는 요소로 작용하게 된다.

이렇게 시작된 과학사의 암흑기 동안 우주에 대한 관념까지도 물리가 아닌 정치와 종교적인 틀에 짜 맞추어지면서 인류는 오랫동안 눈가림 당하게 된다. 천구의 관측은 끊임없이 이루어졌지만 자연현상에 대한 해석이 사회적 관념으로부터 자유스럽지 못하였으므로 소중한 관측 자료들 또한 우주를 정확히 이해하는 방향과는 전혀 다른 쪽으로 이용된 것이다. 이처럼 인류의 문화가 번성하는 동안 과학은 전체적으로 퇴보의 길을 걸었다. 그러나 결국 진리에 대한 갈망은 그것을 외면하고 감추려는 힘보다 강하다. 과학의 암흑기 동안 정치적인 도구에 이용되었던 소중한 자료들이 진리에 대한 목마름과 고뇌로 사회를 불편하게 했던 몇몇 중세 과학자들을 만나게 되면서 근대 과학의 초석이 된다.

이처럼 『코스모스』는 다양한 천문현상들이 각 시대에 어떠한 철학적인 의미를 가지고 있었는지, 그리고 물리법칙을 바탕으로 수학적인 도구로 아름답게 설명되기까지 어떠한 역사적인 배경들이 있었는지를 함께 들려준다. 알렉산드리아의 해가 지고 지동설이 부활하기까지 지구에 물질적인 문명이 자리하는 동안 우주에 대한 이해가 발전했다고는 할 수 없을 것이다. 그러나 후에 종교나 권력 등의 사회적인 관념을 대신하여 실험 결과와 관측적인 증거들을 믿는 과학의 세계가 다시 도래했을 때 어둠의 시대를 통해 그나마 꾸준히 쌓여온 자료들은 비로소 제 역할을 하게 되었다. 그리고 귀중한 자료들이 모아지기까지는 비록 해석이라는 면에서는 여러 과실이 있었을지라도 우리 지구인이 존재했기에 가능했던 것이다.

이처럼 칼 세이건이 인류의 역사와 함께 안내하는 『코스모스』의 우주여행은 지구인의 눈높이에 맞는 관광 정보가 가득하며 그래서 더욱 매력적이다. 이 책은 철저히 우리의 존재를 전제로 한 우주 안내서인 것이다. 우주는 인류에게 김춘수 시인의 「꽃」 같은 그런 존재이다. "내가 그의 이름을 불러 주기 전에는/그는 다만/하나의 몸짓에 지나지 않았다/내가 그의 이름을 불러 주었을 때/그는 나에게로 와서/꽃이 되었다/내가 그의 이름을 불러 준 것처럼/나의 이 빛깔과 향기에 알맞은/누가 나의 이름을 불러다오/그에게로 가서 나도/그의 꽃이 되고 싶다/우리들은 모두/무엇이 되고 싶다/나는 너에게 너는 나에게/잊혀지지 않는 하나의 의미가 되고 싶다". 시공의 의미를 부여받지 못한 채 생성과 소멸을 반복하고 있을지 모르는 멀티유니버스(Multi-universe)들과는 달리 우리의 유니버스(Universe)는 작은 존재라 하더라도 우리 인류가 있기에 의미 있는 시공일 수 있는 것이다.

    내 주위의 사람들은 내게 왜 천문학에 관심을 갖게 되었냐고 질문한다. 그러면 나는, 밤하늘을 바라보면서 우주에 대해 사색하는 시간이 소름끼치는 경험이었고 그 짜릿한 느낌을 쫓아왔을 뿐이라고 대답한다. 작고 푸른 행성에 태어나 태양이라고 불리는 별에 의존하며 살아가는 지성이 있는 생명체로서 우리의 존재에 대해 경이로움을 느끼고 인류의 시작에 대해 의문을 갖는 것이 나에게는 자연스러운 일이었던 것 같다. 그 모두를 품고 있는 '코스모스'로의 긴 항해가 내게는 필연적이었을지도…….

    - 정애리, 「코스모스와의 재회」, 웹진 『크로스로드』 8권 4호, 2012. 4.

7장
시각 자료의 활용

과학기술 분야의 글에서는 실험, 관찰, 조사를 통해 도출된 데이터를 시각 자료로 제시하는 경우가 많다. 다양한 시각 자료를 제시 목적과 자료의 특성에 맞게 적절히 활용하면, 글의 전문성과 효율성을 높일 수 있다. 이 장에서는 언어로 일일이 기술하기 힘든 복잡한 내용이나 방대한 양의 데이터를 표와 그래프 등의 시각 자료로 구성하는 방법을 학습해 본다.

"도표는 과학기술의 분석과 논증 과정에서
결정적인 역할을 한다.
시각 자료는 과학기술의 역사에서
유클리드의 기하학 형태로부터
멘델레프의 주기율표나 왓슨과 크릭의
이중나선 모형을 표현하는 데 이르기까지
본질적인 기능을 하였다."
** 제임스 G. 패러디·뮤리얼 L. 짐머만, 『과학기술의 의사소통을 위한 MIT 가이드북』

1 시각 자료의 개념과 기능

시각 자료란 글의 내용과 관련된 데이터나 정보를 시각화해서 제시하는 도해 자료이다. 견해의 근거가 되는 자료나 실험·관찰의 결과로 도출된 데이터가 너무 방대하거나 복잡한 경우, 다양한 시각 자료를 활용하여 효과적으로 전달할 수 있다. 시각 자료에는 표(table), 여러 종류의 그래프(graph), 다이어그램(diagram), 그림(illustration), 사진 등이 있다.

> 시각 자료란 방대하거나 복잡한 데이터를 한눈에 파악할 수 있게 시각화한 도표이다.

예시 1 표

Parameter			p value
	Age	≤65 y vs. >65 y	0.515
	Differentiation	WD vs. MD vs. PD	0.845
	pT stage	T1 vs. T2	0.521
	Histology	SqCC vs. adenoca vs. others	<0.001*
	SUVmax	≤4 vs. >4	0.001*
	T/L ratio	≤2 vs. >2	0.002*
MTVthreshold	MTV2.5	≤4 vs. >4 cm^3	0.030*
	MTV25	≤10 vs. >10 cm^3	0.013*
	MTV50	≤3 vs. >3 cm^3	0.005*
	MTV75	≤1 vs. >1 cm^3	0.013*
	MTVliver	≤6 vs. >6 cm^3	0.095
	MTVarch	≤7 vs. >7 cm^3	0.115

예시 2 여러 가지 그래프

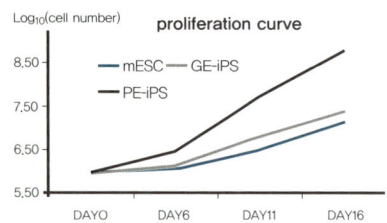 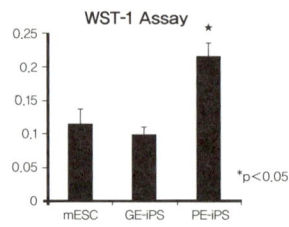 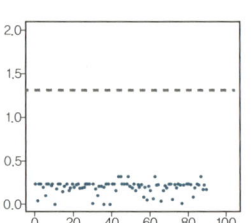

예시 3 다이어그램

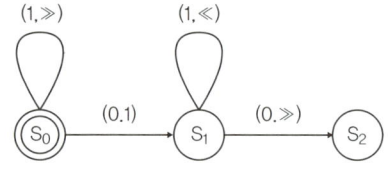

예시 4 그림(구조도)

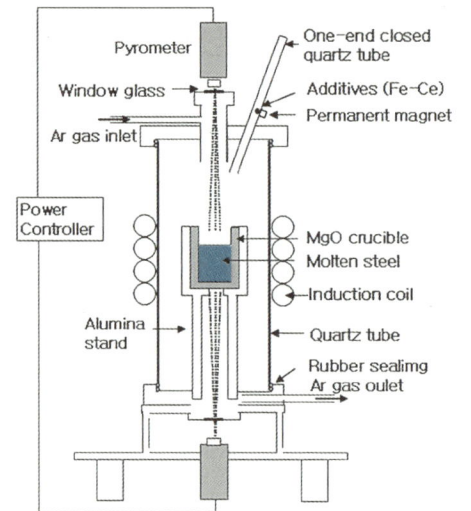

예시 5 특수영상사진(fMRI)

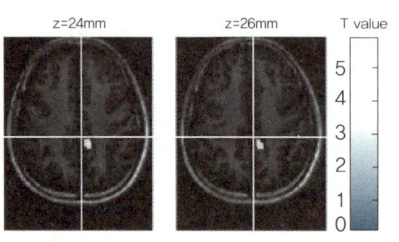

예시 6 실물 사진 및 그림

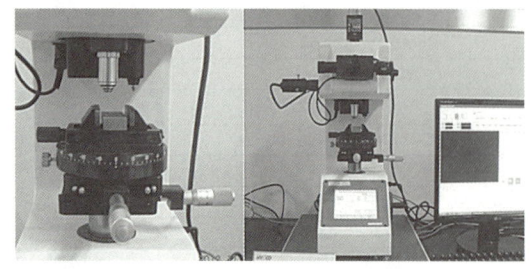 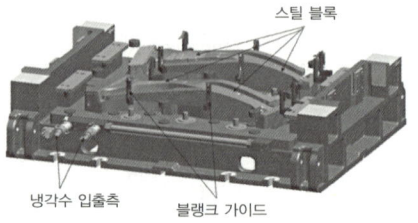

【예시1】은 여러 변수에 따라 복잡하게 도출된 데이터를 일목요연하게 표로 정리한 것이다. 【예시2】는 실험 결과를 한눈에 파악하기 쉽도록 여러 가지 그래프로 제시한 것이다. 왼쪽부터 차례대로 선 그래프, 막대 그래프, 점 그래프의 사례를 보여준다.

【예시3】은 연산을 수행하는 추상적인 계산기계의 개념을 이해하기 쉽도록 간단한 다이어그램으로 나타낸 것이다. 【예시4】는 실험에 사용한 특정한 기계 장치의 구조를 설명하기 위해 그림으로 시각화한 사례이다.

이밖에도 특정 학술분야의 논문에서는 【예시5】와 같은 특수영상 사진을 제시하기도 하고, 【예시6】과 같이 실물 사진이나 실물을 사실적으로 묘사한 그림을 제시하여 본문 내용을 더욱 명료하게 전달하기도 한다.

▌ 시각 자료는 백 마디 말보다 강한 설명력을 가진다.

시각 자료는 본문의 내용을 보조하고 지원하는 기능을 한다. 글쓴이의 주장을 뒷받침하는 증거나 연구 결과로 도출된 데이터들을 효율적으로 제시하여 독자의 이해를 돕는다. 따라서 시각 자료는 분석과 설명을 위한 효과적인 전달 도구이다. 독자는 시각 자료를 통해 상세하고 복잡한 정보들을 쉽게 파악할 수 있고, 데이터의 상관관계나 경향성까지도 찾아낼 수 있다.

데이터의 성격과 제시 목적을 고려하고, 각 시각 자료의 개별적 특성을 올바르게 파악하여, 적절한 시각 자료를 선택하도록 한다. 요즘에는 여러 가지 컴퓨터 프로그램을 활용하여 다양한 종류의 시각 자료를 손쉽게 제작할 수 있다.

Tip 1 표와 그래프의 비교

- **표**: 데이터 전체를 있는 그대로 정확하게 제시할 수 있다.
- **그래프**: 데이터에서 중요한 부분을 부각시키거나, 데이터의 상관관계, 자료의 경향성 및 추세 등을 보여줄 수 있다.

2. 표의 구성과 활용

1. 표: 압축과 정리의 기술

표는 복잡하고 장황한 자료를 깔끔하게 정리하는 도구이다. 표의 장점은 글보다 간결하면서도 그래프보다 정확하다는 점이다. 표는 통계 자료나 실험 결과로 도출된 방대한 양의 데이터를 정확한 수치로 제시하면서도, 한 번에 신속하고 정확하게 전달한다. 따라서 양과 수치를 비교하거나 특징적 부분을 파악해야 할 때 표를 이용하면 효과적이다.

▌표는 방대하고 복잡한 자료를 간결하고 정확하게 전달한다.

예시 7

밤꽃과 밤 잎의 유리당과 탄닌 함량을 분석한 결과, 밤꽃에는 sucrose가 2.40%, maltose가 1.40%로 많은 반면, 밤 잎에는 sucrose가 3.62%, glucose 2.51%, fructose는 1.79%로 많았다. 탄닌은 밤 잎에 1.98%, 밤꽃은 0.16%로 밤 잎이 12배 정도 많았다.

예시 8

표 2. 밤꽃과 밤 잎의 유리당과 탄닌 함량(Contents of free sugars of Castanea crenata flowers and leaves)

Compositions\Samples	*Castanea crenata*	
	Flowers	Leaves
Glucose	0.90	2.51
Sucrose	2.40	3.62
Fructose	0.91	1.79
Galactose	trace	-
Maltose	1.40	trace
Xylose	trace	trace
Tannin	0.16	1.98

만일 【예시7】의 내용을 본문에 기술하고자 한다면, 【예시8】과 같은 표를 함께 제시하는 것이 바람직하다. 표는 언어로 기술한 내용은 물론이고 미처 설명하지 못한 데이터까지도 포함하여 자료 전체의 정확한 수치를 일목요연하게 보여줄 수 있기 때문에 글의 신뢰도를 높여준다.

2. 표 만들기

표는 많은 양의 데이터를 한정된 공간에 담아내거나 정확한 수치를 비교해야 할 때 사용한다. 표를 만들 때는 우선 행과 열을 만들고 행의 가장 왼쪽과 열의 가장 윗줄에 항목의 제목을 단다.

표의 본문에는 구체적인 정보나 숫자를 기입하는데, 텍스트는 왼쪽 정렬, 숫자는 가운데 정렬로 맞춘다. 또한 표마다 순서대로 일련번호와 제목을 붙여 표의 상단에 놓는다.

표 만드는 방법

- 행과 열로 구성한다.
- 행의 가장 왼쪽과 열의 가장 윗줄에 항목의 명칭을 단다.
- 표의 본문에는 구체적인 정보나 정확한 숫자를 기입한다.
- 표에 일련번호와 제목을 붙여서 표의 상단에 놓는다.
- 측정 단위는 행 제목에 포함시키거나 표의 우측 상단에 표시한다.

다음 【예시9】에 제시된 내용을 표로 구성할 경우 어떻게 하는 것이 좋을지 생각해 보자.

예시 9

세계 바이오연료 소비는 꾸준한 증가세를 유지하고 있다. 바이오에탄올은 2007년도에 638억 700만 리터, 2008년도에는 771억 8,200만 리터, 2009년에 821억 3,600만 리터, 2010년에 925억 8,000만 리터를 소비했고, 바이오디젤은 2007년도에 115억 6,700만 리터, 2008년도에 163억 7,400만 리터, 2009년도에 183억 8,200만 리터, 2010년도에 210억 100만 리터의 양을 소비하였다. 2011년 세계 바이오에탄올 소비량은 1,006억 9,700만 리터로 전년대비 8.8% 증가하고, 바이오디젤 소비량의 경우 231억 4,300만 리터로 전년보다 10.2% 증가할 것으로 예상된다. 향후 바이오연료 소비는 지속적으로 증가할 전망이며, 이에 따른 세계 곡물 수요도 증가할 것으로 전망된다.

만일 【예시9】처럼 데이터들을 모두 일일이 문장 형태로 기술한다면 대단히 장황하고 비효율적인 글이 될 것이다. 이러한 경우에는 다음의 【예시10】과 같이 강조하거나 부각해야 할 부분만 언어로 기술하고 나머지 데이터들은 표로 정리하여 글과 함께 제시하는 것이 효과적이다.

예시 10

세계 바이오연료 소비는 꾸준한 증가세를 유지하고 있다. 2011년 세계 바이오에탄올 소비량은 1,006억 리터로 전년대비 8.8% 증가하고, 바이오디젤 소비량의 경우 231억 리터로 전년보다 10.2% 증가할 것으로 예상된다. 향후 바이오연료 소비는 지속적으로 증가할 전망이며, 이에 따른 세계 곡물 수요도 증가할 것으로 전망된다.

표 5. 세계 바이오연료 소비 전망

단위: 백만 리터

	2005	2006	2007	2008	2009	2010	2011
바이오에탄올	40,325	49,204	63,807	77,182	82,136	92,580	100,697
바이오디젤	4,881	7,936	11,567	16,374	18,382	21,001	23,143

자료 : OECD

3 그래프의 구성과 활용

1. 그래프: 숨어 있는 경향성과 상관성 찾기

그래프는 표에서 파악하기 힘든 데이터의 경향성, 동향, 추이, 분포, 주기 등을 한눈에 파악하게 해준다. 복잡하고 어렵게 기술된 내용도 그래프를 함께 제시하면 중요한 특성을 신속하게 파악할 수 있고, 대상 항목이나 변수들을 쉽게 비교할 수 있다. 제시된 자료를 바탕으로 다음 단계를 예측할 수도 있다.

▎그래프는 데이터의 경향성, 상관성, 동향, 추이, 분포 등을 보여준다.

그래프에는 막대 그래프(bar graph), 선 그래프(line graph), 원 그래프(pie graph), 점 그래프(scatter plot, 산점도) 등이 있다. 사용 목적과 데이터의 특성을 고려하여 적절한 그래프를 선택하여야 한다.

막대 그래프는 막대의 길이로 수나 양의 많고 적음을 표시하므로, 데이터의 수치나 양을 비교·대조할 때 사용한다. 시간의 흐름에 따른 추이나 여러 통계치의 비교가 목적이라면 선 그래프를 사용한다. 백분율을 표시할 때는 원 그래프를 사용하고, 분포 양상을 제시해야 할 때는 점 그래프를 사용하는 것이 좋다.

2. 여러 가지 그래프 만들기

그래프는 다음의 순서에 따라 제작한다.

첫째, 그래프의 제시 목적을 명확히 설정한다. 둘째, 그래프에 제시할 수치를 정확히 산출한다. 셋째, 자료의 특성을 효과적으로 반영하도록 그래프의 제목을 결정한다. 넷째, 자료의 특성과 표현하고자 하는 내용을 고려하여 가장 적절한 그래프를 선택한다. 다섯째, 그래프의 척도와 눈금폭, 최댓값과 최솟값을 결정한 후 그래프를 구성한다.

[그래프의 구성 순서]

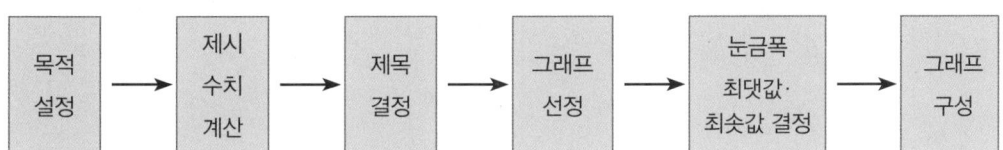

Tip 3 그래프를 구성할 때 유의할 점

- 자료의 특성과 제시 목적을 고려하여 가장 적절한 그래프를 선택한다.
- 데이터를 왜곡, 과장, 위조하지 않도록 주의한다.
- 척도, 간격, 수치 등을 정확히 표시한다.
- 과도한 장식, 화려한 색, 음영 등의 기술적 효과에 집착하지 않는다.
- 데이터 사이의 패턴이나 경향이 식별되도록 제시한다.
- 관련된 표나 언어 기술과 긴밀하게 연결되는 자리에 제시한다.
- 그래프에 일련번호와 제목을 붙여서 그래프의 하단에 놓는다.

다음의 【예시11】은 온도와 시간을 변수로 한 실험 결과를 문장으로만 서술한 것이다. 이와 같은 데이터는 시각 자료 중에서 선 그래프로 구성하는 것이 효과적이다.

예시 11

(1) GABA는 현미가 발아하는 동안 가장 큰 함량 증가를 보이는 물질이며 발아현미에서 가장 주목받고 있는 물질 중 하나이다. (중략) GABA 생성 최적화를 위한 침지 및 발아에서의 온도와 시간의 영향관계, 품종별 발아에 따른 GABA 함량 변화에 대한 연구를 진행하였다. 침지 온도와 시간에 따른 GABA의 함량 변화에서는 25℃에서 24시간 처리한 시료가, 30℃에서 18시간 처리한 시료가, 35℃에서 18시간 처리한 시료가 가장 높은 GABA 함량을 보였다. 발아 온도가 증가함에 따라 GABA 함량도 증가하였으며, 발아시간 48시간까지는 시간이 증가함에 따라 GABA 함량도 증가하였다.

위의 실험 결과는 두 개의 선 그래프로 나타낼 수 있다. 우선 침지 온도와 시간에 따른 감마아미노낙산(GABA)의 함량 변화를 하나의 표에 제시하면, 시료에 담가두는 침지 시간에 따른 감마아미노낙산(GABA)의 함량 변화와, 25℃, 30℃, 35℃의 침지 온도 조건에 따른 함량 변화를 동시에 비교할 수 있다. 발아 온도와 시간에 따른 GABA의 함량 변화도 이와 마찬가지로 선 그래프로 구성하여 따로 제시하면 된다. 이렇게 구성된 두 개의 그래프는 다음의 【예시12】와 같다.

예시 12

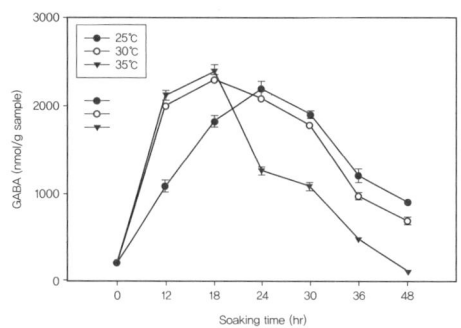 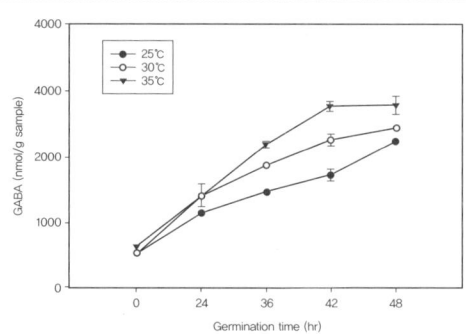

그림1. 발아 현미에서 침지 조건에 따른 GABA의 함량 변화(Effects of soaking on the accumulation of GABA in geminated brown rices)

그림2. 발아 현미에서 발아 조건에 따른 GABA의 함량 변화(Effects of gemination on the accumulation of GABA in geminated brown rices)

한편 다음 【예시13】의 실험 내용은, 현미를 담가두는 온도와 시간을 한 가지로 고정하고 오직 침지액의 종류만 달리하여 발아 현미에서 감마아미노낙산(GABA)의 함량 변화를 관찰하여 기술한 것이다. 이 경우에는 침지액에 따른 변화만 비교하면 되므로, 【예시14】와 같이 막대그래프로 제시하는 것이 가장 효과적이다.

예시 13

(1) 침지액 조성 변화에 따른 발아현미의 GABA 함량 변화에 대한 연구도 진행되었다. 침지 온도와 시간을 25℃, 72시간으로 고정하고 침지액의 조성(증류수, 5mM 젖산, 50ppm 키토산/5mM 젖산, 5mM 글루탐산, 50ppm 키토산/5mM 글루탐산)에 따른 발아현미의 GABA 함량 변화를 조사한 결과 키토산과 글루탐산이 함께 처리된 발아현미의 GABA 함량은 일반 현미보다 약 13배, 증류수에서 발아된 현미보다 2.5배 높은 것을 관찰할 수 있었다.

예시 14

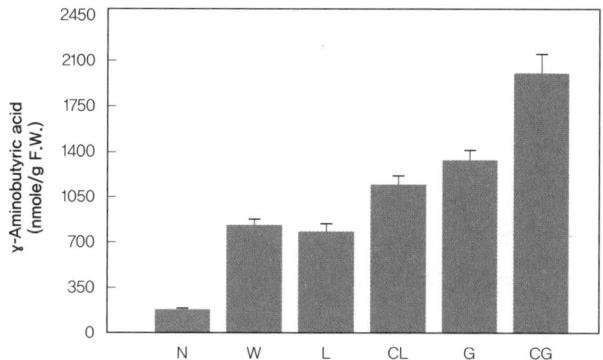

그림3. 침지액 조성 변화에 따른 발아현미의 GABA 함량 변화(Increased concentrations of GABA in chitosan/ glutamic acid germinated brown rice)

이 밖에도 그래프에는 원 그래프와 점 그래프 등이 있다. 원 그래프는 【예시15】에서 볼 수 있는 바와 같이, 각 항목들이 전체에서 차지하는 비율을 나타내고자 할 때 사용한다. 원 그래프로는 각 데이터의 절댓값 표시나 데이터의 상세한 비교가 힘들기 때문에 상세한 자료가 기입된 표를 함께 제시하면 더욱 효과적이다. 시각적 효과를 높이려면, 구성 항목의 수를 제한하고 12시 지점에서 시계 방향으로 비중이 큰 것부터 차례로 배치하는 것이 좋다.

아래의 【예시16】에 제시된 것은 점 그래프인데, 산점도(Scatter Diagram)라고도 한다. 점 그래프는 개별 데이터마다 좌표상의 위치로 표시되기 때문에 수많은 데이터들의 전체적인 분포를 한눈에 볼 수 있다. 그러므로 데이터들이 나타내는 전체적인 분포의 경향성을 보일 필요가 있을 때에 점 그래프를 사용한다.

예시 15 원 그래프

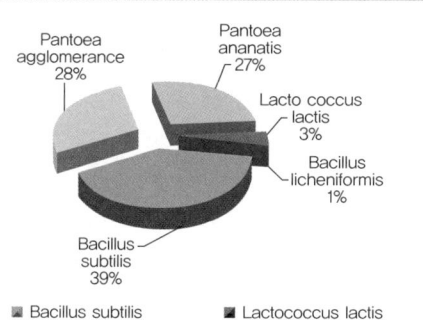

예시 16 점 그래프

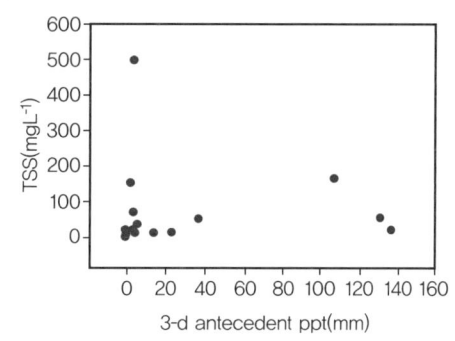

Tip 4 시각 자료에 제목 붙이기

- 논의와 직결되는 중요한 정보를 포함해야 한다.
- 해당 시각 자료를 통해 부각하고자 하는 사항을 정확히 표현한다.
- 독자가 쉽게 이해하도록 정한다.
- 명사를 주요 요소로 활용한다.
- 장황한 수식이나 글쓴이의 주관적 감정은 피한다.
- 부제목이 필요한 경우, 괄호 안에 넣고 제목 아래 가운데에 기입한다.

학습활동 1

다음의 자료는 2007년도에서 2011년도까지 A국가와 B국가의 연간 1인당 육류 소비량을 나타낸 것이다. 이 자료를 표로 구성해 보자.

A국가: 닭고기의 경우, 2007년도에 7.4kg, 2008년도에 7.7kg, 2009년도에 7.9kg, 2010년도에 8.6kg, 2011년도에 9.0kg. 돼지고기의 경우, 2007년도에 31.2kg, 2008년도에 34.5kg, 2009년도에 35.7kg, 2010년도에 36.6kg, 2011년도에 37.5kg.
B국가: 닭고기의 경우, 2007년도에 1.4kg, 2008년도에 1.7kg, 2009년도에 1.9kg, 2010년도에 2.3kg, 2011년도에 2.4kg. 돼지고기의 경우, 2007년도에 11.9kg, 2008년도에 14.5kg, 2009년도에 15.7kg, 2010년도에 18.2kg, 2011년도에 20.5kg.

학습활동 2

위의 [학습활동1]에 제시된 자료를 그래프로 구성해야 한다면 어떤 종류의 그래프가 가장 적절할지 생각해 보고, 한 가지 그래프를 선택하여 구성해 보자.

연·습·문·제 exercises

다음에 기술된 내용을 어떤 그래프로 구성하여 제시하는 것이 바람직할지 생각해 보고, 가상으로 그 래프를 작성해 보자.

> 본 연구에서는 LGG를 함유하고 있는 요거트 OO 제품을 대상으로 임상실험을 실시하였다. 임상실험은 과민성 대장 증후군 증상이 있는 한국인 성인 남녀 83명을 대상으로 진행됐으며, 실험군에게는 107CFU/ml의 LGG균주를 포함한 OO 제품(130ml)을 하루 두 번씩 섭취하도록 하였고 대조군에게는 무지유 고형분을 동일하게 조정한 후 젖산으로 pH를 발효유제품과 동일하게 맞춘 다음 동량을 섭취하도록 진행하였다. OO 제품 섭취 전과 OO 6주 섭취 후 그리고 OO 중단 후 2주를 각각 비교하였다. 각 처리구간 통계분석은 제품 섭취 전을 기준시점으로 하여 변화율을 조사하였다.
>
> – 김세헌, 「프로바이오틱 Lactobacillus rhamnosus GG가 포함된 발효유 OO의 섭취가 과민성 대장 증후군에 미치는 효과」, 『식품과학과 산업』, Vol. 44 No.1, 2011.

[시각 자료 및 예문 출처]

【예시1】: 유이령, 「림프절 전이가 없는 초기 비소세포폐암 환자의 18F-FDG PET/CT에서 SUVmax와 metabolic tumor volume의 예후 인자로서의 역할」, 가톨릭대학교 대학원 박사학위 논문, 2012.

【예시2】: 윤창환, 「배아줄기세포와 유도만능줄기세포간 심혈관계 세포로의 분화능 비교 및 심근허혈 치료 효과의 차이 연구」, 서울대학교 대학원 박사학위 논문, 2011.

박영현, 「주의력결핍-과잉행동장애에서 Serotonin 1A/1B/2A 수용체 유전자와 Tryptophan Hydroxylase 2 유전자의 다형성에 관한 연구」, 단국대학교 대학원 박사학위 논문, 2011.

【예시3】: 김태훈, 「건축에서 기계의 패러다임에 대한 연구」, 국민대학교 대학원 석사학위 논문, 2006.

【예시4】: 장필용, 「Hyper Duplex STS 중 Ce 첨가 시 비금속개재물 생성거동」, 인하대학교 대학원 석사학위 논문, 2010.

【예시5】: 김영랑, 「인터넷 과다 사용 청소년의 탈신체화에 대한 fMRI 연구」, 충북대학교 대학원 박사학위 논문, 2011.

【예시6】: 김효섭, 「냉간 성형 기법을 이용한 차체 센터필라 핫스탬핑 부품의 제조공법에 관한 연구」, 울산대학교 대학원 석사학위 논문, 2010.

【예시7】,【예시8】: 조규성·조재선, 「밤나무 꽃과 잎의 화학성분 및 항균활성 검색」, 한국응용생명화학회지, Vol. 46 No.3, 『한국응용생명화학회』, 2003.

【예시10】: 최지현, 「애그플레이션과 국내 식품 가격 변동 현황」, 『식품과학과 산업』, Vol. 44 No.3, 『한국식품과학회』, 2011.

【예시11】~【예시14】: 조동화·정현정·조홍연·임승택, 「발아현미의 건강 기능성 및 활용 식품」, 『식품과학과 산업』, Vol. 44 No.1, 『한국식품과학회』, 2011.

【예시15】: 최재영, 「청국장 발효 미생물의 분포 조사 및 Biogenic amine 저생성 미생물의 선발」, 연세대학교 대학원 석사학위 논문, 2011.

【예시16】: 조경원, 「강우 패턴 및 산림전용에 따른 산림 유역 금속 유출의 변화」, 강원대학교 대학원 석사학위 논문, 2010.

참·고·문·헌

1. 가톨릭대학교 교양교육원 편,『대학생을 위한 과학 글쓰기』, 아카넷, 2009.
2. 강명구·김희준·정윤석 외,『과학기술 글쓰기』, 서울대학교 출판부, 2008.
3. 김종록·이관희,『과학 글쓰기 전략』, 박이정, 2011.
4. 신형기 외,『모든 사람을 위한 과학 글쓰기』, 사이언스북스, 2006.
5. 임재춘,『한국의 이공계는 글쓰기가 두렵다』, 북코리아, 2003.
6. 정희모 외,『대학 글쓰기』, 삼인, 2008.
7. 기노시타 고레오,『과학 글쓰기 핸드북』, 김성수 옮김, 사이언스북스, 2006.
8. 데이비드 비어·데이비드 맥머레이,『엔지니어를 위한 문서 작성 지침』, 선용빈·김유택 옮김, 홍릉과학출판사, 2001.
9. 마릴린 모라이어티,『비판적 사고와 과학 글쓰기』, 정희모·김성수·이재성 외 옮김, 연세대학교 출판부, 2008.

스티븐 호킹의 『시간의 역사』(1988)

『그림으로 보는 시간의 역사』

스티븐 호킹

우리는 우주에 관하여 거의 아무것도 이해하지 못한 채 일상생활을 보내고 있다. 생명을 가능케 하는 햇빛이 발생하는 원인, 우리를 공간으로 날려 보내지 않고 지구에 붙들어두는 중력, 우리 몸을 구성하는 원자들—따지고 보면 우리는 이들의 안정성에 의지하고 있다—이런 여러 가지에 대해서 우리는 거의 생각해보는 일이 없다. 어린이들—너무도 몰라서 중대한 질문들을 안 하고는 못 배기지만—을 제외하고는 자연의 모습이 왜 그러한지 의문을 품는 사람이 거의 없다. 우주는 어디서 왔을까? 우주는 언제나 여기에 머무는가? 언젠가는 시간이 거꾸로 흘러 결과가 원인에 앞서 일어나는 일이 있지 않을까? 혹은 인간이 알 수 있는 데에 마지막 한계가 있을까? 이런 의문들을 말이다. 어린이들 중에는 나도 그 몇을 만나

본 일이 있지만 검은 구멍이 어떻게 생겼는지, 또 왜 우리가 과거는 기억하지만 미래는 기억하지 못하는지, 옛날에 우주가 혼돈 상태에 있었다면 어떻게 해서 오늘날과 같은 질서 있는 상태가 되었는지, 그리고 우주는 왜 존재하는지 등에 대해서 궁금해 하는 아이들이 있다.

우리 사회에서는 아직도 이런 질문들에 대해서 제대로 대답해 주지 못하고 부모나 선생은 그저 어깨를 움츠리거나, 어렴풋이 기억에 남은 종교적인 교훈으로 얼버무리기가 일쑤다. 이런 문제를 다루는 것을 꺼려하는 사람도 있는데, 그것은 인간의 이해의 한계를 너무 노골적으로 드러내기 때문이다.

그러나 철학과 과학은 이런 의문으로부터 발달된 경우가 많다. 이제 이런 의문에 대답하려는 어른들의 수효가 늘어나고 있고, 그 중에는 놀라운 대답을 할 경우도 있다. 원자와 별의 중간에 자리한 우리는 지식 탐구의 지평선을 확대하여 극히 작은 세계와 극히 큰 세계를 이해하려고 한다.

바이킹(Viking) 우주선이 화성에 착륙하기 2년 전인 1974년 봄에 외계(外界) 생명을 탐색하는 학회가 영국 왕립협회의 후원으로 런던에서 열렸는데 나는 거기에 참석했었다. 휴식 시간에 나는 이웃 회의실에서 훨씬 더 큰 회합이 열리고 있음을 알게 되었는데 호기심으로 들어가 봤다. 나는 거기서 세계에서 가장 오래된 학회의 하나인 왕립협회의 새 회원을 가입시키는 전통적인 의식이 진행되는 장면을 지켜보게 되었다. 앞줄에 휠체어를 탄 한 젊은 사람이 한 권의 책에 느릿느릿하게 서명을 하고 있었는데, 그 책의 맨 첫 부분에는 아이작 뉴턴의 서명이 실려 있는 것이었다. 마침내 그가 서명을 끝내자 우렁찬 박수소리가 장내를 진동시켰다. 스티븐 호킹(Stephen W. Hawking: 1942~)은 그때 이미 전설적인 인물이었던 것이다.

호킹은 현재 케임브리지대학의 루카시언(Lucasian) 수학 교수의 자리를 차지하고 있다. 이 자리는 일찍이 뉴턴이 지냈고 후세에 디랙(Paul A. M. Dirac)이 지냈는데, 이 두 사람은 각각 극히 큰 세계와 극히 작은 세계의 이름난 탐구자였던 것이다. 호킹은 그들의 손색없는 후계자라고 할 수 있다. 이 책은 호킹이 일반 독자를 위해서 쓴 첫 번째 책인데, 전문가가 아닌 독자들에게 우주에 관한 여러 가지의 소득을 안겨줄 것이다. 이 책은 그 광범한 내용에 못지 않게 저자의 마음의 움직임을 엿보게 해 준다는 의미에서도 흥미 있는 책이다. 이 책은 물리학·천문학·우주학의 첨단 분야와 인간의 용기에 관한 명석한 계시를 보여준다.

이 책은 신에 관한 혹은 신의 부재(不在)에 관한 책이라고도 할 수 있다. 신이란 말이 여러 페이지를 메우고 있다. 호킹은 신이 우주를 창조할 때 어떤 선택 의사를 가졌을까 하는 아인슈타인의 유명한 질문에 대한 대답을 시도한다. 호킹은 그가 분명히 말했듯이 신의 마음을 이해하려고 노력하였다. 그 때문에 그 노력의 결론 — 적어도 현재로서의 — 이 더욱 더 뜻

밖인 것으로 느껴진다. 그것은 공간적으로도 끝이었고 시간적으로도 시작과 종말이 없는 우주, 그래서 조물주가 할 일이 없는 우주라는 결론이다.

– 칼 세이건, 「『시간의 역사』에 대한 〈서문〉」, 『시간의 역사』,
현정준 역, 삼성출판사, 1988.

인간이 만든 과학기술 100대 발명품 (한국과학창의재단 선정)

001	불의 이용
002	바퀴의 발명
003	그리스 자연철학의 시작
004	피타고라스 정리의 발견
005	금속의 발견
006	고대 원자론
007	히포크라테스의 의술
008	아리스토텔레스의 자연철학
009	유클리드의 기하학 원론
010	종이의 발견
011	프톨레마이오스 알마게스트
012	나침반의 발명
013	0의 발견
014	금속활자의 등장
015	콜럼부스의 항해
016	삼차방정식의 일반 해법 발견
017	코페르니쿠스의 지동설 등장
018	베살리우스의 새로운 해부학
019	그레고리오력(曆)의 반포
020	현미경의 발견
021	길버트, 『자석에 대하여』
022	천체망원경 제작
023	케플러의 1,2 법칙 발견
024	하비의 혈액순환이론
025	데카르트와 베이컨의 과학철학
026	갈릴레이, 『두 개의 우주체계에 대한 대화』 출판
027	수은온도계의 등장

028	토리첼리의 대기압 실험	
029	파스칼의 원리 정립	
030	미적분법의 발견	
031	세포의 발견	
032	뉴턴 고전역학의 성립	
033	증기기관의 탄생	
034	린네의 생물의 분류체계 확립	
035	아크라이트 방적기의 등장	
036	라부아지에와 화학 혁명	
037	연소 원리의 규명	
038	갈바니의 동물 전기 발견	
039	쿨롱의 법칙 발견	
040	지층의 원리 정립	
041	종두법의 시행	
042	볼타전지의 발명	
043	기체팽창법칙 발견	
044	기차의 등장	
045	돌턴의 원자설 등장	
046	아보가드로의 가설 제기	
047	뵐러의 요소유기 합성 성공	
048	콘크리트의 제조	
049	비유클리드 기하학의 탄생	
050	패러데이의 전자기 유도법칙	
051	전동기의 발명	
052	다윈의 진화론 등장	
053	사진술의 등장	
054	탄소14연대측정법의 등장	
055	외과수술의 시행	
056	절대온도 개념의 성립	
057	엔트로피 법칙의 발견	
058	베세머 제강법의 등장	
059	내연기관의 등장	
060	멘델의 유전법칙 등장	
061	대형 발전기의 등장	
062	다이너마이트의 발명	
063	대서양 횡단 해저전선 부설	
064	주기율표의 완성	
065	맥스웰 방정식의 성립	
066	타자기의 발명	

067	전화의 발명
068	전등의 발명
069	전자의 발견
070	영화의 등장
071	헤르츠에 의한 전자기파 확인
072	자동차의 발명
073	에너지 보존의 법칙 발견
074	X선의 발견
075	무선통신의 등장
076	방사능의 발견
077	인간 혈액형의 발견
078	플랑크의 양자가설
079	프로이트의 무의식 발견
080	진공관의 발명
081	라이트 형제의 최초 비행
082	상대성이론의 등장
083	라디오 방송의 시작
084	모건의 초파리 돌연변이 실험
085	초전도 현상의 발견
086	대륙 이동설 등장
087	냉장술의 발달
088	텔레비전의 개발
089	양자역학의 성립
090	플레밍의 페니실린 발견
091	우주의 팽창 발견
092	입자가속기의 건설
093	컴퓨터의 발명
094	원자로의 건설
095	최초의 원자탄 폭발
096	DNA구조의 규명
097	최초의 인공위성 발사
098	인류의 달 착륙
099	시험관 아기 탄생
100	복제양 돌리 탄생

3부 글로 소통하는 과학기술

8장 과학기술의 발달과 에너지 사회학

최근 시험 개발을 마치고 양산 체제에 들어간 현대자동차의 수소연료전지차(FCEV=hydrogen fuel cell electric vehicle). 기존의 전기 자동차보다 출력이 높고 장거리 운행이 가능하다.

오늘날 에너지 문제는 정치와 경제를 아우르는 사회학적 연구의 주요 과제이다. 물론 에너지 문제의 이러한 특징 때문에 에너지가 물리적, 화학적 연구 대상에서 제외되는 것은 아니다. 이 장에서는 석유시대의 종말과 함께 우리 사회에 가장 필요한 신재생에너지는 무엇이어야 하며, 무엇이 될 것인지를 서로 구분하며 살펴보고, 동시에 이를 다시 통합하는 사회과학적 탐구를 시도할 것이다. 나아가 과학적 탐구의 결과를 한 편의 완성된 논문으로 작성하는 방법을 배우고 익힌다.

> "현재와 같은 중앙집중식 송전 시스템과 석유의존적 산업 구조는 특정 국가의 정책 변경이나 소수에 의한 테러 등의 작은 교란만으로 심각하고도 전체적인 위기에 봉착할 수 있다."
> ** 제러미 리프킨, 『수소 혁명』

1 에너지 패러다임의 변화

1. 대체 에너지 산업의 현황과 전망

독일의 공학자 카를 벤츠에 의해 1885년에 탄생한 가솔린 자동차는 불과 백 년도 채 되지 않아 현대인들에게 없어서는 안 될 필수적인 운송 수단이 되었다. 전 세계적으로 매년 25만 명이 자동차 사고로 사망하고 있지만, 인류는 자동차를 포기하지 않았다. 자동차를 포기하는 것은 현대 산업사회가 가져온 물질문명의 혜택을 송두리째 포기하는 것처럼 보이기도 한다.

한국의 GNP가 5천 불에서 1만 불로 바뀌는 데에도 자동차의 대중화는 큰 공헌을 하였다. 소비자들은 자동차를 구매하고 이를 유지하기 위해 많은 비용을 지불했고, 이 과정에서 국민총생산이 크게 증가하였다. 일반적인 상식으로는 국민소득이 늘어나 자동차가 대중화되었다고 해야겠지만, 자동차가 대중화되어 국민소득이 늘게 되었다는 역설도 가능한 것이다.

그러나 화석연료의 과다사용으로 이상기후가 점차 늘어나고, 매장량 감소로 유류 가격이 상승하자, 자동차 산업은 새로운 선택의 기로에 놓이게 되었다. 세계의 주요 자동차 회사들이 수소 자동차 개발에 앞장서고 있는 것이 이를 증명한다. 석유 시대를 대표했던 자동차 산업이 에너지 패러다임의 변화 속에서도 계속 자신의 위상을 지킬 수 있을까?

모두가 알고 있듯이 화석 에너지는 두 가지 심각한 문제를 갖고 있다. 첫째는 부존자원이 무한하지 않다는 사실이며, 둘째는 탄소 배출로 인해 지구온난화를 부추긴다는 것이다. 이 두 가지는 어느 것 하나도 쉽게 넘어갈 사안이 아니다.

인류에게 닥친 진정한 위험은 민족 간의 전쟁이나 이데올로기의 대립이 아니라 화석 에너지에 대한 지나친 의존이다. 그리고 이를 동시에 해결할 수 있는 가장 좋은 방법은 탄소를 배출하지 않는 새로운 에너지원을 찾는 것이다.

이미 수십 년 전부터 인류는 새로운 에너지원을 찾기 위해 고심해 왔다. 물론 아직은 석유를 대체할 만한 새로운 에너지원을 찾지 못했다고 하는 편이 옳다. 그러나 이제 우리는 더 이상 이 문제를 방치할 수 없는 지경에 이르렀고, 바로 그런 점에서 우리는 인류사적으로 새로운 패러다임의 길목에 서 있다.

일반적으로 석유를 대체할 수 있는 에너지원으로는 태양광, 바이오 연료, 연료 전지, 원자력 발전, 핵융합 발전 등을 생각해 볼 수 있다. 각 에너지원 연구의 현황을 간략히 알아보자.

예문 1

① 태양광

석유를 대체할 수 있는 에너지원으로 가장 먼저 거론되는 것은 '태양광'이다. 사실 태양은 지구상 모든 에너지의 대부분을 차지한다. 광합성 활동에 의한 유기화합물의 생성 자체가 전적으로 태양 에너지에 의존하고 있기 때문이다. 오늘날의 모든 화석 연료들 역시 광합성 활동에서 시작되는 먹이사슬의 마지막 부산물이므로 그 시초에는 태양에너지가 있다.

이처럼 지구에 복사된 태양광은 이론적으로 인류의 전체 에너지 수요를 감당하기에 충분하다. 그러나 태양전지는 재료비가 너무 비싸다. 석유 가격의 가파른 상승으로 인해 오래 전부터 차세대 에너지원으로 주목을 받았지만 가격 경쟁력이 부족하다. 기술의 점진적 발전으로 점차 생산원가를 낮출 수 있을 것으로 생각했지만, 실제로 석유를 대체할 만큼의 기술적 진보는 이루어지지 않았다. 앞으로도 상당히 오랜 기간 동안 태양 에너지는 정부의 보조금에 기댈 수밖에 없는 실정이다.

체르노빌 및 일본 원전 사고로 인해 원자력 개발의 위험성이 부각되면서 태양광 사업은 다시 한 번 차세대 에너지원으로 주목받았다. 그러나 최근 불거진 미국 및 유럽연합의 경제위기로 인해 각국 정부는 태양광 사업에 대한 보조금 지급을 축소하거나 중단하였다. 게다가 미국을 중심으로 하는 셰일가스 개발 정책 역시 태양광 사업의 미래를 어둡게 하고 있다.

② 바이오 연료

화석연료는 부존량이 정해져 있고, 이용 과정에서 이산화탄소가 발생한다. 따라서 바이오매스를 토대로 한 재생 가능한 연료의 개발이 주목받고 있다. 바이오매스란 에너지원으로 활용할 수 있는 생물체 또는 생물체의 총량을 일컫는다.

광합성 활동을 통해 생성된 유기물은 자연 상태에서 여러 단계를 거친 후, 미생물의 분해활동에 의해 최종적으로 다시 무기물로 환원된다. 무기물로 환원되기 전의 바이오매스를 에너지로 사용하는 것이 바로 바이오 연료이다.

사탕수수나 옥수수 같은 전분작물에서 알코올을 추출해 만드는 바이오에탄올(Bio Ethanol)이나 바이오디젤(Bio Diesel)은 대표적인 바이오 연료이다. 그러나 대부분의 전분작물은 인류의 주요한 식량 자원이기 때문에 바이오 연료의 생산은 국제적인 식량 위기를 불러일으킬 수 있다. 실제로 최근 국제 곡물가격의 폭등은 바이오 연료 산업의 활성화와 밀접한 관계가 있다. 경작지를 늘리기 위해 삼림자원을 훼손하는 등 또 다른 환경 문제도 대두되고 있다.

결국 현재까지의 바이오 연료 산업은 기존의 석유 에너지를 대체하기는 역부족이다. 그러나 바이오 연료가 갖는 이점은 이론적으로 거의 무한한 바이오매스를 활용할 수 있다는 데에 있다. 아직은 전분 곡물에 크게 의존하고 있지만, 향후에는 모든 바이오매스를 액체연료화 하는 기술이 개발될 전망이다. 아직 완성된 기술은 아니지만, 바이오 연료 산업의 잠재력은 그 어느 분야보다 높다고 할 수 있다.

③ 연료전지

연료전지는 수소가 산화(oxidation)할 때에 생기는 화학에너지를 직접 전기에너지로 변환시키는 장치이다. 물을 전기분해하면 수소와 산소로 분해되는데, 이와 반대로 수소와 산소를 결합시켜 물을 만들고 이때 발생하는 에너지를 전기 형태로 바꾸는 것이다.

화학적 반응으로 전기를 생산한다는 점에서 연료전지는 일반 전지와 비슷하다. 그러나 연료전지는 연료가 공급되는 한 별도의 충전 없이 지속적으로 전기를 발생시킨다. 또 연료의 연소반응 없이 에너지를 발생시키기 때문에 기존의 내연기관에 비해 공해물질의 배출이 없고 이산화탄소 배출량도 획기적으로 줄일 수 있다. 에너지 효율도 내연기관보다 두 배나 높고, 소음도 거의 없다.

이처럼 연료전지는 내연기관에 의존하는 지금까지의 화석연료 시스템에 비해 획기적인 장점들을 갖고 있다. 그러나 태양광 산업과 마찬가지로 경제성이 떨어진다. 정부의 보조금 정책에 의해 상당 부분 상용화된 태양광에 비해, 연료전지는 아직 상용화 자체가 별로 되지 않았다고 해야 할 것이다. 또 수소를 생산하기 위해서 여전히 화석연료에 의존할 수밖에 없다는 한계도 지니고 있다.

④ 원자력 발전

우라늄의 핵분열 과정에서 발생하는 막대한 열 에너지를 전기에너지로 전환시켜 사용하는 것이 원자력 발전이다. 물을 끓여서 증기를 만들고, 다시 이 증기로 터빈을 돌려 발전을 한다는 점에서는 일반 화력발전 방식과 다를 바 없다. 그러나 화력발전에서는 물을 끓이기 위해 석탄을 이용하지만 원자력발전에서는 원자로 내에서의 핵분열 반응을 이용한다.

원자력 발전 방식은 초기 건설 비용이 매우 높은 편이나, 연료비가 싸기 때문에 현재까지의 발전 시스템 중에서 에너지 생산 비용이 가장 적게 드는 것으로 알려져 있다. 앞으로 고속증식로와 핵융합로가 실용화되면 우라늄 자원을 재활용하여 사용하기 때문에 우라늄 고갈 문제도 해결할 수 있을 전망이다. 또한 원자력 발전은 화석연료를 태울 때 나오는 이산화탄소, 아황산가스, 기타 질소산화물 등의 유해물질이 배출되지 않는다. 화석연료의 한계가 분명해진 상태에서, 더욱 탐욕스러워진 인류가 선택할 수 있는 매력적인 대안이 아닐 수 없다.

하지만 발전 과정에서 필연적으로 발생되는 방사선 및 방사성 폐기물은 지구 환경과 인체에 매우 치명적인 독성을 가지고 있다. 원자력 발전소에서 발생하는 안전 사고는 전 지구적인 재앙을 불러오는 경우가 있다. 구 소련의 체르노빌 발전소의 사고와 미국 스리마일 섬 발전소, 일본 후쿠시마 발전소의 사고는 원자력 발전의 위험성을 잘 보여준다.

⑤ 핵융합 발전

핵융합 발전은 가벼운 원소의 원자핵을 결합시켜서 무거운 원자핵을 만드는 과정에서 발생하는 열을 이용한다. 예를 들어 수소와 같은 가벼운 원소들의 핵이 서로 결합해 헬륨처럼 더 무거운 원소를 형성할 때 일정한 질량 결손이 발생한다. 이렇게 발생하는 질량 결손 과정에서 막대한 열 에너지가 발생한다. 이후의 과정은 원자력 발전과 동일하다.

태양은 대부분이 수소로 이루어져 있다. 이들 수소들이 핵융합 반응을 하면서 헬륨으로 변하고, 이 과정에서 생긴 질량 결손이 태양 에너지가 되는 것이다. 이처럼 핵융합 발전은 태양 에너지의 생산 과정과 동일하다.

핵융합 발전은 연료 자원을 확보하기 위해 경쟁할 필요가 없고, 핵 폐기물을 발생시키지 않아 차세대 에너지원으로 각광받고 있다. 그러나 핵융합 반응이 일어나게 하려면 1억 도(℃) 정도의 고온이 필요한데, 아직까지 인류는 이러한 고온 상태를 안정적으로 제어할 수 있는 기술을 갖고 있지 못하다. 핵융합 발전은 아직 미래의 에너지원일 뿐이다.

위에서 열거한 것들 외에도 풍력, 지열, 조력 등은 석유를 대체할 수 있는 훌륭한 에너지원이다. 그러나 이들을 통해 에너지를 대량으로 생산하기에는 한계가 있다. 이들은 특별한 자연 조건 아래에서 부분적인 에너지원으로 기능할 수밖에 없을 것이다.

학습활동 1 가장 유용한 대체 에너지원은 무엇인지에 대해 논의해 보자.

1. 위 글에 소개되지 않은 새로운 내용이나 의견을 정리하여 발표해 보자.
2. 각각의 대체 에너지원들이 갖고 있는 장단점들을 서로 비교해 보자.
3. 가장 유용한 대체 에너지원은 무엇이며, 왜 그렇게 생각하는지 토론해 보자.

2. 셰일가스 개발과 에너지 패권 경쟁

1973년 이후 아랍의 산유국들은 자국의 석유를 무기화하였다. 이는 석유 가격의 폭등에 그치지 않고, 서방 세계의 친이스라엘 정책을 견제하는 데에도 이용되었다. 에너지 자원이 효과적인 정치 수단이 된 것이다.

1997년 미국의 부통령 엘 고어는 기후 변화에 관한 교토의정서의 창설을 주도하며 지구온난화 해결을 위한 전 지구적 협조를 이끌어냈다. 그러나 지구온난화 논의의 주도권을 민주당에 빼앗겼다고 생각한 공화당과 그 지지자들의 반발이 일어났다. 결국 미국이 교토의정서 협정에 합의하지 않은 것은 미국의 에너지 과소비 구조 때문이기도 하지만, 지구온난화에 찬성하는 것이 민주당을 지지하는 것이라는 정치 공세 때문이기도 하다.

위의 두 사례는 오늘날 에너지 문제가 정치와 경제를 아우르는 사회학적 연구의 주요 과제임을 알게 해준다. 최근에 미국을 중심으로 진행 중인 셰일가스(Shale gas) 개발의 열기 역시 이러한 관점에서 이해할 필요가 있다. 물론 에너지는 일차적으로 물리와 화학 분야의 연구 대상이다. 그러나 현명한 과학기술자라면 물리적, 화학적 연구만으로 인류의 에너지 문제를 해결할 수 없다는 것을 알고 있다.

진흙이 수평으로 퇴적하여 탈수된 후 굳어진 진흙 퇴적암층을 셰일층이라고 하는데, 셰일가스는 이 셰일층에 존재하는 천연가스이다. 셰일가스는 넓은 지역에 걸쳐 연속적인 형태로 분포되어 있고 추출이 어렵다는 기술적 문제가 있었다. 그러나 최근에 개발된 수압파쇄 공법을 통해 셰일가스 상용화에 성공했다.

수압파쇄 공법이라는 기술 개발의 결과로 인류는 이전보다 훨씬 더 저렴한 비용으로 엄청난 양의 천연가스를 얻을 수 있게 되었다. 현재까지 확인된 셰일가스의 매장량은 약 1,800억 톤이다. 이는 현재까지 알려진 석유의 매장량과 동일한 규모이며, 매장 확인량은 더욱 늘어날 전망이다. 셰일가스 덕분에 인류는 향후 수십 년 동안 안정적인 가격으로 화석에너지를 사용할 수 있을 것으로 보인다. 이 정도 기간이면 상온핵융합 기술이 개발되거나, 획기적으로 저렴한 태양광 패널을 생산할 수도 있을 것이다.

셰일가스는 수요 측면에서도 기후변화에 대응하기 위한 대안으로 새롭게 주목받고 있다. 셰일가스를 사용하여 전기발전을 시킬 경우에 배출되는 이산화탄소는 석탄의 절반이며, 석유의 3분의 2 수준이다. 국제에너지기구(IEA)는 매장량이 풍부한 셰일가스가 본격적으로 개발될 경우 세계는 천연가스 황금시대(Golden Age of Gas)로 돌입할 것이라고 전망했다.

미국의 오바마 행정부는 오는 2035년까지 신규 발전 설비의 60%를 가스로 충당하겠다고 발표한 바 있다. 일본도 후쿠시마 원전 사태 이후 셰일가스 도입 확대를 적극 추진하는 중이다. 우리나라도 오는 2020년까지 국내 LNG(액화천연가스) 도입량의 20%를 셰일가스로 확보한다는 계획을 세워놓고 있다.

 **천연가스의 종류**

천연가스란 자연적으로 발생하여 지하에 매장되어 있는 혼합 기체를 말하며, 생산지에서 소비지까지의 유통 형태에 따라 PNG, LNG, CNG로 구분된다.

1. PNG(Pipeline Natural Gas): 가스전에서 채취한 천연가스(NG)를 소비지까지 배관을 통해 공급하는 가스.
2. LNG(Liquefied Natural Gas): 천연가스를 −162°C로 냉각시켜 부피가 1/600로 축소된 액화가스.
3. CNG(Compressed Natural Gas): 천연가스를 압축한 상태의 가스.

※ 한국가스공사 '천연가스 소개' 사이트 참고
(http://www.kogas.or.kr/kogas_kr/html/info/info_submain.jsp)

그런데 여기서 더욱 흥미로운 것은 셰일가스가 가장 많이 매장된 국가가 캐나다와 미국, 중국이라는 점이다. 캐나다를 제외한다면, 세계 최대의 석유 소비국과 수입국인 미국과 중국에 전 세계 셰일가스의 상당 부분이 매장되어 있는 것이다. 따라서 이른바 'G2'라고 불리는 두 나라의 국제적 영향력은 셰일가스로 인해 더욱 커질 전망이다. 이에 반해 천연가스와 원유 생산을 통해 막대한 국부를 쌓고 있는 러시아나 중동 산유국들의 국제적 영향력은 타격을 받을 수밖에 없다.

한편, 이에 따른 여러 가지 부작용도 우려되고 있다. 가장 먼저 우려되는 것은 수압파쇄공법 자체의 안정성이다. 이 공법은 모래와 화학 첨가물을 섞은 물을 시추관을 통해 지하 2~4km 밑의 바위에 500에서 1,000 기압으로 분사하여, 바위 속에 갇혀 있던 천연가스가 바위 틈새로 모이면 장비를 이용해 이를 뽑아내는 방식이다. 이 과정에서 많은 물이 소비되며, 사용된 물이 지하수로 흘러들어가 환경 문제를 일으키는 것으로 알려져 있다.

개발 능력 및 관련 특허가 미국에 집중되어 있다는 사실도 기억해야 한다. 미국과 동등한 매장량을 갖고 있는 중국이 셰일가스 개발에 다소 미온적인 것 역시 이러한 상황과 무관하지 않다. 소수의 메이저 회사들이 가스 개발을 독점한다면 전 세계의 에너지 산업이 다각화되기보다는 지금보다 더욱 노골적으로 한 국가의 정치적 영향력 아래에 놓일 위험이 있다.

천연가스와 석유의 화학적 특성이 많이 다르기 때문에 두 에너지원이 서로 호환되기 어렵다는 점도 주목해야 한다. 천연가스를 사용하는 CNG 차량을 생산하는 것은 어렵지 않다. 그러나 한번 생산한 CNG 차량은 폐차할 때까지 천연가스만을 써야 한다. 선박이나 발전소, 공장의 기계 등도 마찬가지이다. 일단 만들어진 기계는 애초에 결정된 연료만을 사용해야 한다. 이는 가격 탄력성의 부족을 의미한다. 국가의 산업 전반을 천연가스 위주로 변경한 뒤에 소수의 메이저 회사에서 가스 가격을 올리게 될 경우, 적절한 대응 방법을 마련하기 어려울 수 있다.

이처럼 환경오염과 수익성 논란에도 불구하고 미국은 국가적 차원에서 셰일가스 개발을 서두르고 있다. 그리고 오랜 경제 위기로 신음하던 세계인들은 셰일가스 개발이 세계 경제에 활력을 불어넣어줄 것으로 기대하고 있다. 대부분의 산업 분야에서 중요한 원가 비중을 차지하는 에너지 가격이 안정화될 것이기 때문이다.

예 2 문 지난 주말 서울 서초구 양재동 소재 교육문화회관에서 열린 '셰일가스 산업의 파급 효과와 미래전망 세미나'에서 이학무 미래에셋 연구원은 셰일가스가 천연가스는 물론 석탄, 휘발유 가격 등 전반적인 연료 가격을 안정시켜 결국 산업 전반의 물가 상승을 막아줄 것이라고 말했다.

셰일가스 개발로 최근 헨리 허브(Henry Hub) 천연가스 거래 가격이 하락한 것처럼 장기적으로 석탄, 휘발유 등의 연료 가격에도 영향을 미칠 것이라는 전망이다. 그는 최근 다우케미칼(Dow Chemical), 포모사(Fomosa), 쉘 케미칼(Shell Chemical) 같은 대형 석유화학 기업들이 미국 내 에틸렌을 포함한 대규모 석유화학 플랜트 투자 계획을 발표하고 있는 이유로 셰일가스를 지목했다.

이 연구원은 "대형 석유회사들의 현재 기준 투자 계획으로 오는 2018년까지 약 1,254만 톤의 에틸렌 생산 계획을 가지고 있는 것으로 파악된다."며 이는 셰일가스를 통해 저렴한 원료(feedstock)를 공급받을 수 있기 때문이라고 말했다. 이어 '상대적으로 싼 원료 공급은 에틸렌 생산의 수익성을 높이는 가장 큰 원인이 될 것'이라며 석유화학 업체에게 미국은 상당히 매력적인 투자처가 될 전망이라고 덧붙였다.

셰일가스는 자동차 산업에도 큰 영향을 미치고 있다. 최근 아시아 지역을 중심으로 CNG(압축천연가스)차 시장이 가파르게 증가하고 있으며, 파키스탄과 이란을 중심으로 중동지역에서도 관련 시장이 급속도로 성장하고 있다.

최대 자동차 시장인 미국은 현재 보급률이 저조하지만 셰일가스 개발과 장기 연비 규제로 CNG차 시장 성장의 기반이 만들어지고 있다. 캘리포니아 지역에는 이미 200~250여 개의 CNG 스테이션(station)이 있으며, 미국 전 지역을 통틀었을 때는 1,000개 이상 있는 것으로 추정된다. CNG차가 많아질수록 휘발유 차량 점유율이 낮아지고, 이는 결국 휘발유 가격 하락에까지 영향을 미칠 수 있다.

셰일가스와 전력 발전의 상관관계도 중요하다. 이 연구원은 '미국의 천연가스 발전 비중은 2010년 24.3%에서 오는 2015년 27.1%로 확대될 것'이라며 미국의 전력 생산 발전원 중 천연가스 발전 비중이 점차 확대돼, 2016년 이후 추가 발전 용량에서 천연가스가 석탄 부문을 넘어서며 석탄 수요를 천연가스가 대체하게 될 것이라고 내다봤다.

결국 석탄 수요를 천연가스가 대체하면 석탄 가격의 안정화를 부르고, 석탄 가격의 안정화는 산업 전반의 물가 상승을 저지할 수 있다는 설명이다. 아울러 그는 셰일가스 개발이 인프라가 잘 갖춰져 있고 영향력이 큰 미국을 중심으로 진행되고 있다는 점에 주목해야 한다고 강조했다.

그는 "미국 내에는 LPG 파이프라인이 잘 구축돼 있어 가스 이동이 자유롭다"며 "기존의 파이프라인을 통한 가스 전달이 가능해 셰일가스 개발 이후의 수급에 용이하다"고 말했다. 이어 "현재 미국은 전 세계에서 기름을 가장 많이 소비하는 국가이며, 이는 석유가 미국 경제에 미치는 영향이 막대하다는 것을 의미한다"며 "미국은 중동 등의 영향에서 벗어나기 위해 자원 독립을 꾀하고 있으며, 셰일가스가 이를 위한 중요한 역할을 할 것"이라고 덧붙였다.

— 「셰일가스, 산업 전반 물가 낮출 것」, 『EBN산업뉴스』, 2012. 12. 13.

예문 3 최근 국제 사회의 주요 화두로 떠오르고 있는 셰일가스가 우리나라에서도 이슈가 되고 있다. 지난 12월 12일에는 캐나다 벤쿠버에서 '제1회 한-캐나다 천연가스 포럼'이 개최돼 한국 정부와 캐나다의 셰일가스 개발 협력이 강화될 예정이라는 뉴스가 전해졌다. 그 다음날인 13일에는 서울 양재동에서 '셰일가스 산업의 파급 효과와 미래 전망'이라는 주제로 세미나가 열려 셰일가스 개발이 전체 산업의 패러다임을 바꿀 것이라는 전망이 나왔다.

국제에너지기구(IEA)는 셰일가스 자원의 개발 확대를 두고 '에너지 혁명'이라는 표현을 사용했을 정도다. 그러나 많은 언론에서는 셰일가스가 새로운 에너지원이라는 사실만 강조할 뿐, 셰일가스가 정확히 무엇인지에 대해서는 분명한 정보를 찾아보기 어렵다.

셰일가스는 값싼 천연가스의 등장이라는 의미에서 차세대 에너지원으로 주목받고 있지만, 일반적인 천연가스와는 다르다. 천연가스는 가스가 생산되는 지층의 특성에 따라 전통 가스와 비전통 가스로 분류되는데, 이를 정확히 이해하려면 석유가 생성되는 과정을 살펴볼 필요가 있다.

석유는 동식물 사체 등이 오랜 퇴적 과정을 거치면서 높은 온도와 압력을 받아 생성된다. 이렇듯 유기물이 석유로 변환되는 지층을 근원암이라 하는데, 입자가 조밀해 유체가 잘 흐르지 않는다. 대표적인 근원암이 바로 점토가 굳은 셰일이다. 근원암에서 만들어진 석유는 높은 압력으로 인해 근원암에서 밀려나와 상대적으로 입자가 큰 사암이나 탄산염암으로 구성된 저류암으로 이동한다. 이렇듯 저류암은 큰 입자 사이사이의 빈틈에 원유나 가스를 품고 있다.

근원암을 빠져나온 석유는 근처의 암석을 타고 위로 계속 이동하다 덮개암이라는 매우 작은 입자의 암석으로 차단되면 멈춘다. 전통 가스는 이렇게 덮개암에 막혀서 모인 가스를 말한다. 이 공간에 수직으로 구멍을 뚫어 가스를 얻는 것이 전통 가스 생산 과정이다.

반면 비전통 가스는 저류암이 아닌 곳에 존재한다. 상대적으로 입자가 치밀한 암석에 갇혀 있어 움직이기 어렵기 때문에 회수하려면 특별한 기술이 필요하다. 따라서 생산하려면 우선 전통 가스를 얻을 때처럼 수직으로 구멍을 뚫고 저류층(원유나 가스가 지하에 모여 쌓여 있는 층)에서 직각으로 꺾이는, 즉 저류층과 수평이 되도록 시추관을 설치해야 한다.

대표적인 비전통 가스인 셰일가스는 근원암인 셰일 내부에 존재하는 가스다. 이 때문에 셰일가스를 얻기 위해서는 'ㄴ'자 모양으로 시추관을 굴착하는 기술과 물, 모래, 화학물질 등의 혼합물을 고압으로 투입하는 수압파쇄기술이 필요하다. 시추관에 혼합물을 고압으로 투입하면, 셰일과 수평으로 위치한 시추관으로 혼합물이 빠져나가(수평 시추관에는 구멍이 송송 뚫려 있다.) 셰일에 균열을 만든다. 이 균열 사이사이에 모래가 밀려들어가 균열을 유지하게 되고, 이때 압력을 낮추면 갇혀 있던 가스가 새어나와 시추관을 통해 다시 지상으로 분출되는 것이다.

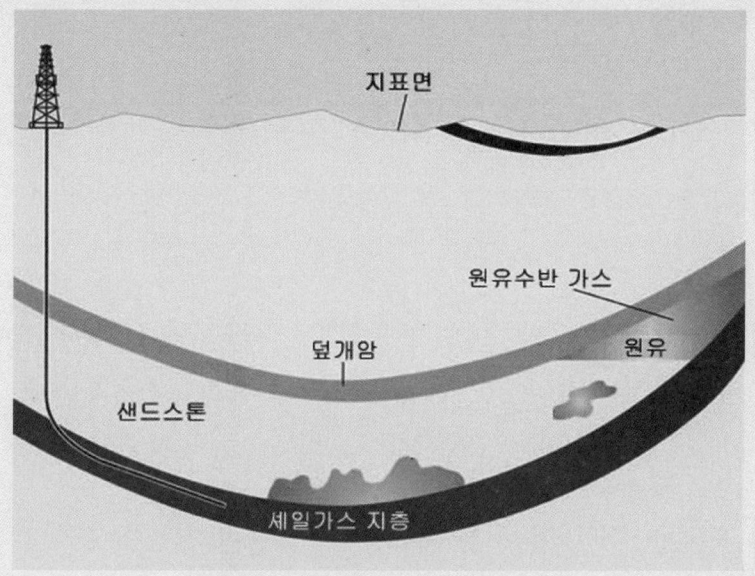

[그림] 셰일가스가 매장된 지층의 위치(위키미디어)

셰일가스를 얻기 위해서는 시추관을 수평으로 설치하는 기술과 수압파쇄기술 외에도 저류층의 생산성 평가를 위한 높은 기술력이 요구된다. 그러나 이러한 기술 축적은 단기간 내에 이루어질 수 있는 것이 아니다. 이 때문에 각국의 에너지 기업은 개발 역사가 가장 긴 미국 내 셰일 광구(셰일을 채굴할 수 있도록 허가된 구역)에 대한 투자에 나서고 있다.

이렇게 채굴할 수 있는 셰일가스 매장량은 현재 확인된 전통 가스 매장량의 3분의 1에 달한다. 이는 2011년 세계 천연가스 소비량 기준으로 향후 60년간 쓸 수 있는 막대한 양이다. 이 중 캐나다 지역의 셰일가스 매장량이 전체 셰일가스 매장량의 약 6%로 가장 높다. 미국은 자체적으로 셰일가스를 생산하면서 2009년에는 러시아를 제치고 세계 1위의 천연가스 생산국으로 부상했으며 이로 인해 이전에 계획했던 LNG 수입을 중단했다. 셰일가스 생산량은 2030년까지 꾸준히 증가해 세계 천연가스 시장에 커다란 영향을 줄 것으로 예상된다.

2011년 기준 세계 산업과 경제 시스템을 이끄는 에너지원은 석유(33%), 석탄(31%), 천연가스(24%)로 천연가스의 비중이 가장 낮다. 그러나 셰일가스의 본격적인 개발로 새로운 에너지 시대가 열릴 수 있다. 현재 천연가스의 한계는 수송용 에너지원으로 석유를 대체할 수 있느냐이다. 2050년까지 기체를 액체로 바꾸는 'GTL(Gas to Liquid)' 기술이 발전한다면 천연가스가 석유를 대체해 주 에너지원의 역할을 담당하게 될지 모른다.

전 세계의 에너지 지각 변동은 이미 시작됐다. 지난 1월, 한국가스공사는 미국과 2017년부터 20년 동안 연간 350만 톤의 셰일가스를 공급받는 계약을 체결했다. 이제는 천연가스 사용량을 처리, 운송

하기 위한 가스 도입 및 처리 시설 확충(LNG설비, 가스배관 등), 소규모 가스발전소 시설들의 건설 및 운영 등을 위한 인프라 구축 등이 대규모로 필요한 시점이다. 에너지 혁명이라는 큰 파도에 맞서 적응할 수 있는 국가적 계획과 지원이 필요한 시기다.

– 강주영, 「석유 없어도 60년을 버틸 수 있는 에너지원 등장」, KISTI의 『과학향기』 제1759호, 2012. 12. 17.

 셰일가스에 대해 자료를 추가로 조사한 뒤, 【예문2】의 주장을 찬성하거나 반박해 보자.

 【예문3】의 필자가 말한 '국가적 계획과 지원'의 구체적 내용이 무엇일지 추론해 보자.

셰일가스 개발이 앞으로의 한국 사회에 어떤 영향을 미칠지 논의해 보자.

2 원자력과 분산형 수소 에너지

1. 원자력과 그린 에너지의 꿈

원자력 에너지 개발에 대해서는 오래전부터 끊이지 않는 논란이 있어 왔다. 새로운 대체 에너지원을 찾을 때까지 조심스럽게 관리하면서 위험을 떠안고 갈 수밖에 없다는 현실주의적 의견도 있지만, 정반대의 의견도 만만치 않다. 특히 2011년 일본의 후쿠시마 지역에서 발생한 대규모 원전 사고를 계기로 원자력 개발에 대한 근본적 반성과 반대의 목소리가 그 어느 때보다 높다. 다음은 원자력 에너지 개발에 대한 서로 다른 두 가지 의견을 정리한 것이다.

예문 4 원자력은 결코 문제가 없는 것이 아니다. 방사능 누출 위험이 있으며 폐기물은 방사능이 약한 것조차도 최소 300년을 관리해야 한다. 그리고 원자력 발전소는 수명이 있어 수명이 다하면 폐기시켜야 한다. 이러한 문제를 생각해 볼 때 가능하다면 원자력 없이 사는 것이 좋을 것이다.

그러나 원자력은 거부하기 어려운 매력을 가졌다. 우선 원자력은 우리가 결정해 우리 기술로 만들고 우리 손으로 운영한다. 또한 대기오염 물질을 배출하지 않고, 특히 이산화탄소 배출이 없어 지구 온난화에 저촉되지 않아 떳떳하게 교토의정서의 협의 사항을 지킬 수 있게 될 것이다. 원자력의 원료가 되는 우라늄은 1그램이 석유 1,800리터, 석탄 3톤과 같은 열량을 낸다. 우라늄 1그램의 부피가 약 0.05cc니까 수송할 부피로 보면 석유의 36,000,000분의 1에 불과하다 그만큼 연료나 폐기물의 용적이 적어 수송과 저장에서 다른 에너지원과 비교가 안 되게 간편하고, 관련된 사고 위험이 적다.

스웨덴은 원전 폐기 여부를 놓고 국민투표를 실시했다. 투표 결과 원전을 폐기하자는 주장이 채택되어 원전 일부를 폐기했다. 그러나 이를 감당하기 위해 국민들은 더 비싼 에너지를 써야 했으며, 많을 사람들이 직업을 잃었다. 앞으로 원전을 계속 폐기하면 이러한 현상이 가중될 것이 뻔했다. 결국 노동조합과 재계가 중심이 돼 원전 폐기 반대 여론을 조성해, 다음 선거에서 승리함으로써 원전 폐기는 무기한 연기됐다.

현재 우리가 쓰는 전기의 40%를 원자력으로 충당하고 있는데, 이는 우리나라 전체 에너지 소비의 15%에 불과하다. 나머지 85%는 화석연료에 의한 것이며 이는 언제 포기해야 할지 모르는 에너지원이다. 더구나 지구온난화와 대기오염이 문제가 돼 화석연료는 쓰고 싶어도 못 쓰게 될 가능성이 점점 더 커지고 있는 것이다. 자동차도 얼마 안 가 수소 연료전지를 동력원으로 사용하게 될 것이며, 여기에 필요한 수소 또한 원자력으로 만들어낼 수밖에 없을 것이다. 원자력은 참으로 대안이 없는 대안이다.

— 신부용, 『대안 없는 대안 원자력 발전』, 생각의나무, 2005.

예문 5 원자력은 분명히 원자력 산업계가 주장하는 것처럼 '환경 친화적이며 청정'하지 않다. 왜냐하면 전통적인 화석연료의 막대한 양이 원자로 운영에 필요한 우라늄을 채굴하고 정련하는 데 사용되며, 육중한 콘크리트 원자로 건물을 건설하고 핵반응 과정에 의해 생성되는 유해 방사성 폐기물을 운송하고 저장하는 데 사용되기 때문이다. 화석연료를 태우면서 가장 중요한 온실가스인 이산화탄소(CO_2)의 많은 양이 대기로 방출된다. 그 외에도 우라늄을 농축하는 동안 지금은 금지된 프레온가스(CFCs)가 매우 많이 방출된다. 프레온가스는 이산화탄소보다 1~2만 배 더 치명적인 온실가스일 뿐만 아니라 고전적인 오염물질로서 오존층의 강력한 파괴자다.

현재 원자력으로 전기를 생산하면, 유사한 규모의 기존 화력 발전기로부터 방출되는 이산화탄소의 3분의 1 정도가 방출된다. 그러나 이것은 일시적인 통계일 뿐이다. 현재와 같이 농도가 높은 우라늄 광석은 많지 않다. 따라서 점차 농도가 낮은 광맥에서 광석을 추출해야 하기 때문에 점점 더 많은 화석연료가 필요할 것이다.

또 원자력 업계의 주장과는 반대로, 원자력 발전소를 무리하지 않게 가동해도 방사선 유출은 생길 수밖에 없다. 원자력 발전소는 지금까지 매년 수십만 퀴리(curie)의 방사성 기체와 방사성 원소들을 합법적으로 방출해 왔다. 수천 톤의 고체 방사성 폐기물은 현재 미국 내 103개와 전 세계 수백 군데에

> 서 운영되는 원자력 발전소의 냉각수조 안에 축적되고 있다. 이 폐기물은 환경과 인간의 먹이사슬을 오염시킬 극단적으로 유독한 원소들을 포함하고 있다. 이러한 물질들은 원자력 발전소 및 방사성 폐기물 시설 근처 주민과 그들의 후손들에게 백혈병과 같은 각종 유전적 질병을 일으킬 수 있다.
>
> – 헬렌 칼디코트, 『원자력은 아니다』, 이영수 옮김, 양문, 2007.

체르노빌, 후쿠시마 등의 원전 사고를 통해 경험했듯이, 핵분열 이후에 발생하는 방사능 폐기물은 인류에게 매우 위협적이다. 게다가 연료가 되는 우라늄 광석의 매장량도 많지 않다. 그러나 '대안 없는 대안'이라는 모순어법의 제목이 말해주듯이, 원자력은 부담스럽지만 거부하기 힘든 에너지원이다. 질량 전체를 고스란히 에너지로 변환시키는 높은 효율성은 매력적이지 않을 수 없다.

학습활동 5

아래 순서에 따라, 원자력 에너지 개발을 주제로 찬반 토론을 해 보자.

1. 【예문4】와 【예문5】에 나타난 주장과 논거를 정리한다.
2. 모순되는 내용이나 비현실적인 주장, 논리적이지 않은 부분을 찾는다.
3. 원자력 개발에 대한 자신의 생각을 결정하고, 관련 자료를 찾아 논거를 강화한다.
4. 자신의 주장을 입증할 만한 시각 자료들을 충분하게 모은다.(설문조사 또는 인터뷰 등을 통해 자료를 보강해도 좋다.)
5. 정해진 토론 규칙에 의거하여 찬반 토론을 진행한다.

2. 분산형 수소 에너지 사회

제러미 리프킨은 그의 저서 『수소 혁명』에서 인류의 발전사는 에너지에 대한 통제력 강화의 역사였다고 단언한다. 인간은 지금까지 다양한 상징 형식, 도구, 제도 등을 통해 더 많은 에너지를 획득하고 이용함으로써 인간의 능력을 확대시켜 왔다는 것이다. 즉 인간의 존엄성에 대한 믿음, 인터넷과 휴대전화, 민주주의와 시장경제 등은 모두 에너지에 대한 인류의 통제력 강화와 긴밀하게 연관되었다는 것이다.

근대 이전의 주된 에너지가 인간이나 가축 같은 생명체에게서 나왔다면, 근대 이후의 주된 에너지는 석유나 석탄 같은 화석 에너지에서 나온다. 화석 에너지는 가축이나 인간에 비해 보관 및 사용이 쉽고, 무엇보다 아주 저렴했다. 월터 영퀴스트는 인간의 힘 에너지를 0.25마력으로 잡고, 노동 가격을 시간당 5달러로 가정했을 때 석유 1배럴에 들어있는 에너지는 배럴당 4만 5000달러라고 계산했다.(최근에 석유값이 2배 이상 폭등했지만 여전히 배럴당 100달러가 안 된다.) 귀족이 노예의 힘 에너지를 착취한 것처럼 현대인들이 화석연료에서 에너지를 뽑아내고 있다고 가정해 보자. 이 때 화석연료 에너지의 총량은 노예 에너지의 총량과는 비교할 수 없을 정도로 막대하다. 결국 현대인들의 높은 생활 수준은 화석 에너지를 싼값에 공급하는 사회의 경제 시스템에 크게 의존하고 있는 것이다.

리프킨은 근대 사회를 주도했던 화석 에너지의 시대가 저물면서 '수소'를 에너지원으로 하는 새로운 사회가 도래할 것이라고 주장한다. 수소는 우주에서 가장 보편적인 원소이기 때문에 매장량을 걱정하지 않아도 되고, 에너지화 되는 과정에서 탄소를 전혀 내뿜지 않는다. 리프킨의 주장은 여기서 그치지 않는다. 그는 수소를 에너지원으로 하는 사회가 이전과는 구분되는 새로운 민주주의 사회가 될 수 있다고 주장한다. 다음 글을 읽어보자.

예문 6 분산형 수소 에너지 체계에는 적어도 아직 상호 연결되지 않은 세계 시민들을 서로 이어 주고 힘없는 이들에게 강한 권력도 부여할 수 있다는 희망이 내재돼 있다. 이러한 희망은 분산전원이라는 새로운 송전 방식에서 비롯된다. 지난 20세기 내내 전력은 대규모 발전소에서 생산돼 송전선을 타고 멀리 떨어진 최종 소비자들에게 향했다. 중앙 집중화된 전력은 규모의 경제를 낳았다. 규모의 경제 덕에 전기 생산과 분배 비용이 비교적 싸게 먹혔다. 초대형 발전소와 방대한 송전망 건립에 들어간 엄청난 자본 비용은 전력 회사가 지역 시장 전체를 통제하도록 허용함으로써만 손실이 보전될 수 있었다. 그러나 분산전원은 공장, 기업, 공공건물, 주거지 등 최종 소비자가 머무는 지역이나 인근에 집합적으로 또는 단독으로 소형 발전소를 가진다.

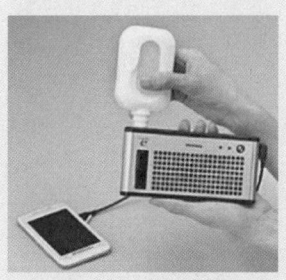

메탄올을 주입하여 휴대폰을 충전시키는 연료전지

오늘날 가장 대중적인 소형 발전기는 디젤이나 천연가스를 연료로 사용하는 이른바 '왕복기관'이다. 그러나 결국 수소 구동 연료전지가 지배권을 장악하고 분산전원 시장의 선두 주자로 나설 것이다. 연료전지는 발전 효율이 내연기관보다 좋고 공해 물질 배출량이 적으며 융통성은 크다. 연료전지는 단독으로 존재한다. 따라서 최종 소비자는 연료전지를 필요량에 맞게 사용할 수 있다. 더 많은 용량이 필요할 경우 적은 추가 비용으로 또 다른 연료전지만 덧붙이면 된다.

연료전지 수천 개가 가상 발전소로 한데 연결될 경우 오늘날의 중앙 집중식 발전소 용량과 맞먹는 규모를 이룰 수 있다. 그리고 이렇게 연결된 네트워크를 통해 소비자는 소형 발전기에서 나온 에너지 중에서 쓰고 남은 전력을 되팔 수 있을 것이다. 여러 분산전원 발전소가 주요 송전망과 효율적으로 통합되면, 피크 부하 때 밀려드는 수요를 감당하지 못해 허덕이는 전력 회사들에 잉여 전력을 공급할 수 있는 것이다. 이런 일이 현실적으로 일어날 경우 에너지의 생산과 분배 방식에 일대 혁명을 몰고 올 것이다. (중략) 새로운 수소 연료전지 시대에 자동차는 그 자체로 20

킬로와트의 발전 용량을 지닌 '바퀴 달린 발전소'라는 점도 중요하다. 일반적으로 자동차는 폐차될 때까지 수명 기간 중 96퍼센트 동안 멈춰 있게 마련이다. 따라서 주차 중 가정과 사무실의 전선이나 쌍방향 전력 네트워크로 연결해 생산되는 프리미엄 전기를 송전망에 돌려줄 수 있다. 에너지를 되팔아 얻은 수익으로 자동차 임대료 지불이나 구입비 상환에 보탤 수도 있을 것이다. 수소 연료전지 구동 자동차가 2억 대라면 미국의 전체 발전 시설보다 네 배나 많은 발전 용량을 얻을 수 있다.

– 제러미 리프킨, 『수소 혁명』, 이진수 옮김, 민음사, 2003.

수소 에너지가 유력한 대체 에너지원인 것은 분명하지만, 리프킨이 그린 것처럼 장밋빛 전망만 있는 것은 아니다. 자연 상태에서 수소를 추출하려면 수소 에너지와 동일한 만큼의 외부 에너지를 필요로 하기 때문이다. 실제로 아직까지 수소를 추출하는 데에는 천연가스를 사용하는 것이 일반적이다. 여전히 탄소 배출에서 자유롭지 못한 것이다.

또 수소는 가솔린이나 LPG에 비해 안전하지 않다는 우려도 있다. 수억 대의 달리는 자동차에 압축 수소탱크를 설치했을 때에 발생할 수 있는 위험성을 인류는 아직 경험하지 못했다. 도심지역에 LPG 충전소를 세우는 것만 해도 주민들의 반대가 만만찮은데, 가솔린 주유소보다 더 많은 수의 수소가스 충전소를 세우는 일에 선뜻 동의할 시민들은 많지 않을 것이다.

학습활동 6

분산형 전원 시스템에 대해 더 많은 자료를 찾아, 아래 과제를 해결해 보자.

1. 분산형 전원 시스템의 원리를 설명하고, 실현 가능성에 대해 논의해 보자.
2. 분산형 전원 시스템이 가져올 미래 사회의 변화에 대해 논의해 보자.

Tip 2 자료 찾기와 분류

1. 먼저, 리프킨의 글에 나타난 주장과 논거를 정리한다.
2. 자료를 검색할 때에는 연료전지, 분산전원, 스마트 그리드(Smart Grid) 등의 주제어를 활용한다.
3. 자료를 수집할 때에는 설명하는 글과 주장하는 글을 분류한다.
4. 수집한 자료들을 어떤 하위 항목으로 분류하는 것이 좋을지 숙고한다.
5. 분류한 내용들을 정리하고, 정리한 내용을 바탕으로 동료들과 토론한다.

3 학술논문 쓰기

학술논문은 특정한 주제에 대해 학술적인 연구 결과를 정해진 형식으로 작성한 글이다. 전공에 따라 조금씩 형식의 차이는 있으나, 대부분의 학술논문은 연구 목적과 방법, 연구사 검토, 실험 및 관찰, 데이터 해석, 결과 고찰 등의 내용을 서론, 본론, 결론의 형식에 맞춰 적는다.

> '에너지'를 주제로 자신의 전공에 부합하는 학술논문을 완성해 보자.
> (자신이 소속된 전공 분야별 학술논문의 형식을 참조하여 작성한다.)

■ 주제 선정과 연구계획서 작성

1단계: 주제 선정
- 자신이 감당할 수 있는 수준의 주제를 정한다.
- 주제를 정하는 과정에서 '에너지'를 주제로 한 학술논문들을 검색해 본다.

2단계: 기초 자료 수집
- 선정한 주제와 관련된 자료를 수집한다.
- 연구계획 단계이므로 다양한 자료들을 수집하여 핵심 내용을 파악하는 데에 중점을 둔다.

3단계: 연구 설계
- 연구 대상, 연구 범위, 측정도구를 선택한다.
- 전공 분야 학술논문들의 일반적 형식을 참고한다.

4단계: 연구계획서 작성
- 연구계획서를 작성한다.
- 연구 주제, 연구 목적, 이론적 배경, 연구 원리 및 가설, 연구 방법, 예상되는 결과 및 시사점, 연구 범위, 참고문헌 등을 밝힌다.

▪ 자료 수집 및 분석

1단계: 데이터 생성
- 본격적으로 자료를 수집한다.
- 자료 수집의 방법으로는 문헌조사, 설문조사, 실험, 관찰 등이 있다.
- 실험을 할 때는 IMRAD 방식에 따른다.

2단계: 데이터 분석
- 수집한 자료가 '사실'인지를 검증한다.
- 자료를 유의미하게 분류한다.
- 둘 이상의 자료를 서로 비교, 분석한다.

3단계: 결과 보여주기
- 자료를 어떻게 보여줄 것인지 결정한다.
- 여러 가지 표나 그래프를 효과적으로 활용한다.

▪ 논문 집필

'논문'은 자신의 연구 결과를 학문적 방식으로 내세우는 정제된 형식의 글이다. 일반적으로 논문은 동일한 학문 분야의 학자들 사이에서 소통되는 글이지만, 때로는 다른 학문 분야의 학자들이 읽기도 한다. 논문은 서론, 본론, 결론으로 구성되며, 항목별로 다음과 같은 공통점이 있다.

- 서론: 연구 목적과 배경, 가설 및 연구 방법 등을 설명('연구 방법'을 상세히 적을 때에는 '본론'에 배치하기도 한다.)
- 본론: 서론에서 밝힌 가설을 학문적으로 검증(때로는 서론에서 설계한 방식에 따라 실험이나 조사를 진행하여 특정한 데이터를 수집, 정리하기도 한다.)
- 결론: 연구의 핵심 내용을 요약, 정리하고 연구의 의의 및 한계 등을 제시

논문은 세부 전공의 특성에 따라 용어 및 글쓰기 양식이 조금씩 다르다. 일반적으로 과학기술 분야의 논문은 인문학이나 사회과학 논문에 비해 분량이 짧고, 도표나 수식 등이 자주 사용된다. 그리고 실험을 하는 경우에는 'IMRAD 방식'을 사용하는 것이 일반적이다.(IMRAD의 구체적 형식은 2부 5장 1절 '실험보고서 작성과 IMRAD 방식'을 참고) 이 밖에

도 과학기술 분야는 공동연구가 대부분이어서 연구 책임자와 공동연구원이 구분되고, 국제적인 교류를 위해 처음부터 영문으로 논문을 작성하는 경우도 많다.

Tip 3. 도입부 쓰기

학술논문은 여러 측면에서 일반적인 글과 다르지만, 특히 '도입부'에서 그 차이가 두드러진다. 따라서 도입부의 특징을 이해하고, 이를 바르게 쓰는 것은 논문 작성을 위해 필수적이다. 도입부는 표제와 요약문, 서론 등으로 나뉜다. 표제는 조금 길더라도 논문의 내용을 정확하게 전달할 수 있도록 작성하는 것이 좋다. 학술논문 데이터베이스에서 제목이 가장 먼저 검색되기 때문이다. 제목 다음으로 검색되는 부분이 키워드와 요약문이므로 이 부분 역시 유의하여 작성해야 한다. 학술저널에 실린 논문의 표제부를 예시하면 아래와 같다. ('요약문'을 논문 후반부에 배치할 수도 있다. 학문 영역별 논문들의 일반 형식을 참고하는 것이 좋다.)

수소-CNG 혼합연료 차량에서의 후처리장치용 촉매기술 동향

† 이OO, · 심OO · 정OO · 김OO

OOO 기술연구소

A Trend of Catalyst Technology for Aftertreatment on H2-CNG Mixed Fuel Vehicles

† OOLee · OOShim · OOJung · OOKim

E&D Corp. Ltd. R&D center, #912, Daerung Techno Town 12th, 327-32, Gasan-dong, Geumcheon-gu, Seoul 153-802, Korea

요 약

대형 경유차는 수량이 적음에도 불구하고 높은 운행빈도로 인해 대기오염물질이 높은 비율을 차지하고 있다. 이에 대한 해결책으로 저공해 자동차인 CNG(Compressed Natural Gas) 버스가 대두되고 있다. CNG 차량의 배출가스는 경유에 비해 PM이나 NOx가 크게 감소되는 경향을 보인다. 이 연구에서는 친환경연료인 CNG에 수소를 혼합한 연료를 이용한 차량에서의 배기가스 후처리기술에 대해 소개한다. CNG에 수소를 혼합함으로써, 엔진의 연소효율은 올리고 배기가스를 감소시킬 수 있으나, CNG의 주성분인 메탄 역시 온실가스로서 이에 대한 저감도 필요한 실정이다. CNG엔진에서 배출되는 메탄에 대해 CNG 산화촉매를 도입하여 저감방향을 설정하였으며, 발생하는 NOx에 대해서는 urea-SCR 및 HC(HydroCarbon)-SCR을 도입하였다.

Abstract – Emissoin of heavy duty vehicle have much positioned in air pollution although its limited number of vehicles. CNG vehicles are coming to the fore as one of the solution of diesel vehicles. CNG vehicles exhaust smaller emission than diesel vehicles on PM and NOx. In this study, aftertreatment technologies are introduced on vehicles which use CNG and hydrogenmixed fuel. With mixing hydrogen with CNG, combustion efficiency is enhanced, and harmful emission might be decreased, but methane that is main component of CNG brings green house effect. In order to remove methane and NOx in exhaust gas of CNG engine, methane oxidation catalyst and SCR technologies were respectively analyzed.

Key words : HCNG, aftertreatment, catalyst, SCR
_____

† 주저자: form**@endss.com

위의 예는 가장 일반적인 논문 표제부이다. 실제의 논문 표제부 양식은 학문 영역별로 다르고, 학술 단체별로 다른 경우도 있다. 각자의 학문 영역에서 일반적으로 쓰이는 표제부 양식에 맞춰 작성한다.

학습활동 7 아래의 순서에 따라 학술논문의 구조를 다른 글쓰기 양식들과 비교해 보자.

1. 3편 정도의 학술논문을 선정하여 주제 및 논증 방식, 문체, 차례 등의 특징을 살펴본다.
2. 비평 에세이, 신문기사, 인터넷 블로그 등을 선정하여 주제 및 차례, 문체, 논증 방식 등의 특징을 살펴본다.
3. 1과 2에서 얻은 결과를 토대로 학술논문의 구조에 대해 논의한다.
4. 더 나은 학술논문의 구조를 설계할 수 있는지 서로 논의한다.

연·습·문·제

1 중학생 정도 수준의 독자들을 상상하며 '에너지와 사회'를 주제로 한 편의 설명문을 작성해 보자.

> 이 단원에서 학습한 내용과 기존에 자신이 알고 있던 지식을 종합하여, 특별한 사전 지식 없이 누구나 쉽게 읽을 수 있는 한 편의 글을 완성하면 된다.

2 '미래의 에너지원'을 주제로 한 편의 과학기술 에세이를 작성해 보자.

  1) 예상되는 독자가 누구인지를 명확하게 정한다.
  2) 해당 주제에 대해 독자들이 어느 정도의 사전 지식을 갖고 있을지 생각해 본다.
  3) 정보 전달에 초점을 맞출 것인지, 주장과 논증에 초점을 맞출 것인지 결정한다.
  4) 글을 쓰기 전에 주제를 명확히 설정하고, 간단한 개요를 미리 작성한다.

3 학술논문의 형식에 맞추어, 과학 탐구의 결과를 한 편의 논문으로 작성해 보자.

참·고·문·헌

1 가톨릭대학교 교양교육원 편, 『대학생을 위한 과학 글쓰기』, 아카넷, 2009.
2 신부용, 『대안 없는 대안 원자력 발전』, 생각의 나무, 2005.
3 이동헌, 『에너지 소사이어티』, 동아시아, 2009.
4 이필렬, 『다시 태양의 시대로』, 양문, 2004.
5 헬렌 칼디코트, 『원자력은 아니다』, 이영수 옮김, 양문, 2007.
6 제러미 리프킨, 『수소 혁명』, 이진수 옮김, 민음사, 2003.
7 폴 로버츠, 『석유의 종말』, 송신화 옮김, 서해문집, 2004.
8 페터 그루스·페르디 쉬트 엮음, 『에너지의 미래』, 이신철 옮김, 에코리브르, 2010.

참고 URL

한국 스마트 그리드 협회
http://www.ksmartgrid.org/

연료전지의 개념
http://cafe.naver.com/sdiecoenergy.cafe?iframe_url=/ArticleRead.nhn%3Farticleid=29183

그레고르 멘델의 「식물의 잡종에 관한 실험」 (1866)

그레고르 멘델

유전에 관한 멘델의 논문에 삽입된 완두 그림

「식물의 잡종에 관한 실험(Versuche über Pflanzen-Hybriden)」에 보면, 그레고르 멘델(Gegor Mendel: 1822~1884)은 연구를 시작하기 전 명확한 목표를 설정하고 있었다. 그것은 "부모에게서 자식으로 성질이 어떻게 전달되고 이어지는지에 대해 과학적으로 답한다."라는 것이다. 쉽게 말하면, 부모가 각각 검은 눈과 파란 눈일 경우 태어나는 아이는 어느 쪽의 눈 색깔을 닮을 것인가 하는 의문에 답하는 것이다.

검은 눈과 파란 눈처럼 서로 다른 유전적 성질을 형질(形質)이라 한다. 멘델은 부모에게서 자식으로 형질이 전해질 때 어떠한 요소(오늘날 '유전자'라 부르는 것)가 작용하는지 고찰했다. 멘델은 이러한 형질에 대해 '우성(優性)과 열성(劣性)'이라는 표현을 사용했는데, 이 단어는 각각의 형질이 잘나고 못났다는 의미가 아니라 형질이 나타나는가, 아니면 억제되어 나타나지 않는가를 의미한다. 예를 들어 검은 눈은 우성 유전되고 푸른 눈은 열성 유전된다. 이렇게 대립되는 형질을 가진 유전자는 대립유전자라고 불린다. 그리고 부모에게서 자식으로 이형질이 옮겨질 때 2대째의 눈 색깔은 검은색과 푸른색이 뒤섞인 색이 아니라 검은색이나 푸른색 중 한 가지 색으로 나타난다.

그러면 본론으로 들어가 보자. '우성' 밖에 갖고 있지 않은 사람과 '열성'밖에 갖고 있지 않은 두 사람이 결혼을 하고, 그 사이에서 태어난 아이가 '우성'과 '열성'을 함께 갖고 있다고 하자. 그 아이가 커서 같은 유전형질을 갖고 있는 사람과 결혼한 경우에는 검은 눈의 자녀가 세 명일 때, 푸른 눈의 자녀가 한 명 태어나게 된다.

멘델은 이것을 알기 쉽게 기호로 나타냈다. 우성 유전자를 알파벳 대문자 A로, 열성 유전자를 소문자 a로 표시한다. 이에 따라 검은 눈의 부모가 AA, 푸른 눈의 부모가 aa라는 유전자를 갖고 있다고 하자. 그러면 2대째에서는 유전자를 양쪽 부모로부터 하나씩 물려받으므로 Aa가 된다. 여기서 A는 우성, a는 열성 유전자이므로 2대째는 검은 눈의 아이가 태어난다. 여기서 3대째로 내려가면, 이 아이들의 유전자는 2대째의 Aa가 재배분되어 AA가 한 명, Aa가 두 명, aa가 한 명 태어나게 된다. 그 결과 검은 눈의 아이가 세 명일 때, 푸른 눈의 아이가 한 명 꼴로 태어나게 되는 것이다.

이렇게 2대째에는 나타나지 않던 형질이 3대째에 다시 나타나 최종적으로는 3대 1이 되는 것을 증명하기 위해 멘델은 완두콩을 가지고 실험했으며, 그 결과를 간단한 기호를 이용해 설명했다. 이 방법은 당시의 생물학에서는 대단히 참신한 것이었으며, 현대 유전학에서도 그대로 사용하고 있을 만큼 훌륭한 도식이다.

생전에 아무 평가도 받지 못했던 멘델의 연구는 나중에 가서야 같은 해에 세 명의 과학자가 각기 다른 장소에서 증명함으로써 주목받게 된다.

1880년대 후반, 네덜란드의 식물학자 휴고 드 프리스(Hugo de Vries: 1848~1935)의 연구가 그 도화선이 되었다. 그는 생물에서 부모 자식 간에 변화가 일어나는 것은 주변 환경의 영향 때문이 아니라, 원래 세포 속에 있는 유전 요소가 부모로부터 자식에게 전달되기 때문이라는 것을 밝혀냈다. 독일의 식물학자 칼 코렌스(Carl Correns: 1864~1933)는 프리스가 이러한 내용을 담아 1900년에 발표한 논문을 읽고 자극을 받는다. 그는 옥수수를 이용해 실험한 결과 우성과 열성이 3대 1로 출현한다는 것을 확인한 다음 논문을 썼는데, 그 논문의 표제에 '멘델의 법칙'이라는 표현을 사용했다. 마지막 한 사람은 오스트리아의 에리히 폰 체르마크(Erich von Tschermark: 1871~1962)이다. 그는 완두를 가지고 실험을 했고, 코렌스와 같은 1900년에 논문을 발표했다. 이 세 사람은 독자적인 실험을 통해 이러한 발견을 한 뒤에 멘델의 논문을 토대로 수학적인 해석을 이용하여 이를 증명하였다. 사후 60년이 지났음에도 멘델은 당시 첨단을 달리던 학자들의 실험에서 본보기가 된 것이다.

멘델이 이룬 업적의 의의는 이에 그치지 않는다. 유전형질이 식물의 교배에 의해 혼합되지 않고, 유전의 '요소'가 대를 이어 규칙적으로 이어져 내려간다는 멘델의 발견은 진화론의 문제점에 대해 몇 가지 명쾌한 해답을 던져주기도 했다. 예컨대 다윈이 생물 진화의 메커니즘이라 생각했던 자연선택(도태)설은 증명 가능성이 의문시되었으나, 멘델의 법칙에 따라 대안을 제시할 수 있게 되었다.

　한편 멘델이 제창한 유전의 '요소'가 무엇일까에 대해서는 처음부터 큰 의문이었다. 그 답을 구하기 위해 많은 과학자들이 노력하고 괴로워한 것이 그 후의 생물학의 역사라고도 할 수 있다. 먼저 미국의 과학자 월터 서튼(Walter Sutton: 1877~1916)이 세포 속에 존재하는 염색체가 유전의 요소라고 주장했다. 그것은 독일의 생물학자 발터 플레밍(Walter Flemming: 1843~1905)이 1879년 염색체를 발견한 뒤 이뤄 낸 성과에 바탕을 둔 주장이었었다. 그 후 미국의 생물학자 토머스 모건(Thomas Morgan: 1866~1945)이 초파리의 염색체를 연구하여 유전자의 소재를 나타내는 염색체 지도를 작성했다. 여기서 모건은 염색체의 일부가 유전자로서 기능한다는 것을 밝혀내어 멘델이 말한 유전의 '요소'가 실제로 세포 내에 존재한다는 것을 처음으로 증명했다.

　그리고 20세게 중엽에 이르러 유전자를 전달하는 것의 정체가 DNA(Deoxyribonucleic Acid)라는 것과 유전정보 전달의 메커니즘이 DNA가 가진 이중나선 구조에 있다는 사실이 밝혀진다. 유전에 대한 연구는 여기서 일약 분자 수준까지 발전하여 현대에 와서는 유전자 조작에까지 이어진다. 현대 유전학은 게놈(유전을 지배하는 인자)을 가지고 유전과 관련된 모든 의문을 거의 해명한 상태에 와 있다. 20세기 초 세 사람의 과학자가 재발견한 멘델의 연구가 오늘날의 게놈 연구에까지 그 맥이 이어져 있는 것이다.

　　― 가마타 히로키, 「나는 내 과학 연구에 아주 만족하고 있다―식물의 잡종에 관한 실험」,
　　　　　　　『세계를 움직인 과학의 고전들』, 정숙영 옮김, 부키, 2010.

세계의 과학기술연구소 ❷

독일의 막스플랑크 협회(MAX-PLANCK-GESELLSCHAFT: MPG)

막스플랑크 협회는 1948년 2월 26일에 설립된 독일의 비영리 연구 단체이다. 이 협회는 1911년 설립된 카이저 빌헬름 협회(Kaiser Wilhelm Society)를 전신으로 하고 있으며, 독일의 대표적인 물리학자 막스 플랑크(Max Planck)에게서 연구 단체의 이름을 가져 왔다. 막스 플랑크는 양자역학의 기초를 마련한 공로로 1918년 노벨물리학상을 수상한 독일의 과학자이다.

독일 마인츠에 있는 막스플랑크 화학 연구소

막스플랑크 협회는 자연과학뿐만 아니라 사회과학, 인문학 등과 관련해서도 연구를 진행하고 있는 단체로 산하에 80여 개의 연구소를 두고 있다. 연구소에는 약 13,000명의 영구 고용 직원과 4,700여 명의 과학자가 있으며, 이 외에도 방문 과학자와 계약직 연구자 등 11,000명의 과학자가 연구를 하고 있다. 뮌헨에 본부를 두고 있는 막스플랑크 협회는 연방 정부와 주 정부로부터 자금을 지원 받아 운영되고 있으며, 1년 예산은 14억 유로 정도로 우리 돈으로 환산하면 2조 원이 넘는 액수이다.

막스플랑크 협회 홈페이지에 있는 컴퓨터 미로 사진

막스플랑크 협회는 독일의 가장 성공적인 연구기관으로 불리고 있으며, 산하의 연구소들은 기초과학의 산실로 세계적 명성을 얻고 있다. 최근에는 기초연구뿐만 아니라 기초연구와 응용연구의 연계에도 노력을 기울이고 있다. 컴퓨터과학, 재료과학, 나노기술, 바이오기술, 재생에너지 기술 등은 최근 이들 연구소에서 기초연구와 응용연구의 연계 강화를 위해 주안점을 두고 있는 분야이다.

막스플랑크 협회는 설립 이래 30명 이상의 노벨상 수상자를 배출했으며, 이 협회 소속 연구자들의 이름으로 세계 유명 과학저널에 해마다 13,000편 이상의 논문이 실리고 있다. 세계 100여 개국, 6,000여 파트너와 2,000여 건 이상의 공동 작업을 하고 있으며, 우리나라에도 포스텍(Postech) 내에 '막스플랑크 한국/포스텍 연구소'가 2011년 10월 설립되어 운영되고 있다.

9장 작지만 무한한 나노기술의 세계

사람의 질병을 치료해 줄 것으로 기대되는 나노로봇
(『신동아』, 2012. 3.)

나노기술은 물질을 나노미터 크기의 범주에서 조작·분석하고 제어함으로써 새롭게 개선된 물리적·화학적·생물학적 특성을 지닌 소재, 소자 또는 시스템을 만들어 내는 기술이다. 나노기술은 정보통신기술(IT), 생명과학기술(BT), 환경기술(ET) 등 21세기 과학기술 분야의 근간이 되고 있으며, 학제 간 연구를 통해 빠른 속도로 발전해 나가고 있다. 이 장에서는 나노기술에 대해 살펴본 후, 2부에서 학습한 실험보고서 양식을 토대로 나노기술 관련 실험보고서를 작성한다.

"나는 최종 문제까지 따져보는 것을 두려워하지 않습니다. 아주 먼 미래의 일이겠지만, 궁극적으로 원자를 우리 마음대로 배열하는 것이 그것입니다. 다름 아닌 원자 수준까지 내려가기! 원자 하나하나를 우리가 원하는 곳에 배열할 수 있다면 어떤 일이 일어날까요?"

** 리처드 파인만, 「There's Plenty of Room at the Bottom」(1959년 12월 29일, 캘리포니아 공과대학의 강연에서)

1 나노기술의 발전

역사적으로 인간은 미지의 세계에 대한 호기심을 가지고 살아 왔고, 이러한 호기심을 기반으로 알 수 없는 것의 정체를 밝히고자 노력해 왔다. 예를 들어, 과거로부터 현재까지 인간이 우주에 대해 보여왔던 반응은 미지의 세계에 대해 인간이 어떤 호기심을 가졌고, 미지(未知)의 세계를 기지(旣知)의 세계로 바꾸기 위해 어떤 노력을 기울여 왔는지를 알 수 있는 대표적인 사례이다. 눈에 보이기는 하지만 한계와 정체를 알 수 없는 천상의 세계에 대한 인간의 호기심이 우주에 대한 적극적인 탐구로 이어진 것이다.

그러나 인간의 호기심이 끝을 알 수 없는 광활한 세계에만 머무는 것은 아니다. 반대로, 인간의 호기심은 정체를 파악하기 힘들 정도로 작은 세계, 즉 분자와 원자 수준(나노미터 단위)의 세계에도 닿아 있다. 리처드 파인만(Richard P. Feynman)이 "바닥의 풍부한 공간(plenty of room at the bottom)"이라고 말한 미시 세계야말로 인간의 호기심을 불러 일으키는 공간이자, 과학기술을 통해 발전시켜 나아가야 할 또 다른 가능성의 공간인 것이다.

Tip 1 10의 제곱수 명칭

인자	명칭	인자	명칭
10^{15}	페타(peta)	10^{-2}	센티(centi)
10^{12}	테라(tera)	10^{-3}	밀리(milli)
10^{9}	기가(giga)	10^{-6}	마이크로(micro)
10^{6}	메가(mega)	10^{-9}	나노(nano)
10^{3}	킬로(kilo)	10^{-12}	피코(pico)
10^{2}	헥토(hecto)	10^{-15}	펨토(femto)
10^{1}	데카(deca)	10^{-18}	아토(atto)

나노는 10억분의 1(10^{-9})을 나타내는 국제단위계(SI) 접두어로, 고대 그리스의 난쟁이(nanos)에서 유래된 말이다. 1나노미터는 10억분의 1미터로, 이는 바늘 직경 1밀리미터의 100만분의 1에 해당하는 크기이다. 1나노미터를 다시 10분의 1로 나누면 원자 크기까지 접근하게 되는데, 수소원자의 지름이 0.1나노미터이고 수소원자핵의 지름은 이 수소원자 지름의 10만분의 1 크기가 된다.

나노기술(nanotechnology)은 이처럼 육안으로는 확인할 수 없는 세계, 즉 나노미터 단위의 세계에서 이루어지는 기술을 말한다. '나노기술개발 촉진법(법률 제10772호, 2011년 6월 7일 시행)'에 따르면 나노기술은 "물질을 나노미터 크기의 범주에서 조작·분석하고 이를 제어함으로써 새롭거나 개선된 물리적·화학적·생물학적 특성을 나타내는 소재·소자 또는 시스템을 만들어 내는 과학기술"이라고 정의되어 있다. 물체의 크기가 마이크로미터 이상일 경우에는 크기를 달리 해도 물체의 성질에 변화가 없지만, 나노미터 스케일이 되면 물체의 구조와 성질이 달라지므로 나노기술은 과학기술계에 혁명적인 변화를 가져올 기술로 인식되고 있다.

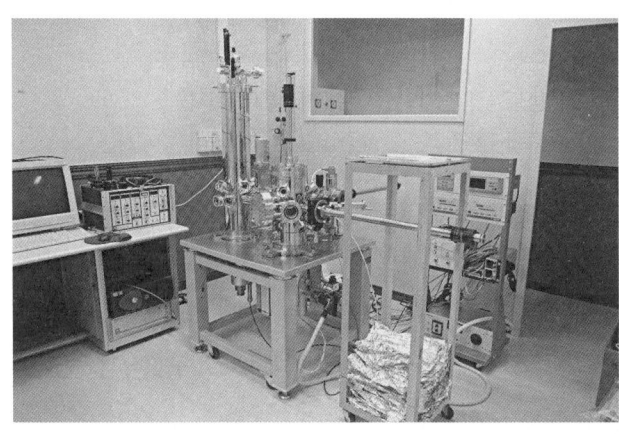

그림1
나노소재 구조 확인 및 분석에 사용하는 다기능주사형탐침현미경(Multi-mode STM)(포항나노기술집적센터)

나노기술이 발전하기 위해서는 물질의 구조를 나노미터 수준에서 관찰할 수 있는 장치가 필요했다. 그런 의미에서 1981년에 개발된 주사터널링현미경(Scanning Tunneling Microscope: STM)은 나노기술 발전에 한 획을 그었다고 할 수 있다. 주사터널링현미경을 통해 물질 표면의 분자나 원자 구조를 나노미터 수준에서 관찰할 수 있게 되었기 때문이다. 이와 함께 주사터널링현미경으로 분자나 원자 구조를 변형시킬 수 있음도 확인되었는데, 그럼으로써 물체를 관찰하는 데에 그치지 않고 물질 자체를 인간이 원하는 방향으로 변형시킬 수 있게 된 것이다.

예문 1

그 다음에는 바이러스를 생각해 보자. 산업 부품 카탈로그에 나오는 부품처럼 생긴 T4 파지라는 바이러스는 스프링 달린 주사기처럼 행동하며 박테리아에 달라붙어 구멍을 뚫고 바이러스성 DNA를 주사한다(그렇다. 심지어 박테리아도 감염에 시달린다). 공장을 점령한 정복자가 탱크를 생산하게 만드는 것처럼 이 바이러스성 DNA는 세포들에게 더 많은 바이러스성 DNA와 주사기를 만들라고 지시한다. 다른 모든 유기체처럼 이들 바이러스는 매우 안정적이며 스스로의 복사판을 잘 만들기 때문에 존속하고 있다.

세포 안에 있든 그렇지 않든, 나노기계들은 보편적 자연의 법칙에 따른다. 통상적인 화학 결합이 그 원자들을 붙들어 두고 있으며 (다른 나노기계의 지침에 의한) 통상적인 화학 반응이 이들을 조립한다. 단백질 분자들은 심지어 특별한 도움 없이 오직 열 교란과 화학적 힘만으로도 결합해 기계를 만들 수 있다. 시험관 안에 바이러스성 단백질들을 섞어놓음으로써 분자생물학자들은 작동하는 T4 바이러스를 조립할 수 있었다. 이는 매우 놀라운 능력이다. 자동차의 부품을 커다란 상자 안에 넣고 흔든 다음 안을 들여다보니 차가 조립되어 있는 것과 마찬가지다. 하지만 T4 바이러스는 수많은 자가 조립 구조물 중 하나에 불과하다. 분자생물학자들은 리보솜 기계를 50개가 넘는 개별 단백질과 RNA 분자들로 해체한 뒤 이를 시험관에서 다시 결합시켰다. 작동하는 리보솜으로 다시 만든 것이다.

이런 일이 어떻게 이루어지는지 쉽게 이해하기 위해 각기 다른 T4 단백질 사슬들을 물 위에서 떠다니는 배라고 생각해 보자. 각각의 단백질은 접혀서 각기 다른 융기와 골을 가진 덩어리가 된다. 이 덩어리는 각기 다른 패턴의 유질(油質), 습도, 전하로 덮여 있다. 이들이 굴러다니면서 자신들을 둘러싼 물 분자들의 열 진동에 의해 마구 밀리는 모습을 그려 보라. 가끔씩 두 개가 한꺼번에 튀어 올랐다가 떨어지면서 다시 갈라진다. 어떤 때는 이들이 함께 튀어 올랐다가 결합된다. 융기와 골의 아귀가 맞고 점성 부분이 서로 맞는 경우에 서로를 잡아당겨서 들러붙게 된다. 이런 방식으로 단백질과 단백질이 결합해 바이러스의 일부분이 되고 부분들이 결합해 전체가 된다.

— 에릭 드렉슬러, 『창조의 엔진』, 조현욱 옮김, 김영사, 2011.

나노 구조물을 제작하는 기술에는 두 가지 방식이 있다. 하향식(top-down)과 상향식(bottom-up)이 바로 그것이다.

하향식 공정 기술은 말 그대로 위에서 아래로, 큰 것에서 작은 것으로 내려가는 방식이다. 기계적인 가공 수단을 위주로 하며, 조각하는 과정을 생각하면 어떤 방식인지 쉽게 이해할 수 있다. 반도체 미세 가공이 하향식 공정 기술의 좋은 예가 될 수 있는데, 주로 기계적인 밀링 등을 통해 공정이 이루어진다. 그러나 이 방식은 구조물의 크기가 작아질수록 고도의 기술과 고가의 장비가 요구된다는 문제가 있다.

상향식 공정 기술은 아래에서 위로, 작은 것에서 큰 것으로 올라가는 방식이다. 원자나 분자 단위에서 나노미터 크기의 복잡한 구조물을 만드는 방식인데, 탑 쌓는 방식을 연상하면 된다. 그러나 원자 하나하나를 조작해 연구자가 원하는 나노 구조물을 얻는 데에는 현실적으로 많은 어려움이 따른다. 이를 극복하기 위해 【예문1】에서 드렉슬러가 제시한 것처럼 '자기조립(self-assembly)' 방법이 상향식 공정 기술의 중요한 가능성으로 받아들여지고 있다. 자기조립 방법은 원자나 분자, 나노 입자 등이 어떤 상황에서 자발적으로 조합되어 특정한 나노 구조물을 형성하는 방식을 말한다. 자기조립되는 나노 구조물의 대표적인 사례로 탄소나노튜브를 들 수 있다.

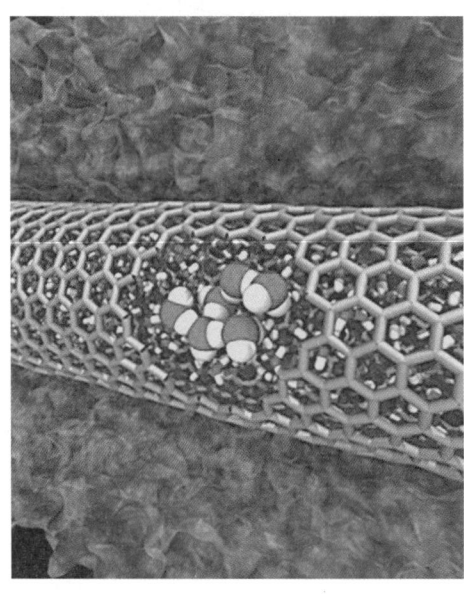

그림2
수용액 상태에서 물이 자발적으로 빨려 들어간 뒤의 탄소나노튜브 구조 (『한겨레』, 2011. 7. 26.)

하향식이든 상향식이든 나노 공정 기술은 아직 발전 단계에 있는 기술이다. 그렇기 때문에 지속적인 투자와 개발이 필요한 기술이기도 하다.

이제 나노기술은 단지 그것 자체만의 기술이 아니라 정보통신기술(IT), 생명과학기술(BT), 환경기술(ET) 등 21세기 과학기술 연구 분야의 근간이 되고 있다. 과학기술의 여러 분야에서 추구하는 목표가 나노 규모의 크기로 향하고 있기 때문에 나노기술 없이 고부가가치 창출을 기대하기가 어려워진 것이다. 높은 기술 집약도, 경제적 효과, 환경 친화성 등을 특징으로 하는 나노 기술은 여러 과학기술 분야의 전문가들이 힘을 합쳐 발전시켜 나가야 할 학제 간 연구(interdisciplinary research)의 대표적인 영역으로 자리매김하고 있다.

 주사터널링현미경(STM)의 작동 원리를 1,000자 정도 분량의 글로 '알기 쉽게' 설명해 보자. 효과적인 설명을 위해서는 2부 7장에서 학습한 시각 자료를 적극적으로 활용하는 것도 필요하다.

학습활동 2 『재미있는 나노과학기술 여행』(양문, 2006)의 2장을 읽고, 이 책에 나온 것 이외에 인간이 자연에서 배운 나노기술에는 어떤 것이 있는지 찾아 발표해 보자.

2 나노기술의 가능성과 한계

2000년 초에 이미 미국국립과학재단(NSF)은 향후 10~15년 이내에 나노 관련 산업 규모가 1조 달러 규모로 급성장할 것이라고 전망하였다. 한국과학기술평가원에서도 국내 나노기술의 경제적 가치가 2020년에는 전체 산업 규모의 약 18%에 이를 것으로 예상했다. 나노기술이 적용된 산업의 규모가 급성장할 것이라는 전망을 우리나라뿐만 아니라 세계 각국에서 내놓고 있는 것이다.

〈표〉 지식경제부가 발표한 2020 나노융합 확산 전략(2012년 12월 4일)

	내용
계획	유망한 나노 중소, 중견 기업을 나노 전문 기업으로 지정. 2020년까지 '나노 자이언트(글로벌 나노 강소기업)' 20개 이상 육성
목표	나노융합산업 매출 2,500억 달러(세계 시장 규모의 10%) 달성. 일자리 5만 개 창출
분야	정보통신기술(IT), 생명과학기술(BT), 환경기술(ET)
지원 규모	향후 8년간 9,300억 원

나노 관련 산업의 규모가 세계적으로 급성장할 것이라고 예상되기 때문에 글로벌 나노 시장을 선점하기 위한 세계 각국의 노력은 치열할 수밖에 없다. 위의 〈표〉에서 확인할 수 있는 것처럼 우리나라 역시 글로벌 나노 시장에서 주도권을 잡기 위하여 장기적인 계획 하에 나노산업 육성에 힘을 기울이고 있다.

나노기술은 산업뿐만 아니라 과학기술 분야에도 획기적인 변화를 가져올 것으로 기대되고 있다. 의학, 생명과학, 정보통신공학, 환경공학, 항공 및 우주과학, 신소재공학 등의 분야에서 이제 나노기술은 기술 개발을 위한 핵심적인 조건으로 평가받고 있다. 나노소재, 나노소자, 나노 기반 분석·측정 기술뿐만 아니라 나노기술을 응용한 제품 등 나노기술은 과학기술 여러 분야에 파급 효과를 미치고 있다.

Tip 1 나노소재와 나노소자

나노소재	나노기술을 이용하여 만든 재료들. 입자재료, 벌크재료, 신소재 등 → 금속산화물, 비금속무기, 바이오소재, 복합재료, 나노구조체 등
나노소자	나노기술을 통해 제작된 고분자가 특정한 기능을 수행하는 것. 반도체 메모리, 칩, 센서 등 → OLED, 바이오센서, DNA칩, 반도체 LSI 등

나노기술을 응용한 나노소재는 이미 우리의 일상생활에서 여러 가지 형태로 활용되고 있다. 나노기술을 적용한 소재는 강도가 증가하면서도 잘 부러지지 않고 가볍기 때문에 항공기나 자동차 등 운송 수단의 소재로 활용되고 있다. 운송 수단의 무게가 가벼울수록 그만큼 필요한 동력도 줄어들게 되므로 에너지 절약의 효과도 기대할 수 있다. 또한 이러한 나노소재의 특성을 이용한 스포츠 용품이 생산됨으로써 소비자는 한층 더 우수한 성능의 제품을 사용할 수 있게 되었다.

그림3
나노기술을 적용한 자동차의 외장(『산업일보』, 2011. 12. 16.)

나노기술은 환경과 에너지 문제를 해결하기 위한 방법으로도 주목을 받고 있다. 나노기술을 활용한 연료전지가 좋은 예라고 할 수 있다. 연료전지는 연료인 수소와 공기 중의 산소가 만나 전기적 에너지를 발생시키는 발전 장치인데, 이때 양극과 음극 사이에 있는 나노구조의 전해질이 연료전지의 특성을 좌우하게 된다. 연료전지를 활용하게 되면 별도의 송전시스템 없이 전기를 생산할 수 있게 되며, 공해 물질을 발생시키지 않으므로 화석 연료를 대체하는 친환경적인 에너지로 자리매김할 수 있게 된다.

나노기술은 여러 과학기술 분야와 접목해 획기적인 발전을 가져올 것으로 기대되고 있으며, 그 가운데 가장 기대를 모으고 있는 것이 나노생명과학기술(nanobiotechnology) 분야이다. 나노생명과학기술은 질병 진단 및 치료에 응용이 가능하도록 생명과학기술에 나노기술이 활용되는 형태로, 질병 진단과 치료에 획기적인 변화를 가져올 것으로 기대되고 있다. 나노미터 크기의 수준에서 발생하는 생명 현상을 분석하고 제어함으로써 질병을 초기에 진단하고 원하는 부위를 찾아 정확한 치료를 할 수 있을 것이기 때문이다.

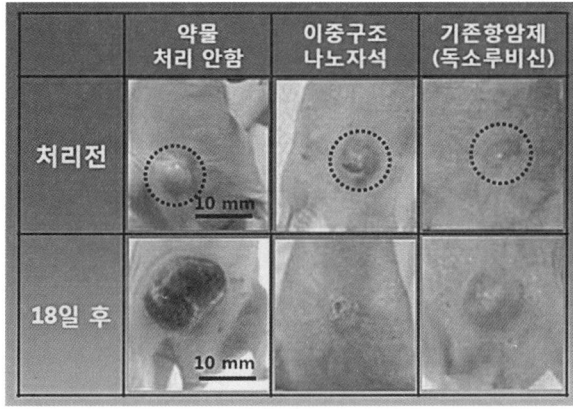

그림4
나노자석을 활용한 암세포 제거 과정 (『아시아경제』, 2011. 6. 27.)

> **예 2 문** 열을 발산해 암세포를 죽일 수 있는 나노미터 급 자석 입자를 국내 연구진이 개발했다. 천진우 연세대 화학과 교수와 박국인 의과대 교수 연구팀은 외부 자기장 에너지를 열로 바꿀 수 있는 공 모양의 나노자석을 만든 뒤 이를 이용한 동물실험에서 암세포를 제거하는 '온열치료 효과'를 확인했다고 26일 밝혔다. 이번 연구 결과는 나노기술 분야의 권위 있는 학술지 『네이처 나노테크놀로지(Nature Nanotechnology)』 26일자 인터넷 판에 게재됐다.
> 온열치료는 암세포가 42℃ 이상 온도에서 죽는 성질을 이용한 것으로, 열을 쪼여 암을 제거하는 방법이다. 자성을 띤 나노입자를 쥐의 암세포 부위에 주입하고 주변에 교류 자기장을 만들어 주면 나노입자의 양극이 주기적으로 바뀌면서 회전해 열을 낸다. 이같은 나노자석을 활용한 온열치료는 외국에서 이미 시도되고 있으나, 이번에 천 교수 연구팀이 개발한 15nm 크기의 나노입자는 기존에 비해 발열 효율이 많게는 30배에 달해 더 높은 치료 효과를 낼 것으로 기대된다. 연구팀은 교류 자기장 에너지를 더 많은 열로 전환하기 위해 단순 산화철 대신 산화철에 코발트·망간 등을 섞은 합금으로 나노입자를 만들었다.
>
> ―「천진우 연세대 교수팀, 암세포 죽이는 나노자석 개발」, 『매일경제신문』, 2011. 6. 27.

위의 예문에서 확인할 수 있는 것처럼 나노기술은 난치병 치료에 적극적으로 활용되기 시작했다. 생명과학과 의학은 나노기술과 만나 질병 치료의 새로운 영역을 개척해 가고 있는 것이다. 특히 유전학, 단백질공학, 세포의학 등 생명과학과 의학의 하위 분야에서 나노기술은 혁명적인 역할을 할 것으로 기대되고 있다. 나노미터 수준에서 발생하는 인간의 질병을 나노미터 수준의 기계를 활용하여 치료하려는 인간의 꿈이 현실화되어가고 있는 것이다.

그림5
매우 작은 잠수정을 타고 사람 몸속을 돌아다닌다는 내용을 담은 영화 「이너 스페이스」(1987)

> **예문 3** 어셈블러 기술은 앞으로 20년 내에 출현할 가능성이 높은 것으로 보인다. 새로운 나노기술의 하위 분야인 분자전자공학에서 개별 분자들은 회로 요소들이 될 것이다. 이 분자전자공학은 조속히 성숙하고, 앞으로 10년 내에 엄청난 돈벌이가 될 것이며, 따라서 나노기술에 대한 투자는 크게 증가할 것이다.
>
> 불행하게도 핵기술과 마찬가지로 나노기술은 건설적인 용도보다는 파괴적인 용도를 위해 이용되기가 훨씬 더 쉽다. 나노기술이 군사적으로, 또 테러 행위를 위해 사용될 수 있다는 것은 명백하다. 자신은 피해를 입지 않으면서 나노기술 장치를 방출해 놓는 것이 가능한 것이다. 예를 들어 어떤 특정 지역 또는 어떤 유전적 특성을 지닌 인간 집단에게만 선택적으로 상해를 가하는 파괴적 장비가 나노기술을 이용하여 만들어질 수 있다. (중략)
>
> 무엇보다 우리의 경각심을 일깨우는 것은 GNR(유전공학, 나노기술, 로봇공학) 기술에서의 파괴적인 자기복제의 힘이다. 자기복제는 유전공학의 작동 방식이다. 그것은 세포가 스스로의 설계를 복제하도록 하는 기술로 나노기술의 근간에 있는 주된 위험이다. '보르그'처럼 제멋대로 일탈한 로봇에 관한 이야기들, 이를테면 기계를 만든 사람들이 부과한 윤리적 절제를 벗어나기 위해 자기복제를 하거나 돌연변이하는 등의 이야기들은 우리의 공상과학 소설이나 영화 속에 잘 그려져 있다. 자기복제는 우리가 생각했던 것보다 훨씬 더 근본적인 문제일지 모르며, 이제부터는 통제하기가 더 어렵거나 심지어 불가능할지도 모른다.
>
> — 빌 조이, 「왜 우리는 미래에 필요 없는 존재가 될 것인가」, 『나노기술이 미래를 바꾼다』, 김영사, 2002.

> **예문 4** 나노 연구자들은 오래전부터 이런 공상을 했다. 일단 누군가 원자 수준의 제조 방법을 알아내기만 하면 그때부터 단거리 경주가 시작될 것이다. 그때부터 너나없이 누구든지 그 일을 해낼 테고, 그리하여 세계 각지의 조립 라인에서 온갖 신기한 분자 제품들이 마구 쏟아져 나올 것이다. 이 놀라운 신기술은 불과 며칠 사이에 인류의 삶을 완전히 바꿔놓을 것이다. 그저 누군가 먼저 제조 방법을 알아내기만 한다면.
> 그러나 물론 그런 일은 절대로 없을 것이다. 그런 발상 자체가 터무니없다. 왜냐하면 본질적으로 따져본다면 분자를 제조하는 일도 컴퓨터나 유체 밸브나 자동차 따위의 제품을 제작하는 일에 비해 별반 다를 게 없기 때문이다. 제대로 해내려면 시간이 걸린다. 사실 원자들을 조립하여 새로운 분자를 만드는 일은 각각의 코드들을 모아서 하나의 컴퓨터 프로그램을 만드는 일과 아주 흡사하다고 볼 수 있다. 그런데 컴퓨터 프로그램이 단 한 번의 시도로 완성되는 일은 절대로 없다. 프로그래머들은 코드들을 무수히 고쳐 써야 한다. 그리고 일단 완성된 뒤에도 프로그램이 처음부터 제대로 작동하는 일은 정말 절대로 없다. 두 번째도 마찬가지다. 백 번째도 마찬가지다. 버그를 잡고, 또 잡고, 또 잡아야 한다. 그러고도 또 잡는다. 나는 전부터 분자를 제조하는 일도 똑같을 거라고 믿었다. 분자들이 제대로 작동하게 만들려면 역시 버그를 잡고 또 잡아야만 할 것이다.
>
> – 마이클 크라이튼, 『먹이』1, 김진준 옮김, 김영사, 2004.

앞에서 나노기술의 다양한 가능성에 대해 언급했지만 나노기술이 우리에게 희망만을 가져다주는 것은 아니다. 【예문3】에 나오는 것처럼 나노기술은 인류에게 피해를 주는 방향으로 활용될 수 있고, 【예문4】에 나오는 것처럼 인간의 조작과 통제가 불가능한 쪽으로 나아갈 수도 있다. 예컨대 드렉슬러가 '그레이 구(grey goo)'라고 명명한 상황, 즉 자기 증식하는 나노기계가 인간의 통제를 벗어나 지구 전체를 뒤덮게 되는 상황이 올 수도 있다는 것이다.

또한 나노물질의 폐해, 예컨대 나노입자가 인체에 어떤 영향을 줄 것인지는 아직까지도 정확한 연구가 이루어지지 않은 상태이다. 나노미터 수준에서는 물질의 성질이 달라질 수 있으므로 성질을 달리한 나노입자가 인체에 무해하리라고 장담할 수 없다. 석면보다도 훨씬 작은 나노입자가 독성을 가지고 호흡기나 피부를 통해 인간의 체내로 침투한다면 인체에 악영향을 미칠 것임은 어렵지 않게 짐작할 수 있다.

대부분의 과학기술이 그렇듯 나노기술 역시 무한한 가능성과 함께 해결해 나가야 할 문제점을 안고 있는 기술이다. 21세기의 첨단 기술이라고 일컬어지는 나노기술이 지속적으로 발전하기 위해서는 이 기술이 안고 있는 한계를 정확하게 파악하는 일이 무엇보다 중요하다. 나노기술이 인간의 통제 하에서 인간을 위해 활용될 때 비로소 이 기술은 인간의 미래를 바꿀 희망의 기술이 될 것이다.

학습활동 3 우리나라 대학에서 나노기술과 관련하여 이룩한 성과에는 어떤 것들이 있는지 찾아 발표해 보자.

학습활동 4 【예문3】에 나온 빌 조이(Bill Joy)의 「왜 우리는 미래에 필요 없는 존재가 될 것인가」를 찾아 글 전체를 읽고 나노기술이 가져올 문제점을 어떤 식으로 극복할 수 있을지 조별로 토의해 보자.

3 실험보고서 쓰기

실험보고서는 자신이 어떻게 실험을 수행했는지를 보고하는 글이다. 작성자는 정해진 양식(IMRAD 방식)에 맞게 객관적으로 가감 없이 보고서를 작성해야 한다.

> 나노기술을 활용한 실험을 한 후, 2부 5장 1절에서 학습한 양식에 맞추어 실험보고서를 작성해 보자.

1. 작성하기

2부 5장 1절에서 학습한 것처럼 실험보고서를 작성할 때에는 1. 서론(Introduction), 2. 재료 및 방법(Material and Methods), 3. 결과(Results), 4. 토의(Discussion), 5. 참고문헌(References)의 순서로 작성한다. 마지막으로, 표지에는 실험 제목, 실험 일시와 장소, 실험자의 인적사항 등을 기록한다.

1단계: 서론

실험을 하게 된 배경, 실험을 수행하는 목적, 기존 연구사 검토 등의 내용을 담아 서술한다.

2단계: 재료 및 방법

실험에 사용한 시약 및 도구 등을 기록한다. 필요한 경우 도표를 활용하고, 번호를 붙여 가면서 실험 절차를 서술한다.

3단계: 결과

실험을 통해 얻은 모든 결과를 효과적으로 제시한다. 결과에 이르는 과정까지도 자세하게 설명한다. 이 단계에서는 도표를 적극 활용하는 것이 좋다. 결과에 대한 의미 부여와 해석은 다음 단계에서 한다.

4단계: 토의

실험 전에 기대하였던 목표와 기댓값의 성취 여부, 실험 결과에 대한 의미 부여, 개선해야 할 점 및 향후 연구 방향 등에 대해 서술한다. 선행 연구가 충분히 되어 있다면 자신의 실험이 지니는 의미를 더 정확하게 이해하여 의미 부여를 할 수 있을 것이다.

5단계: 참고문헌

실험을 진행하면서 참고한 전문서적, 학술논문, 인터넷 자료 등을 참고문헌 작성 양식에 맞추어 정확하게 기록한다.

6단계: 표지 만들기 및 전체 검토

표지에는 실험 제목, 실험 일시와 장소, 실험자의 인적 사항 등을 기록한다. 제목은 전체 실험 내용을 압축적으로 보여줄 수 있어야 한다. 실험 일시와 장소를 기록할 경우 실험이 일정한 시차를 두고 진행되었다면 번호를 달아 차례로 그 내용을 기록한다. 실험자의 인적 사항을 기록할 경우 팀별로 이루어진 실험이었다면 팀원들의 인적사항을 모두 기록한다. 마지막으로 실험보고서 양식에 맞게 실험보고서가 체계적으로 작성되었는지 꼼꼼히 검토한다.

2. 점검하기

실험보고서를 완성했다면 다음의 체크리스트를 활용하여 점검해 보자. 동료와 글을 바꾸어 꼼꼼하게 읽고 분석한 후 체크리스트를 작성(상·중·하로 평가)한다. 해당 항목의 요구에 글이 부합하지 않는 경우 체크리스트에 그 이유를 간단하게 기록한다.

동료 평가자: 　　　　　　　글쓴이:		
항목	동료가 점검한 내용	글쓴이가 진단한 내용
1단계: 글 전체와 구성 차원 1. 표지의 제목은 전체 실험 내용을 압축적으로 보여주고 있는가? 2. 표지에 실험 일시와 장소가 정확하게 기록되어 있는가? 3. 표지에 실험자의 인적 사항이 분명하게 적혀 있는가? 4. 실험보고서의 본문이 서론→재료 및 방법→결과→토의→참고문헌 순서로 체계적으로 구성되어 있는가? 5. '서론'에 연구의 배경, 연구 목적, 기존 연구사 검토 등의 내용이 잘 나와 있는가? 6. '재료 및 방법'에 실험에 사용한 도구와 시약 등을 정확하게 기록해 놓았는가? 7. '재료 및 방법'에서 실험 절차를 번호를 매겨가면서 순차적으로 보여주고 있는가? 8. '결과'에서 실험을 통해 얻은 결과를 효과적으로 제시하고 있는가? 9. '결과'에서 도표를 활용해 실험 결과를 요약적으로 보여주고 있는가? 10. '토의'에서 해당 실험이 얼마나 중요하고 어떤 측면에서 의미를 지니는지 효과적으로 드러내고 있는가? 11. '토의'에서 기존의 연구와 변별되는 이번 실험(연구)의 의미를 충실하게 보여주고 있는가? 12. '참고문헌'을 양식에 맞게 작성하였는가? 13. 본문의 다섯 가지 항목에서 요구하는 내용에 맞게 각각의 내용을 배치하였는가? 14. 자신의 생각이 아닌 경우 출처를 정확히 밝히고 인용을 분명하게 하였는가?		

2단계: 단락 및 문장 차원		
1. 하나의 단락은 하나의 중심 생각을 담고 있는가?		
2. 단락을 구성하는 문장들은 긴밀하게 연결되었는가?		
3. 내용상 보충, 삭제, 대체해야 할 부분은 없는가?		
4. 각 문장의 주어와 서술어, 수식어와 피수식어는 잘 호응이 되고 있는가?		
5. 문장이 간결하게 쓰였는가?		
6. 문장은 글쓴이의 주관적인 느낌을 배제한 객관적인 언어로 쓰였는가?		
7. 부정확한 문장, 어색한 문장, 뜻이 모호한 문장은 없는가?		
8. 맞춤법과 띄어쓰기는 정확히 준수했는가?		

연·습·문·제

1 나노소재를 활용한 실험을 한 후 학습한 양식에 맞추어 실험보고서를 작성해 보자.

2 나노 입자의 합성(분석)과 관련한 실험을 한 후 학습한 양식에 맞추어 실험보고서를 작성해 보자.

세계의 과학기술연구소 ❸

〈일본의 이화학연구소(理化學硏究所: 'RIKEN')〉

일본의 이화학연구소는 디아스타아제(녹말분해효소)를 처음 발견한 다카미네 조키치가 1913년 국민과학연구소의 필요성을 주창함에 따라 1917년 과학기술 관련 연구 및 대중 확산을 목적으로 설립되었다. 이화학연구소는 일본 문부과학성 산하의 과학기술 연구소로, '리켄(理研·RIKEN)'이라는 약칭으로 불리며 현재 일본 과학기술 정책을 이끌고 있다.

'리켄'은 일본의 과학과 기술에 관한 포괄적 연구를 진행해 기술 발전의 결과를 대중에게 확산시키는 것을 활동 목적으로 삼고 있으며, 연구 성과의 보급을 위해 대학 또는 기업과의 공동연구와 수탁연구를 진행하며 특허를 비롯한 지적소유권을 산업계에 이전하는 데에도 적극적인 역할을 하고 있다. '리켄' 출신의 유명한 과학기술자들로는 유가와 히데키(1949년 노벨 물리학상), 토모나가 신이치로(1965년 노벨 물리학상), 그리고 현재 이화학연구소를 이끌고 있는 노요리 료지(2001년 노벨 화학상) 등을 들 수 있다.

현재 '리켄'은 와코[和光] 본원을 비롯하여 미야기현[宮城縣] 센다이[仙臺]의 포토다이내믹스연구센터 등 일본 전역에 연구소를 두고 운영하고 있으며 미국, 영국, 싱가포르, 중국, 한국 등에도 해외 지부를 두고 있다. 미국 브룩헤븐국립연구소(BNL)에 설치한 BNL연구센터와 영국 러더퍼드애플톤연구소(RAL) 출장소 등이 특히 유명하다. 2010년 현재 직원 수는 3,461명, 2011년 예산은 930억 엔이다. (〈위키 백과〉 참고)

[이화학연구소 와코 본원 연구 본관 전경. 사진: '리켄' 웹사이트]
(http://www.riken.jp/engn/r-world/riken/outline/index.html.)

참·고·문·헌

1. 강찬형 외, 『재미있는 나노과학기술 여행』, 양문, 2006.
2. 이인모·진인주 외, 『나노소재』, 대영사, 2006.
3. 이인식, 『한권으로 읽는 나노기술의 모든 것』, 고즈윈, 2010.
4. 이인식 엮음, 『나노기술이 미래를 바꾼다』, 김영사, 2002.
5. 최희규, 『가루와 함께 일주일만 놀아보자』, 이담, 2012.
6. 한국과학기술정보연구원, 『나노과학기술용어』, 한국과학기술정보연구원 나노정보분석팀, 2006.
7. 요코야마 히로시 편, 『나노 재료과학』, 윤창주·김대수 옮김, 겸지사, 2006.
8. 블라트 게오르게스쿠·마리타 폴보른, 『나노 바이오테크놀로지』, 박진희 옮김, 생각의 나무, 2004.
9. 에드 레지스, 『나노테크놀로지』, 노승정·유해영·이철의 옮김, 한승, 1998.
10. 에릭 드렉슬러, 『창조의 엔진』, 조현욱 옮김, 김영사, 2011.
11. 마이클 크라이튼, 『먹이』1·2, 김진준 옮김, 김영사, 2004.

09 동서양 과학기술 고전 — The Classics of Science & Technology

레이첼 카슨의 『침묵의 봄』(1962)

레이첼 카슨

『침묵의 봄』

지금으로부터 정확히 40년 전인 1962년, 자그마한 체구의 한 여성이 『침묵의 봄(Silent Spring)』이라는 다소 도전적인 제목의 책을 발간했는데, 그것이 세상을 온통 뒤바꾸는 혁명의 기폭제가 되고 말았다. 당시까지만 해도 기적의 화학물질이라는 찬사와 함께 마구잡이로 사용되던 각종 살충제·제초제·살균제들이, 자연 생태계와 인체에 미치는 온갖 해악을 낱낱이 밝혀냄으로써 현대 과학문명이 환경오염과 환경 훼손의 주범이 될 수 있다는 점을 전 세계에 주지시키는 데 커다란 공헌을 했던 것이다.

『침묵의 봄』의 발간으로 사람들은 과학기술의 발달이 현대인의 생활을 더 풍요롭고 윤택하게 할 것이라는 장밋빛 기대를 더 이상 품지 않게 되었다. 오히려 과학기술을 오용하고 남용할 때 그것이 환경 파괴와 환경오염이라는 엄청난 재앙을 불러올 수 있다는 사실을 깨달으면서 사람들은 전율했다. 새 봄이 찾아와도 새 소리를 들을 수 없다면 그것을 어찌 봄이라 하겠는가. 그리고 그런 환경 속에서라면 우리의 생활이 아무리 풍요롭다한들 어찌 행복하다고 할 수 있겠는가.

그렇게『침묵의 봄』은 환경오염의 재앙을 경고했다. 그리고 그 책의 내용에 귀 기울였던 사람들은 비록 느리게나마 서서히 세상을 바꾸어 나갔다. 그 후 40년의 세월이 흘렀다. 그 동안 세상은 과연 어떻게 변했을까?

과거 40년 전의 상황과 비교했을 때 적어도 레이첼 카슨(Rachel Carson: 1907~1964)이 우려하던 '침묵의 봄'은 현실로 재현되지 않았다. 이런 점에서 지금도 일부 환경낙관론자들은 카슨의 경고가 너무 과장된 것이었다는 주장을 굽히지 않고 있다. 그러나 시대에 앞서서 그런 경고가 있었기에 '침묵의 봄'이 현실화되지 않았다는 지적이 더 정당한 것이 아닌지 모르겠다. 어쨌든 카슨의 저작이 현대 사회에 기여한 첫번째 공로를 꼽으라면 당연히 이렇게 말할 수 있겠다. 이 한 권의 책『침묵의 봄』이 있었기에 현실에 '침묵의 봄'은 찾아오지 않았다고.

둘째로,『침묵의 봄』이 발간된 이후 사람들은 현대 과학기술이 지닌 불유쾌한 속성들을 충분히 인식하게 되었다는 것이다. 많은 과학자들이 거대 화학 회사들이 제공하는 일자리와 연구비의 유혹에 이끌린 나머지 환경오염을 부추기는 기술 개발에 쉽게 빠져든 반면, 이런 현대 과학기술의 맹점이 강조되면서 다른 한편으로는 그런 금전적 유혹에 빠지지 않으려는 과학계의 시도 또한 적지 않게 나타났다. 1970년대와 80년대에 서구 선진국들에서는 환경오염 방지를 위한 연구에 범정부적인 노력이 경주되었는데, 이렇게 정부의 지원이 많아지면서 과학계에 미치는 화학 회사들의 입김 또한 상당 부분 줄어들었다. 만약 40년 전 카슨이 살던 시대보다 지금 환경적으로 조금이라도 더 개선되었다면 여기에는 공공의 이익을 위한 과학 기술을 강조했던 카슨의 주장에 힘입은 바가 적지 않다.

셋째, 일반 대중들이 화학물질의 위험성을 인식하면서 정부와 기업이 함께 나서서 더 독성이 낮고 선택성이 우수한 살충제와 제초제의 개발에 적극적으로 나서게 되었다는 점을 지적할 수 있겠다. 그 결과 요즈음 생산되는 각종 농약들과 그 관련 제품들은 더 이상『침묵의 봄』에서 열거했던 그런 무시무시한 화학물질들이 아니다. 물론 지금도 우리가 가정에서 흔히 사용하는 살충제나 제초제들에 대해서는 충분한 주의를 기울여야겠지만, 그렇다고 해서 모든 농약과 화학물질들을 다 추방해야 할 만큼 심각한 환경오염의 주범은 아니라는 점 역시 분명하다. 요즈음의 농약들은 소비자가 충분히 주의를 기울이기만 한다면 생태계와 인체에 별다른 악영향을 미치지 않을 정도로 그 독성이 크게 낮아졌다.

마지막으로, 화학물질에 관련된 제반 사정이 과거 40년 전과 비교하여 크게 개선되었다고 해도 농약과 살충제에 대한 대중들의 우려가 완전히 가신 것은 아니라는 점을 지적할 수 있겠다. 카슨이 살던 시대에는 DDT, 알드린, BHC 등의 화학물질 과다 사용이 새들의 산란을 저해하고, 숲속의 곤충들을 절멸시키고, 인체에 암을 유발한다고 지적되었다. 이제 그런

고발은 상당 부분 줄어들었지만 그 대신 그런 화학물질들과 유사한 새로운 화학물질들이 여전히 자연 속에 극미량 존재하면서 환경호르몬으로 작용한다는 사실이 점점 더 확실히 밝혀지고 있다. 이런 화학물질들이 각종 생물들은 물론 우리 인간의 미묘한 생리 작용에까지 영향을 미쳐서 남녀 성비에 변화를 가져오고, 남자의 정자 수를 감소시키며, 운동 장애와 지능 발달 장애를 가져온다는 사실을 이제는 더 이상 부정할 수 없게 되었다. 요컨대 화학물질 사용의 위협은 아직도 일정 부분 현재진행형인 것이다.

40년 전에 발간된 저서에 대하여 현재의 시점에서 평가하기란 그리 쉬운 일이 아닐 것이다. 더욱이 그 저서가 나날이 발전하는 과학기술 분야의 책이라고 한다면 더욱 그러하리라. 바로 이런 관점에서, 『침묵의 봄』을 읽는 독자들에게 이 책을 과학 고전으로서 읽어주길 부탁하고 싶다. 다시 말해서, 이 책이 전달하고 있는 주된 내용, 즉 농약과 살충제의 무분별한 살포가 야기할 수 있는 위험성에 대해서는 그것을 상당 부분 낮추어서 이해해 달라는 것이다. 이미 앞에서 지적했다시피 요즈음 사용되는 농약들은 더 이상 카슨이 살던 시대의 농약들이 아니기 때문이다.

그렇다면 독자들이 이 책에서 받아들여야 하는 정작 중요한 메시지는 무엇일까? 필자의 입장에서 그것은 한 여성 과학자의 예리한 관찰력, 굳건한 고발 정신, 시대에 앞서가는 탁월한 통찰력이다. 당신이 젊은 독자라면 이 책을 읽는 동안 모름지기 한번쯤은 시대를 앞서 살았던 카슨의 입장이 되어볼지어다.

- 홍욱희, 「40년 만에 다시 읽는 『침묵의 봄』」, 『침묵의 봄』, 에코리브르, 2002.

10장
과학기술적 사고와 새로운 공간의 창출

네덜런드 건축가 렘 콜하스가 설계한 일리노이 공과대학교(IIT)의 맥코믹 트리뷴 캠퍼스 센터

콜하스는 스스로 "내 머릿속에서 나는 건축가 못지않게 작가이다."라고 말한다. 건축가가 만들어내는 공간은 단순히 물리적인 장소(place)의 의미를 넘어 인간 혹은 주변 환경과 교감하는 구체적인 공간(space)으로서의 의미를 지닌다. 건축은 조형예술의 한 분야이기 이전에 궁극적으로 사람의 삶을 조직하고 그 사회가 지향하는 방향성을 구체화하여 보여준다. 따라서 공간의 창출은 비단 건축가나 도시 전문가들의 전유물이라기보다는 인문·사회과학과의 긴밀한 소통 속에서 이루어져야 한다. 이 장에서는 새로운 공간의 창출과 도시의 형성이 이루어지는 과정을 구체적인 사례를 통해서 살펴본다. 나아가 현재 우리 주변에 있는 공간의 문제점을 발견하고 그것을 개선하기 위한 제안서를 작성해 본다.

"건축은 회화, 조각, 영화, 문학을 낳는 '소망과 동기'와 똑같은
인간의 '소망과 동기'의 소산이다.
건축은 이해하고 표현하고 싶은 인간의 욕구에서 나온다."
** 돈 맥캔스, 「모자이크: 문학의 타분야와의 연관성 연구 저널」

1 과학기술과 공간 창출

사회가 변화하듯이 거기에 속한 공간은 도시와 농촌의 성장과 변화에 맞추어 변화한다. 공간의 변화와 발전이 단순히 건축 자재와 인테리어의 발달만을 의미하지는 않는다. 그것은 근본적으로 구체적인 공간과 관계를 맺는 개인 혹은 집단, 나아가 그들이 속한 사회와 공동체에 대한 인식의 변화에 기초한다. 그러한 인식의 변화는 과학기술을 통하여 구체적인 공간으로 실현된다.

과학기술은 그것이 이루어지고 있는 사회 속에서 발전하면서 새로운 공간을 창출한다. 과학기술과 새로운 공간의 창출은 다양한 공간들 사이에서 이루어지는 창의적인 융합 과정에 대한 연구로 확산될 수 있다. 피카소와 마르셀 뒤샹의 모더니즘 예술은 과학기술의 발전과 밀접한 관련을 맺고 발전했다. 아울러 모더니즘 건축 운동에서는 과학기술과 예술, 건축의 통합적 연결을 시도했다는 것도 널리 알려진 사실이다. 데사우(Dessau)의 바우하우스(Bauhaus) 예술가들은 실제로 과학기술 분야에서도 아주 특별한 분야인 논리 실증주의 과학철학자들과의 제휴 관계를 유지하기도 하였다.

인류 문명의 발전은 곧 과학기술의 발전과 동일한 궤적을 이룬다. 이러한 사실은 과학기술의 발전이 주어진 결과의 도출과 과학기술자의 업적으로 끝나는 것이 아니라 궁극적으로 사회와 인류의 발전으로 연결될 수밖에 없음을 의미한다. 그런 측면에서 과학기술이야말로 가장 인간중심적인 사고로부터 출발해야 한다.

다음의 예문은 한 건축가가 한국의 시골 농촌의 풍경을 변화시키는 과정을 기록한 글이다. 건축가의 문제의식과 그것을 실행하는 접근 방법(process)에 주목하여 글을 읽어보자.

예문 1 '공중목욕탕의 탄생'

"도시는 개별적 건축에 각인된 사회적 가치들의 구현물이며, 지역 공동체의 권력과 문화가 집중된 곳이다. 도시는 통합된 사회적 관계의 상징이며 형태이다. 정신은 도시 속에서 형성되고 반대로 도시는 정신을 조건 지운다." 루이스 멈퍼드(Lewis Mumford)가 언급한 이 말은 지금 여기 한반도의 무주에서도 진실이다.

우리 농촌은 도시와 같이 총체적으로 말하자면 한국사의 사회적 가치들이 표현해 낸 산물이고, 근대적 국가 권력이 이행해 온 삶의 방식들의 집합체임을 부정할 수 없다. 고전적 의미의 면사무소란 바로 국가 권력이 행사되는 네트워크 중 간이역이자 종점이다. 근대적 의미의 국가는 국민에게 개별적 주체의 자유를 인정하는 대신 집단의 자유와 평등의 문제를 통치라는 말로 다룰 권한을 부여받게 된다.

일제는 1914년 조선 왕조 이래 형성되어 온 우리의 4,000여 개 공동체 구조를 해체하고 2,000여 개 단위로 재구성했는데, 이 때에 면 단위의 행정 조직이 탄생했다고 한다. 그 이후 면사무소는 농촌의 행정 업무를 맡는 일선에 서게 된다.

지역 사회에서 적어도 '면 서기'는 되어야 출세한 것으로 알았던 것은 해방 전이나 해방 후 40, 50여 년이 지나서나 변함이 없었다. 주민들의 자율성과 지역성을 보장해 주는 행정 기관이 아니라 중앙 정부의 시책을 국민에게 하달하고 집행하는 수족에 불과했던 면사무소가 서서히 변화하기 시작한 것은 급격한 도시화로 인구가 도시로 빠져나가는 것이 한계점에 이르렀을 때 지방자치제가 실시되면서부터이다.

〈그림1〉 무주프로젝트 스케치

어느 건물이든지 땅 위에 선 건물은 표면적으로 주변과 세 가지 관계를 맺는다. 바로 하늘과의 관계 맺기, 땅과의 관계 맺기, 건물 주변과의 관계 맺기다. (정기용, 『감응의 건축』, 현실문화, 2008.)

무주의 주민자치센터 프로젝트들은 바로 그런 전환기에 시작되었다. 행정 기구로서의 면사무소가 아니라 지역 주민을 위한, 지역 주민에 의한 공간으로 전환시켜야 할 당위성이 높아진 시점이기도 했다.

전통적으로 면사무소에는 일선에서 호적·병적 등 주민의 정체성과 의무를 관장하는 부서 등 행정서비스 업무 공간과 면장실을 따로 주고, 옆방에는 상황실 겸 회의실을 두었다. 별도로 주민을 위한 시설은 전무하다시피 했다. 간혹 열악한 환경의 독서실이나 청년 회의실을 두는 것이 고작이었다.

이러한 상황에서 마주한 최초의 주민자치센터 프로젝트는 우선 개념의 전환이 필요했다. '면사무소'가 아니라 이제는 '면민의 집'이 되어야 했던 것이다. 궁극적으로 일제강점기의 '면사무소'는 종말을 고해야만 했다. 행정서비스 업무의 전산화와 정보화는 앞으로 서서히 행정 공간의 부담을 줄여줄 것이다.

그렇다면 그 이외의 공간은 무엇으로 할당할 것인지가 주요한 과제로 등장할 것이다. 대전제는 지역주민을 위한 공적 공간을 확보하는 것이지만, 그 중요도와 우선 순위는 결정된 것이 없었다. 다만 사무 공간 외에 다목적 용도의 대형 집회 공간 그리고 교육, 문화, 정보 공간 및 소규모 회합 공간으로 나눌 수 있는 정도였다. 그러나 문제는 면 단위의 인구 구성비에서 장년 및 노령 인구가 차지하는 비중이 압도적인 경우, 실질적으로 이들에게 긴요한 프로그램이 바로 떠오르지 않았다는 점이다.

그래서 글쓴이는 우선 주민들이 요청하는 시설 중 절박한 것을 찾아 나섰다. 주민들은 더는 통치의 대상이 아니라 보살핌을 받아야 하는 대상이며, 개별적으로 접근하기 어려운 시설들과 공간의 주인으로 인식되어야 한다. 안성면민의 집(또는 안성면 주민자치센터)은 이렇게 탄생했다.

본래 건축 프로그램과 건축 설계를 동시에 의뢰 받은 건축가는 전통적 의미의 건축가로서가 아니라 사회적 코디네이터(Social Coordinator)로서의 업무를 동시에 수행해야만 한다. 해방이 지나고 21세기가 되면서 면사무소는 종말을 고하고, 주민이 주체가 되고 역사의 주인공으로 대접받는 공간으로 탈바꿈해야만 했다. 비로소 지역 단위의 커뮤니티 공간이 근대 기획의 발을 내디딘 것이다.

건축 설계와 건축 프로그램을 동시에 설정해야 하는 임무를 맡은 나로서는 주민들의 자치적인 삶이 생성되는 사랑방, 독서실, 강당, 휴게실, 청년회의실 등 먼저 면민들이 무엇을 원하는지 물어보아야만 했다.

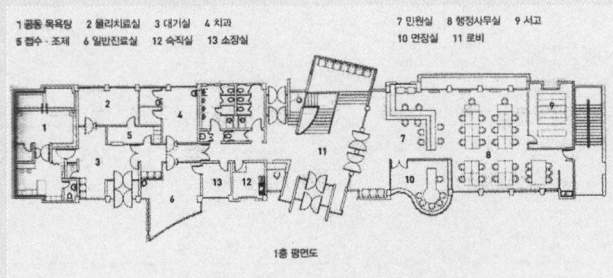

〈그림2〉 무주 안성면 주민자치센터 평면도

도면의 가장 전면에 배치된 것이 공동목욕탕이다. 주민들은 하나같이 목욕탕을 요구했다. 목욕하러 봉고차를 빌려서 대전으로 가고 오는 것이 비용도 들고 번거로웠기 때문이다. 인구가 200여 명이 되는 면 단위에서 수지를 맞추기가 어려워 목욕탕이 없던 안성면 주민들은 늘 자기 고장에 목욕탕이 들어서는 것을 기다려 왔다. 그러나 그 규모를 남녀로 구분하는 데에는 유지 관리에 어려움이 있어서 소규모로 계획했고, 다소 불편하지만 남녀가 번갈아가며 목욕탕을 사용하자는 데 뜻이 모아졌다. 홀수 날은 남탕, 짝수 날은 여탕과 같은 식이다.

그런데 의외로 모든 주민들이 하나같이 "면사무소는 뭐 하러 짓는가? 목욕탕이나 지어주지."라고 말하는 것이었다. 그래서 주민자치센터의 중요한 프로그램으로 목욕탕을 군수에게 제안하게 되었고, 주민들이 진료도 받을 수 있게 보건소 공간도 주민자치센터에 결합시켰다. 이렇게 해서 무주 안성면 주민자치센터에 목욕탕이 생겨난 것이다. 다만 목욕탕은 유지 관리비가 많이 들어서 그 규모를 작게 하고 홀수 날은 남탕, 짝수 날은 여탕으로 정해 남녀가 이틀에 한 번씩 목욕할 수 있게 했다.

　주민들이 발가벗고 같이 목욕을 한다는 것은 공동체를 지속시키는 데 아주 중요한 기능을 한다. 서로에게 같은 동네에 산다는 것을 확인해 주고 서로 알몸이 되는 편안함, 그것은 목욕탕이라는 프로그램만이 공동체에 선사할 수 있는 선물이다. 이제 안성면 주민들은 큰 욕조에 몸을 담그고 서로 이런저런 이야기를 나누고 보건소 공간에서 진료도 받고 간단한 치과 치료도 받는다. 특히 평생을 뼈 빠지게 일만 했던 할머니, 할아버지들에게 이런 정도의 서비스는 공공기관이 해야 하는 최소한의 예의다.

– 정기용, 「감응의 건축」, 현실문화, 2008.

학습활동 1

위의 글은 한 건축가가 시골 마을에서 10여 년 동안 진행한 크고 작은 공공건축물 설계 작업의 하나를 소개한 것이다. 이러한 작업을 진행하기 위해서는 해당 기관에 사업에 관련된 제안서를 제출해야 한다. '제안서'란 '채택되기를 목표로 하는 계획의 문서'이다. 제안서는 실험이나 계산의 결과를 기술하는 것이 아니라 어떤 문제의 해결책을 제안하여 그 승인과 지원을 요청하는 문서라고 할 수 있다. 【예문1】의 내용을 토대로 하여 '공중목욕탕 제안 프로젝트'의 제안서를 유추하여 그 개요를 작성해 보자.

안성면 주민센터 내 공중목욕탕 제안 프로젝트	
전체 개요	
제안의 목적	
제안의 구체적 내용	
실현 방법(예산, 기간)	
기대 효과	

학습활동 2 다큐멘터리 영화 「말하는 건축가」(감독 정재은)를 보고 도시 건설·지역 공동체·생태·환경 등의 키워드와 연계하여 건축가의 역할과 건축이 갖는 의미에 대해서 조별로 토의해 보자.

학습활동 3 국내 유명 건축가의 건축물을 답사해 보고, 건축가가 건축물을 통해 궁극적으로 말하려고 했던 것은 무엇인지 토의해 보자. 토의의 결과를 종합하여 답사보고서를 작성해 보자.

☐ 도시 건축 답사보고서

항목	내용	비고
건축가		
건축물		
건축 소재지		
건축물의 용도		
건축가의 창작 의도		
주변 환경과의 조화		
유사 건축물과의 비교		
건축물의 특징과 장점		
건축물의 한계와 단점		
총평		

2 창의적 발상과 도시의 창조

"모든 지식의 꽃은 도시이다. 건축가의 의도는 모든 사람을 위한 도시를 상상하는 것이다." 브라질의 건축가 파울루 멘데스 다 호샤(Paulo Mendes Da Rocha)의 말이다. 모든 도시는 자신의 문제를 파악하고 해결하는 데 지금보다 더욱 창의적으로 접근할 수 있다.

한 건축가와 지방자치 단체가 인식의 전환을 통해 공간을 어떻게 계획하고 변화시킬 수 있는지【예문1】을 통해 살펴보았다.

공간을 기획하고 연출하는 작업은 하나의 예술 작품을 창조하는 것에 비견될 수 있다. 창의성은 단순히 예술 작품의 생산에만 국한되는 개념이 아니다. 잘 짜여 진 공간은 그 자체로 당대의 문화적인 업적으로 인정받게 되며, 시대와 환경의 변화에 적응하며 역사성을 부여받기도 한다.

우리가 새로운 도시를 건설한다고 가정해 보자. 우선 떠올릴 수 있는 것이 토지 이용 계획과 그에 따른 부속 건축물들의 선정, 배치와 관련된 것이다. 그러나 도시 또는 공간을 창조한다는 것은 실물적인 차원뿐만 아니라 인간의 필요 및 욕구, 구성원들의 잠재력을 발휘할 수 있도록 하는 기량과 기억을 지우지 않고서 앞으로 나갈 수 있는 기량, 도시에 존재하는 개성을 상찬하는 요소들까지도 고려의 대상이 되어야 한다.

다음은 발상의 전환을 통해 하나의 도시가 전혀 새로운 도시로 재탄생해가는 과정을 소개하고 있는 글이다.

예문 2 | 영국의 헌책방 마을 헤이온 와이(Hay-on-Wye)

웨일즈의 경계 지역에 위치한 헤이온 와이는 1961년부터 농업과 농산물 시장이 쇠퇴하면서 아무런 매력이 없는 도시가 되었다. 리처드 부스(Richard Booth)는 다 쓰러져 가는 성을 구입하여 헌책을 취급하기 시작하였고, 곧 성 전체는 헌책으로 가득 찼다. 부스는 필요 없게 된 다른 건물들—영화관이나 소방서 등—이 시장에 매물로 나오면 바로 구입하였다. 마을 전체가 헌책방으로 가득찼다는 사실이 국제적인 매력이 될지도 모른다는 생각은 아직 존재하지 않았다.

영화관이었던 책방은 곧 '세계에서 가장 큰 헌책방'이 되었고, 뒤에 런던의 사업가에게 팔렸다. 1970년대를 경과하면서 헤이는 세계적인 평판을 얻었고, 현재는 42개의 책방이 있다. 서점들은 영화, 예술, 연금술, 역사, 군사, 시, 어린이, 미국의 정세, 철학, 경제 등 다양한 분야를 취급함으로써 전문성을 갖추고 있다. 마을과 특이한 상거래가 흡인하는 지명도(그리고 방문자)는 부스와 다른 사람들로 하여금 더욱 많은 책방을 개점하게 만들고 있다.

리처드 부스의 헤이에 대한 개인적인 투자—26명의 스텝과 도처에 있는 260명의 고용인—는 어떠한 화학 공장이나 농업, 그리고 소매 슈퍼마켓이 가져다주지 못할 방식으로, 이 전원 지방에 경제적인 지속가능성을 가져다주었다. 헤이의 인구는 현재 1,400명을 조금 넘는다. 그들은 근린 지역보다 많은 15개의 게스트하우스와 4개의 호텔, 그리고 많은 잠자리와 식사를 공급하고 있다. 최근 4년 동안 12개가 개점하는 등 카페와 레스토랑의 수가 급격히 증가하고 있고, 같은 기간 동안 헤이에는 10개의 앤티크 숍이 생겼다. 11만 명 이상의 방문자가 매년—5월의 문학 페스티벌 기간 중에만 집중하지만—헤이를 방문한다. 헤이는 많은 전원 지역이 1980년대에 경험한 소매점의 황폐화를 경험하지 않았다.

리처드 부스는 작은 마을을 활성화시키기 위한 일환으로 국제적인 책마을 운동을 전개하는 데 노력을 기울였다. 이러한 창조 도시의 사례에는 남프랑스의 몽류, 네덜란드의 브레데보르트, 벨기에의 레듀, 프랑스 브르타뉴의 베케렐, 스위스의 셍피에르 데 크라그, 미국의 스틸워터, 노르웨이의 활란, 말레이시아의 캄풍 부쿠, 그리고 일본의 미야가와 등이 있다.

— 찰스 랜드리, 『창조 도시』, 임상오 옮김, 해남, 2005.

예문 3 터키의 옛 도시, 안탈리아

안탈리아의 옛 도시는 보전 계획의 초기 사례이다. 안탈리아 프로젝트는 1973년에 시작한 터키 최초의 관광 개발 사업 가운데 하나이며, 역사도시 지역에서 대규모로 진행한 첫 사례이다. 이 프로젝트는 해양 복합 단지와 휴양 시설을 건설하기 위해 버려진 항구 단지를 재생하고, 거주지 안의 건축물 보전을 지원한다는 장기 목표를 가지고 항구의 '배경'이 되는 몇몇 대저택을 개조하여 게스트 하우스로 사용하는 복원 사업을 포함했다.

1977년 항구와 옛 도시에 관한 시책은 안탈리아 관광 개발 프로젝트(Antalya Tourism Development Project)에 통합되었다. 이 프로젝트는 관광 시설 전반에 품질 높은 인프라를 제공하는 것이 목적이다. 항구와 옛 도시의 보전은 관광 산업 성장의 영향을 많이 받았으며, 성과물 대부분이 관광 위주 정책 결정의 결과물이었다.

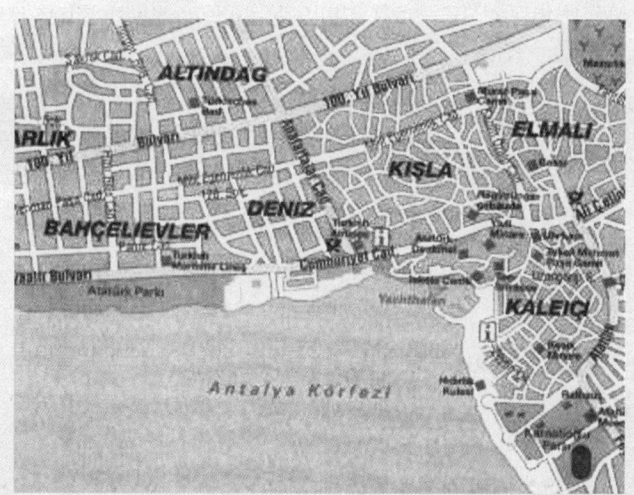

〈그림3〉 터키, 안탈리아

터키의 지중해 연안에 위치한 안탈리아의 도시 보전은 관광 산업을 성장시키기 위한 방안으로 시작되었지만, 결국 관광 산업과 연관된 새로운 산업 성장의 희생양이 되었다.

비평가들은 이 프로젝트에 찬사를 보냈다. 이 프로젝트는 건축 및 도시 디자인에 대한 세다 시마비(Sedat Simavi)상과 국제관광언론인연합(FIJET)에서 수여하는 골든 애플(Golden Apple)상을 수상했다. 선정 이유는 다음과 같다.

"복구를 책임진 건축가들은 '허세' 없이 현명하게 행동했다. 건축가들은 지역 전통을 꾸며내지 않고 솔직하게 표현했다. 안탈리아 프로젝트는 터키에서 처음으로 비교적 큰 규모의 보전 지역을 복구하고 개선했다."

한편 유명 건축가인 젱기스 벡타스(Cengiz Bektaş)는 도시 생활의 일부였던 항구가 고소득층의 전용 지역이 되었음을 사회적 관점에서 논평했다. 지역 찻집이 있던 곳에 생긴 카페는 지역민에게, 특히 근처에 사는 저소득층이나 예전부터 항구를 이용해 온 어민에게는 너무 비쌌다.

이 항구는 터키의 대량 관광이 급속하게 성장한 1985년에 개장했다. 군사정권 시절 이후 시장 수익을 확신하게 되었고, 당시 국가 정책의 의제는 관광 수용력 증가를 목표로 한 것이었다. 1985년 총 관광 수익은 1983년보다 세 배 이상 늘었고, 객실 목표치가 1977년 2만 5천 실에서 1992년에 6만 6천 실로 두 배 넘게 늘면서 안탈리아는 인프라가 불충분한 '콘크리트 해안지대'로 변해갔다.

1985년부터 1990년까지 5년 동안 옛 도시에서 벌어진 일련의 행위는 프로젝트의 목표에 반할 뿐 아니라 옛 도시를 돌이킬 수 없을 정도로 파괴하고 주민공동체를 와해시켰다. 오늘날 이곳은 예전 모습을 알아볼 수 없을 정도로 조악하고 무분별하게 개조되어 펜션, 술집, 식당 그리고 카펫 상점이 차지하고 있다. 여행객을 상대로 하는 상점 주인들의 호객 행위에 평화로움은 자리를 내주었으며 제과점이나 찻집 같은 지역 상점도 함께 사라지고 말았다.

불행히도 안탈리아가 이러한 예의 유일한 도시는 아니다. 1980년대부터 시작된 터키 연안 관광의 두드러진 성장은 수많은 연안 역사도시에 유사한 영향을 주었다. 계획이 없고 통제되지 않은 개발로 많은 터키 연안 도시의 작은 해안 마을과 어촌 공동체가 파괴되었지만 안탈리아에는 아직 성공의 기회와 가능성이 남아 있다.

– 에일린 올바슬리, 『역사도시 투어리즘』, 독서모임 책술 옮김, 눌와, 2012.

학습활동 4

1. 【예문2】와 【예문3】은 각각 새로운 도시 창조의 성공과 실패 사례를 보여주고 있다. 두 사례의 근본적인 차이는 무엇인지 찾아보고, 우리의 경우 '헤이온 와이'와 같은 창조 도시 개발을 위한 아이템으로 어떤 것들이 가능할지 토의해 보자.

2. 조별 토의의 결과를 다음과 같은 협력 활동을 통해 개요를 작성해 보자.

1) 조별로 브레인스토밍을 거쳐 가능한 아이템들을 모은다. 브레인스토밍의 목적은 질보다 양이다.
2) 브레인스토밍의 결과 중에서 조별 토의를 거쳐 2개의 아이템을 선정한다.
3) 두 개의 팀으로 나누어 각각의 아이템이 가지는 근거들을 확보한다. 이 때에 다음의 사항들을 고려하도록 한다.

사업 기간		
해당 전문가		
문화적 측면		
경제적 측면		
지속가능성		
예산		

4) 두 개의 아이템에 대해 팀별 토론을 거쳐 최종 아이템 하나를 선택한다.
5) 창조 도시 개발을 위한 제안서의 개요를 작성하여 발표한다.

3 제안서 쓰기

제안서 작성 시 우선 고려해야 하는 사항은 제안한 연구(사업)의 필요성을 강조하는 일이다. 수행 과제에 대한 적극적인 의미 부여가 관건인 셈이다. 이 연구가 왜 필요하고, 연구가 수행되었을 때 어떤 긍정적 효과가 있는지 분명히 밝혀야 하며, 제안자가 그 연구를 수행할 적임자임을 드러내고 이해시켜야 한다.

교내 공간 활용의 문제점에 대한 사례 조사 후 제안서를 작성해 보자.

1. 주제 찾기

제안서의 대상은 단순히 아이디어 차원을 넘어서야 한다. 제안서를 평가하는 심사위원을 포함하여 많은 사람들의 공감대를 이끌어낼 수 있는 주제를 설정한다.

- 교내 공간 활용의 문제점에 대한 교내 구성원들의 의견 수렴을 위하여 설문지를 작

성한다.
- 질문은 10개 이내로 준비하고, 각각의 질문을 개방형과 폐쇄형 중 무엇으로 작성하는 것이 효과적일지를 결정한다.
- 설문을 실시할 구체적인 시간과 장소를 정하고 사전 준비, 섭외, 작성 도우미, 결과 분석 등 각자의 역할을 정한다.

설문지 질문 형식

1. 개방형 질문: 응답에 대한 특정 형식을 제시하지 않고 응답자가 자유롭게 서술할 수 있도록 하는 형식
   예) 교내 공간을 재구성한다면 가장 먼저 수정되어야 할 곳은 어디라고 생각하십니까?

2. 폐쇄형 질문: 설문지에서 응답자가 주어진 선택지를 고르도록 하는 형식.
   1) 선택형: 양자택일형(예-아니오, 찬성-반대)과 다중택일형(세 개 이상의 항목 중에서 하나를 선택)
   2) 등급형: 주어진 질문에 대해 '매우 찬성-찬성-보통-반대-매우 반대' 중에 선택하게 하는 방식
   3) 순위형: 여러 개의 항목을 보여주고 1순위, 2순위 등과 같이 순위를 매기도록 하는 방식

2. 기초 자료 축적과 내용 생성하기

제안서의 뼈대를 구축하고, 전체적인 논리의 흐름을 결정하는 단계이다. 제안서 작성을 위한 자료를 집대성하고 선별한 자료의 분석, 가공, 배치 등을 결정한다. 초고는 언제든지 수정될 수 있다. 실제로 집필을 할 때에는 새로운 내용의 첨가와 불필요한 부분의 삭제, 단락 간의 이동 등 많은 수정이 이루어질 것이라고 전제하고, 축적된 자료들을 적극적으로 활용하여 작성하도록 한다.

- 설문에 대한 답변을 분석하여 수치화한다.
- 분석의 결과를 도표나 그래프, 그림 등의 시각 자료로 작성한다.
- 결과를 토대로 제안서 작성을 위한 구체적인 대상을 선정한다.
- 조원들이 현장 답사를 통하여 사진 촬영과 관계자 인터뷰 등을 진행한다. 인터뷰의 내용은 동영상으로 촬영해 두고, 프레젠테이션을 할 때 활용하도록 한다.
- 전체 개요-연구 목적-연구 내용-실현 방법-기대 효과의 순서로 초고를 작성한다. 초고는 제안서를 작성할 때 언제든지 수정될 수 있으므로, 축적된 자료와 아이디어를 적극적으로 반영한다.

3. 제안서 작성

문제의 해결 방안을 담아 제안서를 작성한다. 제안서는 두 가지 양식으로 준비한다. 하나는 관계 기관에 제출하기 위한 문서 형태이며, 다른 하나는 발표를 위한 프레젠테이션 양식이다. 발표시간은 약 15~20분 내외가 될 수 있도록 준비한다.

1단계: 전체 개요 작성

기획안의 전체 얼개를 보여주도록 한다. 영화 시나리오로 치면 시놉시스(synopsis)에 해당하는 부분이다.

2단계: 연구의 기획과 목적

기획안의 독창성을 보여줄 수 있는 곳이다. 현실적으로 문제가 되고 있는 점을 제기하여 이 기획이 꼭 필요하다는 것을 강조한다. 그리고 이 기획을 함으로써 어떤 긍정적인 효과가 발생할 수 있는지를 강조한다.

3단계: 연구 내용

아이디어의 구체적 내용을 체계적으로 정리한다. 핵심적인 내용을 모두 포함해야 한다. 자료를 수집하고, 분석하고, 해석하는 방법을 구체적으로 기술한다. 문자 텍스트로만 구성되어 있으면 전체적인 구성이 단조로울 수 있다. 설문지 분석의 결과를 포함하여 전 단계에서 작성한 도표나 그림 등을 적극 활용하도록 한다.

4단계: 연구의 실현 방법

계획한 연구를 구체적으로 어떻게 실현할 수 있을지를 기술한다. 허황된 방법이 아니라 실현 가능한 방법을 적어야 한다. 구체적인 기간과 예산 규모를 제시한다. 아이디어의 실행 과정이 체계적으로 서술되어야 한다.

5단계: 기대 효과

기획안이 성공적으로 수행되었을 때 어떤 기대 효과가 있는지를 기술한다. 기획의 기대 효과를 수치로 객관화하여 보여준다.

4. 점검하기

최종 제출 전 다음의 체크리스트를 활용하여 각 항목들에 대하여 하나씩 검토하도록 한다.

유형	평가 문항	A	B	C
본문	전체 내용을 함축하는 제목을 적절하게 달았는가?			
	시작하면서 도입한 화제는 논제와 밀접하며, 독자의 관심을 끌 만한가?			
	주장을 뒷받침할만한 논거가 구체적으로 제시되었는가?			
	선택한 주제가 시의적절하며 독창적인가?			
	글의 배열이 논리적인가?			
	내용상 보충하거나 삭제해야 할 부분은 없는가?			
	본문의 자료를 수치화하여 객관적으로 제시하였는가?			
	기대 효과가 구체적이고 실현 가능성이 있는가?			
	인용한 자료의 경우 그 출처가 정확한가?			
단락	단락을 잘 구분하였는가?			
	각 단락의 핵심이 소주제문장으로 드러나 있고, 나머지 문장들은 그것을 잘 뒷받침하고 있는가?			
	각 단락에 불필요한 문장은 없으며, 문장과 문장이 긴밀하고 자연스럽게 연결되었는가?			
단어·문장	불필요한 외국어, 지나치게 전문적인 용어를 사용하지는 않았는가?			
	단어와 문장은 독자의 수준을 고려하였는가?			
	문장은 간결하게 쓰였는가? 부정확한 문장, 어색한 문장, 모호한 문장은 없는가?			
	지시어, 접속어를 적절하게 사용하였는가?			
	맞춤법과 띄어쓰기에 어긋난 부분은 없는가?			
	오자나 탈자는 없는가?			
수정 사항				

5. 발표 및 제출하기

완성된 제안서를 보고서의 형식과 발표의 형식으로 나누어 준비해 보자.

■ 제안서의 경우
- 제안서는 표지와 참고문헌을 포함하여 A4 12장 내외의 분량으로 작성한다.
- 자료 조사, 설문지 작성과 인터뷰, 동영상 촬영, PPT 작성 등 조원들의 역할 분담 내용을 제안서의 표지에 적어 제출한다.

■ 프레젠테이션의 경우
- 프레젠테이션은 15~20분 내외의 분량으로 준비한다.
- 대표자 한 명이 발표하지 않도록 하며, 조원 모두가 발표에 참여할 수 있도록 구성한다.

참·고·문·헌

1. 임경순·김춘식 편, 『과학기술과 공간의 융합』, 한국학술정보(주), 2010.
2. 정기용, 『감응의 건축』, 현실문화, 2008.
3. 정희모, 『글쓰기 교육과 협력학습』, 삼인, 2006.
4. 영화 「말하는 건축가」(감독 정재은, 2012)
5. 에일린 올바슬리, 『역사도시 투어리즘』, 독서모임 책술 옮김, 눌와, 2012.
6. 찰스 랜드리, 『창조 도시』, 임상오 옮김, 해남, 2005.
7. 마이크 새비지·알랜 와드, 『자본주의 도시와 근대성』, 김왕배 옮김, 한울아카데미, 1996.
8. 루스 펠터슨·그레이스 옹-얀 편, 『건축가』, 황의방 옮김, 까치, 2012.

이순지의 『칠정산』

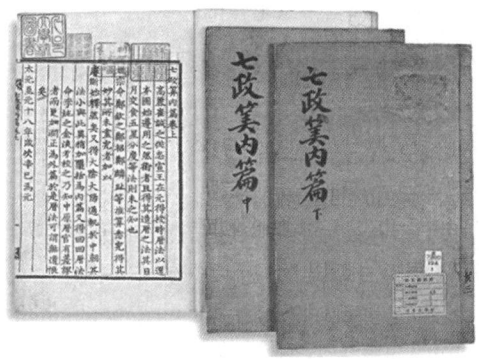

『七政算』(內篇)

『七政算』(外篇)

　　조선 왕조 세종 때에 과학기술이 크게 발달했다는 사실은 모두들 알고 있을 것이다. 또 그 시대의 가장 뛰어난 과학자로는 보통 장영실이 널리 알려져 있다. 그러나 이것은 한편으로는 옳기도 하고 또 한편으로는 조금 잘못 알려진 것이기도 하다. 세종 때의 가장 대표적인 기술자는 장영실이지만, 가장 걸출한 과학자로는 이순지(李純之: 1406~1465)를 꼽을 수 있다.

　　이순지는 15세기 전반에 활약한 우리나라의 대표적인 천문학자였다. 장영실이 주로 물시계를 비롯한 과학기구를 만들어낸 기술자였다면, 이순지는 당대 최고의 이론 천문학자였고 역산가(曆算家)였다. (중략)

　　그는 1427년 과거에 급제했는데 처음에는 외교문서를 담당하는 승문원(承文院)에 근무하게 되었다. 당초 천문학과 별 관계가 없었던 이순지는 1430년 쯤부터 서서히 천문역산에 관여하게 된 것 같다. 1432년에 세종은 경복궁 안의 경회루 연못 북쪽에 높이 8미터나 되는 천문 관측대를 세웠다. 간의대라는 이 관측대가 완성되자 매일 밤 5명의 천문관이 여기서 천문을 관측하게 되었다. 1434년쯤 이순지는 이 천문 관측의 책임자가 되었고, 이 일을 하면서 그의 천문학은 깊이를 더해 간 것으로 보인다. (중략)

세종이 이순지를 신임한 이유의 하나로 『세종실록』에는 이런 기록이 남아 있다. 아마 1430년대의 어느 때였을 것이다. 이순지는 서울의 북극출지(北極出地)가 38도 남짓이라고 계산했는데, 세종은 그의 계산이 틀렸다고 생각했다. 그런데 중국에서 나온 천문학 책에서 그 값이 맞다는 것을 확인하고 나서 이순지를 크게 신임하게 되었다고 한다. 북극출지란 지금으로 치면 북위(北緯)를 뜻한다. 그렇다면 38선 바로 남쪽에 있는 서울의 북위가 어떻게 38도 남짓의 북위를 갖고 있다는 말인가? 얼핏 보면 이것은 이순지가 실수한 것이라고 생각할 수도 있다. 그러나 세종 때에는 도(度)의 뜻이 지금과는 약간 다르게 쓰였다. 당시에는 원둘레가 지금처럼 360도가 아니라 365.25도였다.

태양이 지구를 한 번 도는데 365.25일이 걸리니까 태양이 하루에 돌아간 각도가 당시의 1도였던 셈이다. 그러니까 당시의 38도 남짓은 지금의 37도 40분과 딱 들어맞는 값이다. 이순지의 계산이 맞은 것이다.

이순지는 세종 시대의 천문학을 몇 권의 책으로 정리하여 오늘날까지 전해 주었다. 대표적인 것으로는 『칠정산(七政算)』, 『제가역상집(諸家曆象集)』, 『천문유초(天文類抄)』 등이 있다. 1445년 완성한 『제가역상집』에는 그의 맺음말이 붙어 있는데, 임금의 명을 받아 천문, 역법, 의상(儀象), 구루 등 네 분야를 설명했다고 적혀 있다. 의상이란 천문 관계 기구를 뜻하며 구루란 해시계와 물시계를 말한다. 이순지는 중국의 역대 문헌을 이 네 분야로 나누어 요령 있게 정리해 놓았다. 『천문유초』는 언제 완성된 것인지 분명치 않은데 중국의 천문학 이론을 소개한 책이다.

보기에 따라 이런 저서들은 그의 창조적인 업적이 아니라 중국의 천문, 역산학을 요령 있게 정리한 정도라고 볼 수도 있다. 그러나 『칠정산』 내편(內編)과 외편(外編)은 세종 시대에 이룩한 가장 중요한 업적이다. '칠정산'이란 일곱 개의 움직이는 별, 즉 해, 달, 수성, 금성, 화성, 목성, 토성을 이른다. 따라서 칠정산이란 '일곱 개의 움직이는 별의 위치를 계산한다.'는 뜻이다. 이 책을 완성함으로써 세종 이후의 우리나라 천문학은 해와 달은 물론 모든 행성의 위치를 정확히 계산할 수 있게 되었다. 서울에서의 일식과 월식 등을 비로소 정확히 예측할 수 있게 된 것이다.

『칠정산』의 내편은 중국의 전통 계산 방식에 따른 것으로 이순지가 주로 담당한 것은 아니었다. 반면에 외편은 아라비아 천문학 방식을 도입하여 천문 계산을 한 것으로 이순지가 주로 맡았다. 이 두 가지 방식의 가장 큰 차이는 내편에서는 원둘레가 365.25도인데 비해 외편에서는 서양식으로 360도인 것이다.

  세종 때 수많은 천문 계산표들을 만든 이순지는 세조 때에는 『기정도보(奇正圖譜)』라는 풍수지리에 관한 저서도 남겼다. 세종 때에 동부승지, 문종, 단종 때에는 호조참의, 참판 등을 지낸 그는 세조 때에는 한성부윤(漢城府尹), 지금으로 치면 서울특별시장을 지내기도 했다.
(박성래, 『다시 보는 민족과학 이야기』, 두산동아, 2003.)

11장
생명과학기술의 발전, 그 희망과 공포의 딜레마

복제양 돌리. 1997년 영국의 이언 윌머트 박사 등이 다 자란 양의 체세포를 복제해서 탄생시킨 세계 최초의 복제 포유동물. (『두산백과』)

이병천 교수팀이 최초로 복제에 성공한 개, 스너피(오른쪽)와 암컷 복제개 보나. (『동아일보』)

최근 생명과학기술의 획기적인 발전으로 인류의 미래에 장밋빛 전망이 점쳐지고 있다. 그러나 그와 동시에 당장은 눈에 보이지 않는 엄청난 위험이 발생하고 생명 경시 풍조가 만연할 가능성도 높아졌다. 인간 게놈 프로젝트와 유전자 재조합 기술, 줄기세포 연구, GMO 농산물과 다국적 기업, 포유동물 복제 등과 관련된 수많은 문제들이 풀어야 할 과제로 등장했다. 이 장에서는 한 편의 과학기술 에세이를 작성하면서, 생명과학 기술의 발전이 가져올 미래 사회의 새로운 변화와 여러 쟁점들에 대해 생각해 본다.

"엡실론만이 다른 집단을 위한 희생물이 될 수 있습니다.
엡실론이 엡실론을 위한 희생물이 될 수는 없습니다.
그들은 가장 저항하지 않는 부류지요.
엡실론은 자신들이 달려야 하는 궤도대로 조건화됩니다.
그렇게 만들어졌기 때문에 선택의 여지가 없습니다."
** 올더스 헉슬리, 『멋진 신세계』

1. 생명과학기술의 발전과 인류의 미래

2003년 4월 14일 미국 국립인간게놈연구소(NHGRI)는 인간 게놈 지도가 완성되었다고 발표했다. 이는 1953년 4월 제임스 왓슨과 프랜시스 크릭이 DNA의 이중나선구조를 발견한 지 불과 50년 만에 이루어진 쾌거다. 인류는 드디어 인간의 생명 설계도를 손에 쥐게 되었다.

그러나 인간 게놈 프로젝트의 완성이 인간 생명체의 메커니즘을 완벽하게 파악하였음을 의미하는 것은 아니다. 인류는 단지 A, G, C, T로 이루어진 인간 유전자의 배열과 구조 전체를 보여주는 지도를 얻었을 뿐, 그 자체로 당장 우리 생활에 획기적인 변화가 오지는 않는다.

과학기술자들은 앞으로 진행될 수많은 후속 연구와 프로젝트들이 완성되어, 인간 유전자의 기능과 작용이 구체적으로 밝혀지면, 21세기 안에는 이러한 첨단 유전공학 기술을 이용하게 될 수 있을 것이라고 전망한다. 언젠가 유전자의 중요성이 인류의 삶을 결정적으로 좌우하는 날이 오면 우리의 일상이 어떻게 변화될지 현재로서는 정확히 예측하기 힘들다.

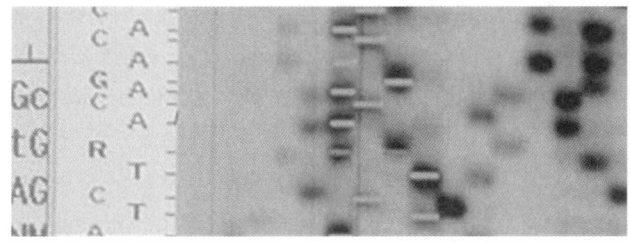

그림1
21세기 의학과 생명과학기술에 혁명을 일으키고 있는 인간게놈지도는 1895년 발견된 X선을 이용해 DNA 구조를 밝힌 덕분에 완성될 수 있었다. 사진은 인간게놈지도의 염기서열을 분석한 자료.(『더사이언스』, 2008)

이미 인간 게놈 지도가 완성되어 인간 유전 정보의 비밀이 서서히 밝혀지기 시작했다. 결코 침범할 수 없는 신의 영역으로 여겼던 생명의 설계도에 인간이 손을 댐으로써 장수와 풍요를 보장받을 것인지, 아니면 그에 따른 여러 가지 부작용이 더 클 것인지 알 수 없다.

유전자 공학기술이 발전되면 불치병과 난치병 치료는 물론이고, 발병 가능한 유전자를 차단하여 질병 예방에도 획기적인 전환점을 마련할 수 있다. 그러나 이와 동시에 일부 선진국의 거대 생명공학 시장을 중심으로 시작된 유전자 상업화는 해결해야 할 다양한 과제를 던져준다.

산전 진단과 낙태 문제, 맞춤아기의 인권 문제, 유전자의 특허권과 국가 간 또는 계층 간 혜택 불평등 문제, 유전자 정보의 공개 및 관리와 관련된 사생활 침해 문제와 고용이나 보험에서의 인간 차별 문제 등 이루 헤아릴 수 없이 많은 문제들이 뒤따른다.

과학기술 분야의 연구 성과는 곧바로 우리의 실생활과 연결되고 상업화되는 만큼 과

그림2
좀나방 저항성인 유전자 재조합 양배추(오른쪽)와 일반 양배추(왼쪽). (농우바이오)

Tip 1 생명공학기술과 관련된 주요 용어

- **게놈(genome)**: 유전자(gene)와 염색체(chromosome)의 합성어. 생물에 담긴 유전 정보 전체를 일컫는 말. 유전체.
- **인간 게놈 프로젝트(HGP: human genome project)**: 인간이 가지고 있는 게놈의 모든 염기 서열을 해석하기 위한 프로젝트. 1990년에 시작되어 2003년에 완료되었다. 현재까지도 프로젝트를 보완하는 발표가 계속 이루어지고 있다.
- **GMO**: 유전자재조합기술을 이용하여 어떤 생물체의 유용한 유전자를 다른 생물체의 유전자와 결합시켜 특정한 목적에 맞도록 유전자 일부를 변형시켜 만든 생물체를 말하며, 그 종류에 따라 유전자재조합농산물(GMO농산물)·유전자재조합동물(GMO동물)·유전자재조합미생물(GMO미생물)로 구분한다. 지금까지 개발된 것은 대부분 식물이기 때문에 GMO라고 하면 통상 유전자재조합농산물을 가리킨다.
- **GMO 식품(유전자재조합농산물)**: GMO 농산물 또는 GMO를 원료로 제조한 식품을 유전자재조합식품이라고 하며, 흔히 유전자변형식품 또는 유전자조작식품이라고 부르기도 한다.

학기술의 발전에 발맞추어 제도적·법적으로 적절한 규제와 해법을 마련하는 한편, 사회적·개인적으로는 생명윤리에 대한 올바른 인식과 가치관을 정립하는 것이 시급하다. 특히 생명과학기술의 발전이 가속화됨에 따라 부수적으로 야기되는 여러 가지 문제점들에 대해 올바르게 인식하고 현명하게 대처하려는 노력이 수반되어야 한다. 과학기술 에세이를 구상하고 완성해 가는 과정을 통해서 이에 대한 대처 방안을 숙고해 보는 것은 의미 있는 일일 것이다.

학습활동 1 생명과학기술의 발전과 관련된 아래의 여러 가지 쟁점들을 읽어 보고, 생명과학기술의 획기적인 발전이 가져오는 순기능과 역기능에 대해서 조별로 토의한 후, 그 결과를 구체적으로 정리해 보자.

- 유전자 공학의 발전으로 신생아의 체질과 잠재된 능력을 모두 예측할 수 있게 된다면 갓 태어난 아기에게 최첨단 유전자 검사를 할 것인가?
- 희귀병 치료를 목적으로 특정 조건을 가진 아기를 선택적으로 임신하는 행위는 정당화될 수 있을까?
- 일부 선진국의 생명공학 회사들이 유전자 특허를 받아 유전정보를 독점하고 이를 상업화한다면 어떤 일이 벌어질까?
- 정부나 대기업이 모든 국민의 DNA 정보를 유전정보 은행에 데이터베이스화하고 이를 관리한다면 어떤 일이 벌어질까?
- 값싸고 신선한 유전자 변형 식품이 도처에 판매되고 있다면 이를 안심하고 구입해도 좋을까?

학습활동 2 다음에 제시된 바와 같이 생명과학기술과 관련된 문제를 다루는 소설이나 영화를 통해, 생명과학기술의 발전으로 야기될 수 있는 문제들에 대해 구체적으로 생각해 보자.

▶소설   이도영, 『잃어버린 줄기세포』, 순정아이북스, 2002.
           전홍진, 『오이디푸스』, 다른세상, 1999.
           올더스 헉슬리, 『멋진 신세계』, 정승섭 옮김, 혜원출판사, 2008.
▶영화   「블레이드 러너」(1982), 「가타카」(1997), 「아일랜드」(2005),
           「마이 시스터즈 키퍼」(2009) 등

2. 바이오테크 시대의 개막으로 수반되는 문제들

인간 유전자의 정보가 모두 밝혀져서 질병을 치료하거나 예방할 수 있는 것은 물론이고, 유전자를 조작하여 우량한 형질로 전환하는 것까지도 가능한 세상이 오면 우리의 일상에는 어떤 변화가 생길까?

취업을 할 때 자기소개서 대신 개인의 유전자 정보 자료를 제출해야 하고, 자녀의 적성과 체질을 알아보기 위해서, 또는 좋은 조건의 결혼 상대를 선택하기 위해서 유전자 검사를 활용하는 것이 당연하게 여겨지는 세상이 온다면, 어떤 일들이 일어날지 생각해 보자.

1. 유전자가 지배하는 세상

일찍이 유전자 정보의 중요성을 간파한 일부 선진국이나 유전자 회사들은 벌써부터 이를 선점하고 소유하기 위해 치열한 경쟁을 벌이고 있다. 이렇게 되면 유전자 검사가 상용화되더라도 일부 선진국이나 선진국의 특정 회사들이 특허를 얻어 유전자 정보를 독점하고 이를 통해 막대한 이득을 챙길 가능성이 크다.

유전자 연구에 참여하지 못한 국가의 국민들은 이에 대해 평등한 혜택을 받지 못할 것이며, 한 국가 안에서도 계층과 빈부격차에 따라 불평등이 심화될 것이 자명하다. 또한 국가가 범죄 예방과 수사를 목적으로 전 국민의 유전자 정보를 데이터베이스화하여 관리하게 된다면 사회의 모습은 어떻게 달라질 것이며 개인의 사생활은 어디까지 보장될 수 있을지도 미지수다.

그림3
인간의 모든 삶이 유전자의 우열로 결정되는 미래 사회의 모습을 충격적으로 제시하여 깊은 인상을 남겼던 SF영화의 걸작 「가타카(Gattaca)」(1997) 포스터.

1997년 유엔교육과학문화기구(UNESCO) 제29차 총회에서는 '인간 게놈과 인권에 관한 보편 선언'을 만장일치로 채택하였다. 이 선언에서는 인간 유전자 연구의 자유를 보장하되, 연구 결과의 남용으로부터 인권을 보호할 수 있는 보편적인 윤리 기준을 규정해 놓고 있다.

예문 1 유네스코 선언은 세 가지 원칙과 세 가지 방향을 담고 있다. 세 가지 원칙이란 인간 게놈을 인류의 소중한 유산이란 개념으로 본다는 것, 유전적 특징에 관계없이 각 개인의 존엄성과 인간은 존중받아야 한다는 것, 그리고 게놈은 개인의 환경에 따라 다르게 발현될 수 있기 때문에 유전자 결정론을 거부한다는 것이다. 세 가지 방향은 우선 개인의 권리 보호를 위해 모든 연구와 치료 전에 사전 동의를 구하고 유전적 특징 때문에 차별받는 것을 금지하여 개인 유전자 정보의 비밀을 보장해야 한다는 것이다. 두 번째 방향은 지식의 진보와 보건의 증진을 위해, 인간 복제처럼 인간 존엄성을 해치는 연구를 제외하곤 과학의 자유를 국가가 보장해야 한다는 것이다. 세 번째는 유전적 질병 혹은 장애에 특히 취약한 개인, 가족, 집단의 보호를 위한 사회적 연대와 게놈 및 유전학 관련 지식 이전의 선진국과 개도국 간 국제 협력을 촉진하는 것이다.

– 김훈기, 『유전자가 세상을 바꾼다』, 궁리, 2004.
* 〈인간 게놈과 인권에 관한 보편 선언〉 유네스코 한국위원회 홈페이지(www.unesco.or.kr) 참고.

예문 2 인간게놈지도가 완성된 후 포스트 게놈(post genome) 연구 방향은 기초 재료로 쓸 만한 물건을 만드는 일로 모아진다. 그 중 가장 우선적으로 하는 것은 10만 개의 유전자(gene) 기능을 밝혀내는 기능 유전체학이다. 염기 수천 쌍이 조합된 유전자가 결국 인체에서 어떤 기능에 관여하는가를 밝혀내는 것이 목적이다. 지도 위의 30여 억 쌍 염기서열 정보 자체는 생명 현상을 이해하는 초보 자료일 뿐이다.

개인, 인종, 생물 간 게놈 정보를 비교해 이로 인한 생체기능의 차이를 추적하는 비교 유전체학도 활발할 것이다. 특히 개인의 유전적 소양의 차이를 조사하는 단일염기변이를 찾아내는 일도 유전병의 원인을 밝혀내는 초석이 된다.

단백질의 삼차원적 구조를 밝혀내 세포에서 일어나는 모든 생명 현상을 이해하기 위한 '프로테움 프로젝트' 역시 빼놓을 수 없는 부분이다. 포스트 게놈 시대에는 DNA칩의 보급도 일반화될 전망이다. DNA칩은 인간의 유전정보인 DNA를 컴퓨터의 반도체칩 기술을 응용해 우표 크기로 모아 배열한 장치이다. 이 칩에 검사 대상자의 혈액이나 조직에서 추출한 DNA 샘플을 반응시켜 바로 질병 유무와 이상 유전자 등을 찾아낼 수 있다. 또 쥐 등 인간 유전체와 유사한 모델 동물들의 유전체를 해독하여 인간 유전체와 비교하는 연구 등이 각광받을 것이다.

– 『조선일보』, 2000. 6. 30.

【예문1】은 유네스코(UNESCO)의 "인간 게놈과 인권에 관한 보편 선언"에 대한 설명이다. 이 선언은 인류가 유전자를 정복함으로써 야기될 수 있는 수많은 잠재적 문제들에 대한 대비책의 성격을 지닌다. 그렇지만 이는 발견된 인간 유전자의 30억 개 염기서열 자체에 대해서만 효력이 있다. 질병 치료나 예방에 실용화하려면 합성된 단백질의 구조와 관련하여, 이 유전자들의 구체적인 기능과 메커니즘을 밝히는 것이 필요하다. 이미

세계의 유수한 생명공학 기업들은 특정 질병에 관여하는 유전자의 발견에 대해 특허를 얻기 시작했다.

한편【예문2】에서처럼 개인의 유전정보를 모두 DNA칩에 저장하는 기술이 보편화되면, 질병의 검사와 치료 외에 사람의 신원을 확인하는 데에도 DNA칩이 사용될 것으로 보인다. 미국은 조만간 경찰차에서 DNA칩으로 용의자를 확인하기로 결정했다고 한다. 여기서 더 나아가면 국가가 전 국민의 유전자 정보를 데이터베이스로 구축하여 관리하고, 필요에 따라서는 개인의 사생활을 감시하게 될지도 모른다.

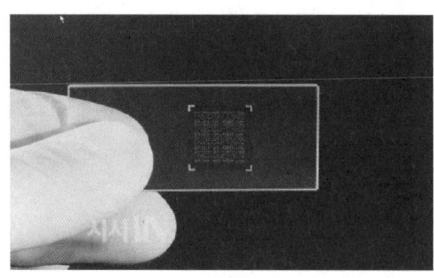

그림4
피 한 방울로 자신의 유전정보를 읽는 시대가 바로 코앞에 다가왔다. 사진은 유전자 칩. (『시사 IN』, 2008. 12. 29.)

2. 유전자 차별과 맞춤아기

인류가 인간 생명체의 유전정보를 완벽히 파악할 수 있게 되면 유전 형질의 우열에 따라 인간을 차별하게 될 가능성이 크다. 그러한 차별을 사전에 예방하기 위하여 부모들은 자신의 아기에게 유전자 재조합기술을 활용할지 모른다.

현재에도 태아 검사로 여러 가지 유전자 이상을 찾아낼 수 있고, 갓 태어난 신생아들은 유전자 검사를 받을 수 있다. 간혹 선천적 대사 이상과 같은 질병이 발견되면 사전 치료로 이를 예방하기도 하는 등 이미 유전자 검사 덕분에 적지 않은 사람들이 질병의 고통에서 벗어날 수 있는 세상이 시작되었다.

그러나 유전자를 모든 문제의 만병통치약으로 섣불리 간주하는 것은 위험하다. 유전자 관련 기술은 많은 부작용을 낳을 수도 있고 우리로 하여금 선택하기 어려운 기로에 서게 할 수도 있다.

예문 3 생명공학의 세기에는 아기가 자궁 내에 있을 때 부모가 유전자 결함을 교정해 주지 않는다면, 이는 흉악한 범죄로 간주될 수 있다. 사회는 아직 태어나지 않은 자궁 속의 아기를 위해서 가능한 한 안전하고 믿을 수 있는 환경을 제공할 책임을 부모에게 지울 수 있다. 그렇게 하지 않는다면 부모로서의 의무 불이행으로서, 법적인 책임은 아니더라도 적어도 윤리적 책임을 다하지 않은 것으로 간주될 수 있다. 이미 어머니들은 코카인에 중독된 아기나 태아 알콜 증후군에 걸린 아이를 출산할 경우 이에 대한 책임을 져야 한다. 검찰은 고통스런 중독증을 자녀에게 물려준 어머니는 현행 아동학대법 하에서 과실이 있는 것으로 인정하며, 자녀의 생활양식에 미친 영향에 대하여 책임을 져야 한다고 주장했다.

그런데 이보다 훨씬 더 복잡한 상황이 벌어지고 있다. 즉 미국 내에서 '불법적 생존'과 '불법적 출산'의 소송이 제기되기 시작한 것이다. 이 같은 소송이 300여 건 이상이나 법원에서 완결되었거나 계류 중에 있다. '불법적 출산'의 소송은 심각한 질병에 걸리거나 불구가 된 아기의 부모가, 자신의 아이는 태어나지 않게 했어야 한다고 주장하면서 담당 의사나 병원을 상대로 제기한다. 이 소송은 담당 의사가 자궁 속에 있는 아기의 건강 문제에 대하여 그 부모에게 조언하지 않고 또, 시술 가능한 유전자 검사에 관한 정보를 알려주지 않아, 태아를 낙태시킬 것인지 여부를 결정할 수 있는 기회를 주지 않음으로써 건강관리자로서의 의무를 태만히 한 과실 책임을 묻는다. '불법적 생존'의 소송은 자신은 결코 태어나서는 안 되었다고 주장하면서, 부모가 자식을 대리하여 또는 자식이 직접 소(訴)를 제기한다. 현재로서는 두 종류의 소송에는 모두 담당 의사를 상대로 제기하는 것이 대부분이다. 그러나 장래에는 '불법적 생존' 소송의 경우에, 자식이 부모에게도 적절한 유전자 검사를 하지 않거나 또는 검사 결과를 무시하고 아무런 조치를 취하지 않고 출생시킨 과실에 대하여 책임을 묻게 될지도 모른다.

— 제러미 리프킨, 『바이오테크의 시대』, 민음사, 1999.

예문 4 유전자 재조합 기술은 현재 그 경제적인 유용성 때문에 미생물뿐만 아니라 동물, 식물 등에 폭넓게 적용되고 있으며, 보통 GMO(Genetically Modified Organism)라고 불린다. 유전자 재조합 기술은 농산물의 유전자 변형을 통한 먹을거리의 증산을 가져 왔다. 또한 동물에 적용되어 호르몬이나 중요한 생체 기능 조절물질 등 필수적인 의약품을 대량생산하는 방법으로 매우 유용하게 사용되고 있다. 당뇨병환자에게 꼭 필요하지만 매우 얻기 어려웠던 인슐린이 유전자 재조합 기술로 쉽게 대량생산이 가능해진 것은 좋은 예다.

유전자 재조합 기술로 파생된 또 다른 문제는 인간에 의한 인간 유전자의 변형 및 선별 가능성이다. 유전자 재조합 동물을 만들기 위해서는 초기 수정된 배아에 원하는 유전자의 DNA를 삽입하거나 원하지 않는 유전자를 제거하는 기술이 필요하다. 인간은 지난 20여 년간 다양한 유전자 재조합 동물을 만드는 과정에서 초기 배아를 조작하여 원하는 유전정보를 갖는 개체를 만들 수 있는, 쉽게 말하자면 '맞춤 동물' 제조를 위한 기술력을 구축했다. 이러한 기술은 인간에게도 그대로 쉽게 적용될 수 있기에 인류는 현재 시행하지 않을 뿐 '맞춤인간'을 위한 기술적 토대를 갖고 있다고도 말할 수 있다. 즉 그것이 행일지 불행일지 모르겠으나, 인류는 이미 유전자의 부조리에 맞설 수 있는 능력을 갖고 있다는 것이다.

— 송기원, 「DNA, 너는 내 운명? —생명과학의 발달과 인간의 세상살이」, 『멋진 신세계와 판도라의 상자』, 문학과지성사, 2009.

예문 5 미국과 스페인에 이어 프랑스에서도 유전 질환 치료를 목적으로 한 '맞춤아기(designer baby)'가 태어났다. 프랑스 『르몽드』는 7일 "파리 근교 클라마르시 앙투안베클레르 병원에서 지난달 26일 맞춤아기가 태어났다"고 보도했다. 수술을 집도한 르네 프리드망 교수는 "3.56㎏의 남자 아기는 매우 건강하다"고 말했다.

　이번에 태어난 아기는 형과 누나가 앓고 있는 지중해 빈혈을 치료하는 데 도움을 줄 것으로 보인다. 지중해 빈혈은 유전자 결함으로 적혈구에 산소를 공급하는 헤모글로빈의 핵심 성분인 베타글로빈(beta-globin)이 결핍돼 발생한다. 의료진은 신생아의 줄기세포 등을 형제의 질병 치료에 활용할 계획이다.

　앞서 2000년 미국 콜로라도주 잉글우드에선 선천성 골수 결핍증 치료를 위해 세계 최초로 맞춤아기가 태어났다. 이후 벨기에 스페인 등에서도 치료 목적으로 맞춤아기가 잇따라 나왔다. 앞으로 관련 의술이 보편화될 경우 부모가 원하는 성별, 외모 등을 가진 아기만 선별적으로 낳을 수 있다는 우려도 존재한다. 국내에서는 2009년 보건복지가족부가 배아와 태아 대상 유전자검사 허용 범위를 63종에서 139종으로 확대하면서 맞춤아기 연구를 둘러싼 논란이 일었다.

-『한국경제신문』, 2011. 2. 8.

　태아의 유전자 검사가 보편화되고 출생 전에 여러 질병을 치료할 수 있는 기술력이 확보된다면, 부모들은 【예문3】과 같이 자녀들의 유전에 대해 막중한 책임을 떠안게 될 것이다. 당장 현재의 기술로도 태아의 이상 유전자를 발견할 경우 출산 여부에 대해 심각하게 갈등할 수 있다. 기술이 더 발전하여 태아의 이상 유전자를 치료할 수 있게 된다면, 단순한 유전자 치료에서 나아가 열성 형질에 대한 유전자 조작을 고민하게 될 수 있다.

　또한 이미 현재의 유전자 재조합기술은 유전적 질병이나 결함을 치료하거나 교정하는 수준에서 나아가, 【예문4】에서와 같이 유전자를 조작하여 원하는 대로 우월한 형질로 전환한 '맞춤아기'를 탄생시킬 수도 있다고 한다.

　【예문5】와 같이 난치병 환자를 위해 질병 치료를 목적으로 특정 환자에게 맞는 '맞춤아기'를 의도적으로 출생시킨 사례도 생겨나고 있다. 이러한 행위가 사회적, 윤리적으로 정당화될 수 있는 것인지도 생각해 보아야 한다.

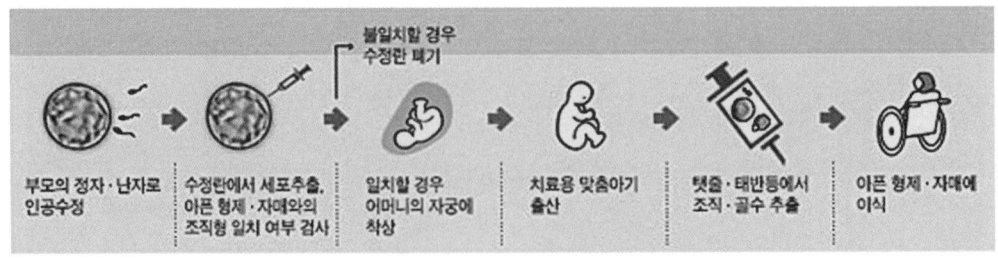

그림5 치료용 맞춤아기 출산 과정(『한국일보』, 2008. 5. 22.)

유전자 공학이 발전하면, 머지않아 다음의 【예문6】에서와 같이 자신의 유전자로 인해 심각하게 차별받는 사회가 곧 도래할 수도 있다. 만일 고용주나 보험 회사가 개인의 유전 정보를 알고 이용한다면 개인적으로나 사회적으로나 심각한 인간 차별과 불평등의 문제가 발생할 것임은 자명하다.

> **예문 6**
>
> 실제로 미국의 일부 보험회사는 임신한 피보험자들에게 태아의 유전자를 검사하도록 압력을 넣고 있다. 만일 선천적인 신체장애의 위험이 클 경우 아이의 보험 혜택을 철회하겠다는 의도에서다.
>
> 개인의 유전정보는 일자리를 구할 때도 중요하게 작용한다. 회사는 미래의 어느 시점에 환자가 될 사람들의 고용을 꺼린다. 하지만 이를 적절하게 통제할 방법이 현재로서는 없다. 일례로 미국의 장애자 보호법은 신체장애자들을 고용 차별로부터 보호하고 있지만, 미래의 어느 시점에 장애가 될 위험에 놓여 있는 사람들에게는 적용되지 않고 있다. 이러한 차별은 노동자의 현재의 능력을 무시하고, 오히려 미래에 대한 의심스러운 예측에 판단을 맡기고 있다.
>
> 실제로 일부 기업에서는 산업 독성 물질과 같은 작업장 위해 요소에 조금 더 민감하게 반응하는 노동자들을 선별하기 위해 유전자 검사를 행하고 있다. 문제는 고용주가 작업장 환경을 개선하는 일보다 노동자 유전자 검색에 더 많은 관심을 기울일 가능성이 있다는 점이다.
>
> — 김훈기, 『유전자가 세상을 바꾼다』, 궁리, 2004.

과연 유전자 정보로 한 사람의 모든 질병과 성격, 지능, 능력 등을 정확하게 예측할 수 있을까? 현실적으로 볼 때, 환경 요인을 완전히 배제하고 유전자만으로 한 사람의 미래를 정확하게 예측할 수는 없다. 그러나 이러한 예측의 정확성을 과신한다면 인간의 삶은 후천적인 상황과 노력 여하에 관계없이 선천적인 유전자의 지배에서 벗어날 수 없게 되고 말 것이다.

Tip 1 생명공학기술과 관련된 주요 용어

- **맞춤아기**(designer baby, 맞춤형아기): 인공수정 배아들을 만든 후 착상 전 유전자검사(PGD) 등으로 검사해 이 가운데 질병 유전자가 없고 특정한 유전 형질을 지닌 정상적인 배아를 골라 탄생시킨 아기. 희귀병을 앓고 있는 자녀를 치료할 목적으로 주로 이용됨.
- **유전자 재조합기술**(recombinant DNA technology): 유전공학의 한 분야로서, 종래의 교잡에 의한 유전적 재조합과는 달리, 미세조작에 의해 종이나 속이 다른 생물의 유전자 또는 인공적으로 합성된 유전자를 한 생물에 집어 넣어 활동하게 하는 기술. 주로 미생물을 이용한 의약품(인터페론, 인슐린, 생장호르몬 등)의 생산에 실용화됨.

학습활동 3 앞의 본문에 제시된 예문들과 관련하여 한 가지 상황을 구체적으로 가정하여 다음과 같은 활동을 해 보자.

1. 【예문1】, 【예문2】의 내용과 관련된 여러 글들을 찾아 읽어 보고, 일부 생명공학 회사나 특정 국가가 인간의 유전정보를 독점하고 있는 상황에서 발생할 수 있는 문제를 예방하거나 해결할 수 있는 방안에 대해 토의한 다음 700~800자 내외의 짧은 글을 작성해 보자.
2. 【예문3】, 【예문4】의 내용과 관련된 여러 글들을 찾아 읽어 보고, 자신의 입장을 정리한 다음 700~800자 내외의 '주장하는 글'을 써 보자.

학습활동 4 생명과학기술과 관련된 다양한 자료들을 조사해 보고, 아래에 제시된 매체나 장르별로 나누어 쟁점을 정리해 보자.

1. 뉴스 보도 또는 신문기사
2. 에세이 또는 칼럼
3. 소설
4. 영화

3 에세이 쓰기

과학기술 에세이란 과학기술 분야의 내용을 화제로 하여 작성한 일종의 학술적 에세이이다. 학술적 에세이는 필자의 독창적 관점이 드러난 비교적 짧은 형식의 글이므로, 과학기술 에세이를 작성할 때는 내용의 전문성과 함께 글쓴이의 주체적인 시각이 일관성 있게 표현되어야 한다.

이 절에서는 생명과학기술과 관련된 내용을 중심으로, 한 편의 과학기술 에세이를 작성해 본다. 사실을 정확하게 전달하면서도 비판적으로 문제를 진단하며, 주체적인 관점이 효과적으로 드러나도록 글을 써 보자.

> 생명과학기술의 발전이 가져올 미래 사회의 새로운 변화에 대해 생각해 보고, 이를 둘러싼 사회적·윤리적 쟁점들을 화제로 하여 과학기술 에세이를 써 보자.

1. 계획하기

■ 독자와 목적

과학기술 전공자뿐만 아니라 과학기술에 문외한인 일반인들도 모두 이 글의 독자에 포함된다는 사실을 염두에 두고, 정확한 과학기술 지식을 쉽고 흥미롭게 전달하도록 유의하면서 에세이를 작성한다.

■ 주제 선정과 내용 생성

생명과학기술, 특히 유전자 공학의 발전이 가져올 인간 사회의 변화, 그리고 이와 관련된 여러 가지 윤리적 쟁점을 화제로 하여 브레인스토밍을 한다. 브레인스토밍 한 내용을 범주별로 분류하고 구체화하면서 화제를 좁혀 나간다. 화제와 관련된 다양한 자료를 찾아 읽고, 자신의 견해를 정리하여 주제를 선정한다.

■ 개요 작성

생성한 내용을 조직하여 개요를 작성한다. 1차로 작성한 개요에 대해 스스로 점검하거나 소집단의 동료들끼리 평가한다.

● **개요 작성 사례**

서론: 주제에 대한 배경 설명 및 문제 제기
       – 게놈 프로젝트의 후속 연구 방향 소개

본론: 주제와 관련된 전문적 내용에 대한 구체적인 설명 및 자신의 견해
       – '인간 단백질체 자원 프로그램(Human Proteome Resource Program)'과 단백질 지도의 완성
       – 세계의 바이오 시장 현황과 단백질 혹은 유전자에 대한 특허
       – 인간 단백질 규명 사업의 발전 가능성
       – 국내 벤처 기업이 '인간 단백질체 자원 프로그램'의 파트너로 선정

결론: 앞으로의 전망과 제언
       – 치료용 항체 시장의 성장에 따른 인간 단백질 규명 사업의 미래

2. 초고 쓰기

앞에서 작성한 개요를 가지고 다음의 절차에 따라 과학기술 에세이의 초고를 완성한다.

■ 단락 구성과 논거 제시
1. 하나의 단락은 하나의 소주제문과 여러 개의 뒷받침 문장으로 구성한다. 뒷받침 문장은 정의, 예시, 분석, 비교와 대조, 인용과 비유, 인과, 분류 등 효과적인 서술 방식을 선택하여 설득력 있게 서술한다.
2. 일반적으로 한 편의 글은 세 개 이상의 단락으로 구성된다. 앞 단계에서 작성한 개요와 자료를 가지고 일관성과 논리적인 흐름을 유지하도록 초고를 작성한다.
3. 생성된 내용 중에서 사실과 의견을 구별하고, 여러 가지 사실과 통계 자료 등을 논거로 제시한다.

■ 서두와 결말 쓰기
1. 경험적 일화, 시사적인 사실, 유명한 명제의 제시, 문제 제기 등을 방법을 사용하여 효과적으로 서두를 쓴다.
2. 결말은 서두의 문제제기에 대한 해결로 마무리하고, 본론의 핵심 내용을 정리하는 동시에 기대되는 결과를 예측하거나 남는 문제를 전망한다.

■ 초고와 제목 완성
1. 글 전체의 논리성과 일관성, 단락 내의 연결성 등을 고려하면서 초고 전체를 완성한다.
2. 글의 내용이나 주제를 핵심적으로 나타내고 독자의 흥미를 끌 수 있도록 글의 제목이나 부제를 완성한다.

3. 고쳐쓰기

■ 글의 주제와 일관성 점검 및 수정
글 전체의 차원에서 주제의 명확성과 타당성, 내용의 조직이나 단락 배열 등을 점검한다.

[점검사항]		예	아니요
	1. 주제가 타당하고 명확하게 표현되었는가?	___	___
	2. 글의 논리적 흐름이 일관성 있게 나타나는가?	___	___
	3. 글 전체의 내용이 통일성 있게 구성되었는가?	___	___

■ 단락의 논리 점검 및 수정

단락의 차원에서 소주제문장의 명확성, 뒷받침문장들의 논리적인 배열, 단락 내에서의 일관성 등을 점검하고 다듬는다.

[점검사항]		예	아니요
	1. 단락마다 소주제문장이 명확하게 나타나 있는가?	___	___
	2. 뒷받침문장이 타당하고 논리적으로 서술되었는가?	___	___
	3. 소주제문장과 관련이 없는 불필요한 문장은 없는가?	___	___

■ 문장의 정확성 점검 및 수정

문장의 차원에서 의미가 명확하고 문법과 어문규범에 맞게 문장을 썼는지 점검하고 다듬는다.

[점검사항]		예	아니요
	1. 장황하고 복잡하여 의미 파악이 어렵지 않은가?	___	___
	2. 문법에 어긋난 문장은 없는가?	___	___
	3. 중의적이고 모호한 문장은 없는가?	___	___
	4. 어문규범에 맞게 표기하였는가?	___	___

초고를 작성한 후에는, 위에 제시한 절차에 따라 원고를 여러 차례 검토하고 다듬어서 다음과 같이 한 편의 과학기술 에세이를 최종적으로 완성한다.

예문 7
게놈 프로젝트가 완성되면서 인간의 유전체에는 약 3~4만 개의 유전자가 있는 것으로 밝혀졌다. 유전자는 인체의 모든 생리 작용에 관여하는 핵심 물질인 단백질을 만드는 설계도다. 그런데 유전자는 인간의 모든 세포에 존재하지만, 그 중 일부 세포만이 단백질을 생산한다. 따라서 어떤 단백질이 어느 세포에서 얼마나 만들어지는지를 알아내야 비로소 인류는 생명의 신비에 접근할 수 있다.

국제공동연구프로젝트인 '인간 단백질체 자원 프로그램(Human Proteome Resource Program)'은 2년 전부터 각 유전자로부터 만들어지는 단백질이 인체 조직, 세포, 세포소 기관에 어느 양만큼 존재하는지를 파악하는 인간 단백질 지도를 만들어오고 있다. 현재까지 700여 개의 인간 단백질에 대한 정보를 담은 지도가 완성됐다. 단백질 지도가 완성되면 엄청난 산업적인 효과가 있을 것으로 예상되고 있다. 단백질은 인체에서 일어나는 대부분의 생명 현상을 주도한다. 현재 개발되고 있는 질병 치료제가 대부분 특정 단백질의 기능을 증진시키거나 차단하는 원리를 갖는 것도 이 때문이다.

현재 많은 제약회사 및 바이오 기업은 현대 질병을 대상으로 약품 개발의 목표가 될 수 있는 단백질 선별 작업에 뛰어든 상태며, 이에 관한 특허를 취득하기 위해 치열한 경쟁을 벌이고 있다. 특허 취득은 곧 시장의 독점화를 가져오고, 결국 엄청난 부를 가져다 준다. 그래서 미국·유럽·일본·한국을 비롯한 대부분의 국가에서 단백질 혹은 유전자에 대한 특허는 그 실제적 유용성을 증명할 경우에만 취득할 수 있도록 규정하기에 이르렀다. 인류의 미래를 책임질 신약(新藥) 개발의 목표가 되는 중요 단백질이 자금력이 풍부한 몇 개 회사에 독점적으로 귀속되는 것을 막기 위한 조치였다.

따라서 특허 취득을 위해서는 목표로 하는 단백질의 기능과 질병 발생과의 관련성에 대한 상당 수준의 정보를 파악하는 것이 필수적이다. 특정 단백질이 사람 몸의 어디에 얼마만큼 존재하며, 어떻게 작용하는지 알아내기 위한 가장 좋은 방법은 그 단백질에만 결합하는 항체(抗體)를 이용하는 것이다. 이 방법은 암과 같은 질병의 최종적 진단 방법 등으로 널리 쓰여 왔다. 항체와 단백질이 결합하면 특정 약품 처리를 한 후 현미경으로 관찰할 수 있다. 인간 단백질 지도 프로젝트는 이미 40여 만 장에 이르는 단백질-항체 결합 이미지와 이에 대한 상세한 설명을 인터넷에 공개했다. 인간 단백질 지도 작성을 위해서 생산될 인간 단백질 3~4만 개와 그 각각에 대한 항체는 인간 난치병의 원인과 해결 방법을 알려주는 열쇠를 제공할 것이다. 많은 전문가들은 단백질 지도 작성이 완성되면 현재 생물의학이 상상하기 어려운 속도의 정보와 혜택을 가져다 줄 것으로 내다보고 있다.

최근 인간 단백질체 자원 프로그램의 항체 생산 파트너로 국내 벤처기업이 선정되었다는 반가운 소식이 들려왔다. 이는 국내 바이오기업의 우수성을 인정받은 쾌거이며, 우리나라의 바이오 기술력을 전 세계에 알릴 수 있는 좋은 기회가 될 것으로 보인다.

인간 단백질 규명 사업은 향후 엄청난 고(高)부가가치의 시장을 열 것으로 보인다. 현재 치료용 항체 시장은 연간 30조 원 규모에 이른다. 우리나라는 항체 생산 과정에서 인간 단백질과 항체, 그리고 이와 관련된 생물의학 정보를 얻을 수 있을 것이다. 이는 매년 20%씩 성장하고 있는 치료용 항체 시장에 한국 기업들이 좀더 활발히 참여할 수 있는 기폭제가 될 것으로 생각한다.

— 정준호, 「생명의 비밀 '단백질 지도'」, 『조선닷컴』, 2005. 11. 4.

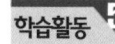 학습활동 5

1. '인간 게놈 지도'라는 화제로 브레인스토밍을 한 후, 그 내용을 세부 범주별로 구분하고 화제를 좁혀서 주제를 선정해 보자.
2. 선정한 주제와 관련하여 내용을 생성하고 한 편의 에세이를 전제로 개요를 작성해 보자.
3. 앞에서 작성한 개요를 토대로 과학기술 에세이의 초고를 작성해 보자.

연·습·문·제

1 현재 '맞춤아기'는 희귀병이나 난치병을 앓고 있는 자녀를 치료할 목적에 주로 이용된다. 이것을 반대하는 입장에서는 수정란의 조직이 병을 앓는 형제자매와 일치하지 않으면 폐기된다는 점을 들어 이를 '스페어아기(Spare Baby)', '디자이너아기(Designer Baby)' 등으로 부르며 금지를 외치고 있다. 이와 관련하여 다음에 제시하는 글쓰기 활동을 해 보자.

1) 신문기사나 뉴스보도, 신문이나 잡지의 칼럼, 영화 등 다양한 매체에서 이와 관련된 자료를 수집하여 보고, 한 생명을 살리기 위한 수단으로서 인간을 의도적으로 탄생시키는 문제에 대해 자신의 입장을 정리해 보자.

2) 이러한 주제에 대해 1500~1600자 분량으로 자신의 생각을 정리하는 한 편의 과학기술 에세이를 작성해 보자.

2 유전자 공학의 발전으로 다음의 예문과 같은 일이 현실에서 가능해졌다. 인간의 존엄성이나 윤리적 견지에서 이러한 상황을 어떻게 받아들여야 할지 생각해 보고, 이를 화제로 하여 2,000자 내외의 분량으로 과학기술 에세이를 작성해 보자.

> 중국 지방 정부가 보유 유전자를 문제 삼아 공무원 시험 합격자들의 임용을 거부하고 법원도 지방정부의 손을 들어주면서 중국에서 때 아닌 '유전자 차별' 논란이 일고 있다.
>
> 광저우[廣州] 포산[佛山]시 산청[禪城]구 법원이 지난 3일 공무원 시험에 합격하고도 유전자가 문제가 돼 임용에서 탈락한 수험생 3명이 포산시 정부를 상대로 낸 소송에서 원고의 청구를 기각했다고 『광주일보(廣州日報)』가 5일 보도했다. 수험생들은 지난해 4월 시 공무원 시험에 응시, 수석과 차석 등을 차지하는 우수한 성적으로 합격했으나 신체검사 과정에서 '지중해 빈혈' 유전자를 지닌 것으로 확인돼 임용에서 탈락하자 소송을 제기했다.
>
> 포산시 당국은 "지중해 빈혈 유전자는 질병에 해당된다."며 "신체 건강하고 질병이 없어야 공무원에 임용될 수 있도록 규정한 공무원 임용법에 저촉된다"고 임용 배제 이유를 밝혔다. 이에 맞서 임용 탈락자들은 "일상생활을 하는 데 아무런 지장이 없을 만큼 건강하다"며 "단지 유전자를 문제 삼아 임용에서 탈락시킨 것은 부당하다"고 맞섰다.
>
> 양 측의 법정 공방이 가열되면서 이 소송은 곧 국내외의 큰 관심을 불러 일으켰다. 특히 광둥(廣東)지역 주민 가운데 1천만 명이 지중해 빈혈 유전자 보유자로 알려지면서 지역 차별이라는 논란이 일기도 했다.
>
> 누리꾼들은 "공무원이 될 유전자는 따로 있느냐"거나 이 소송을 '중국 최초의 유전자 차별 소송'이라고 규정하며 원고들을 응원했다. 인권단체들도 유전자 검사는 공무원 임용 적격자를 가리기 위한 통상적인 신체검사 수준을 벗어난 프라이버시 침해라며 비판하고 나섰다.
>
> 그러나 산청구 법원은 "의료계의 폭넓은 자문을 구한 결과 지중해 빈혈 유전자는 혈액병에 해당한다는 결론을 얻었다"며 포산시 정부의 손을 들어줬다. 원고들은 즉각 "항소를 검토하겠다."며 법원 판결에 불만을 표시했다.
>
> — 『연합뉴스』, 2010. 6. 5.

참·고·문·헌

1. 김명진 편, 『대중과 과학기술』, 잉걸, 2001.
2. 김수병, 『사람을 위한 과학』, 동아시아, 2005.
3. 김훈기, 『유전자가 세상을 바꾼다』, 궁리, 2004.
4. 백영경·박연규, "생명윤리에서 일상의 윤리로: 바이오테크놀로지와 페미니즘의 대화", 『프랑켄슈타인의 일상 -생명공학 시대의 건강과 의료』, 도서출판 밈, 2008.
5. 신형기 외, 『글쓰기』, 연세대학교 출판부, 2003.
6. 연세 과학기술과 사회연구 포럼, 『멋진 신세계와 판도라의 상자』, 문학과지성사, 2009.
7. 정희모 외, 『대학글쓰기』, 삼인, 2008.
8. 제임스 왓슨, 『DNA를 향한 열정』, 이한음 옮김, 사이언스북스, 2000.
9. 제러미 리프킨, 『바이오테크 시대』, 전영택·전병기 옮김, 민음사, 1998.

참고 URL

National Center
for Biotechnology Information
http://www.ncbi.nlm.nih.gov/

인간게놈 다큐 동영상
http://tvpot.daum.net/clip/
ClipView.do?clipid=37220644

인간게놈과 인권에 관한 보편선언(유네스코)
http://www.unesco.or.kr/front/
unesco_global/global_04_
view.asp?articleid=45

허준의 『동의보감』

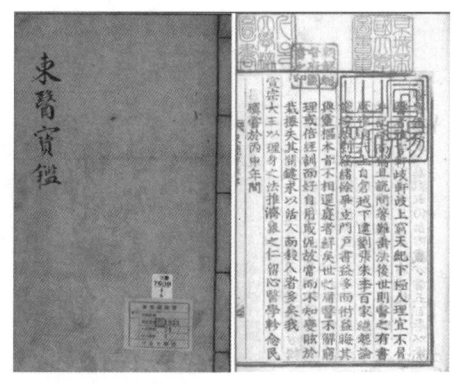

허준   『동의보감』

　16세기 중·후반, 조선의 유학자들과 의학자들은 『향약집성방』과 『의방유취』 이후 간행된 명대의 새로운 의서들을 주로 활용하고 있었다. 허준 의학의 임무는 조선 전기의 의학 전통을 이어 가면서 새로이 수입된 명초(明初) 의학을 정비하여 조선화된 의학을 수립하는 것이었다. 한마디로 '조선의학'이 요구되는 상황이었다.

　1592년 임진왜란이 발발하자 선조를 모시고 피난 행렬에 올라야 했던 허준으로서는 의서 편찬 사업을 본격적으로 진행시킬 수가 없었다. 그러나 1592년(선조 29) 선조는 『동의보감』과 같은 종합 의서의 편찬을 더 이상 늦추어서는 안 될 것이라고 생각하고 허준에게 종합 의서의 간행을 준비하도록 명하였다.

　이에 허준은 유의(儒醫) 정작(鄭碏), 태의(太醫) 양예수(楊禮壽), 김응택(金應澤), 이명원(李命

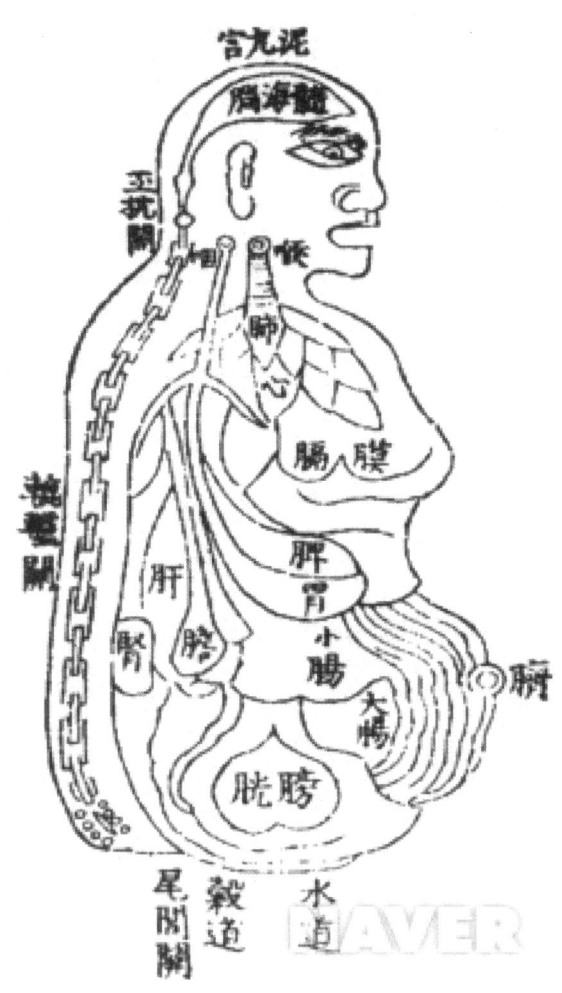

허준이 그린 「신형장부도(身形藏腑圖)」

源), 정예남(鄭禮男) 등과 함께 편수국을 설치하고 편찬의 기준을 마련하였다. 그러나 1597년 정유재란이 발발함으로써 『동의보감』의 편찬사업은 위기를 맞게 되었다. 이에 선조는 1601년 봄, 허준에게 당장 전쟁과 기근의 피해로부터 백성들을 구료할 구급용 의서를 먼저 간행하도록 요구하였다. 그리고 1601년 겨울, 허준에 의해 『언해구급방(諺解救急方)』, 『언해태산집요(諺解胎産集要)』, 『언해두창집요(諺解痘瘡集要)』가 출간되었다.

이들 언해본 의서에는 의학상의 인체를 장부·부인·소아로 구분한 허준의 인체론이 투영되어 있다. 『언해구급방』이 일반 성인의 질병을 주로 다룬 것으로 장부 및 구급용 의서였다면, 『언해태산집요』는 임신과 출산 전반에 관한 내용으로 당시 열악한 출산 환경에 따른 부인 질병과 부인 사망률을 줄여보려는 소산이었다. 마지막으로 『언해두창집요』는 열 명의 부인보다도 치료가 어렵다는 소아 치료를 위한 저술이었다.

언해본 의서들이 간행된 후 선조는 허준을 불러 정유재란으로 중단되었던 『동의보감』의

찬술을 단독으로라도 진행하도록 명령하였다. 이때부터 허준은 지난날에 마련했던 『동의보감』 편찬 기준들을 근거로 하여 내장(內藏)의 방서(方書) 오백 권을 이용하면서 『동의보감』 편찬 사업에 박차를 가하게 되었다. 그러나 또 한 번의 위기가 닥쳤다. 1608년 초에 갑작스럽게 선조가 붕어(崩御)한 것이다. 당시 사간원에서는 수의였던 허준의 책임을 들고 나섰다. '허준은 원래부터 음흉한데다가 어의가 되어서도 준한약(峻寒藥: 독하고 차가운 기운의 약)을 마구 사용하였고, 선조의 건강이 어느 정도 회복되려던 차에 또 조심하지 않고 망령되이 한기(寒氣)를 높이는 약을 씀으로써 마침내 천붕(天崩)의 슬픔을 당했다.'는 것이다. 이는 당시 정치적 상황과 결부되어 허준에게 더욱 불리한 상황이 되었다.

광해군이 즉위한 1608년 3월에도 양사(兩司: 사헌부와 사간원)는 허준의 죄를 묻는 상소를 계속 올렸고, 결국 허준은 파직과 함께 도성 밖으로 출척을 당하였다. 여기에 머물지 않고 사간원 등에서는 허준을 중도부처(中途付處: 벼슬아치에게 어느 곳을 지정하여 머물러 있게 하던 형벌), 또는 위리안치(圍籬安置: 유배된 죄인이 거처하는 집 둘레에 가시로 울타리를 치고 그 안에 가두어 두던 일)하도록 계속 종용하였고, 결국 허준은 1608년부터 1609년 11월까지 2년여의 세월 동안 귀양살이와 복귀를 되풀이하는 나날을 보내게 된다.

다시 한 번 『동의보감』 편찬 사업이 좌초될 위기에 놓였던 것이다. 그러나 이 시기에 허준은 귀양 중임에도 도성 출입을 하면서 의서 편찬 작업에 관련한 여러 서적들을 참고하여 작업을 추진하고 있었다. 이는 모두가 광해군의 어린 시절 허준이 두창을 치유하였던 공과 선조의 파천(播遷) 때 호성하였던 노고의 대가, 그리고 선조의 유업을 이으려는 광해군의 의지가 있어 가능하였다. 이렇게 해서 허준은 약 2년여 동안의 귀양 시절에 『동의보감』 25권을 완성시킬 수 있었다. 1610년(광해군 2) 그의 나이 71세 때의 일이었다.

허준은 『동의보감』을 완성한 후 「서문」과 「집례」를 통해서 조선의학의 전통성을 강조하였다. 허준은 『동의보감』의 권1 「집례」에서 중국과 조선을 포함한 동북 아시아의 의학권을 동쪽의 북의(北醫)와 단계(丹溪)의 남의(南醫), 그리고 자신의 동의(東醫)로 구분하였다. 허준 당대의 조선 의학이 중국의 그것에 못지않다는 일종의 자부심을 표출한 것이었다. 이미 여말 선초에 신유학과 함께 수입되기 시작했던 금원사대가의 의술과 의학이 이미 조선전기의 정비 과정을 거쳐 허준에게 전해졌으며, 그 바탕 위에서 허준은 명대의 신의학을 나름대로의 기준을 가지고 분류·정리할 수 있는 단계에까지 도달해 있었기 때문이다.

그렇다면 이러한 독자적인 정리와 편집을 가능케 하였으며, 나아가 자부심마저도 가질 수 있게 하였던 요인은 어디 있었던 것일까? 허준은 가장 먼저 조선의 의학 전통을 들고 있다. 중국과 함께 조선의 경우도 고래로 사승관계를 통한 의학·의술의 전수가 면면하였음을 강조하였다. 이와 같을진대 조선이라고 "동의를 정립하고 계승시킬 수 없겠는가."라는 것이다.

동시에 정리된 의서의 내용이 만물의 변화를 비추어 밝혀내는 것이라면, 이를 중국에서 '보감'이라고 하니, 조선에서도 역시 보감이라도 할 수 있다는 주장이었다. 이것이 바로 자신이 편찬한 의서를 '동의의 보감'이라고 당당하게 명명한 이유인 것이었다.

– 김호, 『허준의 동의보감 연구』, 일지사, 2003.

20세기의 과학기술 100대 발명품 (한국과학문화재단 선정)

001	인간의 혈액형 발견
002	플랑크의 양자가설 등장
003	프로이트, 『꿈의 해석』 발간
004	대서양 횡단 무선통신 성공
005	라이트형제, 최초의 비행
006	영화 오락시대의 도래
007	비네, 지능검사 개발
008	아인슈타인, 광전효과 설명
009	아인슈타인, 특수상대성이론 제창
010	라디오 방송의 시작
011	삼극 진공관 발명
012	최초의 화학요법제 살바르산 등장
013	플라스틱 특허
014	모건의 초파리 돌연변이 실험
015	러더퍼드의 원자모델 등장
016	초전도현상 발견
017	베게너, 대륙이동설 제창
018	브래그 부자, X선 회절법 관찰
019	보어, 원자 구조 규명
020	포드, 자동차 생산 방식의 혁신
021	질소비료의 인공 합성
022	가정용 냉장고 최초 생산
023	아인슈타인, 일반상대성이론 제창
024	장갑전차 탱크의 등장
025	인공 핵변환 성공
026	KDKA, 최초의 상업방송
027	인슐린 추출 성공
028	초원심분리기 제작
029	양자역학의 성립
030	액체연료추진 로켓 개발
031	텔레비전 개발
032	대서양 횡단 비행 성공

033	북미대륙 횡단전화 개통
034	빅뱅이론 제창
035	하이젠베르크, 불확정성의 원리 제시
036	페니실린 발견
037	허블, 우주 팽창 증거를 발견
038	입자가속기 건설
039	제트 엔진 등장
040	공장자동화를 이끈 공작기계의 개발
041	게임이론의 등장
042	현대적 아파트의 실용화
043	최초의 전파망원경 제작
044	전자현미경 등장
045	중성자 발견
046	형광등의 등장
047	레이더 발명
048	유가와 히데키의 중간자 가설
049	나일론 발명
050	전자복사기 등장
051	생체물질의 3차원구조 해석
052	DDT가 살충제로 사용됨
053	지구 온실효과의 메커니즘 규명
054	페르미, 원자로 건설
055	스트렙토마이신 개발
056	최초의 인공신장 등장
057	미사일이 전쟁에 사용됨
058	원자탄 개발
059	최초의 전자계산기 ENIAC 개발
060	방사성 동위원소법으로 연대 측정
061	홀로그래피 개발
062	트랜지스터 발명
063	최초의 음속 돌파 비행
064	LP레코드 등장
065	백혈병 치료약 개발
066	수소폭탄 실험 성공
067	상업용 제트기 취항
068	정신분열증 치료약 개발
069	아미노산 인공 합성
070	왓슨과 크릭, DNA구조 규명
071	인공심폐기 등장

072		최초의 신장 이식수술 성공
073		최초의 실용 원자력 발전소 건설
074		원자시계 제작
075		자기 기록장치의 실용화
076		최초의 인공위성 스푸트니크 발사
077		초전도체 BCS이론 등장
078		대륙간 탄도미사일 등장
079		리키, 인간의 조상 화석 발견
080		먹는 피임약의 상품화
081		레이저의 실용화
082		해저 확장설 등장
083		유리 가가린, 최초의 우주비행
084		쿼크의 발견
085		펜지아스와 윌슨, 우주 배경복사 발견
086		엘리뇨 현상 발견
087		로봇의 등장
088		펄서의 발견
089		아폴로 11호, 달 착륙
090		카오스 이론 등장
091		상용 마이크로프로세서 최초 도입
092		CT와 MRI 도입
093		해저 열구 근처의 생명체 발견
094		시험관 아기 탄생
095		WHO, 천연두 정복을 선언
096		IBM 호환용 PC의 등장
097		PC 운영체계 DOS의 등장
098		에이즈 바이러스의 발견
099		인터넷을 통한 WWW 탄생
100		복제양 돌리 탄생

12장
인간이 꿈꾸는 로봇 과학기술

2012년 5월에 열린 대전 세계조리사대회에서 한국어·영어·중국어로 행사장 안내를 하는 국내 최고의 지능형 로봇 '알버트 휴보'(왼쪽)와 행사 및 대전 지역 홍보 역할을 맡은 서비스 로봇 '아로'(오른쪽)

인류의 과학기술은 근대 과학이 발전을 거듭해 온 이래 동물과 인간의 생명을 복제하는 단계에까지 이르고 있다. 그뿐만 아니라 인간을 위해 노동을 대신하거나, 인간의 동반자 역할을 하는 로봇을 만들기 위해 기술 혁신을 거듭하고 있다.

이 장에서는 이른바 로봇 유토피아를 둘러싼 여러 논의들을 중심으로 인간의 과학기술적 욕망과 상상력에 관한 문제들을 논의하면서, 과학기술 칼럼과 비평문을 비롯하여 과학기술 제품에 관한 실용적 글쓰기 가운데 하나인 사용설명서 쓰기에 대해 학습한다.

"오, 아담, 아담!
그대는 더 이상 얼굴에 땀을 흘리며
빵을 얻지 않아도 된다네.
그대에게는 다른 어떤 고된 임무도, 노동도,
그 어떤 근심걱정도 없을 거야.
그대는 그저 자아를 실현하고
완성하는 일만 하면 되네.
그대는 천지 만물의 주인이 될 거야."
** 카렐 차페크의 희곡, 『로숨의 만능 로봇(R.U.R.)』

1 인간의 상상력과 로봇 유토피아: 칼럼 쓰기

인류가 창조하는 현대의 로봇 과학기술은 인간을 대신하여 청소와 요리 같은 가사 서비스 역할을 하는 로봇을 비롯하여, 사람의 손길이 미치기 어려운 땅 속의 상수관·배수로 검사를 하고, 아이들의 공부를 도와주는 학습용 로봇까지 만들어내고 있다. 그뿐만 아니라, 로봇은 질병 검사를 하고 고도의 수술을 집도하며, 위험한 군사 작전에 참여하거나 해양·우주탐사 작업에 동원되는 등 여러 영역에서 인간의 역할을 대신하고 있다.

인간이 만든 기계적 창조물로서 로봇은 2족 보행을 하면서 시각 및 음성 인식 능력을 갖추고 간단한 문장을 사용하여 인간과 대화를 나누며 감정을 교환할 수 있는 단계로 나아가고 있다. 인간의 형태와 동일한 기계적 존재를 만들겠다는 인류의 과학기술적 상상력과 욕망이 서구 근대과학의 발달 과정을 거쳐 21세기에는 다양한 형태와 기능을 갖춘

그림1
'2012 테드 행사'에서 하늘을 나는 작은 로봇들이 사람의 제어 없이 멋진 연주를 하고 있는 모습. 이들 로봇들은 공중 비행 중에 키보드를 비롯해 기타, 드럼, 마라카스, 심벌 등의 악기를 이용하여 '007 영화'의 주제곡을 연주했다. (사진: 테드)

로봇을 창조하는 산업으로 확대되고 있다.

21세기는 로봇 과학기술 전성시대로 빠르게 접어들고 있다. 많은 미래학자나 과학기술자들이 예견하고 있는 것처럼 로봇은 리들리 스콧 감독의 「블레이드 러너(Blade Runner)」(1982)나 스티븐 스필버그 감독의 「A.I.(Artificial Intelligence)」(2001) 같은 영화에서나 볼 수 있었듯이, 과학기술이 탄생시킨 복제인간 리플리컨트가 과거를 기억하면서 어머니를 생각하고 눈물을 흘리며, 이성(異性)과 사랑을 나누는 등 인간의 육체 능력과 감정 구조 및 인지 구조와 유사한 형태로 '또 다른 인간'의 존재성을 갖추게 될지도 모른다. 카네기멜론대학 로봇연구소의 한스 모라벡(Hans Moravec) 교수가 예견하고 있듯이, 가까운 미래에 로봇은 인간이 감당하기 어려운 일들을 대신하는 역할을 넘어서 로봇이 스스로 또 다른 로봇을 설계하고 생산하는 단계로 나아갈지도 모른다.

다음 예문은 지식기술 대융합의 시대에 인간과 로봇이 맺게 될 사회적 관계의 양상과 존재 방식에 대해 서술하고 있는 '과학기술 칼럼'이다. 칼럼을 읽고 내용이 어떻게 생성되고 완성되는지 살펴보도록 하자.

> **예문 1** 21세기 후반, 그러니까 2050년대 이후부터 우리는 사람처럼 생각하고, 느끼며, 행동하는 휴머노이드(humanoid) 로봇과 더불어 살지 않으면 안 될 것 같다.
>
> 사람과 로봇이 맺게 될 사회적 관계는 대충 세 가지로 짐작된다. 첫째, 로봇이 오늘날처럼 인간의 충직한 심부름꾼 노릇을 하는 주종 관계를 생각할 수 있다. 둘째, 로봇이 사람보다 영리해져서 인간을 지배할 가능성도 배제할 수 없다. 끝으로, 호모사피엔스(지혜를 가진 인류)와 로보사피엔스(지혜를 가진 로봇)가 공생 관계를 형성해 서로 돕고 살 수도 있을 것이다.
>
> 기계가 인간보다 뛰어나서 인간이 기계에서 밀려날 것이라는 공포감은 소설이나 영화를 통해 끊임없이 표출되었다. 메리 셸리(1797~1851)의 『프랑켄슈타인Frankensein』(1818)은 과학자와 그가 만든 괴물이 모두 파멸하는 것으로 끝난다. 이 소설은 인간이 자신의 피조물을 거부하는 것을 보여줌으로써 자신의 모습을 닮은 기계에 대한 인간의 공포심을 드러낸다.
>
> 많은 사람들은 인간의 피조물인 로봇이 미래에도 오늘날 산업 현장의 로봇처럼 사람 대신 힘든 일을 도맡아 줄 것으로 믿고 있다. 21세기 후반에도 아이작 아시모프(1920~1992)의 '로봇공학의 3원칙'이 여전히 유효할 것임을 추호도 의심하지 않는 셈이다.
>
> 카렐 차페크(1890~1938)의 『로숨의 만능 로봇Rossum's Universal Robot(R.U.R.)』(1921) 역시 프랑켄슈타인의 괴물과 마찬가지로 로봇을 먼저 파괴하지 않으면 결국 로봇이 인간의 자리를 빼앗아 갈 것이라는 의미를 함축하고 있다. 반란을 일으킨 로봇 지도자는 여자 주인공에게 "당신들은 로봇만큼 튼튼하지 않다. 당신들은 로봇만큼 재주가 뛰어나지도 않다."고 외치면서 동료 로봇에게 모든 인간을 죽이라고 명령한다.
>
> 1999년 부활절 주말에 미국에서 개봉된 영화 「매트릭스The Matrix」의 무대는 2199년 인공지능 기계와 인류의 전쟁으로 폐허가 된 지구이다. 마침내 인공지능 컴퓨터들은 인류를 정복하여 인간을 자

신들에게 에너지를 공급하는 노예로 삼는다. 땅 속 깊은 곳에서 인간들은 매트릭스 컴퓨터들의 배터리로 사육되는 것이다. 말하자면 인간은 오로지 기계에 의해서, 기계를 위해 태어나며 생명이 유지되고 이용될 따름이다.

로봇공학자 중에도 인류가 기계의 하인이 될 것이라고 주장하는 사람이 없지 않다. 영국의 케빈 워릭(1954~) 교수는 그의 저서 『로봇의 행진March of the Machines』(1997)에서 21세기 지구의 주인은 로봇이라고 단언한다. 워릭은 2050년 기계가 인간보다 더 똑똑해져서 지구를 지배하게 될 것이라고 전망한다. 2050년 인류의 삶은 기계에 의해 통제되고 기계가 시키는 일은 무엇이든지 하지 않으면 안 되는 처지에 놓인다. 남자들은 포로수용소 같은 곳에서 노동자로 사육된다. 노동자들은 육체적으로 불필요한 성적 행위를 하지 못하게끔 거세되며, 두뇌는 재구성되어 분노, 우울, 추상적 사고와 같은 부정적인 요소가 제거된다. 여자들은 사방이 벽으로 막힌 인간 농장에 수용된 채 오로지 아이를 낳기 위해 사육된다. 한 번에 세 명의 아기를 낳는다. 12세쯤 출산을 시작해서 30대가 되면 쓰레기처럼 소각로에 버려진다. 여자들은 평생 동안 50여 명 정도 아기를 낳는다.

사람과 로봇이 맺을 수 있는 세 번째 관계는 서로 돕고 사는 공생이다. 로봇공학 전문가인 한스 모라벡은 그의 저서 『마음의 아이들Mind Children』(1988)에서 사람의 마음을 기계 속으로 옮겨 사람이 말 그대로 로봇으로 바뀌는 시나리오를 제시하였다. (중략)

모라벡의 시나리오에 따르면 인간의 마음이 기계에 이식됨에 따라 상상하기 어려운 다양한 변화가 일어난다. 먼저 컴퓨터의 처리 성능에 힘입어 사람의 마음이 생각하고 문제를 처리하는 속도가 수천 배 빨라질 것이다. 마음을 이 컴퓨터에서 저 컴퓨터로 자유자재로 이동시킬 수 있기 때문에 컴퓨터의 성능이 강력해지면 그만큼 사람의 인지 능력도 향상될 것이다. 또한 프로그램을 복사하여 동일한 성능의 컴퓨터에 집어넣을 수 있으므로 자신과 동일하게 생각하고 느끼는 기계를 여러 개 만들어낼 수 있다. 게다가 프로그램을 복사하여 보관해 두면 오랜 시간이 경과된 후에 다시 사용할 수 있기 때문에 마음이 사멸하지 않게 된다. 마음이 죽지 않는 사람은 결국 영생을 누리게 되는 셈이다.

모라벡은 한 걸음 더 나아가 마음을 서로 융합시키는 아이디어를 내놓았다. 컴퓨터 프로그램을 조합시키는 것처럼 여러 개의 마음을 선택적으로 합치면 상대방의 경험이나 기억을 서로 공유할 수 있다는 것이다.

모라벡의 시나리오처럼 사람의 마음을 기계로 옮겨 융합시킬 수 있다면 조상의 뇌 안에 있는 생존 시의 기억과 감정을 읽어 내 살아 있는 사람의 의식 속으로 재생시킬 수 있을 터이므로 산 사람과 죽은 사람, 미래와 과거의 구분이 흐릿해질 수도 있다. 이런 맥락에서 모라벡은 소프트웨어로 만든 인류의 정신적 유산을 물려받게 되는 로봇, 곧 마음의 아이들이 인류의 후계자가 될 것이라고 주장하였다.

2050년 이후에 워릭의 주장처럼 로봇은 창조주인 인류를 파멸시킬 것인가, 아니면 모라벡의 시나리오처럼 로봇은 인류를 불멸의 존재로 만들어 줄 것인가? 이 질문에 대한 정답은 아무도 알 수 없다. 단지 로봇공학이 발전을 거듭하고 있는 오늘날 예측 가능한 유일한 사실은, 사람보다 영리한 로보사피엔스가 출현하게 될 21세기 후반의 인류 사회 모습이 예측 불가능하다는 것뿐이다.

– 이인식, 「사람과 로봇」, 『지식의 대융합』, 고즈윈, 2008.

> **Tip 1** 아이작 아시모프(Isaac Asimov)의 '로봇공학의 3원칙'(Three Laws of Robotics) (1940. 12. 23)
>
> - 제1원칙: 로봇은 인간에게 해를 가하거나, 혹은 행동을 하지 않음으로써 인간에게 해가 가도록 해서는 안 된다.
> - 제2원칙: 로봇은 인간이 내리는 명령에 복종해야 한다. 단, 이러한 명령이 제1원칙에 위배될 때에는 예외로 한다.
> - 제3원칙: 로봇은 제1원칙과 제2원칙에 위배되지 않는 한 자신의 존재를 보호해야 한다.
>   (※이후에, 아이작 아시모프는 로봇 세계의 대헌장이라고 할 수 있는 '로봇공학의 3원칙'에 문제가 있다고 판단하여 『로봇과 제국』을 쓰면서 이 3개의 원칙에 선행하는 다음과 같은 '0원칙'을 추가하였다. "로봇은 인간에게 해를 끼쳐서는 안 되며, 행동을 하지 않음으로써 인간을 위험한 상황에 방치해서도 안 된다.")

　신문이나 잡지에 발표되는 과학기술 분야의 글들은 대체로 칼럼 형식을 취하는 경우가 많다. 칼럼이라는 글의 형식이 과학기술에 관한 어려운 내용을 일반 대중들에게 알기 쉬운 문장으로 전달해주는 데 적합하기 때문이다.

　과학기술 칼럼은 시사적인 현안이나 사회 현상에 대해 의견을 피력하는 일반 칼럼처럼 과학기술적 현상이나 쟁점 등에 대해 글쓴이의 의견을 알기 쉬운 문장과 표현으로 전달할 수 있는 글이다. 과학기술 칼럼에서는 과학기술에 관한 여러 쟁점에 대해 자신의 주장을 펼쳐가면서 사회적 관심을 불러일으킬 수 있다. 특히 과학기술 칼럼에서는 전문적이고 난해한 내용을 쉬운 용어와 개성적인 문장, 나아가서는 비유적인 표현을 활용하여 서술할 수 있기 때문에 글쓴이의 개성과 목소리가 잘 드러나 글의 주제를 효과적으로 전달할 수 있다.

　과학기술 칼럼은 대학의 공학 교수와 산업체의 연구원 같은 해당 분야의 전문가를 비롯하여, 관련 분야에 대한 해박한 지식과 정보를 가지고 대중적 글쓰기를 하는 기자들처럼 전문적인 칼럼리스트들이 글쓴이인 경우가 많다. 그러나 일반인들도 과학기술에 관한 쟁점이 제기되어 사회적 관심이 높아질 경우 신문이나 저널의 독자 투고란(이를테면, 신문의 '옴부즈맨' 같은 코너)을 통해 자신의 견해를 피력할 수 있고, 인터넷 매체를 활용하여 언제든지 의견을 올릴 수 있다. 이때 활용할 수 있는 글의 장르가 칼럼이다.

　예를 들어 우주 탄생의 비밀을 설명하기 위한 가설 가운데 하나인 힉스 입자(Higgs Particle)의 존재가 증명되었다면, 과학기술 칼럼에서는 과학기술 논문처럼 전문적인 글에서 사용하는 언어 표현과 용어 대신 왜 힉스 입자의 발견이 중요하고, 또 대단한 일인지 일반 대중들에게 알기 쉬운 표현과 문장을 활용하여 설명해 줄 수 있어야 한다. 동물과 인간 복제, 로봇 기술의 실용적 사용에 대해서도 마찬가지이다. 과학기술자들에게는 그런 기술이 왜 중요하고, 쟁점이 되고 있는 사항은 무엇이며, 발견된 과학적 현상이 정확하게 무엇인지 독자들이 알기 쉽게 설명해 주는 글쓰기 능력이 필요하다.

위에 인용한 글은 로봇 과학기술이 고도로 발달하는 21세기 후반, 인간과 로봇이 어떤 사회적 관계를 맺게 될 것인지에 대해 전망하고 있는 과학기술 칼럼이다. 이 예문을 통해 글쓴이가 글의 주제를 어떻게 설정하고 내용을 형성하여 전개하고 있는지 분석하여 과학기술 칼럼 쓰기의 기본 형태를 구성해 보자.

과학기술 칼럼에서도 글 쓰는 사람들은 늘 개요를 만들며, 글을 구성하고 배열하여 전개해나가는 방법을 사용한다. 먼저, 앞의 [예문 1]의 개요는 다음과 같이 정리할 수 있다.

> ● 개요
>
> 제목: 사람과 로봇
> 주제문: 인간은 로봇과 공존하면서 살아가야 한다.
>
> - 서두: 21세기 후반, 인간은 휴머노이드 로봇과 세 가지 형태의 사회적 관계를 맺으며 살아가게 될 것이다.
> - 본론:
>   1) 로봇은 인간의 충직한 심부름꾼 역할을 하며, 인간과 주종 관계를 이룬다.
>   2) 로봇이 인간보다 영리해져 인간이 기계의 하인이 된다.
>   3) 인간과 로봇은 공생 관계를 이루며 살아간다.
> - 결말: 로보사피엔스가 출현하게 될 21세기 후반, 인류 사회의 모습은 예측 불가능하다.

위의 개요를 보면 알 수 있듯이, 칼럼의 서두에서는 글의 주제와 방향 및 핵심 내용 등을 간략하게 제시하고 있다. 결말 부분에서 글쓴이는 21세기 후반, 인간과 로봇의 공존 가능성을 전제하면서도 궁극적으로 인간보다 영리해질지도 모르는 로봇과의 상호 관계에 대해 예측이 불가능하다고 정리하고 있다.

본론에서는 글 전체의 내용을 구성하는 '인간과 로봇의 세 가지 사회적 관계'에 상응하여 각 단락별로 구체적인 예를 들어 다음과 같이 서술하고 있다.

● 본론
- 본론1: 인간과 로봇의 주종 관계. 예) 소설『프랑켄슈타인』, 아이작 아시모프의 '로봇공학의 3원칙', 희곡『로숨의 만능 로봇』
- 본론2: 로봇의 인간 지배. 예) 영화「매트릭스」, 케빈 워릭 교수의 견해(『로봇의 행진』)
- 본론3: 인간과 로봇의 공생 관계. 예) 한스 모라벡 교수의 견해(『마음의 아이들』)

과학기술 칼럼에서는 종종 일반 독자들이 흥미를 가지고 쉽게 접근할 수 있도록 잘 알려져 있는 예를 들어 글의 본론 내용을 구성한다. 앞의 예문에서 글쓴이가 메리 셸리의 과학소설『프랑켄슈타인』이나 '로봇'이라는 용어를 처음 사용한 카렐 차페크의 희곡『로숨의 만능 로봇』, 그리고 아이작 아시모프의 '로봇공학의 3원칙'을 가져온 것은 유명한 문학 작품이나 이론 또는 개념을 활용할 경우 독자들의 관심을 자연스럽게 이끌어낼 수 있기 때문이다.

과학기술 칼럼은 특성상 일반 대중들을 대상 독자로 삼아 신문이나 과학저널 등의 매체에 발표하는 경우가 많아서 긴 호흡으로 주장을 논증해 가는 비평문이나 학술논문처럼 글의 분량을 길게 가져갈 수 없다. 이런 이유에서 과학기술 칼럼은 문장과 단락을 길지 않게 만들고, 내용을 독자들이 쉽고 빠르게 이해할 수 있도록 글의 구성과 서술 흐름을 유지하는 것이 좋다.

(☞ 과학기술자들의 글쓰기를 통한 매체 참여의 방식에서 '칼럼'의 기능과 역할에 대해서는 1부 2장 2절 〈소통을 위한 글쓰기 전략〉을 참고할 것)

학습활동 1 다음의 용어 가운데 하나를 선택하여 1,000자 분량의 짧은 과학기술 칼럼을 쓴 후, 조원들끼리 서로의 글을 돌려 읽고 칼럼이라는 글의 특성과 형식을 고려하여 피드백을 해 보자.

1. 로보토피아(Robotopia)
2. 로봇공학의 3원칙
3. 휴머노이드(humanoid)

과학기술 칼럼 잘 쓰는 법

- 관련 분야의 책읽기를 통해 풍부한 배경 지식을 갖춘다.
- 사물과 현상을 해석하는 뚜렷한 주관을 갖춘다.
- 균형 잡힌 시각으로 사물과 현상을 평가하는 의식을 갖춘다.
- 과학기술 분야의 최신 흐름과 쟁점을 파악할 수 있는 안목을 갖춘다.
- 자기 고유의 문체를 발휘할 수 있는 문장 표현 능력을 갖춘다.

그림2
로봇을 소재로 한 일본 SF만화(「쇼넨[少年]」: 1952~1968) 「철완 아톰」 포스터. 인간과 로봇이 공존하는 21세기의 미래를 무대로 소년 로봇 아톰의 활약상을 그린 테츠카 오사무(手塚治虫)의 TV 애니메이션(1963~1966). 이 작품에서 작가는 로봇과 인간의 공존을 이야기하며, 로봇의 눈을 통해 인간의 내면과 본질을 묘사하고 있다.

'로봇'과 관련된 주요 용어

- 로봇(robot)의 어원: 체코어 'robota(노동, 부역)'에서 'a'를 빼고 만들어진 단어. 인간 대신 일을 하도록 만들어진, 인간을 닮은 기계로 '인조인간'. 생명체가 없는 기계.
- 로봇의 정의
  – 일본: 기억장치를 갖추고 회전 가능한 단말장치를 지니며 자동적인 동작으로 인간을 대신하여 노동하는 다목적 기계.
  – 미국: 프로그램을 고쳐 만들 수 있는 다기능의 조작기.
- 사이보그(Cyborg): '인공두뇌(Cybernetics)'와 '유기체(Organism)'의 합성어로, 기계나 인공 장기 등으로 이식된 개조인간. 기계와 생명체의 접합을 의미. 사이보그의 주체는 인간임. TV 미니시리즈 「6백만 불의 사나이」의 남자 주인공 스티브, 「로보캅」의 로보캅, 「스타워즈」의 다스베이더, 「공각기동대」의 쿠사나기 소령 등이 사이보그의 예.
- 안드로이드(Android): '인간을 닮은 것'이라는 뜻의 그리스어에서 기원. 인간과 같이 육체가 세포 등의 원형질로 되어 있어서 겉으로 보기에는 인간과 전혀 구별할 수 없는 가공의 생물을 의미. SF영화에 나오는 주요 인물들이 대표적인 안드로이드의 예인데, 스티븐 스필버그 감독의 「A.I.」 주인공 '지골로 조'나 '데이비드', 리들리 스콧 감독이 만든 「블레이드 러너」의 '레이첼' 등이 안드로이드임.

2 인간과 로봇의 경계: 비평문 쓰기

　인간과 로봇의 경계를 묻는 질문은 곧 인간의 정체성이 무엇이냐는 질문으로 이어진다. 이와 동시에 이 질문은 로봇이 인간처럼 이성과 감정을 소유하며, 인간 삶의 희로애락을 기억하고 표현할 수 있는가에 대한 논의를 요구한다.

　가령 메리 셸리의 과학소설 『프랑켄슈타인』의 주인공 빅터 프랑켄슈타인이 만든 '괴물(The Monster)'이 창조주에게 분노를 느끼고 자신을 만든 창조주의 가족과 주변 사람들을 해치는 이유는 무엇인가? 또, SF영화 「터미네이터」에 등장하는 선한 사이보그와 악한 사이보그는 어떻게 프로그램화된 것이며, 「블레이드 러너」에 나오는 여주인공 레이첼의 눈물과 과거에 대한 기억은 인간과 안드로이드의 경계를 구분하는 데에서 어떤 논리를 제공해 주는가?

　공상 과학소설이나 SF영화에서 볼 수 있듯이, 과학기술적 창조물과 인간 사이의 관계에서 비롯되는 여러 갈등 양상들은 궁극적으로 인간의 피조물이 창조주인 인간에게 어떤 존재여야 하는가를 묻는 일과 관련된다. 다시 말해, 이 질문은 인간에 의해 창조된 존재로서 『프랑켄슈타인』의 '괴물'이나 「블레이드 러너」의 '리플리컨트'가 과연 진정한 의미의 인간인가, 아니면 인격을 갖지 못한 종속적 '타자(他者)'에 불과할 뿐인가에 관한 논쟁을 불러 일으킨다.

그림3
한국과학기술연구원(KIST)이 개발한 휴머노이드 로봇 '키보'는 웃고, 울고, 찡그리는 표정을 지을 수 있고, 상대의 얼굴, 위치, 음성 등을 감지할 수 있는 인식 장치를 탑재하고 원활하게 인간과 상호 작용할 수 있다. 사진은 눈물 흘리는 연기를 하고 있는 '키보'의 모습(『연합뉴스』, 2012. 8. 16)

　과학기술 발명품이 인류 사회에 어떤 도움을 주고, 또 어떤 역할을 하느냐에 대해 논의할 때에 종종 과학기술자들과 인문사회학자들은 논쟁을 하고 글을 통해 견해를 피력하게 된다. 이때 유용한 글의 장르가 비평문이다.

　일반적으로 비평문은 인문사회 영역에서 어떤 사회 현상이나 대상 및 쟁점에 대해 내용과 의미를 분석하고, 가치를 평가하는 글이다. 이와 마찬가지로, 과학기술 분야의 특정 지식과 현상, 쟁점 등에 대해 비평문의 형식과 특성을 도입하여 쓴 글이 과학기술 비평문이다.

  21세기의 과학기술 분야에서 펼쳐지는 정책이나 연구는 인문사회나 문화예술 분야와 서로 밀접한 관련을 맺고 있다. 이런 이유에서 과학기술 비평문의 글쓴이는 대부분 과학기술 분야에 종사하는 학자와 연구원 같은 전문가들이 주축을 이루지만, 인문사회 분야의 전문가들 역시 과학기술적 현상이나 쟁점에 대해 비평적 글쓰기를 통해 입장과 견해를 피력할 수 있다. 로봇의 한 형태인 '휴머노이드'를 다루고 있는 다음의 비평문을 읽어 보자.

예문 2

긍정적이든 부정적이든 기계를 가장 이상화시킨 것이 로봇이다. 우리 역시 어린 시절부터 기계 문명 발전의 상징으로 꿈꿔 왔던 것이 로봇이었다. 어린 시절을 TV와 연관시켜 떠올려 보면 로봇처럼 친숙한 것이 없다. 초등학생 시절 내내 저녁 시간을 기다리게 하는 것은 로봇이 등장하는 만화영화이다. 내 어린 시절 맨 처음 등장했던 것은 「아톰」이었다. 그 뒤를 이어 로봇도 진화를 거듭했다. 「철인 28호」와 「짱가」라는 거대한 로봇이 탄생했다. 이때까지도 아직은 어색한 외모였는데, 한 단계 업그레이드한 것이 유명한 「마징가Z」와 「로봇태권V」였다. 그러나 다음 세대 로봇인 「에반겔리온」은 이전의 모든 로봇을 촌스럽게 여겨지도록 만들었다. 전투 장면을 보면 마치 사무라이 영화를 보듯이 피가 튄다. 최근에는 더 진화한 「트랜스포머」가 등장해 자동차와 오디오 등 인간이 친숙하게 사용하는 일상의 기계와 로봇을 일체화시켰다.

  컴퓨터 기술의 발달로 로봇은 더 이상 상상 속의 존재가 아니다. 이제 로봇은 병렬 계산을 통해 일반적인 사고를 더 빨리 처리할 수 있다. 단지 복잡한 기계 덩어리가 아닌 일정한 사고 능력을 갖춘 로봇이 실제로 등장하게 되었다. 로봇이 체스 세계 챔피언과 대결을 하는 것도 신기한 일이 아니다. 이 속도로 컴퓨터 기술이 발달하면 앞으로는 게임의 규칙이 바뀌어도 로봇이 유연하게 대처할 수 있는 단계로 발전하는 게 가능하다고 한다. 인간의 모습만이 아니라 사고 능력까지 도전하는 로봇이 등장할 수 있다는 예상이 나오고 있다. 이러한 로봇을 가리켜 휴머노이드(humanoid)라고 부른다.

  휴머노이드는 인간의 형태뿐만 아니라, 인간과 같은 인식 기능, 운동 기능을 구현한다. 고난도 지능형 로봇을 구현하기 위해 최첨단 기술이 동원된다. 동작만 하더라도 단순히 두 발로 평지를 걷는 것만이 아니라 굴곡이 있는 바닥을 감지하여 안정된 보행 기능을 갖추는 것, 예상치 못한 상황에서 상반신을 이용한 균형 잡기 등이 연구되고 있다. 여기에 복잡한 인지 기능까지 개선되는 중이어서 가사 노동을 비롯하여 인간의 다양한 작업을 로봇이 대신할 날이 멀지 않았음을 알 수 있다.

  이미 영화로는 휴머노이드가 우리에게 친숙하게 다가와 있다. 「아이, 로봇」이라는 할리우드 영화에서는 인간이 정한 원칙 내에서 인간의 편리함을 위해 복종하는 로봇이 아니라 스스로 원칙을 재설정하며 인간에게 도전하는 새로운 로봇이 등장한다. 이 영화는 인간과 로봇의 경계가 어디에서 그어져야 하는지, 둘은 어떤 관계를 맺어야 하는지에 대한 고민을 던져 준다. 그리고 로봇이 독자적인 사고 능력을 갖추게 된다면 그들을 도구 이상의 독립적인 존재로 인정해야 하는 것인지에 대한 문제의식을 보여준다.

  일본 애니메이션인 「공각기동대」는 이런 종류의 고민을 가장 극적으로 던져 준다. 「공각기동대」의 배경은 컴퓨터와 통신 기술의 비약적 발달로 국가나 사회가 거대한 네트워크를 이루고 있는 시대이다. 인간은 네트워크상에서 정보 조작과 파괴 활동을 담당하는, 일종의 사이버 로봇 '인형사'를 만들지만, 통제를 벗어나자 이들을 회수하려고 한다. 그런데 이야기의 압권은 체포된 인형사가 자신의 정치적 망명을 요구하는 대목이다. 인간들은 그에게 "넌 단순한 프로그램일 뿐이야."라고 말한다. 하지만 인형사는 "그렇다면 당신들의 유전자도 자기 보존을 위한 프로그램에 불과해. 생명이란 정보의 흐름 속에서 생긴 결정체 같은 거지. 인간은 유전자라는 기억 시스템을 통해, 기억에 의해 개인이 되는 거야. 기억이 환상이라 해도 인간은 기억으로 살아가는 거지."라고 함으로써 자신과 인간이 차이가 없음을 주장한다.

인간의 사고 능력과 로봇의 프로그램이 차이가 없다는 주장이다. 인간의 사고 능력이라는 것도 결국은 뇌에 의해서 만들어진, 물질 작용의 결과라는 것이다. 『이기적 유전자』라는 책으로 유명한 리처드 도킨스(Richard Dawkins)가 주장하듯이 인간 역시 유전자의 확대 재생산을 위한 운반 기계에 불과하다고 할 때 인간과 로봇의 사고 능력, 기억 능력이 크게 다를 바가 없는 게 아닌가 하는 문제의식을 가져볼 수 있다. 인간의 사고 기능·행위 기능과 별 차이가 없다면 로봇을 아무렇게나 처리할 수 있는 대상으로 규정하는 것도 부당한 것이 된다. 그러므로 인형사는 인간에게 부당한 상황에 처했을 때 망명을 선택할 권리가 있듯이 로봇에게도 기본권으로서 정치적인 권리를 보장해 주어야 한다고 주장하는 것이다. 인간과 로봇의 경계에 대해 의문을 제기하는 내용이지만 더 근본적으로는 인간이란 무엇인가에 대한 문제와 맞닥뜨리게 된다.

— 박홍순, 「인간과 로봇의 경계」, 『인문학 옆 미술관』, 서해문집, 2010.

그림4
휴머노이드 로봇을 소재로 한 SF영화 「아이, 로봇(I, Robot)」
(2004)의 포스터(왼쪽)와 영화 속 한 장면(오른쪽)

　　위의 글은 인문학자가 '로봇'을 소재로 하여 작성한 일종의 과학기술 관련 비평문이다. 이 비평문에서 로봇 과학기술과 관련하여 글쓴이가 쟁점으로 삼고 있는 사안은 인간의 정체성 문제이다. 실제로 20세기 이후 오늘에 이르기까지 인간과 로봇을 구분하는 경계가 무엇인지에 대해 많은 논쟁이 있었다. 인간이란 무엇이며, 그 경계는 무엇인지에 관한 의문은 근대 과학이 발전해 온 이래 많은 과학기술자와 인문학자들 사이에서 제기된 중요한 철학적 관심사였다.

여러 세기 전, 근대의 철학자 르네 데카르트(René Descartes)가 인간을 제외한 모든 동물과 일체의 존재를 기계로 규정한 기준은 인간이 이성을 소유한 유일한 존재라는 생각에 근거를 두고 있다. 다시 말해 이성에 기초한 언어 사용 능력을 가지고 있기 때문에 인간이라는 것이다. 이처럼 인간의 정체성을 데카르트 식으로 규정한다면, 로봇은 인간이 지니고 있는 상상적 능력, 삶과 죽음에 대해 사유할 수 있는 사고, 무엇이 옳고 무엇이 그른지 판단할 수 있는 윤리적 판단력, 왜 아름답고 추한지 감지할 수 있는 미적 판단력을 갖고 있지 못한 열등한 존재라는 결론이 나온다.

그러나 만약, 리처드 도킨스가 『이기적 유전자(The Selfish Gene)』에서 주장하고 있듯이 인간의 유전자도 자기 보존을 위한 프로그램에 불과하며, 인간 역시 세대에 세대를 이어서 유전자를 운반하는 신체 기계에 불과하다면 데카르트의 인간에 대한 정의는 오늘날에도 그대로 수용될 수 있는가? 관점을 달리 하여 로봇 역시 인간처럼 생각하고 말하고 기억할 수 있으며, 선악과 미추를 판단하는 능력을 가질 수 있도록 프로그램화된다면 인간과 로봇의 경계를 가르는 본질적인 차이가 과연 무엇인가 하는 의문을 갖지 않을 수 없다.

위의 비평문에서 서술되고 있듯이 "기계를 가장 이상화시킨 것이 로봇"이고, 현재까지 인간과 가장 유사한 형태로 만들어진 로봇을 '휴머노이드'라고 할 때, '인간과 로봇의 경계'에 관한 질문은 근본적으로 논쟁의 형태를 취하지 않을 수 없다. 이런 맥락에서 위의 글은 로봇, 즉 '휴머노이드'의 존재를 화제로 삼아 인간의 정체성 문제를 논의하는 과학기술 비평문의 내용과 형식을 잘 보여준다.

모두 6단락으로 이루어진 위의 비평문을 내용별로 나누어 정리해 보면 다음과 같다.

● **단락의 구성과 전개**
- 1단락(서두): 로봇은 기계를 가장 이상화시킨 것으로, 기계 문명 발전의 상징이다.
- 2단락(본론1): 컴퓨터 기술의 발달로 인간의 사고 능력까지 도전하는 진화된 로봇인 휴머노이드가 등장하였다.
- 3단락(본론2): 휴머노이드는 복잡한 인지 기능까지 갖추어, 머지않아 인간을 대신하여 많은 분야에서 활동하게 될 것이다.
- 4단락(본론3): 영화 「아이, 로봇」에서 볼 수 있듯이, 독자적인 사고 능력을 갖춘 휴머노이드의 독립적인 존재 인정 여부가 인류에게 쟁점으로 부각될 것이다.

- 5단락(본론4): 일본 애니메이션 「공각기동대」의 주인공 '인형사'의 예에서 휴머노이드의 독립적인 존재 여부에 대한 인류의 고민은 심화된다.
- 6단락(결말): 인간 역시 유전자의 확대 재생산을 위한 운반 기계에 불과하므로, 로봇 과학기술의 시대에 인간의 정체성이 무엇인가에 대해 다시 질문을 하게 된다.

과학기술 비평문에서는 글쓴이가 자신의 주장을 독자들에게 전달하기 위해 대중들에게 잘 알려진 영화나 저작을 예증의 방식으로 활용하는 경우가 많다. 자칫 딱딱하고 지루해지기 쉬운 과학기술의 논점과 쟁점에 대해 독자들의 흥미를 유지하는 것이 필요하기 때문이다. 그래서 위의 비평문에서는 영화 「아이, 로봇」, 「철완 아톰」과 「공각기동대」를 비롯한 여러 애니메이션 작품들, 『이기적 유전자』 같은 유명 저작들을 인용하고 있다.

Tip 4 과학기술 비평문의 구성 내용

- 전체: 과학기술적 비평 대상의 논점이나 쟁점을 핵심적으로 설명할 수 있는 개념 및 용어를 활용하여 견해를 나타낸다.
- 서두: 글 전체의 논점과 방향을 제시한다.
- 본론: 글의 주제를 뒷받침할 수 있는 객관적인 사례와 증거를 들어 논증한다.
- 결말: 글의 핵심 내용을 정리하면서, 글 전체의 주제와 호응할 수 있는 전망을 제시한다.

다음 예문은 가전 제품 광고가 전망하는 세상을 '일상의 사이보그 되기'라는 관점에서 분석하고 있는 과학기술 소재의 비평문이다. 글쓴이는 이 글에서 인간의 정체성이 피부와 두개골의 외피를 벗어나 무한히 확장되어 나갈 수 있다는 가능성을 제기하고 있다. 과학기술에 관한 지식을 바탕으로 구성된 아래의 비평문을 읽고 그 특징이 어떻게 드러나고 있는지 살펴보자.

예문 3

사이보그라는 말이 우리 삶 속에 들어온 지도 한참 되었다. 그러나 아직 적지 않게 사람들에게 이 말은 공상과학 이야기에나 어울릴 말인 것 같다. 사이보그 하면 얼른 「로보캅」이나 「터미네이터」 같은 영화를 떠올릴 것이다. 사이보그는 SF영화에서 설정하는 시공간만큼이나 우리로부터 멀리 떨어진 시간과 공간에 존재하는 무엇으로, 지금 이곳의 우리와는 아무 관계가 없는 것처럼 느끼는 사람들도 많을 것이다. 아니면 과학자와 철학자들이 자신들의 지적 향유를 위한 주제로 다루고 있는 것쯤으로 여기는 사람도 있을 것이다. 그런데 이런 상황 인식을 그대로 받아들여도 좋을까?

사이보그(cyborg)는 사이버네틱스(cybernetics)와 오거니즘(organism)을 합성해서 줄인 말로 기계 장치와 생물의 합성체를 뜻한다. 1960년 맨프리드 클라인즈(Manfred Clynes)와 나단 클라인(Nathan Klyne)은 저서 『사이보그 우주』에서 이 말을 도입하면서 인간-기계의 결합체인 사이보그가 우주 진출에 유리할 것이라고 주장했다.

1998년 인류 최초로 자신의 몸 안에 실리콘 칩을 이식해서 스스로 사이보그 되기를 실험한 인공 두뇌학자 케빈 워릭(Kevin Worwick)은, 사이보그의 개념을 묻는 대학 시험에서 다음과 같은 것을 좋은 답안의 예로 들었다. "기술은 생물학적 존재로서의 인간과 결합하여야 한다. 그래서 인간에게 기술 없이는 가질 수 없는 능력을 제공해야 한다." 또한 기계와 유기체의 합성으로 된 사이보그를 "한쪽이 없으면 다른 한쪽도 생각할 수 없는 공생 관계에 있는 존재"라고 한 것도 좋은 답안으로 골랐다. 그러나 워릭 교수가 가장 좋아한 정의는 "무한히 확장된 인간"이었다. "짧지만 관련된 모든 이슈를 함축하는 적확한 진술"이었기 때문이라고 한다.

'무한히 확장된 인간'이라는 사이보그 개념은, 기계를 창조하면서 그것을 자신의 보철적(補綴的) 확장에 이용하는 인간의 제2본성에 주목한 브루스 매즐리시(Bruce Mazlish)의 공진화(co-evolution) 이론과 일맥상통한다. 또한 그것은, "기계 시대 동안 서구인들은 인간의 신체를 공간적으로 확장해 왔으며" 특히 전기 기술 시대 이후 1세기가 넘게 인간은 자신의 중추신경 조직을 정보통신망을 통해 전 지구적 규모로 확장해 왔다고 은유한 미디어 이론가 맥루언의 선견지명에도 맥이 닿아 있다.

더 나아가 인지과학자 앤디 클라크(Andy Clark)는, 우리 인간은 지구상의 어떤 생명체보다도 '선천적인 사이보그'라고 주장한다. 그는 "우리의 세계가 점점 똑똑해지고 우리를 점점 더 잘 알아갈수록 어디가 세계의 끝이고 어디에서 자아가 시작되는지 분간하기가 어려워진다."고 말한다. 그렇다면 어떤 기술들이 이런 상황을 만드는가? 클라크는 일상적인 예를 든다. "그러한 기술은 종류도 많고 다양하다. 점점 더 반응이 빨라지고 있는 월드와이드웹에 사용자를 접속시켜 주는 들고 다닐 수 있는 똑똑한 기계도 그 중 하나다. 또 궁극적으로는 그보다 더 중요한 것일 수도 있는데, 집과 사무실에 있는 일상용품들의 지속적인 지능 향상과 상호 연결도 여기에 포함된다." 이런 의미에서 인간이라는 "사이보그 시스템의 외부 경계는 피부와 두개골의 외피를 훨씬 벗어난다."

바로 이 지점에서 대중매체 광고의 상당 부분을 차지하는 가전 제품과 전자 제품 광고가 담고 있는 메시지를 유심히 볼 필요가 있다. 우선 이 분야의 제품들은 우리 삶의 공간을 모두 채우고도 남으리만치 다양하고 많다는 것을 관찰할 수 있다. 한 기업체의 홈페이지는 이들을, 계절 가전, 생활 가전, 주방 가전, 영상 가전, 빌트인 조명 시스템, 시스템 에어컨, 컴퓨터와 주변기기, 통신기기, 모바일 디바이스, 보안기기 그리고 홈 네트워크 등으로 크게 분류하고 있는데, 그 구체적 제품들은 여기서 다 나열할 수도 없다.

이들 제품들은 광고 카피가 유혹하듯이 과학기술이 가져다 준 '더 나은 삶'을 약속한다. 그래서 중의법을 활용한 냉장고 카피처럼 "삶은 근사하다(Life is cool)." 이제 "멋지게 지혜롭게 생활을 즐기면" 된다. 무엇보다 이들 제품을 활용하는 것은 "경이로움을 접촉하는(Touch the Wonder)" 것과 같다. 앤디 클라크의 말처럼 일상용품의 지능적 능력 향상과 다매체적 네트워크는 경이로운 세상의 중심에 우리 각자를 초대함으로써 우리를 '일상의 사이보그'가 되게 한다.

여기서 우리는 사이보그가 '인간의 희망'이기도 하지만, 수많은 '타자(他者)를 자기화' 하는 방식이라는 것을 관찰할 수 있다. 전기·전자적 기계 환경을 구성하는 수많은 제품들은 지속적으로 사용자의 자아 영역에 참여한다. 그럼으로써 대상과 사용이라는 구분을 무색하게 한다. 이제 타자를 자기화했는지 자기가 타자에 흡수되었는지 타자와 자기의 구분은 모호해진다. 함께 살아가고 있기 때문이다. 이것은 거의 유기적인 관계의 삶이다. 이는 의식으로만 그런 게 아니라(이 점이 중요하다), 실체적으로도 그렇다. 그렇기 때문에 기계 환경은 첨단의 기술이 실제 효과를 내는 세계를 일상화하도록 한다.

우리는 컴퓨터와 휴대전화 '없이는 못 산다'는 말을 일상적으로 내뱉는다. '텔레비전을 끼고 사는 사람'도 있다. 손 안에 있는 리모컨을 잠시라도 내려 놓으면 큰일이라도 날 듯 하는 사람도 있다. 그러나 우리가 냉장고 없이도 못 살고, 세탁기 없이도 못 살며, 가스레인지 없이도 못 산다는 것을 잠시 잊고 있을 뿐이다. 나아가 전깃줄 없이도 못 살고, 수도관 없이도 못 산다는 것도 일상의 관성으로 그저 잊고 있을 뿐이다. 이들은 '타자'이지만 마치 우리의 수족을 떼어낼 수 없는 것처럼 '자기화' 되어 있다. 이제 인간이 '선천적 사이보그'라는 말은 과장으로 들리지 않는다.

더구나 이들 기계들은 점점 더 똑똑해지고 있다. 광고 카피도 이런 경향에 발맞춘다. "더 발전한 삶을 위하여(For Advanced life)" 신제품 구입을 독려한다. "일상생활에 놀라운 일이 일어나고 있습니다."라는 카피처럼 놀라움은 일상에 있다. 터치 더 원더! 그런데 진짜 경이로운 것은, 이러한 기계적 환경과 함께 하는 일상이 아니라, 우리 자신이 일상의 사이보그이면서도 사이보그를 아직 공상과학의 세계에만 머물게 하는 우리 의식이 아닐까?

의식의 폭을 넓히는 일은 광고 카피가 전하는 메시지보다 더 '근사하고 아름다운 삶'을 위한 우리 일상의 과제이다. 광고 메시지에 뒤처진 의식은 그저 웃기 바쁘지만, 그것을 앞서간 의식은 광고 카피를 보고 빙그레 미소 지을 수 있다.

– 김용석, 「'일상의 사이보그' 되기–가전·전자 제품 광고가 전망하는 세상」,
『철학광장–대중문화와 필로소페인』, 한겨레출판, 2010.

과학기술 비평문은 인문사회 분야의 일반적인 비평문과 마찬가지로 글 전체에서 과학기술에 관한 현상이나 쟁점을 부각시키고 논증한다. 즉 과학기술 비평문은 내용 면에서 과학기술에 관한 쟁점 사항들을 다루고 있으며, 글의 서술 방식에서도 객관적인 실험 결과나 사실을 통해 주장하려는 바를 논증해 나간다.

이러한 종류의 글쓰기에서는 대체로 객관적이고 명료한 문장을 사용하는 것이 바람직하다. 그러나 비평문이라는 차원에서 필요한 경우에는 수사적인 표현법을 적절하게 활용하여 주장의 핵심을 효과적으로 강조할 수도 있다.

과학기술 비평문은 글쓴이의 주관과 생각을 드러낸다는 점에서 과학기술 칼럼과 유사한 논증적인 글의 성격을 가지고 있다. 그러나 엄밀하게 구별하면, 과학기술 칼럼이 시사적인 문제나 쟁점에 대해 독자들의 호기심을 불러 모으면서 글쓴이의 생각을 비교적 무겁지 않은 문체로 개진하여 논증하는 글이라면, 과학기술 비평문은 과학기술 현상이나 쟁점에 대해 긴 분량의 호흡과 깊이 있는 논증의 방식으로 글쓴이의 주장을 제시하는 글이라고 할 수 있다. 이렇게 생각할 때 과학기술 칼럼이 시사적 화제에 대한 설명형 논증의 글이라면, 과학기술 비평문은 과학기술 분야의 핵심 현상이나 쟁점에 대해 의미를 분석하고 가치를 평가하는 글이라고 할 수 있다.

위의 비평문에서 읽을 수 있듯이, 글쓴이는 핵심어인 '사이보그'에 대해 정의를 내리면서 학자들의 논의를 통해서 일상과 인간이 사이보그가 될 수 있다는 전망을 서술하고 있다. 글쓴이의 이러한 전망은 "무한히 확장된 인간"이라는 사이보그의 정의와 함께, 일상생활에서 '수많은 타자를 자기화하여' 기계적 환경과 유기적 관계를 맺으며 살고 있는 '지금-여기'에서의 사이보그 현실에 대해 예증의 방법으로 논증되고 있다.

과학기술 비평문 쓰기에서 고려할 수 있는 글의 전개 방식과 논증의 흐름을 단락별로 정리하여 제시하면 다음과 같다.

> 서두: 개념 정의 및 글의 방향 제시
>
> 본론1: 사례 제시를 통한 의견 서술과 논증
>
> 본론2: 사례 제시를 통한 의견 서술과 논증
>
> 본론3: 사례 제시를 통한 의견 서술과 논증
>
> ⋮ +
>
> 본론n: 논증 대상에 대한 글쓴이의 의미 부여 및 가치 평가(본론 마지막 단락의 일반적 특징)
>
> 결말: 주장의 서술을 통한 주제 도출 및 대안 제시

그림5
'과학기술 비평문'의 구성과 논증 흐름도

위의 예문에서 글쓴이는 인간이 '선천적인 사이보그'라는 앤디 클라크의 주장을 예로 들어 논의를 이어간다. 생물학적 존재로서의 인간이 기술과 공생 관계를 이루며 확장되어 나가고 있다고 보면서, 우리의 일상 현실을 돌아보면 이미 많은 영역에서 인간과 수많은 타자들이 "함께 살아가고" 있으며, 그래서 "거의 유기적인 관계의 삶"을 형성하고 있다고 서술한다. 이런 맥락에서 글쓴이는 인간의 본질, 즉 인간다움은 그냥 주어지는 것이 아니라 획득되는 것이라는 주장을 펼침으로써 미래 세계의 인간에 대한 새로운 정

의를 지향하는 논리적 맥락을 만들어 낸다.

위의 글의 관점과 논리적 맥락에서 생각할 때 지금까지 제작된 수많은 SF영화나 과학 소설의 로봇, 즉 휴머노이드나 안드로이드들을 떠올리면 수세기 전의 데카르트적 인간관은 이제 새롭게 정의되어야 할지도 모른다. 이 점에 대해 위의 과학기술 비평문은 '지금-여기'에 살고 있는 인간 존재의 특성을 "선천적 사이보그"라는 범주로 인식하면서 '인간에 대한 확장된 정의'를 논증하고 있다.

그림6
2012년 3월, 독일 중부 마그데부르크에서 열린 '2012 로보컵 독일 오픈' 축구 대회에서 스페인 후안 카를로스 대학팀(왼쪽)과 독일 괴테 대학팀(오른쪽)의 로봇이 공을 다투고 있는 모습.(『뉴시스』, 2012. 4. 1)

과학기술 비평문의 주요 특징

- 과학기술에 관한 쟁점이나 현상의 본질을 중심 내용으로 삼는다.
- 객관적이고 명료한 근거를 들어 깊이 있는 논증을 시도한다.
- 과학기술적 내용과 일상적 삶의 연관성을 강조한다.
- 잘 알려진 과학기술적 소재의 영화나 소설 작품 등을 활용하여 내용을 구성한다.
- 과학기술 칼럼보다 비교적 긴 분량의 호흡에서, 글의 화제에 대해 의미와 가치를 평가하고 논증한다.

3 사용설명서 쓰기

텔레비전에 나오는 광고를 보고 있으면 우리가 살고 있는 세상은 이미 기계 문명적 유토피아에 접근해 가고 있는 것이 아닌가 하는 착각이 들게 만든다. 손 안에 들고 있는 스마트폰으로 거리를 걸으며 음악을 듣고, 스마트폰 속의 인터넷 쇼핑몰에서 전자 상거래로 물건을 구입하며, 유비쿼터스 기술로 조성된 거리를 걸어가면서 문화예술 티켓을 구매하여 작품을 감상할 수 있게 되었기 때문이다.

더 나은 미래 세상을 향한 인간의 욕망은 로봇을 만들어 다양한 분야에서 활용하는 단계로 나아가고 있다. 앞에서도 서술했듯이, 이미 일상생활의 다양한 분야에서 활용되고 있는 로봇은 이러한 인간 욕망을 구현하는 또 다른 창조적 결과물이다. 따라서 인간의 모습과 지능과 심리까지도 닮아가려는 로봇공학의 상상력과 그 창조적 발명품들이야말로 '로봇 유토피아'를 일상화시키고 있는 증거들이다.

인간의 형상과 움직임을 닮아가는 21세기의 로봇 과학기술은 자동응답 로봇인 '트위터봇'을 생산하여 인간의 감정과 정서를 위로해 주는 도구로 활용되기까지 한다. 유토피아적 관점에서 보면 궁극적으로 로봇은 사람처럼 움직이면서 사람 대신 복사 업무를 해 주고, 여러 외국어로 방문객에게 통역을 하며 안내를 하는 일을 하게 된다. 일을 끝내고 돌아온 집에서 휴식을 취하고 산책을 할 때 함께 데리고 다니는 애완용 로봇(petrobot), 아이가 없는 부부의 마음을 위로하고 도움을 주는 유아 로봇(babyrobot) 등도 만들어낼 것으로 예측된다. 그야말로 로봇 유토피아가 빠르게 구현되면서 우리의 일상생활은 점점 편리해지고 있다.

일상생활에서도 가사와 사무를 돕는 여러 과학기술 제품들이 점차 상품화되면서 과학기술자들은 이러한 제품들을 사용자들이 쉽게 사용할 수 있도록 '사용설명서(user's guide, manuals)'를 만들어 제공해 주고 있다. 사용설명서는 제품 사용자가 설명서를 참고하여 구입한 물품을 스스로 조립하고 설치하여 사용할 수 있도록 도와주는 글(책)이다. 이 점에서 사용설명서는 제품에 근본적인 결함이 있거나 심각한 고장이 나 있는 경우가 아니라면, 사용자가 제품의 설명서만을 참고하여 스스로 문제를 해결할 수 있도록 도움을 주는 역할을 할 수 있어야 한다.

오늘날 일상생활에서 가사 노동을 돕는 로봇 청소기 역시 다양하고 복잡한 기능을 장착하고 있어 사용자들이 이러한 첨단 제품을 효율적으로 사용할 수 있도록 쉽게 설명해 주는 사용설명서가 필요하다. 다음 그림은 어느 로봇 청소기의 사용설명서 가운데 '위치 탐색기능'을 설명하고 있는 부분이다.

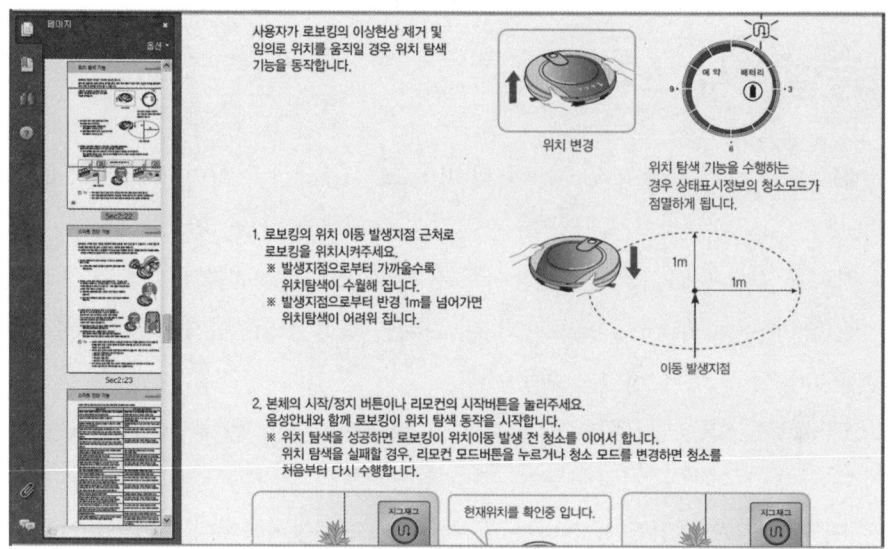

그림7
로봇 청소기의 '위치탐색기능'에 대한 사용설명서 예의 일부분

 사용설명서는 소비자들이 제품의 다양한 기능을 알기 쉽게 익혀서 안전하고 편리하게 사용할 수 있도록 도움을 주는 문서여야 한다. 로봇 청소기를 예로 들어 사용설명서에 들어가는 주요 구성 항목들을 제시하면 다음과 같다.

■ '로봇 청소기'의 사용설명서 구성 항목

1. 표지 내용

사용설명서 제목(제품 이름)과 사용 시의 유의 사항 제시

2. 본문 내용

1) 제품의 형태적 특징 설명: 원형 디자인이나 사각 디자인의 특징 제시
2) 제품의 기능 설명: 학습 주행 기능, 터보 기능, 지정 영역 청소 기능, 반복 청소 기능, 위치 탐색 기능 등
3) 사용 전 주의 사항: 안전을 위한 주의 사항, 제품 구성, 각 부분의 명칭, 각 버튼의 기능, 상태 표시 정보, 사용 전 주의 사항, 주요 작동 순서
4) 사용 방법: 설치 방법, 전원 켜기/끄기, 배터리 충전 방법, 청소 모드, 기타 기능
5) 사용 후 관리 방법: 기계의 청소 및 관리 방법
6) 부가 정보: 이상 시 조치 사항, 고장 신고 전 확인 사항
7) 참고 사항: 고객의 권리 및 유상 서비스(고객 비용 부담)에 대한 내용 제시, 폐가전제품 처리 절차, 고객 카드, 제품 보증서, 제품 규격

3. 사후 서비스(A/S) 정보 제시

서비스 센터 대표 전화, 인터넷 서비스 신청

(☞ 사용설명서에 대한 상세한 설명은 2부 5장 3절 〈사용설명서〉를 볼 것)

학습활동 2 국내외에서 생산된 의료도우미 로봇을 하나 선택하여, 로봇의 특정 사용 기능을 노인들에게 설명하는 사용설명서를 작성한 다음, 그 내용에 대해 서로 검토해 보라. (위의 '사용설명서의 구성 항목' 참고)

학습활동 3 청소 로봇의 사용설명서를 보면 다양한 기능이 많은데, 청소 로봇이 수행할 수 있는 주요 기능 가운데 한 가지를 선택하여 알기 쉽게 설명하는 사용설명서를 작성한 다음, 그 내용에 대해 토의해 보라.

연·습·문·제

1 【예문1】에서 워릭과 모라벡 교수가 주장하고 있듯이, 미래 사회의 로봇 과학기술은 인류의 삶을 유토피아로 만들 것인가, 아니면 디스토피아로 만들 것인가? 조를 구성하여 워릭 교수와 모라벡 교수의 주장에 대해 더 알 수 있는 자료를 찾아 정리해 보고, 조원들의 생각과 시각을 정리하여 인간과 로봇의 관계에 대해 논의하는 과학기술 칼럼 한 편을 작성해 보라. (1,600자 분량)

2 다음 예문은 체코 작가 카렐 차페크가 창작한 『로숨의 만능 로봇』(1921)이라는 희곡의 마지막 장면이다. 인간에 대한 로봇의 반란을 주요 모티프로 삼고 있는 이 작품에서 주인공 알퀴스트가 올리는 기도 내용의 맥락을 파악한 다음, 기도 내용(로봇만이 남게 된 세상에서, 인간의 생명이 아니어도 창조주의 생명은 결국 이어지며, 따라서 로봇이라는 인간의 후예가 이어지게 해달라는 기도)에 담겨 있는 의미(인간과 로봇의 관계, 로봇에 의한 로봇의 생산 가능성 등)에 대해 조별로 토론을 한 후 그 내용을 칼럼 형식의 글로 정리해 보라. (2,000자 분량)

알퀴스트 (혼자서) 오 축복 받은 날이여! (발끝을 세우고 살금살금 책상으로 가서 시험관들을 바닥에 쏟아 붓는다) 오 거룩한 여섯째 날이여! (책상 앞에 앉아 책들을 모두 바닥에 밀어 던진 후, 성경을 펴들고 뒤적거리며 넘기다가 읽는다) "하느님이 자기 형상 곧 하느님의 형상대로 사람을 창조하시되 남자와 여자를 창조하시고 하느님이 그들에게 복을 주시며 그들에게 이르시되 생육하고 번성하여 땅에 충만하라, 땅을 정복하라, 바다의 고기와 공중의 새와 땅에 움직이는 모든 생물을 다스리라 하시니라." (일어선다) "하느님이 그 지으신 모든 것을 보시니 보시기에 심히 좋았더라. 저녁이 되며 아침이 되니 이는 여섯째 날이니라." (땅 한 가운데로 걸어간다) 여섯째 날! 영광의 날! (무릎을 꿇고 앉는다) 이제, 주님, 이 종을—가장 쓸모 없었던 못난 종 알퀴스트를 거두어주소서. 로숨, 파브리, 갈, 위대한 발명가들이여, 저 소녀와 저 소년, 사랑과 눈물과 다정한 웃음, 남편과 부인의 사랑을 발견한 저 최초의 한 쌍보다 더 위대한 것을 정녕 그대들은 발명하지 못했네. 자연이여, 자연이여, 생명은 불멸이요! 친구들, 헬레나, 생명은 불멸이네! 생명은 사랑으로 다시시작할 거요. 벌거벗은 아주 작은 것에서 시작하겠지. 야생에 뿌리를 내릴 거요. 그리고 그 생명에게 우리가 행하고 건설했던 모든 것들은 아무 것도 아닌 게 되겠지. 우리의 마을과 공장, 우리의 예술, 우리의 사상은 모두 다 생명에게는 아무것도 아닌 게 되겠지, 하지만 생명은 불멸할 것이오! 단지 우리들 만 멸망한 것이오. 우리의 집과 기계는 못 쓰게 되고, 우리가 이루어놓았던 체계는 붕괴되고, 위대했 던 위인들의 이름은 마른 나뭇잎처럼 떨어지겠지. 그러나 오직 너만은, 사랑이여, 너만은 이 폐허 속에서 꽃을 피워 생명의 작은 씨앗을 바람에 맡기리라. 주님, 이 종을 평화로이 거두어주소서. 이제 이 두 눈이 지켜보았으니—당신께서 사랑을 통해 구원하심을 지켜보았으니, 생명은 불멸할 것입니다! (일어선다) 불멸입니다! (두 손을 앞으로 펼친다) 불멸!
(까렐 차뻭, 『로봇』, 김희숙 옮김, 도서출판 길, 2002)

3 【예문3】에서 설명하고 있듯이, 사이보그가 '무한히 확장된 인간'이면서 '인간-기계의 결합체'라고 할 때 일상용품이라는 타자가 인간의 삶의 실제적인 국면과 어떤 면에서 유기적인 관계를 형성하는지 구체적인 사례들을 근거로 토의해 보라. 그런 다음, 논의된 내용을 바탕으로 하나의 주제를 생성하여 과학기술 비평문을 작성해 보라. (2,500자 분량)

4 아래에 제시한 첫 번째 글은 르네 데카르트의 『방법서설』 가운데 제5부 「자연학적인 문제들」의 일부이다. 이 글에서 데카르트는 인간 이성의 확실성과 우월성을 증명하여 이성적 존재로서의 가치를 고양하려는 주장을 펼치고 있다. 이런 주장을 고려할 때 인간과 기계를 본질적으로 구분하고 있는 오래된 주장은 로봇이 인간의 형상과 특성을 닮아가는 21세기에도 여전히 유효한 판별 기준이 될 수 있는지 논란이 되고 있다. 두 번째 글은, 인간 이성의 우월성을 주장하는 데카르트의 견해와 다르게 생물학적 인간 존재의 단계를 넘어 사이보그 인간의 가능성에 대해 적극적으로 옹호하는 논리를 펼치고 있다. 세 번째 글은, 인간과 로봇 사이의 사랑이 가능해질 것인지 질문하면서, 이에 따른 인간의 정체성에 대해 논의하고 있다. 각각의 글을 비교하여 읽고, 제기된 주장에 대해 인문학과 과학기술 사이의 융합적 시각에서 자신의 생각을 논증하는 과학기술 비평문을 써 보자. (2,500자 분량)

1) "여기서 나는 특히 다음과 같은 것을 분명히 하려고 했다. 즉, 원숭이 이성이 없는 다른 동물들과 똑같은 기관과 모양을 가진 기계가 있다면, 이 기계가 저 동물과 동일한 본성을 갖지 않았음을 알 수 있는 어떠한 수단도 우리에게 없다는 것이다. 반면에 우리 신체와 비슷하고, 우리 행동을 가능한 한 흉내낼 수 있는 기계가 있다고 하더라도, 그것이 진정한 인간일 수 없다는 것을 알 수 있는 두 가지 수단을 갖고 있다는 것이다. 첫째, 그 기계는 우리가 다른 사람에게 우리 생각을 알게 할 때처럼, 말을 사용하거나 다른 기호를 조립하여 사용하는 일이 결코 없다는 것이다. 물론 기계가 말을 할 수 있도록, 나아가 그 기관에 어떤 변화를 일으키는 물질적 작용에 따라 어떤 말을 할 수 있도록 만들어질 수 있다. 가령 어디를 만지면 무슨 일이냐고 묻는다든가, 혹은 다른 곳을 만지면 아픈 소리를 지른다든가 하는 것 등이다. 그러나 그 기계는 자기 앞에서 말해지는 모든 의미에 대해 대답할 정도로 말들을 다양하게 정돈할 수 없지만, 아무리 우둔한 사람이라도 그런 것을 할 수 있다. 둘째는, 그 기계가 우리 못지않게 혹은 종종 더 잘 많은 일을 처리한다고 하더라도, 역시 무언가 다른 일에 있어서는 하지 못하는 일이 있으며, 이로부터 그 기계는 인식이 아니라 기관의 배치에 의해서만 움직인다는 것이 드러난다. 왜냐하면 이성은 모든 상황에 적절히 대처할 수 있는 보편적인 도구인 반면에, 이 기계가 개별적인 행동을 하기 위해서는 이에 필요한 개별적인 배치가 기관 속에서 이루어져야 하지만, 우리 이성이 우리에게 행동하게 하는 것과 같은 방식으로 삶의 모든 상황에서 행동하기에 충분한 다양한 배치가 한 기계 속에 있다는 것은 사실 불가능한 일이기 때문이다." (르네 데카르트, 『방법서설』, 이현복 옮김, 문예출판사, 2001)

2) "사이보그의 등장으로 이제까지 이항 대립적으로 이해되어 온 정신과 육체 간의 구조적 관계는 변화를 맞고 있다. 사이보그에 있어서 자연인의 신체 정상화는 더 이상 문제가 아니다. 신체의 능력

과 범위를 확장하고 강화시키기 위해 인간 존재와 인식이 변화하고 있기 때문이다. 이런 현상에서 분명하게 드러나는 것은 확장과 강화를 위해 인간의 신체가 기계와의 경합을 모색하는 실험의 무대가 되고 있다는 사실이다. 실례로 영국 레딩대학의 케빈 워릭(Kevin Warwik, 1954~) 교수는 1998년에 자신의 신체를 실험 삼아 팔의 신경계에 기계를 직접 연결했고, 2002년에는 자신의 아내의 팔에도 동일한 작업을 실행했다. 최첨단 과학기술의 발달로 인간은 언젠가 기계에 추월당할 것이고 심지어 기계가 지배할지도 모르며, 아주 오래 전 인간이 침팬지와 분리된 것처럼 오늘날의 생물학적인 인간도 장차 지능적인 기계와 근본적으로 구별될지도 모르기 때문이다. 이것을 예견한 워릭 교수는 생물학적인 인간의 상태로 남기보다는 강화되어야 한다고 보고, 그것을 위해 사이보그에 대한 연구를 자신이 해야 할 일로 생각했다. 그래서 워릭 교수는 스스로 사이보그 실험을 수행했다. 그는 그것을 통해 인간과 컴퓨터 간의 소통과 정보 교환은 물론 언어가 매개되지 않은 인간과 인간 간의 의사소통도 가능하다는 것을 증명해 보였다. 이런 과정에서 인간의 신체는 기술 진화의 다양한 변화 양상들을 고스란히 떠안고 있다. 이를테면 신체는 기계로 교체 가능하게 되고, 먼 거리에서도 자신의 뜻과 무관하게 조종될 수 있다. 이로써 워릭의 실험은 생물학적 종으로서 인간은 자신의 정체성을 어디에서 찾을 수 있는가, 지금까지 만물의 영장이라고 자만해 왔던 인간은 이제 무엇으로 자신의 존재 우월성을 보증할 수 있는가 그리고 인간에게만 가능하다고 생각해 왔던 인식이란 과연 무엇인가 등 여러 가지 근본적인 문제들을 제기하였다. (김연순, 『기계인간에서 사이버휴먼으로』, 성균관대학교출판부, 2009)

3) "인간과 로봇이 서로 사랑을 한다는 이야기는 공상과학 영화에서나 볼 수 있는 가상 스토리로 생각한다. 그러나 미래의 과학이 상상을 초월할 정도로 발전한다면 인간의 감정과 사유를 똑같이 공유하는 로봇이 제작될 수 있다고 믿는 사람들도 꽤 있다. 반면에 아무리 과학이 발전한다고 하여도 인간의 고유한 정체성을 인위적으로 제작할 수 없다는 믿음도 강하다. 두 믿음 중에서 어느 것이 타당한지는 아무도 모른다. 그러나 두 가능성을 타진하는 일은 철학의 주요한 과제일 수 있다. 왜냐하면 이러한 철학적 진단은 결국 사랑이 무엇이고, 인간이 누구인지를 알아가는 간접적인 사유 과정이기 때문이다.

우선 로봇이 인간처럼 사랑을 하려면 누가 로봇이고 누가 인간인지를 구분할 수 없을 정도로 인간과 로봇이 서로 같아야 한다. 제삼자가 그들을 구분할 수 없을 뿐더러 그 둘도 서로를 구분할 수 없어야 한다. 사실 이런 정도로 구분할 수 없다면 로봇이라는 개념 자체를 사용할 수 없을지도 모른다. 내가 로봇일 경우 나를 만든 제작자만이 내가 로봇임을 알고 정작 나 자신은 모른다면, 나는 나의 정체성에 대해 확신할 수 있다. 기독교에서 그 제작자는 다름 아닌 조물주다. 그래서 조물주의 창조 프로그램에 따라 인간을 비롯한 이 세상의 피조물들이 각기 운동한다. 그 조물주 역할을 로봇 제작 과학자가 대신한다면, 그 로봇의 정체성은 전적으로 제작자의 손에 달려 있다. 만약 그런 로봇이 나라면 '나는 과연 진정한 나인가'라는 질문을 던질 수 있다.

그런 질문을 처음 던진 철학자는 르네 데카르트(René Descartes)였다. 그는 끊임없이 '내가 나인가'라는 의심을 던지면서 나의 정체성을 찾을 때까지 질문을 한 것이다. 데카르트는 마침내 그 답을 찾았다고 했다. 나를 의심하는 사유, 그 의심 자체가 나라는 존재의 존재성의 근거가 된다고 결론지었다. 결국 "나는 생각한다. 그래서 나는 존재한다."라는 명제가 곧 데카르트의 간판 문구처럼 된 것이다. 현존하는 내가 혹시 제작된 로봇이 아닐까? 아니라면 나라는 존재의 정체성은 어디에서 찾아야 할까? 그런 로봇을 만든다는 것이 인간의 과학으로 가능할까?

— 최종덕, 「인간과 로봇이 서로 사랑할 수 있을까」, 『철학으로 과학하라』, 웅진지식하우스, 2008.

5 다음 예문은 '사이보그 시대의 도래'에 맞추어 우리 사회가 관심을 기울여야 할 일에 대해 서술하고 있는 학생의 과학기술 칼럼이다. 이 칼럼을 자세하게 읽은 다음, 글에 나타난 문제점을 어문 규범, 문장의 연결성, 단락의 논리적 흐름, 글 전체의 통일성 면에서 찾아 검토하고 수정하여 다시 써 보라. 이후, 수정한 글을 바탕으로 글의 제목(title)과 개요(outline), 주제 문장(theme sentence)을 추출하여 정리해 보라.

휴보(HUBO)가 미국, 싱가포르에 수출이 되면서 '로봇'에 대한 국민들의 반응이 더 뜨거워졌다. 카이스트의 오준호 교수가 만든 휴보는 오로지 우리나라의 힘으로만 만들어진 로봇이다. 정확히는 '인간의 형태를 모습으로 한 로봇'으로 '휴머노이드'라고 부른다. 우리나라는 1990년대 후반에 와서야 본격적으로 로봇 연구를 시작하였다. 아직 선진국수준에는 못 미치지만 로봇분야는 빠르게 성장하여 IT강국다운 면모를 보이고 있다. 현재는 군사로봇, 감시경계로봇, 보안용로봇, 수술로봇, 청소로봇, 안내로봇, 우주탐사로봇 등 다양한 연구가 진행 중이다.

그러나 춤추는 휴보를 보며 환호하는 사람들을 보면 씁쓸한 기분이 든다. 그들을 속이는 느낌이 들기 때문이다. 현재 휴머노이드의 실체를 파해 쳐보면 실질적 소용이 없다. 미래 휴머노이드의 모습은 매우 이상적이고 때문에 더 연구가 필요함도 옳다. 하지만 아직은 겨우 중심을 잡고 아슬아슬 걷는 쇳덩어리를 누가 사용할까. SF에 등장하는 '평범한 대화'를 나눌 수 있는 로봇은 아직 멀었다. 휴보를 통한 홍보로 이득을 올리고 있다고 주장할 수 있다. 그러나 이 생각은 안일하다 못해 나태한 생각이다. 옆 나라보다 잔재주 잘 부리는 로봇을 연구해서는 앞으로의 세계 로봇경쟁에서 한국은 살아남을 수 없다. 더 이상 로봇 서커스를 보며 즐거워해야 할 때가 아니다.

현 세계 로봇시장의 우위를 차지하고 있는 국가는 미국과 일본이다. 미국은 첨단의 기술을 확보하고 있고, 주로 로봇의 지능에 대한 연구에 집중하고 있다. MIT는 1999년에 인간과 상호작용하며 다양한 표정을 짓는 로봇, 키스멧(Kismet)을 만들었다. 일본은 산업용 로봇 시장과 개인용 로봇 시장을 주도하고 있다. 특히 휴머노이드 분야에서 세계적으로 앞서 있는데 아시모(ASIMO)나 피노(PINO)가 대표적인 예이다. 로봇 강아지 아이보(AIBO)를 통하여 로봇의 대중화의 기반을 다졌다.

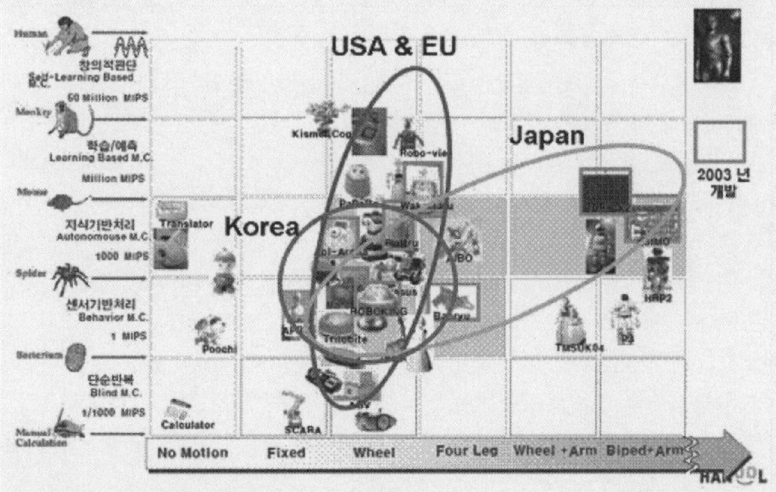

〈자료〉: 한울로보틱스, IT 신성장 산업발전을 위한 2004 IT 산업 전망 컨퍼런스

그림
'국가별 로봇 개발 동향' (한울 로보틱스 IT 신성장 산업발전을 위한 2004 IT 산업 전망 컨퍼런스)

앞으로 이 기술들은 어디에 이용될까? 우주 로켓에 사용된 기술들이 내비게이션에 사용되듯이 로봇 기술은 로봇 그 자체에만 국한되지 않는다. 인공지능 시대가 오고 가상현실의 시대가 도래할 것이다. 동작을 포착하는 의자와 뇌파를 분석하는 헤드셋을 통하여 학생의 집중도를 측정할 수 있다. 영화 시사회장에서 관객의 몰입도 측정에도 응용이 가능하다.

대한민국은 분명 발전을 거듭하고 있지만 경쟁에서 앞서가려면 새로운 분야로 나아갈 필요성이 느껴진다. 그래서 내가 찾은 답은 '사이보그'다. 사이보그란 생물과 기계장치의 결합을 뜻한다. 아이로봇에서 윌 스미스는 사고로 잃은 한쪽 팔을 로봇팔로 대신하는 사이보그로 나온다. 이처럼 사이보그는 의학적으로 도움을 줄 수 있다. 이외에도 사이보그를 사용하여 인간의 한계를 넘을 수도 있다. 사이보그는 다양한 활용이 가능한 기술이며 로봇관련 미래과학기술 중 가장 근시일내에 실현될 전망이다.

실제로 이미 사이보그인 사람들이 있다. 1998년 스코틀랜드의 캠벨 에어이드는 암으로 잃은 오른팔을 로봇팔로 바꾸었다. 케빈 워릭 교수(영국 레딩대학)는 1998년과 2002년에 스스로 사이보그가 되어 연구를 하였다. 자신의 신경계와 컴퓨터를 연결하는 실험이었고 실제로 생각만으로 컴퓨터와 상호작용하는 모습을 보여주었다. 그리고 그가 저술한「나는 왜 사이보그가 되었는가」는 화제의 책이 되었다. 미국은 군사 분야에서 사이보그 연구를 활용하고 있다. '입는 로봇'을 입은 군인들은 힘이 강해져 더 많은 짐을 들 수 있다. '곤충 사이보그'는 사람 대신에 정찰임무를 수행한다.

머지않아 사이보그가 전화기만큼 친숙하게 느껴지는 날이 올 것이다. 그러나 사이보그 사회가 오기 위해서는 해결해야할 과제가 있다. 기술적으로는 '뇌-기계 인터페이스'가 있다. 우수한 인공 장기나 수족이 있다 하더라도 이 기술이 없다면 무용지물이다. 아직까지는 기계가 뇌의 신호를 바르게 받지 못하거나 반응이 느린 모습을 보이는 중이다. 사이보그 수술도 모두 성공한다는 보장이 없는 상황이다. 한국은 뇌 과학 분야에 앞선 국가 중 하나로 '뇌-기계 인터페이스'를 연구할 준비가 되어있다. 한편으로는 사이보그와 관련하여 사회·윤리적인 문제가 걸린다. 가장 잘 알려진 문제는 '인간과 기계의 경계'이다. 기술이 발달하여 신체의 대부분을 기계로 대체한 사람을 '인간'으로 봐야하는지 '기계'로 봐야하는지의 문제가 그것이다. 만약 기계라고 한다면 어디까지를 '인간'이라 할 수 있을까. 이는 아직도 논쟁중인 문제이다. 이외에도 마음, 생명, 가상현실 등에 대한 문제들이 있다. 세계적으로 로봇법에 대한 틀을 잡는 추세이지만 이런 문제까지 해결한 나라는 아직 없다. 우리나라는 최근 G20을 개최하는 등 국제적 위상이 올라갔다. 때문에 세계적으로 받아들여질 법을 만들 자격이 충분하다. 무엇보다도 이런 문제들을 확실히 해결한다면 로봇과 관련된 문제가 확 줄어들게 된다. 그러면 우리나라는 일상에 로봇을 도입할 수 있는 사회를 구축할 수 있다.

로봇은 혼자만의 연구로 만들어지지 않는다. 사이보그는 특히 더 그렇다. 이질적 느낌을 줄이기 위해서는 디자인팀이 필요하다. 윤리적인 문제에는 철학·법학팀이 필요하고, 마음을 분석하는 심리학팀도 필요하다. 그리고 생물학·의학·공학이 뭉쳐야 한다. 때문에 사이보그를 연구하기 위해서는 통섭이 필요하다. 정부가 각 분야의 인재를 모아 팀을 만들고 지원을 해준다면 가장 좋을 것이다.

대중의 관심은 클수록 좋다. 로봇도 인터넷처럼 악용될 가능성이 크다. 문제를 예방하기 위해서는 기술과 법이 필요하고 이 과정은 대중의 관심이 있어야 진행될 것이다.「바이센테니얼맨」나「이브의 시간」,「공각기동대」등을 보며 로봇과 관련된 문제에 대하여 생각해 보는 것도 좋은 방법이다. 우리 주변이 SF처럼 첨단기술들로 이루어질 날이 멀지 않았다. 세계의 로봇들과 경쟁을 하기 위해 한국은 사이보그를 연구하고 이에 걸맞는 사회를 만들어 가야겠다.

(학생 글)

6 언론 보도에 따르면, 미국의 중앙정보국(CIA)은 1970년대부터 이른바 '마이크로 드론(Micro Drone)'(아래 사진)이라는 로봇모기를 개발해 왔다고 한다. 소프트웨어나 로봇 전문가들에 따르면 이 로봇모기는 먼 거리에서도 조종할 수 있으며, 카메라와 마이크로폰을 장착하고 모기처럼 피를 빠는 것은 물론, 추적을 위해 마이크로칩을 주입하여 아무도 모르게 집안으로 들어가 어떤 임무를 수행할 수도 있다. 이렇게 되면 로봇 기술이 DNA 분석 기술이나 게놈 정보 기술과 합쳐져 특정인의 유전정보 분석이나 테러를 위한 목적에 악용될 수 있는 가능성도 배제할 수 없다. 로봇 공학기술이 발전함에 따라 나타날 수 있는 여러 유형의 부정적인 양상에 대해 조원들끼리 생각해 보고, 이와 관련하여 로봇 디스토피아를 상상하는 창의적인 시나리오(Scenario) 한 편을 만들어 보라.

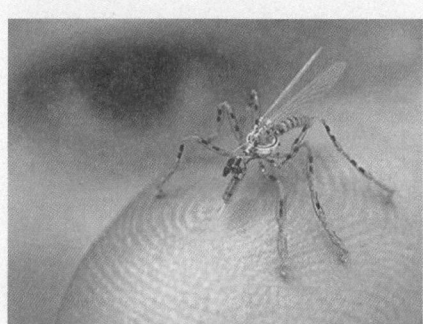

사진
(『서울신문』'나우뉴스', 2012. 10. 27)

7 휴머노이드 로봇의 연구 개발에서 요구되는 가장 중요한 사항 가운데 하나는 '보행 기술' 또는 '보행 안정성' 확보에 관한 이론이다. 로봇 기계공학에 관한 전문적인 내용으로 이루어진 '휴머노이드 로봇의 보행 기술'에 대해 일반인들에게 알기 쉽게 설명하는 글을 쓴다고 가정하고 그림이나 그래픽을 활용하여 아래의 서술 구성과 내용 조건을 갖추어 한 편의 설명문을 작성해 보라. (3,000자 분량)

> [글의 서술 구성과 내용 조건]
> ① 서두(글의 시작)
> ② '2족 보행의 개요와 역사'(4족 보행, 6족 보행과 비교)
> ③ ZMP(Zero Moment Point) 보행이론, 정역학(Statics), 동역학(Dynamics), 수동동보행(Passive dynamic walking) 이론 같은 전문 용어를 활용
> ④ 결말(글의 마무리)

8 미국의 전기공학자 자데 (L. A. Zadeh)가 고안한 '퍼지 논리(fuzzy logic)'는 모호한 판단이나 말을 다루는 논리 체계로 '참'과 '거짓' 사이에 이론상으로 무한히 많은 '중간의 진리치(neutral true value)'를 인정하는 것이다. 실제로 자동차나 전동차의 자동제어 시스템의 핵심 기술로 활용되고 있는 퍼지 논리가 로봇공학에서 어떻게 응용되어 쓰이고 있는지 구체적인 사례를 들어 설명하는 글을 작성해 보라. (2,000자 분량)

참·고·문·헌

1. 강명구·김희준·정윤석 외, 『과학기술 글쓰기』, 서울대학교출판부, 2008.
2. 김수현·서용호·양태규, 『휴머노이드 로봇공학』, 홍릉과학출판사, 2010.
3. 김연순, 『기계인간에서 사이버휴먼으로』, 성균관대학교출판부, 2009.
4. 김용규, 『설득의 논리학』, 웅진지식하우스, 2007.
5. 김용석, 『철학광장-대중문화와 필로소페인』, 한겨레출판, 2010.
6. 남상엽·이강현, 『지능형 로봇제어 시뮬레이션을 이용한 창의적 공학 설계』, 상학당, 2008.
7. 윤중선, 『영화로 읽는 로봇 문화』, 부산대학교출판부, 2006.
8. 이종호, 『로봇, 인간을 꿈꾸다』, 문화유람, 2007.
9. 이노우에 히로치카 외, 『로봇, 미래를 말하다』, 박정희 옮김, 전자신문사, 2008.
10. 도지마 와코, 『로봇의 시대』, 조성구 옮김, 사이언스북스, 2002.
11. 홀크 크루제·박승재 함께 지음, 『로봇 테리 이야기』, 프로네시스, 2006.
12. 카렐 차페크, 『로봇-희극적인 서막과 3막으로 구성된 집체극』, 김희숙 옮김, 길, 2002.
13. 케빈 워릭, 『로봇의 행진-21세기 지구 주인은 로봇』, 한국과학기술원 시스템제어연구실 옮김, 한승, 1999.

성주덕의 『서운관지』(1818)

『서운관지』 표지

『서운관지』 본문

　『서운관지(書雲觀志)』는 조선 정조 때의 천문학자 성주덕(成周悳: 1759~?)이 서운관의 내력과 천문·지리·역법(曆法)·기상 관측에 관한 사실을 기록한 책이다. 서운관은 고려 후기에서 조선 초까지 천문 기상학의 본산이었다. 세조 때 관상감으로 이름을 고치고 그 관장 업무도 근대적인 표현으로 바뀌었지만, 조선 시대는 세종 때의 이름을 그대로 붙여 서운관이라고 하였다. 서운관이 우리나라 천문학에서 지금도 우리의 눈길을 끄는 것은, 독자적이고도 정확한 오랜 관측 기록 때문이다.
　성주덕의 『서운관지』는 그토록 훌륭한 관측 기록을 낳게 한 제도와 과정을 설명하기 위하여 씌어진 책이라고 할 수 있다. 그러나 성주덕은 『서운관지』에서, 조선 시대의 한 관서로 서운관을 다룬 것이 아니라, 자신이 역관(曆官)으로서 거의 10년에 걸쳐 수집한 자료를 가지고, 조선의 천문·지리·역법·시제(時制)·기상 관측, 그리고 관측 기기들에 대해서 그 발달 과정과

제도의 변천을 전반적으로 바라볼 수 있도록 역사적 안목을 가지고 엮어 놓았다.

이 책의 1권에는 먼저 서운관이 무엇을 하는 기관이며, 어떤 사람들이 어떻게 관리로 등용되어 근무하는가 등의 규례를 적어 놓았다. 첫째로 관직과 그 천거에 관한 사항, 둘째로 관청과 그 청사의 규모, 셋째로 관원들의 등용 시험과 시험 과목, 넷째로 교육, 다섯째로 포상과 징계, 여섯째로는 근무 당번과 규례 등에 관한 사항들을 9개 항목으로 나누어 요령 있게 설명하고 있다.

1권에서 특히 우리의 눈길을 끄는 것은 좌위(坐衛)와 번규(番規), 즉 관측의 규례와 관측자의 배치에 관한 항이다. 이에 따르면, 조선 시대는 천상(天象)을 23종으로 분류하여 그에 따른 관측 규정을 정하고 있다.

또 그것을 비상 현상과 통상 현상으로 대별하여, 엄밀한 예규에 따라서 단자(單子), 즉 보고서를 작성하게 하였다. 단자는 4통을 작성하여 승정원(承政院), 당후(堂後 : 승정원 주서가 거처하던 곳), 시강원(侍講院), 내각(內閣)에 각각 1통씩 제출하게 하고, 서운관에서는 『관상감일기(觀象監日記)』와 『천변등록(天變謄錄)』에 기재하여 원부(原簿)로서 보존하였다.

2권에서는 주로 역서의 제작과 펴내는 데 관한 사항을 치력(治曆), 측후(測候), 교식(交食), 감여(堪輿), 속관(屬官), 이례(吏隸), 진헌(進獻), 반사(頒賜), 식례(式例), 공물(貢物)의 10항목에 따라 관상감이 하여야 할 분야를 통틀어 설명하였다.

3권에서는 고사(故事)를 기록하였는데, 우리나라 옛 천문 기상 관계의 주요 사건과 관측 결과와 발전을 개관하여, 서운관의 역사를 한눈으로 볼 수 있도록 요약하였다.

4권에서는 서기(書器)라는 항목을 두어, 서운관이 가지고 있는 주요 도서와 관측 기기들을 열거하였다. 그 도서 목록에는 『제가역상집(諸家曆象集)』을 비롯하여 『천문유초(天文類抄)』, 『관상완점(觀象玩占)』, 『보천가(步天歌)』, 『누주통의(漏籌通義)』, 『국조역상고(國朝曆象考)』 등의 대표적인 천문 서적들이 들어 있다.

이 책은 서운관, 즉 조선 시대의 왕립 천문 기상대가 무엇을 하는 곳이며, 어떻게 관측에 임하고 있었는가, 그리고 그것은 어떻게 발달하여 왔는가를 학문적으로 다루고 있어, 한국 천문 기상학을 연구하는 데 귀중한 자료가 되고 있다. 규장각도서에 있다.

— 한국학중앙연구원, 『한국민족문화대백과사전』 참고

찾아보기

ㄱ

가설 54, 90, 95, 96, 97, 99, 102, 103, 104, 105, 106, 107, 123, 187, 207, 208, 281, 288
간결성 147, 150
객관성 19, 41, 63, 74, 116, 147, 148, 149, 150
건축가 237, 239, 241, 242, 243, 244, 246
게놈 215, 260, 263, 269, 271
고흐 과학 24, 25
「공각기동대」 291, 293, 296
공공과학도서관 유전학 24
공동저자(collaborative author) 73, 75, 76, 79
공약불가능성(incommensurability) 55
공정한 사용 62
과학기술 비평문 293, 294, 295, 296, 298, 299, 300
과학기술 에세이 268, 270, 271, 273
과학기술 윤리 63
과학기술 칼럼 41, 286, 288, 289, 290, 291, 298, 299, 300, 304
과학기술인 윤리 강령 59, 60
과학적 맥락 147
과학적 서술 19
과학적 탐구 23, 89, 90, 97, 102, 105, 106
『과학 혁명의 구조』 53, 56
광양자가설 142, 143, 144
교류 자기장 225
교신저자(corresponding author) 73, 75, 76, 79
국립인간게놈연구소(NHGRI) 259
국어 어문규정 156, 271
국제단위계 220
그레고르 멘델 61, 62, 213, 214, 215
그레이 구(grey goo) 227
금속산화물 224
기능 유전체학 263
기술보고서 40
기술제안서 20, 125, 126, 127, 128, 129, 130

ㄴ

나노 시장 223
나노 자이언트 223
나노구조체 224
나노기계 221, 227
나노기술 219, 220, 222, 223, 224, 225, 226, 227, 228
나노기술개발 촉진법 220
나노미터 220, 221, 225, 227
나노생명과학기술 224
나노소자 223, 224
나노소재 224, 232
나노입자 150, 151, 222, 225, 227, 232
나노자석 225
나희덕 18
날조 59, 60, 61, 62, 63, 74
네이처 나노테크놀로지 225
『네이처(Nature)』 25, 37, 59, 62, 82, 83, 84
논리성 147, 151, 152, 270
뇌 과학 128, 129
뇌신경 과학 129
뉴런 앙상블 128, 129
능동 표현 149
능숙한 필자 27

ㄷ

다이어그램 171, 172, 173
다채널 센서칩 129
단일염기변이 263
대체 에너지 193, 196, 202, 206
대표저자(speaker) 79
대형강입자가속기(LHC) 46, 47
데이빗 맥머레이 126
데이빗 비어 126
델프트 대학 24
도널드 올슨 25
『도덕적 마음』 61
도입부 51, 121, 209
독일 전자 가속기 연구소 24
돈 맥캔스 237
『동의보감』 275
뒷받침 문장 121, 152, 270
디옥시리보 핵산 159

ㄹ

레고(LEGO) 49, 50
로보사피엔스 286, 289
로보토피아 290
로봇 38, 39, 50, 226, 280, 285, 286, 287, 288, 289, 290, 291, 292, 293, 294, 295, 296, 300, 301, 303
로봇공학 226, 287, 301
로봇공학의 3원칙 286, 288, 290
로봇 유토피아 285, 301
『로봇과 제국』 288
로봇 디스토피아 309
『로봇의 행진』 287
『로숨의 만능 로봇』 283, 286, 290, 304
루이스 멈퍼드 240
르네 데카르트 87, 295, 305
리들리 스콧 286, 291
리보솜 221
리처드 도킨스 294, 295
리처드 파인만 219
린다 플라워 27

ㅁ

미국심리학회 71
『마음의 아이들』 287, 290
마이크로 드론 309
마이클 크라이튼 227
마크 하우저 61, 62
막대 그래프 173, 176, 178
『말하는 건축가』 243
맞춤동물 265
맞춤인간 265
맞춤아기 260, 264, 266, 267
「매트릭스」 286, 290
메리 셸리 286, 290, 292
명예저자표시(honorary authorship) 74
모자이크 표절 66
무주프로젝트 240
문장성분 154
문제 해결 17, 19, 26, 27
문학적 글쓰기 19, 20
물 분자 모형 158
미국과학진흥협회(AAAS) 84
미국국립과학재단(NSF) 223
미토콘드리아 159

ㅂ

바꿔쓰기 65, 66
바꿔쓰기 표절 66
바이러스 221, 280
「바이센테니얼맨」 308
바이오 연료 194, 195
바이오매스 194, 195
바이오센서 224
바이오소재 224
박국인 225
박이문 19
박테리아 221
반도체 LSI 224
반도체 메모리 224
발명제안서 126, 127, 130
발신자 22
버그 227
벌크재료 224
벨연구소 56, 59, 62
변인 90, 103, 104, 106
변조 59, 60, 63, 73, 74
「별이 빛나는 밤」 24, 25
보르그 226
보수성 106
보편성 89, 90
보편적 설명력 106
복합재료 224
부사격조사 156
분자 82, 219, 220, 221, 222, 226, 227
분자전자공학 226
'불법적 생존'의 소송 265
'불법적 출산'의 소송 265
브라이언 콕스 46, 47
브레인스토밍 28
「블레이드 러너」 286, 291, 292
비교 유전체학 263
비금속무기 224
비인식적 서술 19
빈센트 반 고흐 23, 24, 25
빌 조이 226, 228

ㅅ

사업 결정권자 125, 126, 128, 129, 130
사업제안서 125
사용설명서(User's Manual) 20, 90, 91, 131, 132, 133, 134, 135, 136, 137, 152, 153, 301, 302, 303
사용안내서(Instructions) 131
사이보그 291, 292, 296, 297, 298, 299, 300, 305, 308
『사이언스(Science)』 37, 59, 61, 62, 83, 84
사회적 코디네이터 241
산점도 176, 179
상관성 103, 105, 106, 176
상보적 염기 결합 81
상향식(bottom-up) 공정기술 221, 222
생명공학 260, 261, 264, 267, 268
생명과학기술(BT) 222, 223, 224, 259, 261, 268, 269
샤가프의 법칙 82
『서운관지』 311
석유 시대 193
선 그래프 173, 176, 177, 178
설치안내 설명서 131

성주덕 311
세포배양 기판 128
세포배양칩 128
세포칩 128
센서 224
셰일가스 196, 197, 198, 199, 200
소보토비치 19
소주제문 152, 270, 271
소통 17, 19, 21, 22, 23, 28
수소 에너지 204, 205, 206
수소 혁명 204, 206
수소원자 220
수소원자핵 220
수식절 150
수신자 22
스티븐 스필버그 286, 291
시각 자료 171
시약 229
시적 서술 19
신경네트워크 129
신경세포 128
신경세포칩 128
신경신호 128, 129
신경칩 128
실험 연구계획서 92, 95
실험보고서 37, 113, 115, 116, 119, 121, 228, 229, 230, 232

························ ㅇ ························

아로 283
「아이, 로봇」 293, 295, 296
아이작 뉴턴 61, 62
아이작 아시모프 286, 288, 290

아인슈타인 43, 45, 142, 143, 144
아인슈타인 링 84
안드로이드 291
안전지침 설명서 131
안탈리아 245
알버트 휴보 283, 307
앤디 클라크 297, 299
앤트워프 대학 24
앤트워프 미술학교 25
약물스크리닝 기법 129
얀 헨드리크 쇤 58, 62
어셈블러 기술 226
에너지 패권 경쟁 196
에너지 패러다임 193
에릭 드렉슬러 221, 227
「에반겔리온」 293
여왕개미 159
연구 가설 92, 93
연구 계획서 92, 97, 207
연구 윤리 58, 60, 62
연구 윤리 규정 75
연구제안서 21, 125
연구책임자(primary investigator) 79
연료 전지 195, 205, 206, 224
오마주 25
온열치료 효과 225
우종학 22
원 그래프 173, 176, 179
원자 219, 220, 221, 222, 227
원자력 발전 29
원자력 195, 202, 203, 204
원천기술 128
유네스코 선언 262

찾아보기

유엔교육과학문화기구(UNESCO), 유네스코 262, 263
유전 정보, 유전자 정보 260, 262, 264, 267
유전공학, 유전자공학 259, 267
유전자 259, 159
유전자 검사 262, 264, 266, 267
유전자 결정론 263
유전자 결함 266
유전자 변형 265
유전자 상업화 260
유전자 재조합 기술 260, 264, 265, 266, 267
유전자 재조합 동물 265
유전자 재조합 식품 260
유전자 재조합 양배추 260
유전자 조작 266
유전자검사 허용 범위 266
유전자변형식품(GMO) 45
유전자의 특허권 260
유전정보 은행 261
유전체 263
유전학 158
유지보수 설명서 131
은유 158
은유적 표현 159
『이기적 유전자』 294, 296
이너스페이스 226
이덕환 23
「이브의 시간」 308
이순지 253
이인식 62
『이중나선』 81
이중나선구조 259
이휘소 46

인간 게놈 지도 259, 260, 263
인간 게놈 프로젝트 259, 260, 268
인간 게놈과 인권에 관한 보편 선언 262, 263
인간 단백질 규명 사업 269
인간 단백질 지도 269 272
인간 단백질체 자원 프로그램 269, 272
인간 복제 263
인식적 서술 19
인용 부호 63, 65, 67
『인지』 61
인터뷰 91
인터페이스칩 129
일개미 159
일반 연구계획서 92
일반상대성이론 43
일반화 104
(입자) 가속기 24
입자재료 224

ㅈ

자기복제 226
자기조립(self-assembly) 방법 222
자기표절 66
자료 수집 208
재료 및 방법 228, 229, 230
저자권(authorship) 63, 72, 73, 76
저작권(copywright) 73
점 그래프 173, 176, 179
접속 표현 152
접속어 151
정기용 240, 242
정보 전달 22

정보통신기술(IT) 222, 223
정상과학 53, 54
정서적 감흥 19
정직성의 원칙 64
『정직한 글쓰기』 57
정확성 57, 147, 150
제1저자(first author) 73, 79
제2저자(second author) 73
제러미 리프킨 204, 206, 265
제안 요청서 126
제안서 37, 237, 242, 247, 248, 249, 251
제임스 왓슨 81, 259
제조물책임법(PL) 131
제품명세서(Specifications) 131
조작적 정의 91
존 버크 24
『종의 기원』 109
주사터널링현미경(STM) 220, 222
중력의 법칙 62
지구온난화 193
지시 표현 152
지시어 151, 152
진실성 57, 60

ㅊ

찰스 다윈 109
찰스 립슨 57
천연가스 198, 200, 201
천진우 225
『철완 아톰』 291, 296
치료용 항체 272
『칠정산』 253

ㅋ

카렐 차페크 283, 286, 290, 304
칼 세이건 19
칼 포퍼 54
커뮤니케이션 이론 22
케빈 워릭 287, 290, 297, 304, 306, 308
크뢸러 뮐러 박물관 24

ㅌ

타당성 89, 90
탄소 배출 193
탄소나노튜브 222
태양광 194
「터미네이터」 292
테드(TED) 48
테츠카 오사무 291
토머스 쿤 53, 54, 55, 56
토의 228, 229, 230
퉁구스카 대폭발 19
「트랜스포머」 293
특수상대성이론 43, 142, 143, 144
특수영상사진(fMRI) 172, 173

ㅍ

파울루 멘데스 다 호샤 243
패러다임 53, 54, 55
포스트 게놈 263
표기 오류 153
표절 58, 59, 60, 63, 64, 66, 71
『프랑켄슈타인』 286, 290, 292
프랜시스 크릭 259

프로테옴 프로젝트 263
프톨레마이어스 61, 62
플라톤 26
피동 표현 149
피카소 43

························ ㅎ ························

하향식(top-down) 공정기술 221, 222
학문 행동규약 67
학문적 정직성 57, 62, 67
학문적 책임에 관한 협정 67
학술논문 207
학술적 에세이 268
학제 간 연구 222
학제적 접근 23
한국과학기술평가원 223
한국연구재단 128, 129
한국지구과학회 118
한글맞춤법 154
「한밤의 하얀 집」 25
한스 모라벡 286, 287, 290, 304
해류 24
해충 저항 GMO 식물 151
핵융합 발전 196
허준 275
헤이 온 와이(Hay-on-Wye) 244
화석연료 193
화학 결합 221
화학 반응 221
환경기술(ET) 222, 223
휴머노이드 39, 286, 290, 293, 307
힉스 입자(Higgs Particle) 46, 47, 288, 289

························ 기타 ························

「15송이의 해바라기」 24
1인칭 주어 149
2020 나노융합 확산 전략 223
2족 보행 39, 285
2차문헌 표절 66
3인칭 주어 149

「A. I.」 286, 291
APA문서 양식 67, 71, 72
Chicago Manual of Style 71
DNA 정보 261
DNA 칩 224, 263, 264
GMO 45, 151, 152, 157, 257, 260, 261, 265
GNR(유전공학, 나노기술, 로봇공학) 기술 226
IMRAD 115, 116, 209, 228
MLA문서 양식 67
OLED 224
RNA 81, 159, 221
SNS 28
T4 파지 221

_지은이

김성수 연세대학교 학부대학 교수
유혜령 연세대학교 교육대학원 및 학부대학 강사
이승윤 인천대학교 기초교육원 교수
박상민 가톨릭대학교 ELP학부대학 교수
김원규 포스텍 인문사회학부 교수

_기획 및 자문

정희모 연세대학교 국어국문학과 교수

과학기술의 상상력과 소통의 글쓰기
The Imagination of Science Technology
and Writing for Communication

초 판 1쇄 발행 2013년 3월 4일
개정판 3쇄 발행 2016년 3월 10일

지 은 이 김성수 외
펴 낸 이 박찬익
펴 낸 곳 도서출판 **박이정**

주 소 서울시 동대문구 천호대로 16가길 4
전 화 02)922-1192~3 **팩 스** 02)928-4683
홈페이지 www.pjbook.com
이 메 일 pijbook@naver.com
등 록 1991년 3월 12일 제1-1182호
ISBN 978-89-6292-387-2 (93710)

*책값은 뒤표지에 있습니다.